전쟁과 문명

전쟁과 문명

발행일 2017년 4월 19일 **발행인** 오덕성 **지은이** 김응종 외
펴낸곳 충남대학교출판문화원 **주소** 대전광역시 유성구 대학로 99
전화 042-821-6045 **홈페이지** www.cnupress.co.kr **E-mail** cnupress@cnu.ac.kr

ISBN 978-89-7599-628-3 93920
정가 16,000원

이 저서는 2012년 정부(교육과학기술부)의 재원으로 한국연구재단의 지원을 받아 수행한 연구임
(NRF-2012S1A5A2A03034238)

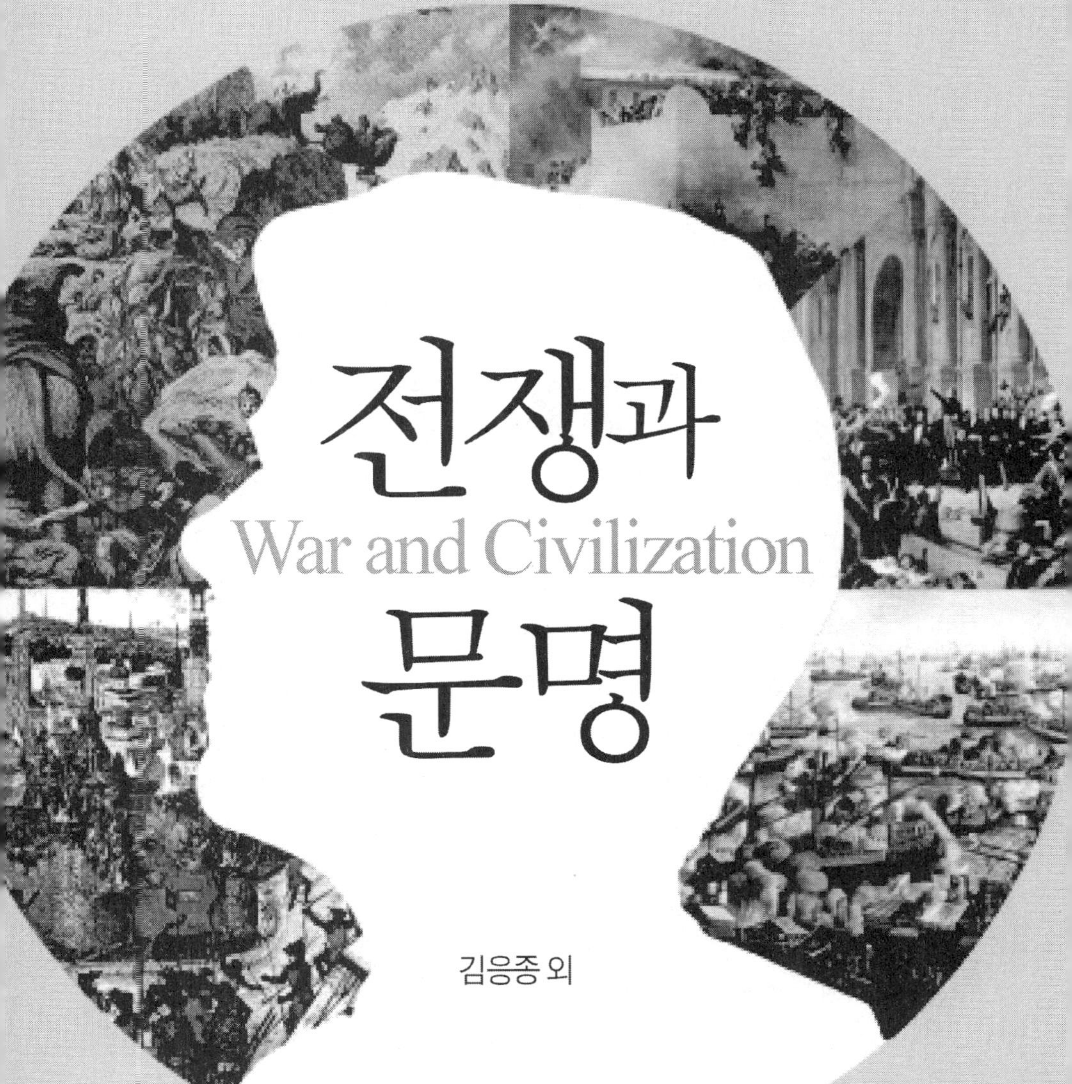

전쟁과 문명

War and Civilization

김응종 외

충남대학교출판문화원

이 책은 2012년 한국연구재단의 일반공동연구지원사업으로 수행한 연구(연구주제: 전쟁과 문명 - 생태인문학적 전쟁사 연구)를 단행본으로 엮은 것이다. 이 공동연구는 전쟁이라는 '사건'이 문명이라는 '구조'에 미친 '영향'을 다각적으로 검토한 것으로, 이 연구에서 취한 생태인문학적 관점은 전쟁을 인간의 합리적인 정치 행위로 이해하여 전쟁의 원인을 분석하고 전략과 전술을 연구하는 데 초점을 맞추는 전통적인 정치적 관점과 달리, 전쟁이 인간 사회, 문명, 환경 등에 끼친 '영향'에 주목한다. 이 연구는 3년(2012년 9월 1일 - 2015년 8월 31일)간 진행되었는데, 1년차 연구의 주제는 "문명의 충돌", 2년차 연구의 주제는 "전쟁과 평화의 수사학", 3년차 연구의 주제는 "전쟁의 사회사"이다.

전쟁의 얼굴은 양면적이다. 전쟁은 문명에 파괴적인 영향을 끼치면서 동시에 창조적인 영향을 끼친다. 전쟁에 대한 정치학적 연구는 전쟁을 평화에 대한 대립자로 설정하고, 국가집단이 가하는 직접적인 '폭력'으로 규정한다. 이렇게 폭력성을 강조하는 전쟁 연구는 전쟁의 파괴적인 면만 부각시키며, 평화를 얻기 위해서는 전쟁을 피해야 한다거나 전쟁을 해야 한다는 역설적인 결론에 도달한다. 이러한 전쟁 연구는 전쟁 그 자체에 대한 연구라기보다는 평화에 도달하기 위한 방법의 모색이다.

전쟁사 연구는 전쟁 그 자체에 관심을 가진다. 전쟁은, 페르낭 브로델(Fernand Braudel)이 말하듯이, 반(反)문명이 아니다. 전쟁과 문명은 유기적인 관계를 가지고 있다. 전쟁은 정상을 비정상으로 전환시키는 동시에 비정상을 정상으로 전환시키는 기능을 한다. 전쟁의 이러한 양면성에 주목하고, 전쟁의 양가적 측면을 강조한 사람이 칸트이다. 칸트는 『영구평화론』에서 전쟁이 문명을 파괴하는 가장 큰 악임을 인정한 평화주의자이다. 그러나 그는 전쟁이 문명을 파괴한다는 부정적인 인식에 빠지지 않았다. 그는 『추측해본 인류역사의 기원』에서, 전쟁은 "인류 문화의 계속적인 진보를 위한 필수적인 수단"이자, "자연이 인간들의 모든 소질을 계발하기 위해 사용하는 수단"이라고 말함으로써 전쟁의 긍정적인 기능을 설명하였다. 칸트에 의하면, 전쟁은 인간의 일이 아니라 자연의 소산이다 : "자연은 불화를 원한다." 헤겔 역시 다르지 않았다. 그는 『법철학』에서 "바람의 움직임이 바다의 부식을 막아주는 것과 마찬가지로" 전쟁 역시 사회와 문명의 부패를 막아준다며 칸트와 동일한 사상을 표명했다.

문명이 성립된 이래 인간은 전쟁의 역사를 살았고 그들이 경험한 대규모 전쟁에 관한 기록을 남겼는바, 역사라는 장르는 전쟁사에서 비롯되었다고 볼 수 있다. 서양 고대의 헤로도토스, 투키디데스, 타키투스는 모두 『역사』라는 이름의 책에서 각각 페르시아 전쟁, 펠로폰네소스 전쟁, 서기 69년 로마제국의 내전을 서술했다. 폴리비오스의 『역사』도 서술의 시발점이 포에니 전쟁의 발발이었다는 사실을 보면 그의 주된 관심이 포에니 전쟁에 있었다는 것을 쉽게 알 수 있다.

그러나 전쟁사는 전투의 구체적 진행과 전개, 전쟁술 등에 몰입함으로써 역사학의 일반 흐름에서 점점 멀어져 군사사나 전투사로 고립되었다. 현대 역사학이 모든 역사적 사건을 사회, 정치, 경제, 문화라는 콘텍스트에서 고찰할 때, 전쟁사는 마치 전쟁이나 군대가 진공 속에서 존재하는 듯이 진군의 나팔 소리와 북소리가 울리는 싸움터의 광경을 묘사하는 데에만 힘을 쏟았다. 그 결과 전쟁사는 "북과 나팔 학파"라는 오명을 얻게 되었다.

20세기에 들어 전쟁사는 역사학자들 사이에서 가장 소외된 분야가 되었다. 그 이유는 어디에 있을까? 아마도 현대 역사학이 마르크스주의의 영향에서이건 아날학파의 영향에서이건 연구 대상을 정치에서 사회로, 위인에서 집단으로, 사건에서 구조로 바꾸었기 때문일 것이다. 역사학의 이러한 사회사적 전환에서 가장 큰 피해를 입은 것이 바로 전쟁이다. 전쟁은 전략과 전술이라는 정치 행위로 축소되어 정치학과 군사학의 연구대상이 되었을 뿐 역사학에서는 소외되었다. 전쟁은 군사지도자의 영웅적인 행위로 축소되어 역사소설이나 전기(傳記)의 서술 대상으로 전락하였다. 전쟁은 '사건'으로 폄하되어 구조의 영향을 받아 피동적으로 움직이는 그림자나 먼지 정도로 무시되었다.

이러한 역사 인식의 결과로, 현대 역사학에서 사회사와 경제사의 비중은 높아진 반면 정치사와 전쟁사는 정당한 위치를 차지하지 못하였다. 정치와 전쟁을 언급하는 것 자체가 금기시되기도 하였다. 그러나 따지고 보면, 현대 역사학에서 전쟁사의 홀대는 상당 부분 오해에 기인한다. 현대 역사학의 사회사적 전환에 가장 큰 영향을 준 역사가인 페르낭 브로델의 『펠리페 2세 시대의 지중해와 지중해 문명』(1949)을 분석해보면, 브로델은 연구의 3분의 1을 전쟁에 할애하고 있으며, '주기변동'을 탐구하는 제2부에서도 '전쟁'을 다루고 있다는 점을 확인할 수 있다.

브로델은 왕, 귀족, 장군들의 정치행위로만 연구된 전통적인 전쟁사를 비판하면서 새로운 전쟁사를 제시하는데, 그것은 "사건들을 뛰어넘어, 장기적인 리듬, 규칙성, 상관관계"를 탐구하는 '전쟁의 사회사'라고 말할 수 있다. 전쟁사의 경시가 오해 내지 오류라는 지적은 일찍이 아날학파 내에서 제기되었다. 조르주 뒤비(George Duby)는 구조 못지않게 사건이 가지는 힘의 중요성을 인정하면서 1214년에 일어난 부빈 전투의 역사를 썼다. 『부빈의 일요일. 1214년 7월 27일』(1973)이라는 사건사적인 제목으로 나온 뒤비의 전쟁사는 1214년 7월 27일 일요일에 벌어진 전투에서 출발하여 시대의 문화를 재구성한 역사 인류학일 뿐만 아니라, 그 사건에 대한 기억이 그 당시에서 현대까지 어떻게 기억되는 지를 추적한 기억의 역사이다. 전쟁사 부활의 마지막 예로 들 수 있는 것은 피에르 노라(Pierre Nora)가 기획한 『기억의 장소』(2005)이다. 기억의 장소란 민족의 기억이 구체화되고, 사람들의 행동이나 시간의 작용을 통해 특별한 표상과 뚜렷한 상징물로 남게 된 물질적 · 비물질적 장소에 대한 연구이다. 기억의 장소라는 새로운 형태의 민족사에서 전쟁의 장소가 중요한 위치를 차지하는 것은 당연하다.

현대 역사학이 사회사와 문화사로 전환하면서 전쟁사도 종전의 군사사나 전투사에서 탈피하는 모습을 보였다. 1955년에 마이클 로버츠(Micheael Roberts)는 군사상의 변화가 근대국가의 형성에 결정적인 영향을 미쳤다는 '군사혁명론'을 제시하여 역사학계는 물론 사회과학계에도 커다란 파장을 일으켰다. 마이클 하워드(Micheael Howard)는 1961년 군사사를 "폭넓게", "깊이 있게", "맥락 속에서" 이해해야 한다며 전체 사회와의 연관 속에서 군사사에 접근할 필요성을 강조하였으며, 존 키건(John Keegan)은 "전투 연구는 필연적으로 사회와 심리의 연구"라고 선언하였다. 1976년에 그가 펴낸 『전쟁의 얼굴』은 군사사 연구의 흐름을 바꾸어 놓았다는 평을 듣고 있다. 1982년에 윌리엄 맥닐(William McNeil)은 『전염병의 세계사』와 관련하여 『전쟁의 세계사』를 출판하였고,

2003년에 존 린(John Lynn)은 신문화사의 방법론을 적용한 『배틀. 전쟁의 문화사』를 출판하였다. 서구에서의 이러한 '신군사사'는 사회학적이고 생태학적인 면에 초점을 맞추고 있다.

서구의 신군사사 연구는 국내에서도 소개되어 관심을 끌었다. 1986년에는 "전쟁, 교역, 국가: 17세기 이후 유럽의 아시아 진출과 그것이 동서양 군사 사상에 미친 영향"이라는 주제로 한국군사학학회가 주관한 국제군사사학회가 개최되었다. 2006년에는 한국서양사연구회가 "전쟁, 사회, 역사: 군사사 바로보기"라는 주제로 학술대회를 개최하였다. 한국서양사학회는 『서양사론』 107호(2010년 12월)에 "서양사 속의 전쟁"이라는 특집을 마련하였다.

그러나 한국에서의 전쟁사 연구는 연구자의 수도 적을 뿐만 아니라 관점과 주제에 있어서 전통적인 전쟁사의 범위를 벗어나지 못하고 있다. 국내 서양사학계가 전쟁사 연구를 기피한 이유는 어디에 있을까? 그 이유를 찾는 것은 어렵지 않다. 앞에서 설명한 현대역사학의 사회사적, 문화사적 전환 외에도 전통적인 무(武) 경시 풍조, 한반도에서 일어난 전쟁이 민족사에 가한 고통, 한반도에서의 전쟁은 패배의 전쟁이었다는 굴욕감, 한국 현대사에서의 군부독재에 대한 혐오감 등을 그 이유로 들 수 있을 것이다. 이러한 상황에서, 한국의 연구자들은 전쟁이라는 테마에 관심을 가질 수 없었던 것이다.

전쟁이 사회의 변동과 문명의 발전에 미치는 커다란 영향을 감안하면, 더 이상 전쟁사 연구를 소홀히 할 수 없다. 역사학이 사회사적인 구조뿐만 아니라 '변동'에도 관심을 기울여야 한다면, 역사 변동의 원동력이라고 할 수 있는 전쟁에 대해 역사가들이 주목하는 것은 당연하고 기본적인 일이다. 일찍이 헤라클레이토스가 만물은 변하며, 변화를 일으키는 것은 전쟁이라고 말한 것을 기억할 필요가 있다. 한국 서양사학계에서 전쟁사를 부활시키는 것은 시급한 과제이다. 그러나 그 전쟁사는 전통적인 '북과 나팔의 역사'가 아니라 '새로운 전쟁사'이어야 한다.

본 공동연구에서 시도한 '새로운 전쟁사'는 전쟁과 정치 · 경제 · 사회 · 문화 · 문명의 복합적인 관계에 주목하는 생태인문학적 전쟁사이다. 클라우제비츠의 영향을 받은 기존의 전쟁사가 전역(campaign)과 전투의 구체적인 전개와 전술을 분석하고 평가하여 승리를 확보해줄 교훈을 도출하는 데 주력하는 '군사사'라는 좁은 영역에 매몰된 데 반해, 생태인문학적 전쟁사는 문명사의 주요 부분을 구성한다. 또한 기존의 전쟁사가 "전쟁은 다른 수단들에 의한 정치의 연장(延長)"이라는 클라우제비츠의 테제를 따라 전쟁의 합리적인 원인을 분석하는 데 주력하고, 그 결과 전쟁이라는 폭력 행위가 국민에게 가하는 고통을 외면한 채 전쟁이라는 정치 행위가 가져다준 영광만을 부각시키는 경향이 있는 반면, 생태인문학적 전쟁사는 전쟁이라는 폭력 행위가 인간과 인간사회, 문명, 환경에 미친 파괴적인 영향에 주목하여, 궁극적으로 전쟁이 파국적인 재앙임을 고발한다.

본 공동연구가 생태인문학적 전쟁사라는 새로운 전쟁사를 시도하는 데 도움을 준 것은 에마뉘엘 르 루아 라뒤리(Emmanuel Le Roy Ladurie)가 제시한 생태인구학, 그리고 동양사학자 김택민 교수의 저서 『중국 역사의 어두운 그림자』이다. 르 루아 라뒤리는 근대 초 프랑스가 장기적으로 맬더스적 안정을 유지한 것은 "묵시록의 4기사", 즉 질병 · 기근 · 전쟁 · 국가라는 인구조절자들이 협동했기 때문이라고 말한다. 다시 말하면, 전쟁은 항상 질병, 기근, 국가이성을 동반하여 그 파괴력을 높인다는 것이다. 따라서 전쟁사는 전술과 전략이라는 군사사적인 차원을 넘어 질병, 기근, 국가라는 생태학적인 요소를 고려하고, 파국적인 인구 감소에 주목해야 한다는 것이다. 김택민 교수가 그려내는 중국사는 문명과 문화의 역사가 아닌, 재난과 재앙으로 얼룩진 어두운 역사이다. 그는 전쟁으로 죽은 사람, 굶어죽은 사람, 홍수에 쓸려 죽은 사람, 역병으로 죽은 사람, 인육이 되어 먹혀버린 사람, 임금 무덤에 덤으로 묻혀 죽은 사람, 만리장성 축조 등 각종 노역으로 죽은 사람 등을 역사의 무대에 올린다.

그러나 전쟁이 이렇게 파국적인 결과만을 가져오는 것은 아니다. 전쟁은 문명을 파괴하지만, 동시에 문명의 교류와 창조를 낳는다. 전쟁은 인구조절의 기능도 담당한다. 전쟁이 과잉인구를 제거함으로써 문명적 차원에서 수요와 공급의 균형을 바로잡는 기능을 하는 것이다. 인구의 변동에 따라 사회제도 및 규범도 재정비된다. 또한 전쟁은 장거리 이동이자 교류이다. 물적인 교류이건 인적인 교류이건, 문명의 교류는 상당 부분 전쟁의 결과이다. 전쟁이 문명의 정체와 부패를 막아 문명의 발전에 기여하는 것인데, 이와 관련하여 칸트의 담론이 우리의 주목을 끈다. 칸트는 『판단력비판』에서 전쟁이 '숭고' 하다고까지 이야기한다.

전쟁조차도, 질서를 지키고 시민의 권리를 신성시하면서 수행된다면, 어떤 숭고한 면모를 가지는 법이다. 그리하여 어떤 민족이 이런 식으로 전쟁을 수행할 경우에는, 그 민족이 위험에 처하여 대담히 그 위험에 대처할 수 있다면, 위험이 크면 클수록 전쟁은 그 민족의 사고방식을 더욱더 숭고하게 만드는 것이다. 이에 반해 오랜 평화는 한갓 상인기질만을 퍼뜨리며, 그와 함께 천박한 이기심과 비겁함 그리고 유약함만을 만연시켜 민족의 사고방식을 천박하게 만드는 경향이 있다.

칸트는 전쟁이 문명을 파괴하는 요소이지만 동시에 문명을 발전시키는 요소라고 말하는 것이다. 그는 세계문명의 중심이었던 중국이 근대 이후에 정체한 것을 전쟁의 부재를 통해 설명한다. “영구평화론”의 저자에게 있어서 ‘전쟁’은 문명의 흥망성쇠를 결정한 주요한 원인이었던 것이다. 이러한 칸트의 ‘역설’을 어떻게 이해할 것인가? 이 책이 전쟁과 문명의 관계에 대한 성찰과 토론의 장이 되기를 기대한다.

2016년 12월 31일

연구책임자 김응종

전쟁과 문명

01

문명의 충돌

1. 포에니 전쟁: 카르타고 문명의 몰락
2. 십자군 시대 서유럽의 이슬람세계에 대한 인식과 담론의 유형들
3. 지중해문명의 종언
4. 프랑스 혁명과 전쟁
5. 문명의 충돌과 그 기억

포에니 전쟁: 카르타고 문명의 몰락*

차전환

Ⅰ. 머리말

페니키아의 식민시로 출발한 카르타고는 북아프리카와 서부 지중해의 패권을 장악한 제국으로 성장한 후 로마와 1세기 이상 싸웠다. 카르타고 '제국'과 이탈리아 반도를 제패한 로마 사이 시작된 포에니 전쟁(1차: 264~241, 2차: 218~202, 3차 149~146 B.C.)은 결국 카르타고의 '죽음'으로 끝났다. 지중해 서부에 동방의 빛을 던져주고 여러 세기동안 번영을 누린 카르타고는 역사상 전쟁에 의해 철저하게 몰락한 문명의 보기 드문 사례를 보여준다. 포에니 전쟁에서 승리한 로마가 지중해 세계를 통일하여 수 세기 동안 지중해 문명을 주도한 반면 카르타고는 죽음을 맞이했으니, 포에니 전쟁은 문명사적 의미를 지닌다. 전쟁과 문명의 관계를 조망하기 위한 관심에서 작성한 이 글은 포에니 전

* 『서양고대사연구』 제35집 (한국서양고대역사문화학회, 2013), pp. 77-110.

쟁으로 몰락한 카르타고 제국과 그 문명을 고찰해보고자 한다. 그러나 패자 카르타고를 중심으로 고찰하는 작업에는 여러 가지 한계와 어려움이 따른다. 비문과 고고학 발굴을 통해 드러난 자료들을 제외하고는, 카르타고인이 포에니 전쟁에 대해 남긴 기록이 없다. 포에니 전쟁에 대해 서술한 파비우스 픽토르, 디오도로스, 폴리비오스, 리비우스, 아피아누스와 같은 그리스 로마의 역사가들은 정도의 차이는 있지만 모두 로마 중심의 서술을 하였고, 로마에 우호적이고 카르타고에 적대적인 경향을 보였다. 카르타고인을 전형적인 사기꾼이자 전쟁광으로, 로마인을 매우 용기 있는 영웅으로 바라보는 전통이 있었다. 전쟁에서 승리한 로마인의 신뢰(*fides*)와 충성심(*pietas*)과 같은 덕목이 강조되고, 카르타고인의 배신(*Punica fides*), 잔인성, 경신 등이 대조되었다.[1]

포에니 전쟁에 대한 근현대 학자들의 연구에도 고대 역사가들의 편견이 영향을 미쳤는데, 근현대 학자들이 고대의 편견을 적극 활용하는 경향도 나타났다. 국내 학계에서는 카르타고 관련 연구 결과가 아직 나오지 않았지만, 서양에서 최근 간행된 연구서들은 카르타고에 적대적인 사료의 문제를 의식하면서 포에니 전쟁에 대해 균형 있는 해석을 시도했다.[2] 이 글은 고대 사료와 기존 연구 성과를 검토하면서 카르타고 제국과 문명의 몰락이란 관점에서 포에니 전쟁을 고찰해보고자 한다. 이러한 분석은 포에니 전쟁의 궁극적인 승패를 결정하는 데 중요했던 것은 한니발이나 스키피오, 칸나이 전투나 자마 전투였다기보다 정치, 즉 제국의 체제였을 것이라는 필자의 인식에서 시작되었다. 이 글에서는 우선 카르타고 제국의 정치와 체제, 문명의 특성을 살펴볼 것이다. 그리고 카르타고와 로마가 서부 지중해 세계의 패권을 놓고 싸운 제2차 포에니 전쟁에서 카르타고 제국의 체제가 어떻게 기능했으며, 왜 카르타고 제국이 붕괴되었는지를 고찰하고자 한다. 마지막으로 제국을 상실한 카르타고가 제3차 포에니 전쟁에서 철저하게 파괴되어 몰락한 양상을 살펴볼 것이다.

II. 카르타고 제국과 문명

제1차 포에니 전쟁을 시작할 무렵 로마와 카르타고는 정체(政體)를 제외하고는 여러 면에서 서로 대조적인 문명을 이루고 있었다. 로마가 복잡한 동맹 체계에 기초한 긴밀한 이탈리아 연맹을 통제한 반면, 카르타고는 그 세력이 펼쳐진 해양제국이었다. 지중해의 중앙에 위치한 튀니스 만 깊숙이 자리한 도시 카르타고는 무역과 안전을 위한 천혜의 지리적 조건과 비옥한 배후지를 가지고 있었다. 카르타고의 역사는 주로 교역망을 구축하고 유지하려는 노력과 관련되었다. 카르타고는 우선 북아프리카의 토착 주민을 지배하는데 주력했다. 이미 6세기 중반부터 카르타고는 북아프리카를 지배한 강국이었으며, 535년에 카르타고 해군은 에트루리아인들과 동맹하여 코르시카의 알라리아(Alalia) 인근에서 포카이아(Phocaea) 인들을 무찔렀다. 로마인들이 509년에 에트루리아 출신 왕을 추방하고 공화국을 수립했을 때 카르타고와 신생 로마 공화국은 조약을 맺었으며, 이 무렵 카르타고는 사르디니아와 시칠리아의 서쪽 끝부분을 통제했고, 히스파니아의 지중해 연안에는 그들이 건설한 정착지들이 있었다. 기원전 4세기말에 이르면 카르타고는 케이프 봉(Cape Bon) 반도 전체, 남서쪽으로 오늘날 튀지니와 알제리의 국경까지 이른 비옥한 지역을 장악했다. '토카이'(Tocai)라 불린 지역은 310년에, 헤카톰필로스(Hekatompylos)는 240년대에, 시카(Sicca)는 241년에 카르타고의 지배 아래 들어갔다.[3]

카르타고인이 서부 지중해를 배타적으로 통제하려고 시도하면서 시칠리아에서 그리스인과 수 세기 동안 싸웠다. 480년에 시라쿠사이(Syracusae)의 참주 겔론(Gelon)과 그의 동맹국들이 히메라(Himera) 전투에서 카르타고의 침입을 격퇴한 이후 지중해에서 카르타고의 팽창은 중단되었다. 그 후 50년 이상 동안 카르타고는 본국의 내륙으로 세력을 확장했으며, 이 시기에 지도적인 인물들의 다수가 상업에서 농업으로 전향해서 지주 계층을 형성했다. 제1차 포에니 전쟁이 시작될 무렵 카르타고는 키레나이카(Cyrenaica)에서 대서양에 이르는 북아프리카 해안지대 전체를 통제했다. 카르타고는 이 지역에 여러 식민시를 건설했으며, 다른 페니키아인 종족들이 건설한 우티카(Utica)나 하드루멘툼(Hadrumentum)과 같은 식민시들도 지배했다. 카르타고의 세력은 지브롤터 해협을 지나 아프리카 서부 해안지대까지 영향력을 행사했다. 히스파니아의 가데스, 말라가, 섹시, 아브데라 등은 원래 다른 페니키아인 종족들에 의해 건설되었는데 카르타고의 전초기지가 되었다. 발레아레스 제도 중 하나인 이비자(Ibiza) 섬에는 카르타고의 식민시가 있었으며, 사르디니아 해안을 따라서도 일련의 카르타고인 정착지가 있었다. 카르타고는 코르시카의 알레리아(Aleria)를 통제했고, 시칠리아 북동쪽의 리파리(Lipari) 제도는 함대를 위한 기지를 제공했다.[4]

카르타고 문명을 정치와 제국체제의 관점에서 살펴볼 필요가 있다. 카르타고에서는 초창기에 왕정이 실시되었지만 서서히 귀족들이 정치를 주도하는 정체로 이행되었으며, 제국을 형성한 이후에도 도시국가적인 정치구조에 변화가 없었다. 카르타고가 정무관들과 민회를 중시하고, 속민을 통합하는 정책을 실시하지 않은 것은 도시국가적 정치구조를 잘 보여준다. 그리스와 로마의 저술가들은 카르타고의 정체를 단순정체가 아닌 이상적인 혼합정체(공화정)로 평가하는 경향이 있었으며, 사실 카르타고와 로마의 정체에는 서로 닮은 점이 많았다.[5] 기원전 3세기에 이르면 카르타고 국가의 최고 정무관은 일 년 임기로 매년 선출된 두 명의 수페테(sufete)였는데, 이들은 로마의 콘술과 비슷했다. 수페테가 원로원과 민회를 주재하고 재판관의 역할을 한 것은 콘술의 기능을 연상하게 한다. 수페테가 군사적 권한을 가지지 않은 점에서는 콘술과 달랐다. 카르타고의 군대지휘권은 민회에서 선출되어 임명된 장군(strategos)들에게 있었다. 장군들은 임기의 한계가 명확하게 정해지지 않아서 오랜 경험으로 고도의 전문성을 지닐 수 있는 장점이 있었지만, 전쟁 수행을 위해 고용된 전문가처럼 간주되는 경향이 있었다. 수페테와 스트라테고스를 '동료제'로 함으로써 한 사람에게 권한이 집중되지 않도록 하고, 수페테와 스트라테고스간에 정치적 권한과 군사적 권한을 나눈 것은 권력 집중을 방지하려는 혼합정체의 특성을 잘 보여준다.[6]

정책을 토론하고 입법 기능을 담당한 기관으로는 원로원(혹은 장로회)[7]이 있었다. 수 백 명의 원로원의원은 종신토록 그 직을 보유했으며, 30명의 의원으로 구성된 '운영위원회'가 정책의 많은 부분을 사실상 미리 결정했다. 아리스토텔레스가 스파르타의 에포르 집단과 비교한, 104명 혹은 100명의 원로원의원 재판관으로 구성된 '최고 협의회'가 모든 정무관을 통제하는 권한을 가졌을 것으로 이해된다.[8] 카르타고 시민들이 민회의 정책결정에서 가진 권한은 로마 시민들의 그것보다 더 약했을 것으로 생각된다. 수페테와 원로원이 일치하면 사안을 민회에 회부할지 여부를 결정할 수 있었으며, 폴리비오스가 서술한 218년의 사례가 보여주듯이,[9] 카르타고 원로원이 민회의 의사를 묻지 않고 전쟁을 결정하는 것은 아무런 문제가 되지 않았다. 카르타고의 정체는 로마 공화정보다 더욱 협소한 과두정이었던 것이다. 일반적으로 말하면, 견제와 균형의 카르타고 정체는 과두 지배자들과 귀족들 혹은 야심적인 장군들 사이 충돌을 억제하기 위해 고안된 것이었다. 그리스인들은 카르타고의 정체는 높이 평가했지만, 정치가들의 성품 때문에 약점을 드러냈다고 지적했다. 아리스토텔레스는 카르타고 고위 정무관직의 매관매직에 대해 언급했고, 폴리비오스는 카르타고에 만연한 공공연한 뇌물수수와 로마인의 엄격한 공공도덕을 대조했다.[10]

제국체제의 관점에서, 카르타고 제국이 속국이나 동맹국을 통제한 방식은 다양했다. 카르타고 제국은 동질적인 집단으로 이루어진 것이 아니라 서로 다른 법적 지위를 가진 다양한 집단으로 구성되었다. 카르타고 시민은 법적으로 동등한 권리를 가졌으며, 그들이 국가에 정기적으로 조세를 납부해야 했는지는 확실하지 않다.[11] 시민은 군대와 함대에서 복무할 의무가 있었다. 오늘날 튀니지의 동북쪽 케이프 봉 반도는 대체로 카르타고 지주들이 차지한 반면 내륙에는 속민인 리비아(Libya)인이 거주했는데, 리비아인은 소출의

1/2을 카르타고에 납부해야 했으며 그들이 제공한 군대가 카르타고 군대의 근간을 이뤘다. 알제리와 튀니지의 일부에 거주한 누미디아(Numidia)인도 속민으로서 카르타고에 군대, 특히 유명한 경무장 기병을 제공할 의무가 있었다. 카르타고가 건설한 다양한 식민시와 무역항에 거주한 '리비아-페니키아인'(Libyphoenicians)이라 불린 사람들은 자체의 정무관들을 가지고 있었고, 카르타고인과 동일한 법과 권리를 가졌을 것으로 이해된다.[12] 그러나 '리비아-페니키아인'은 수출품과 수입품에 대한 조세를, 때로는 직접세를 카르타고에 납부해야 했으며, 카르타고의 해외 군대에서 복무할 의무가 있었다. 히스파니아, 이비자 섬, 사르디니아, 리파리 제도에 거주한 리비아-카르타고인들도 비슷한 의무를 지고 있었던 것으로 보인다. 카르타고의 지배 아래 있던 시칠리아 속민들의 공동체는 카르타고에 1/10세를 납부했으며, 시칠리아와 사르디니아의 일부 도시에는 카르타고 수비대가 주둔했다.[13]

카르타고 제국의 인구는 로마의 이탈리아 연맹의 인구와 비슷했거나 혹은 더 많았을 것으로 추산된다. 그러나 이탈리아 연맹의 구조가 로마로 하여금 연맹의 인력을 이용할 수 있도록 한 반면, 카르타고와 속민의 유대는 대체로 더 느슨했다. '리비아-페니키아인'은 카르타고인과 통혼할 권리가 없었으며, 로마가 동맹국에 로마시민권과 라틴시민권을 점차 확대한 것과 달리 카르타고는 속민에게 시민권을 부여하는 정책을 실시하지 않았다. 카르타고는 공납을 징수하는 데서 속민을 가혹하게 수탈한 것으로 유명한데, 특히 리비아인에 대해서 그러했다.[14] 카르타고가 공납과 무역에서 나온 수입으로 용병을 고용하는 정책을 실시한 것도 로마와 근본적으로 달랐다. 로마 시민은 누구나 군대복무의 의무가 있었고 로마의 동맹국 시민의 경우도 마찬가지였지만, 포에니 전쟁 이전 카르타고 시민은 지휘관으로 복무하는 사람들을 제외하고는 해외 군대에서 복무하지 않는 경향이 있었다. 카르타고는 해외에서 복무하는 군대를 위해 시민을 이용하는 대신 거의 전적으로 속민인 리비아인과 제국의 다양한 지역에서 충원한 용병에 의존했는데, 기원전 311년에 리비아인이 카르타고 군대의 1/4에 이르렀다.[15] 이탈리아 연맹의 로마 동맹국이 군사적 의무 외에는 공납 등의 부담에서 자유로웠고 로마 시민단에 점차 통합되는 길이 열려 있었던 반면, 카르타고의 해양제국은 정치적 자유를 상실한 채 무거운 공납에 시달린 속국들이 주축을 이루었고 여타 동맹국들도 공납 의무를 지고 있을 뿐이었다. 카르타고의 해양제국 체제가 지닌 이러한 특성은 카르타고와 로마가 장기간 전쟁을 할 때 근본적인 약점으로 작용할 것이었다.

그리스 로마의 저술가들은 카르타고인과 그 문명의 혐오스럽고 바람직하지 못한 특성을 비난하곤 했다. 특히 시칠리아 타우로메니움 출신의 그리스인 역사가 티마이오스(Timaios, c.345-250 B.C.)[16]는 디오도로스를 비롯한 고대 역사가들에게 많은 영향을 끼쳤다. 티마이오스는 시칠리아의 그리스 도시들과 계속 전쟁을 벌인 카르타고에 대해 부정적인 상투어들로 서술함으로써, 카르타고가 야만적인 오리엔트의 표본이라는 생각을 심어주는 데 커다란 역할을 했다. 그는 카르타고인에 대해 인종적으로 부정적인 고정관념을 만들어냈다. 카르타고인은 유약하고 인신희생에 열을 올리는가 하면, 포로를 예외 없이 죽이는 잔인하고 무자비한 사람이며, 그리스인들의 신전과 무덤 및 정복한 도시를 탐욕스럽게 약탈했음을 강조했다.[17] 고대 저술가들의 카르타고에 대한 부정적인 서술은 특히 종교적 관습과 관련하여 두드러졌다. 고대의 다른 민족들과 마찬가지로 카르타고인은 수많은 신을 숭배했다. 카르타고인의 정체성에서 페니키아의 유산이 여전히 중요했다는 것을, 그들이 숭배한 신들 가운데 다수가 페니키아에서 도입된 사실에서도 알 수 있다. 구약성경에서도 나타나듯이 인신희생은 가나안인과 이스라엘 사람들도 행한 관습으로서 카르타고인에게 고유한 것이 아니었지만, 인신희생의 정도와 그것이 오래 지속되었다는 점에서 카르타고인은 많은 비난을 받았다. 기원전 1세기 시칠리아 출신의 그리스인 역사가 디오도로스는 "카르타고에는 손바닥을 위로 하여 땅을 향해 팔들을 뻗치고 있는 거대한 바알 함몬의 청동상이 있었으며, 그 위에 어린이들이 놓이면 굴러내려 이글거리는 불구덩이로 떨어졌다"[18]고 썼다. 인신희생이 어느 정도 행해졌는지는 현대 학자들 사이에서도 커다란 논쟁거리였다. 일부 학자는 그것이 매우 자주 행해졌다고 주장한 반면, 다른 학자들은 인신 희생이 국가가 매우 위험에 처한 시기에만 실시되었을 것으로 보면서 카르타고인의 정착지 근처에서 발견된 화장된 어린이들의 유골은 질병이나 다른 자연적 원인으로 죽은 후 신들에게 바쳐진 것이라 생각했다. 다른 한편으로 인신희생이 이루어진 성역인 도베(tophet)는 커다란 영예의 표지로서 가장 크고 부유한 정착지들에만 있었으며, 도베에서 공동체를 위해 희생된 어린이들은 대개 귀족의 자식이었을 것으로 해석되기도 했다.[19]

고대 저술가들은 카르타고인 대 그리스인, 카르타고인 대 로마인의 적대감을 강조하는 경향이 있었지만, 카르타고인들이 일찍부터 광범한 국제 교역활동을 전개한 결과 문화의 평화로운 교류와 상호작용이 활발히 일어났다. 고고학 연구 결과를 활용한 최근의 연구들은 카르타고인이 그리스 문화를 흡수하는 한편 사르디니아, 시칠리아, 로마를 포함한 이탈리아에 문화적 영향을 줌으로써 지중해 문화의 용광로 역할을 했음을 강조했다. 시칠리아에서는 그리스인, 카르타고인, 토착인의 공동체들이 교역하고 싸우고 정치적 동맹을 맺었을 뿐 아니라 서로 통혼하고 상대의 신들을 숭배하면서 복합적이고 다각적인 문화변용이 일어났다. 시칠리아의 포에니인들은 테라코타 신상이나 조각, 석관 장식 등의 예술에서 그리스 형식을 채용했다. 5세기 무렵부터 카르타고 제국에 그리스 건축과 예술이 광범한 영향을 미쳤으며, 카르타고에서 발굴된 예술품 중에는 질적으로 매우 우수한 것들이 많다.[20]

III. 제2차 포에니 전쟁, 카르타고 제국의 붕괴

제2차 포에니 전쟁에 대한 연구에서 카르타고 관련 내용은 거의 전적으로 한니발의 전투와 작전에 시각이 고정되어 있어서, 카르타고 제국의 모습은 거의 드러나지 않았을 뿐더러 제국 정부가 실시한 복합적인 정책에 대한 설명은 매우 미흡했다. 한니발은 카르타고의 가장 중요한 장군이었고 이탈리아 전장에서 자신의 판단에 따라 전투를 지휘할 수 있었던 것이 사실이지만, 전반적인 전쟁 수행의 책임은 카르타고 정부에 있었다. 카르타고 정부는 전쟁의 목표를 설정하고, 동맹국을 확보하기 위한 대외정책을 수행하고 조약을 비준했으며, 여러 곳에서 벌어진 전투들을 조정하고 군대와 보급품을 조직하여 배분했다.[21]

그동안 카르타고 제국 정부의 역할이나 제국 체제를 도외시하고 한니발 전쟁을 바라보는 경향이 있었다. 리비우스에 따르면 카르타고 정부와 바르카 가문 사이 심각한 갈등이 있었으며, 바르카 가문이 카르타고 정부와 독립적으로 권력을 행사했을 것으로 가정하는 학자들도 있었다.[22] 그러나 히스파니아에서 바르카 가문이 지배권을 행사했다 하더라도, 카르타고 국가의 공화정적 성격은 변하지 않았다. 하밀카르 바르카, 하스드루발, 한니발은 광범한 권한을 가지고 있었지만, 카르타고 정부가 파견한 장군들이었다. 206년에 히스파니아에서 바르카 가문의 권력기반이 무너졌을 때에도 이탈리아에 있던 한니발은 결코 굴복하지 않았다. 203년에 본국 정부가 소환했을 때, 한니발은 군대를 이끌고 귀환해 자마 전투를 지휘했고, 패전 후 추방될 때까지 카르타고 정부에 봉사했다. 귀족들의 경쟁에 기초한 카르타고 사회에서 라이벌 귀족들 간에 긴장이 발생한 것이 사실이지만, 중앙 정부와 군지휘권을 가진 장군들 사이 거듭 타협이 이루어졌다. 기원전 3세기 동안 카르타고의 운명을 형성하는데 중대한 영향을 미친 바르카 가문의 귀족들이 있었고, 그들의 라이벌로 한노(Hanno)를 필두로 한 지주 귀족들이 있었다. 지주들은 카르타고의 농촌을 확대함으로써 리비아인들로부터 수취하는 공물을 증대하는 데 관심이 있었으며, 누미디아인들을 희생하여 권력 기반을 확대하고자 희망했다. 하밀카르 바르카 서클은 아프리카 정책 대신 히스파니아에 새로운 지배권(epikrateia)을 확립함으로써 제1차 포에니 전쟁 이후 로마에 양도된 시칠리아와 사르디니아에 대한 보상을 추구했다. 이들의 야심찬 팽창 정책은 그들과 결탁한 선박업자, 상인, 수공업자의 상업적 이익에 새로운 전망을 열어주었다.[23]

라이벌 귀족들 사이 경쟁과 긴장은 역사가들에 의해 종종 과장된 모습으로 드러났다. 리비우스는 한니발의 사군툼(Saguntum) 공격 이후 로마와의 전쟁으로 치닫는 국면에서 한노가 카르타고 원로원에서 했다는 극적인 연설을 기록했다. 한노는 한니발을 전쟁광으로 혐오하면서 그를 바다와 땅에서 가장 먼 곳으로 추방해야 한다고 역설하고, 로마인들의 요구대로 한니발을 로마에 넘겨주자고 주장했다.[24] 그러나 카르타고 내부의 정치적 분열이 이처럼 극단에 이르렀다는 리비우스의 설명은 현실과 동떨어진 것으로 설득력이 없어 보인다. 전쟁이 임박한 상황에서 본국의 라이벌 당파가 한니발의 로마 양도를 주장할 수 있었을까? 한니발은 히스파니아에 있는 동안 본국 정부의 지지에 의지했다. 한노의 연설과 달리, 당시 카르타고에는 로마에 대한 분노가 팽배했을 것이다. 시칠리아를 양도하고 사르디니아를 강탈당한 것에 대한 결코 누그러질 수 없는 분노는 히스파니아 사태에 대한 로마의 개입으로 더욱 격화되었을 것이다. 용병들의 반란을 힘겹게 진압한 쓰라린 기억을 가진 카르타고의 정치가들은 로마와의 임박한 전쟁을 피하고자 원했을 테지만, 한니발에 대한 로마의 단호한 태도가 카르타고 진영의 결속을 강화하여 권력의 두 중심인 모시와 바르카 가문이 지배하는 히스파니아를 확고하게 결합시켰다. 바르첼로(P. Barcelo)는 파비우스 픽토르(Fabius Pictor) 이래 친로마적 역사가들이, 카르타고의 서로 싸우는 두 당파를 부각시킴으로써, 한니발 전쟁의 발발 책임을 한니발에게 돌리는 영악한 전설을 만들어냈다고 말했다.[25]

카르타고의 전쟁 목표에는 엘리트들의 서로 다른 이해관계가 반영되었다. 카르타고의 최우선 전략은 아프리카 땅에서 전투를 피하는 것이었다. 지주 귀족들은 메예르다 강(Mejerda) 유역과 케이프 봉 반도에 소유한 비옥한 농지를 보호하고자 했다. 또한 히스파니아의 영토와 재산을 어떻게 해서든 지켜야 했는데, 그것은 바르카 가문과 결탁한 경제 집단이 계속 사업할 수 있도록 보장하는 것이기도 했다. 상공업자들은 히스파니아의 원료와 광물자원을 판매하고 가공함으로써 엄청난 수익을 올리고 있었다. 마지막으로, 시칠리아와 사르디니아를 재정복하려는 상당한 관심이 있었는데, 그것은 해외무역을 통해 이득을 올리는 사람들을 규합하기 위한 의도이기도 했다.[26]

한니발은 이탈리아로 출발하기 전에 헤라클레스와 동일시 된 멜콰르트(Melquart)의 신전으로 가서 임박한 전쟁에서 도움을 줄 것을 요청했는데,[27] 먼 가데스(Gades)까지 가서 치른 그의 종교적 행위는 본국 정부의 정치적 군사적 계획과 밀접하게 관련되어 있었다. 헤라클레스는 그리스인들이 중서부 지중해로 식민시들을 건설하며 팽창하는 과정에서 그들의 이익의 보호자, 수많은 식민시의 창건자로 숭배되었다. 카르타고의 지도자들도 스스로를 멜콰르트/헤라클레스와 비교함으로써 힘을 과시했으며, 바르카 가문은 히스파니아 정복을 헤라클레스의 행위로 선전했다. 한편 서부 그리스의 저술가들, 특히 시칠리아의 그리스 시인 스테시코로스(Stesichoros)는 헤라클레스의 서부 존재를 그의 노역과 관련지었으며, 그중 시칠리아와 이탈리아의 그리스인들에게 가장 의미심장한 이야기는 헤라클레스가 괴물 게리온(Geryon)의 소떼를 몰고 이동한 내용이었다. 헤라클레스는 게리온을 퇴치하고 게리온의 황소들을 몰고 남부 히스파니아에서 갈리아를 지나 알프스를 넘어 이탈리아로 왔으며, 아벤티누스 언덕의 동굴에 살던 식인 거인 카쿠스(Cacus)를 제거했다. 한니발의 이탈리아 원정은 '헤라클레스의 길'을 따랐다. 헤라클레스가 카쿠스에게 고통당하는 이탈리아 종족들을 해방했듯이, 한니발은 제2의 헤라클레스로서 로마의 지배를 받는 마그나 그라이키아의 그리스인들과 그 밖의 이탈리아인들을 해방할 것이라고 선전했다.[28] 한니발은 로마가 그리스 세계와 정치 · 문화적으로 제휴하는 데 핵심 역할을 한 신화적 유산을 끌어들여 활용했으며, 이탈리아 원정의 성공을 위해 무엇보다도 마그나 그라이키아의 지원을 얻는 것이 중요하다고 인식했음을 알 수 있다.

카르타고가 로마와 전쟁을 하기 위해 이용할 수 있는 전쟁물자는 어느 정도였을까? 폴리비오스, 리비우스, 스트라본 등의 사료를 바탕으로 한 추산에 따르면 '신 카르타고'(Cartago nova)와 바이벨로(Baebelo)의 주변, 즉 히스파니아 남부의 광산지역에서 일 년에 약 46톤의 은을 생산했으며, 그것은 약 1천만 데나리우스에 해당했다. 한니발 전쟁 직전 군대모집이 최고에 달했을 때 6만에 달한 카르타고 군대를 1년 유지하는 데 든 총 비용(무기, 함대, 전쟁물자, 식량, 보수)은 약 950만 데나리우스, 은 44톤에 해당했다. 히스파니아 광산들의 은 생산은 한니발의 이탈리아 군대와 히스파니아에 주둔한 군대를 유지하는 데 충분했다. 나머지 은은 전쟁 전반을 지원하도록 카르타고 본국으로 보내졌을 것이다. 카르타고의 전쟁 수행은 히스파니아 광산의 중단 없는 개발에 달려 있었으며, 히스파니아 광산은 카르타고 전시경제(war economy)의 중추였다. 또 다른 공급기지인 도시 카르타고는 여러 전장의 군사작전을 조정했고, 북아프리카 밖에서 작전하는 군대에 해상으로 군수지원을 했다. 카르타고 정부는 히스파니아 광산개발에서 나온 은과 북부 아프리카의 풍부한 농업자원에 의존했다.[29]

한니발 전쟁의 초기 국면에서, 비록 북부 히스파니아에 로마 군대가 있었고 사령관 하밀카르가 하스드루발 바르카에 대항해 반란을 일으켰지만, 카르타고측의 군수물자 동원은 순조로웠다. 이탈리아에서는 한니발이 티키누스강 전투(218년), 트레비아 전투(218년), 트라시메네 호수 전투(217년)에서 연승한 결과 포 강 유역의 갈리아인들로 새로운 동맹군의 전선을 형성할 수 있었다. 그러나 칸나이 전투(216년) 이후 전쟁의 국면이 바뀌었다. 카르타고는 로마가 평화를 요청하지 않을 수 없도록 함으로써, 자신이 원하는 대로 조약을 체결할 수 있기를 바랐지만, 로마는 216년 말에 한니발이 제안한 포로석방을 위한 교섭을 거부했다. 카르타고의 전략적 목표는 로마를 파괴하거나 혹은 로마 국가를 완전히 해체하는 것이 아니었다.[30] 칸나이 전투와 관련한 고대 역사가들와 현대 학자들의 지배적인 견해는, 한니발이 칸나이의 승리 이후 유리한 순간을 이용하지 못했다는 것, 로마를 직접 공격하는 것을 자제함으로써 거의 획득한 전쟁의 승리를 포기했다는 것이다.[31] 한니발은 전투에서 압도적인 승리를 거두고서도 우유부단함으로써 승전을 날려버렸으며, 군사적으로 유능한 장군이었지만 정치적 맹목으로 결국 패배했다는 것이었다. 그러나 역사적 사실에 좀 더 가까운 해석은 칸나이 전투의 의미를 좀 더 냉철하게 평가했다. 그에 따르면 한니발은 칸나이에서 빛나는 승리를 거두었지만 상당한 손실을 대가로 치렀다. 격렬한 전투로 그의 군대는 크게 감소했기 때문에 더 이상 이전처럼 공격적인 전투를 계속할 수 없었다. 칸나이 전투 이후 한니발이 정치적 해결을 적극 모색한 것은 정치가로서 미숙함의 증거가 아니라 그 반대였다. 한니발이 이탈리아에서 공격을 계속하기 위해서는 새로운 동맹국들을 얻는 것이 숨 돌릴 틈을 제공할 것이었다.[32] 피로스(Pyrrhos)의 실패와 제1차 포에니 전쟁의 교훈을 의식했을 한니발은, 로마에 대항해 캄파니아, 아풀리아, 브루티움 지역으로 이탈리아 전선을 형성하려고 모든 노력을 기울였다.

남부 이탈리아의 몇몇 도시가 한니발 편에 가담했는데 특히 캄파니아 지역의 부유한, 이탈리아에서 둘째로 큰 도시 카푸아가 216년 말에 로마를 이반하고 한니발과 동맹을 맺었다. 하지만 카푸아는 자치를 유지했고, 카르타고에 군대를 제공할 의무가 없었으며, 로마에 대한 카르타고의 보호의 약속을 얻는 등 유리한 조건이었다. 카푸아는 한니발이 지배한 이탈리아 남부에서 지배적인 역할을 하길 희망했다.[33] 카푸아와의 동맹조약은 향후 카르타고가 다른 동맹국들과 맺는 조약의 모델이 되었다. 한니발은 중요한 동맹을 얻기 위해 캄파니아 지역에 대한 카푸아의 권한을 회복시켜줌으로써 이탈리아 해방의 약속에서 후퇴하지 않을 수 없었다.[34] 캄파니아의 다른 도시들은 카푸아의 뒤를 따르지 않았지만, 215년 봄 카르타고와 마케도니아 왕 필립포스 5세가 로마에 대해 상호원조를 약속한 동맹을 맺었다. 이 동맹조약에 대한 폴리비오스의 기록을 보아도, 제2차 포에니 전쟁에서 카르타고는 결코 로마의 파괴를 의도하지 않았다. 이탈리아의 넓은 부분들에 대한 로마의 헤게모니는 의문시되지 않았으며, 장차 서부 지중해의 정치구조를 형성하려는 카르타고의 계획에 영향을 준 것은 세계지배의 이념이 아니라 동부 지중해에서 적용된 세력균형의 원칙이었다.[35] 카르타고인들의 판단은 이탈리아에서 최근 거둔 성공들에 의해 흐려지지 않았으며 자국과 상대의 잠재력을 현실적으로 평가했다. 한편 카르타고가 제1차 포에니 전쟁 초기부터 로마의 동맹이었던 시칠리아의 강국 쉬라쿠사이와 214년에 동맹을 맺은 것도 외교적으로 커다란 성공이었다. 이로써 로마는 시칠리아 주둔 군대를 더욱 강화하지 않으면 안 되었고, 시칠리아산 곡물을 확보하기가 매우 곤란해졌다.

그러나 성공의 정점에서 카르타고는 이탈리아 도시들의 로마 이탈이 한계에 이르렀다는 것을 인정하지 않을 수 없었다. 로마 동맹국들의 대다수는 로마에 계속 충성했고, 한니발이 그동안 많은 중요한 승리를 거두었음에도 불구하고 로마는 여전히 항복하지 않았다. 카르타고 군대는 남부 이탈리아에 치우쳐 있어서 작전하는 데 어려움이 많았다. 카르타고 편으로 넘어온 도시들은 대체로 로마군의 보복 공격으로 포위된 채 고립되어 있었으며, 동맹국들을 지켜야 하는 책임이 오히려 한니발 군대의 기동성을 제약했다. 한니발은 신뢰를 잃지 않기 위해 로마의 보복으로부터 동맹국들을 방어하지 않을 수 없었다.[36] 한니발이 이탈리아 동맹국의 수를 증가시키기 위해서는 계속 공세를 펼치고 동맹국들을 보호해야 했지만, 그러한 이중 임무를 수행할 만한 군대를 가지지 못했다. 게다가 로마 군대는 공공연하게 도전하는 대신 부단히 포위를 강화하는 작전을 구사했다. 한니발은 점점 더 주도권을 상실한 채 가망 없는 게릴라전에 빠져들었다. 이런 국면에서 한니발은 213년 말에 마그나 그라이키아에서 가장 중요한 도시 타렌툼과 동맹을 맺는 데 성공했다. 타렌툼은 카푸아와 쉬라쿠사이처럼 경제적 전략적으로 중요한 도시였다. 하지만 타렌툼의 요새와 그것에 접한 항구는 로마군이 여전히 장악하고 있었기 때문에 어떻게든 항구를 확보하려는 한니발의 노력은 성과를 얻지 못했다.

칸나이 전투 이후 한니발은 더욱 많은 군수지원을 필요로 했다. 직접 위협받지 않은 카르타고 본국 정부는 전쟁물자를 분배하고 새로운 용병들을 부단히 모집하여 해외 전선에 투입하는 임무를 담당했다. 이 시기 한니발은 로마 화폐들을 이용하여 이탈리아 도시들을 위한 병용 통화(parallel currency) 정책을 실시함으로써 그 도시들을 로마에 대한 경제적 종속과 통화 종속에서 해방하려 한 것으로 보는 견해도 있다.[37] 카르타고 본국도 이 시기에 다량의 질 좋은 금은합금 주화와 은화를 발행했는데, 한니발의 이탈리아 전투를 지원하는 것이 주된 목적이었을 것이다.[38] 칸나이 전투 직후 한니발의 동생 마고(Mago)가 카르타고로 와서 상당한 병력을 지원받았지만, 그의 의도대로 이탈리아로 돌아오지 못하고 전력이 약화된 히스파니아로 파견되었다.[39] 전쟁 수행은 카르타고 정부에 커다란 부담과 비용을 요구했으며, 장기적으로 보면 무역에서 나오는 수입, 공물, 히스파니아산 은이 정기적으로 들어와야만 감당할 수 있었다. 그런데 더 우세한 로마 함대가 긴급한 물자의 유입을 방해했으며, 그것은 카르타고 시민들 간에 긴장을 고조시켰다.[40] 한니발의 초기 성공들은 의심할 바 없이 카르타고인의 자긍심을 높여주었고, 그들은 전쟁의 공포와 승리의 기쁨을 한니발과 함께 했지만 전쟁이 오래 갈수록 유리한 평화의 전망은 줄어들고 더욱 음울한 기분이 지배했다. 특히 새로운 전선의 확대와 그로 인한 보급품과 병력증원 문제가 본국 정부의 부담을 가중시켰다.

한니발과 본국의 귀족들 간에 알력이 어느 정도였는지 단정할 수 없지만, 바르카 가문에 반대하는 귀족들 중에는 한니발의 전쟁수행 방법을 근거로 그가 귀환하면 재판에 회부하려는 사람들도 있었다. 특히 전투의 우선을 정하는 문제와 관련하여 알력이 있었다. 카르타고의 많은 정치가에게는 한니발이 이탈리아에서 거둔 성공보다 시칠리아와 사르디니아를 지배하는 것이 더욱 중요했으며, 특히 로마인들이 여러 번의 패배에도 불구하고 단호한 입장을 유지한 이후 그러했다. 그렇지만 카르타고 시민들 간의 견해 차이를 본국 정부가 한니발의 등에 칼을 찔렀다는 식으로 받아들일 수 없는데, 한니발이 동료 시민들의 방해를 받지 않았더라면 로마를 쉽게 패배시켰을 것이라는 설명은 설득력이 없다. 카르타고 정부는 원래 한니발이 직면한 국면을 호전시키기 위해 히스파니아 사령관 하스드루발을 이탈리아로 파견하고 하밀코(Hamilco)에게 하스드루발의 임무를 맡기려 했지만, 히스파니아 상황이 그것을 좌절시켰다. 스키피오 형제(스키피오 아프리카누스의 부친과 숙부)가 에브로 강 전투(217년)에서 승리하는 등 압박했기 때문에 카르타고 정부는 히스파니아의 전력을 강화하지 않을 수 없었다. 213년에 카르타고 정부는 로마 군대에 의해 포위된 쉬라쿠사이를 구제하기 위해 하밀코의 지휘 아래 25,000명의 군대를 시칠리아에 파견했는데, 그의 군대는 아그리겐툼을 장악했지만 쉬라쿠사이에 대한 로마군의 포위망을 뚫지 못했다. 보밀카르(Bomilcar)의 지휘 아래 추가로 파견된 군대도 로마군의 우세 때문에 쉬라쿠사이를 구제할 수 없었다.[41]

이후 로마가 쉬라쿠사이(212년), 카푸아(211년), 타렌툼(209년)을 탈환했고, 특히 히스파니아에서 스키피오 아프리카누스가 '신카르타고'의 정복(209년)을 시작으로 연이어 승리함으로써 카르타고 제국의 권력정책 체제는 무너졌다. 카르타고는 209년에 하스드루발을 이탈리아로 파견하는 도박을 했고, 동시에 시칠리아와 사르디니아에 군대를 파견하는 작전을 구사하기도 했지만 인적 물적 자원을 총동원해야 하는 상황에서 카르타고가 이용할 수 있는 자원은, 특히 카르타고의 제국체제가 지닌 약점으로 인해, 로마의 그것에 비해 턱없이 부족했다. 카르타고는 장기간의 전쟁을 수행할 수 있는 인력을 동원할 수 없었기 때문에, 전쟁의 장기화가 궁극적으로 실패를 야기했다. 일리파 전투(206년) 이후 히스파니아를 포기함으로써 카르타고의 전시경제는 최종적으로 붕괴되었다.[42] 마케도니아는 205년에 카르타고와의 동맹을 파기했고, 카르타고는 203년에 한니발을 소환했다.

이제 전쟁의 무대가 된 북아프리카의 상황은 카르타고에게 더욱 불리하고 취약했다. 누미디아 왕 마시니사(Masinissa)가 카르타고를 이반하고 스키피오와 동맹을 맺음으로써 로마인들은 카르타고의 후배지에 중요한 동맹을 가지고 있었다.[43] 카르타고는 이웃 리비아인들의 지원에도 의지할 수 없었는데, 그들은 언제나 가혹하게 수탈당했기 때문에 카르타고의 멍에를 벗어던질 기회를 엿보고 있는 시한폭탄과 같았다. 카르타고 제국의 체제가 속민을 통치하는 데 내포하고 있던 약점이 노골적으로 드러난 것이다. 기스코(Gisco)의 아들 하스드루발이 카르타고와 시팍스(Syphax)간에 동맹을 체결하는 데 성공함으로써, 카르타고는 누미디아인 부족들의 협력에 의지해 도시 카르타고를 방어했다. 기스코의 아들 하스드루발의 지휘 아래 카르타고는 로마군에 격렬히 저항했지만(204-202년) 북아프리카로 한정된 카르타고 영토의 자원은 강력한 적에게 대항하기에는 매우 빈약했다. 전설적인 한니발도 상황을 변화시키지 못했으며, 202년의 자마 전투는 카르타고의 저항 의지의 끝이었다.[44]

카르타고 원로원이 스키피오에게 평화를 요청하여 성립된 조약에 따라 카르타고는 히스파니아와 지중해의 섬들을 포기했을 뿐 아니라, 북아프리카 영토의 일부를 누미디아 왕 마시니사에게 할양함으로써 카르타고 제국과 그 체제는 붕괴되었다. 비록 자치가 허용되었지만, 카르타고는 아프리카 밖에서 군사활동을 하는 것이 금지되었고 아프리카 안에서도 로마의 사전 허락을 받아야 했다. 카르타고의 모든 군상(war elephants)은 로마에 넘겨졌고, 10척의 함선을 제외한 모든 함대는 소각되었다. 또한 카르타고는 로마에 1만 탈렌트라는 엄청난 전쟁배상금을 50년에 걸쳐 지불해야 했다.[45] 제1차 포에니 전쟁이 끝난 241년에 체결된 조약에서 요구된 배상금의 약 10배에 달하는 액수였다.

Ⅳ. 카르타고의 파괴와 몰락

패전으로 제국을 상실한 카르타고는 엄청난 전쟁배상금으로 가난한 국가가 되었고 로마의 허락 없이는 무기를 들 수 없어 취약한 상태였다. 바르카 가문의 세력은 정치적으로 무너졌으며 반-바르카 당파가 카르타고의 정국을 주도했다. 로마가 부과한 군사적 제재가 약 반 세기 후 카르타고의 철저한 파괴와 몰락의 시작이 될 것이라고는 거의 누구도 예상하지 못했다. 201년 이후 카르타고는 전 지중해 세계로 팽창하며 제국을 형성하는 로마에 대해 언제나 고분고분했고 충실한 동맹국임을 입증했다. 카르타고 정부는 배상금의 분할 불입금을 매년 차질 없이 지불했을 뿐 아니라, 191년에는 시리아의 안티오코스 3세와 전쟁을 하고 있던 로마에게 나머지 40년간 지불할 배상금(8000 탈렌트, 24,000,000 데나리우스)을 일시에 지불할 용의가 있다고 제안하기도 했다. 카르타고의 재정궁핍이 호전되고 카르타고와 리비아 지역의 농업이 복구된 증거였다. 2세기 중엽 카르타고는 주민 수가 70만에 이르는 국제도시로서 지중해 전역에서 오는 사람들에게 열려 있었으며, 로마인 상인들도 거주하고 있었다.[46]

카르타고 문명의 종말을 가져온 제3차 포에니 전쟁은 사실상 하나의 군사작전, 카르타고에 대한 로마군의 포위공격 작전에 해당했다. 오늘날 튀니지의 북서부로 영토가 줄어든 카르타고가 로마에 아무런 위협이 되지 않았음에도 불구하고 숙적을 파멸하기로 의도한 로마인들에 의해 촉발된 전쟁이었다. 3차 포에니 전쟁에 대해서도 패자 카르타고는 아무런 기록을 남기지 않았으며, 폴리비오스가 기록한 정보도 얼마 되지 않아서 아피아누스의 저술에 주로 의존하여 살펴볼 수밖에 없다. 이 전쟁에 대해 그동안 발표된 연구 성과도 매우 빈약하다.[47] 카르타고의 약점을 노려 카르타고 영토를 조금씩 빼앗는 모험을 해온 누미디아 왕 마시니사가 153년에 오늘날 튀니지의 서부에 해당하는 캄피 마그니(*Campi Magni*)와 투스카(Thusca) 지역을 강탈할 때, 카르타고가 그것에 대항해 약간의 방어군을 조직했다. 로마 원로원은 카르타고가 201년의 조약을 위반함으로써 그 조약이 파기되었다고 주장했다. 폴리비오스와 아피아누스, 리비우스의 서술에 따르면, 로마인들은 149년에 전쟁을 선포하기 오래 전부터 카르타고를 침공하려고 의도했다.[48] 로마 원로원의 결정에 따라 149년 봄 로마의 두 콘술은 기병 8만, 보병 4천, 50척의 5단노선과 100척의 소형 갤리선을 이끌고 시칠리아로 건너갔다. 평화파가 주도한 카르타고 원로원은 전쟁을 피하기 위해서는 어떤 양보든 하고자 했으며, 로마군이 시칠리아를 떠나기 전에 콘술들에게 사절단을 파견했다. 콘술들은 카르타고 사절들에게 카르타고의 호의와 평화적 태도의 증거로 귀족 가문 출신의 아들 300명을 인질로 넘기도록 요구했다.[49] 카르타고는 어머니들의 비탄과 만류에도 불구하고 아들들을 인질로 넘겼지만 아무런 효과가 없었다.

로마의 콘술들은 전 병력을 이끌고 우티카(Utica)에 상륙했고, 우티카를 포함한 여러 도시가 로마 편으로 넘어갔다.[50] 콘술들은 자신들에게 도착한 카르타고의 두 번째 사절단에게 카르타고가 진정으로 평화를 원한다면 모든 군사 장비를 양도할 것을 요구했다. 카르타고 원로원이 그 요구도 받아들임으로써 무장 20만 벌과 투석기 2,000개가 로마군에 넘겨졌고, 우티카 항구에 집결된 카르타고의 모든 함대는 소각되었다.[51] 카르타고의 원로원의원들은 마침내 평화를 얻었다고 생각했을지 모르지만, 그것은 착각이었다. 콘술들은 세 번째 사절단을 불러, 카르타고 주민이 도시를 떠나 약 16km 떨어진 내지의 농촌에 정착할 것을 요구했다. 아피아누스의 생생한 기록에 따르면, 이 요구로 카르타고에는 분노가 폭발했다. 평화파 원로원의원들과 로마의 요구를 전달한 사절들은 성난 군중에 의해 살해되었으며, 카르타고에 거주하던 이탈리아인들도 학대당하거나 살해되었다. 이제 강경파가 주도하는 카르타고 원로원은 로마에 대해 전쟁을 선포했고, 도시의 노예들을 해방시켰으며, 최근 유죄 판결을 받고 농촌에서 3만의 군대를 지휘하고 있던 하스드루발에게 도움을 요청했다. 마시니사의 손자인 또 다른 하스드루발은 장군으로 선출되어 도시 카르타고의 군대지휘권을 잡았다. 신전들과 광장들은 무기를 만드는 임시 작업장이 되었고, 여자들은 투석기에 사용할 줄을 만들기 위해 머리카락을 잘랐다.[52]

카르타고는 동쪽 지협을 가로지른 3중의 방어시설을 포함해 34km의 견고한 성벽과 해자로 둘러진 거대한 도시였다. 카르타고인들은 지협과 바다 및 호안으로부터 거듭 공격해오는 로마군에 대항해 3년 동안 싸웠다. 농성하는 카르타고 시민들은 고립무원의 처지가 아니었는데, 용서받은 하스드루발이 농촌에서 군대를 이끌고 활동했고, 캐이프 봉(Cape Bon) 인근의 히파크라, 네페리스, 클루페아-아스피스도 로마군에 저항했다. 로마군은 우티카, 하드루멘툼, 렙티스, 탑수스, 아콜라에서만 지원을 받았다. 하스드루발은 포위된 시민들에게 보급품을 보낼 수 있었고, 147년 여름까지는 외국 상인들도 로마군의 봉쇄에도 불구하고 여전히 카르타고에 도달할 수 있었다. 149년과 148년 동안 공성하는 로마군은 거듭 역공을 받았으며, 로마 함대 중 다수가 소실되었고, 호안에 주둔한 콘술 마르쿠스 켄소리누스의 군대는 전염병으로 타격을 받았다. 하스드루발은 해안 근처의 네페리스로 이동했으며, 하밀코 파메아스가 로마편으로 넘어갔지만 카르타고의 사정은 대체로 안전했다. 히파크라를 장악하려는 콘술 칼푸르니우스 피소의 시도는 실패했고, 한편 누미디아 왕 마시니사의 사후 누미디아의 귀족 비티아스(Bithyas)가 800명의 기병을 이끌고 하스드루발의 군대에 가담했다. 카르타고의 사절들은 리비아를 순회하며 로마군에 저항할 것을 독려했다.[53]

그러나 사정이 카르타고에게 불리해지기 시작했다. 네페리스에 주둔한 카르타고군은 로마군에 심각한 위협을 가하지 못했으며, 148년 언젠가 하스드루발은 마시니사의 손자로 자신과 동명의 장군이던 하스드루발을 반역자라고 주장했고, 그 장군은 시민들에 의해 살해되었다. 한편 로마편에서는 스키피오 아이밀리아누스(Scipio Aemilianus)가 공성 동안 세운 공으로 147년의 콘술로 선출되어 군대지휘권을 잡았고, 포위 작전을 강화했다. 스키피오는 카르타고로 이르는 지협을 가로질러 이중의 성벽으로 요새화함으로써 농성하는 카르타고인들이 돌파할 수 없도록, 그리고 외부로부터 증원군과 보급품이 도달할 수 없도록 했다. 이중의 성벽 동쪽에는 항구들로의 진입을 막기 위한 방파제를 쌓았다.[54] 카르타고인들은 사로잡은 포로들을 성벽 위로 끌고 올라가 로마군이 바라보는 가운데 매우 끔찍한 방식으로 살해했다. 로마인들이 카르타고인의 잔인성의 증거로 제시한 그러한 행위는, 사실 정치적 군사적 결단을 보여준 것이었다.[55] 도시 카르타고의 사태를 주도한 주전파는 동료 시민들에게 승리 아니면 죽음의 선택을 강요했다. 하스드루발은 사실상 독재자가 되어

반대를 용납하지 않았으며, 시민들은 굶주리는데 자신은 병사들과 사치스럽게 생활했다는 이야기도 있다. 카르타고인의 죽음과 탈주가 극적으로 증가했다. 스키피오는 겨울 동안 네페리스에 주둔한 카르타고 군대를 공격하여 7만의 군대와 민간인을 살해하고 1만 명을 포로로 잡았다.[56] 카르타고 편을 들던 히파크라(Hippacra)와 같은 리비아-페니키아인의 도시들과 리비아인들이 항복했다.

카르타고에게는 희망이 없었으며, 146년 봄 로마군이 최종 공격을 시작했다. 항구로 진입한 로마군은 성벽을 돌파하고 '도베'를 지나 원로원의사당과 '아폴론'(Reshef)의 황금신전과 같은 공공건물들이 둘러선 아고라에 이르러 즉시 약탈했다. 그후 로마군은 비르사 언덕 아래 시민들의 주거지를 장악했다. 로마군은 아고라에서 비르사 언덕으로 이어진, 양 옆으로 6층 가옥들이 늘어선 세 개의 길을 따라 이동하며 카르타고 병사들과 민간인을 마주치는 대로 학살하고, 수색이 끝난 건물에는 불을 질렀다. 로마군의 공격이 시작된 지 7일째 되는 날 에쉬문(Eshmun) 신전이 자리한 비르사 언덕의 요새가 점령되었다. 최후의 카르타고인 5만 명의 남자, 여자, 어린이가 끌려나와 노예가 되었다. 에쉬문 신전에는 장군 하스드루발과 900명의 로마군 탈주자들이 있었는데, 하스드루발은 비겁하게도 홀로 나와 스키피오에게 탄원하며 항복했다. 탈주자들은 신전에 불을 지르고 하스드루발을 저주하면서 화염에 뛰어들었다. 하스드루발의 아내도 신전의 성벽 위로 올라가 조국과 가족을 배반한 남편을 저주하고는 어린 두 아들을 안고 거대한 불길 속으로 몸을 던졌다.[57] 도시 카르타고는 여러 날 동안 불에 탔다. 카르타고는 돌 하나도 남겨지지 않았을 정도로 불에 타고 파괴되었다거나, 스키피오가 파괴한 땅을 쟁기로 갈고 소금을 뿌리도록 했다는 이야기가 고대부터 현대 역사서술에까지 전해졌다. 그러나 카르타고의 철저한 파괴를 강조한 이러한 이야기는 고고학 발굴을 통해 '신화'임이 드러났다.[58] 로마인들은 카르타고를 파괴했지만 마고(Mago)가 저술한 농업서는 이탈리아로 가져와 아폴론 신전에 보관했고, 로마 원로원은

그 책을 라틴어로 번역하도록 했다.[59]

전쟁 동안 카르타고를 이반한 우티카 등 일곱 개의 포에니인 도시들은 '자유 도시'로서 면세를 비롯한 혜택을 입은 반면, 카르타고의 나머지 영토는 로마의 속주 '아프리카'가 되었다. 저주받은 땅 카르타고에는 장차 누구도 거주하는 것이 금지되었다. 그러나 1세기 후인 46년에 율리우스 카이사르가 카르타고를 재건하고 식민화하는 작업에 착수했는데, 그의 갑작스런 죽음으로 거의 실현되지 못한 '신 북아프리카 프로젝트'를 아우구스투스가 계승하여 완성했다. 옛 카르타고의 중심이었던 비르사 언덕은 다시 거대한 바실리카와 신전들과 포룸이 들어선 행정과 종교의 중심지가 되었으며, 일정한 간격의 도로망이 도시를 구획했다. 카르타고는 로마의 속주 아프리카의 행정중심지 '율리우스의 화합의 식민시 카르타고'(*Colonia Iulia Concordia Carthago*)로 다시 태어나 로마 제국에서 가장 번성한 도시들 가운데 하나가 되었다.[60] 그것은 아우구스투스 체제의 화합과 화해의 힘, 로마의 확고한 지배를 선포한 것이었다.

Ⅴ. 맺음말

카르타고 국가와 문명은 146년에 종말을 맞이했지만, 역사가들이 '신-포에니 문명'이라 일컫는 포에니인의 언어와 종교 및 제도는 사라지지 않았다. 카르타고의 몰락으로 포에니어로 공식 기록을 하는 것은 중단되었지만, 석비들에는 흘림체 '신-포에니어'가 서기 1세기 말경까지 계속 사용되었다. 리비아와 누미디아의 도시들은 카르타고가 몰락하고 나서도 여러 세기 동안 신전과 무덤, 공공건물, 예술품에 포에니어로 수많은 기록을 남겼다. 문자가 사라진 후에도 언어는 계속 사용되어서 카르타고의 몰락 이후 550년이 지난 무렵에도 아우구스티누스에 따르면 히포 레기우스 주변 사람들은 여전히 포에니어를 말하고 스스로를 포에니인이라 말했다. 북아프리카의 여러 도시는 로마 제국의 전성기에도 카르타고 시대의 행정구조, 특히 수페테와 같은 제도를 여전히 유지했다.

카르타고가 몰락하고 북아프리카에서 로마화가 진행되었어도 포에니인의 전통 신앙은 허용되었으며, 티베리우스 황제 치세에 총독이 금령을 내릴 때까지 포에니인들은 여전히 공적으로 인신희생을 바쳤다. 로마인들은 바알 함몬(Baal Hammon)을 사투르누스로, 타닛(Tanit)을 유노(Iuno Caelistis)로 받아들였다. 북아프리카에 기독교가 크게 확산되었을 때에도, 바알 함몬 숭배는 계속되고 있었다. 포에니인들이 바알 신을 신들 가운데 최고 신으로 숭배한 일신교적 신앙, 초월적인 신의 의지에 복종한 전통이 북아프리카에서 기독교가 급속히 성장하는 데 기여했을 것으로 이해된다.

146년에 카르타고 문명이 몰락한 이후 두드러진 현상은, 그리스 로마의 저술가들이 카르타고인과 그들의 문명을 일방적으로 비난한 것이었다. 플루타르코스는 카르타고인을 가혹하고 음험하며 정무관에게는 굴종하지만 속민에게는 가혹한 사람들, 두려울 때는 가장 비굴하지만 격분했을 때는 가장 야만적인 사람들로 비난하고 옛 아테네인의 관대하고 명랑한 성품과 대조했다. 리비우스도 카르타고인의 잔인성, 배신, 불경을 지적하곤 했는데, 카르타고인의 사악함과 대조적인 로마인의 덕성을 내세우려는 의도였다. 고대 저술가들이 카르타고 문명과 카르타고인에 대해 만들어낸 편견을 18, 19세기 유럽의 지식인들이 적극 수용했다.

십자군 시대 서유럽의 이슬람세계에 대한 인식과 담론의 유형들*, **

성백용

Ⅰ. 머리말

7세기 이후 이슬람이라는 새로운 종교 또는 새로운 문명이 흥기하면서 서유럽 기독교세계의 역사와 운명은 면모를 일신한 이 가깝고도 먼 이웃과 숙명적으로 얽히게 되었다. 이슬람의 존재는 중세 기독교세계에 여러 면에서 단연코 가장 크고 깊게 영향을 미친 외부 요인이었다.

그렇다면 중세 서유럽 기독교세계는 이슬람과 무슬림들에 대해 어떠한 견해와 비전을 가지고 있었는가? 일찍이 이러한 문제를 진지하게 제기한 서던(R. W. Southern)은 이 새로운 존재 앞에서 서유럽 기독교인들이 느낀 당혹감을

* 이 논문은 2012년 정부(교육과학기술부)의 재원으로 한국연구재단의 지원을 받아 수행된 연구임(NRF-2012S1A5A2A03034238)
** 『역사와 담론』 제80집 (호서사학회, 2016), pp. 321-360.

이렇게 표현한다. "신학적인 차원에서 그것은 그 존재 이유를 해명해야 하는 하나의 수수께끼였다. 섭리에 따른 그것의 역사적 역할은 무엇인가? 그것은 기독교의 한 이단인가, 하나의 종파(schism)인가, 아니면 새로운 종교인가? 그것의 장본인은 인간인가, 아니면 악마인가? 기독교의 추잡한 패러디인가, 아니면 존중을 받을 만한 하나의 사상 체계인가?"[1]

탄생한 지 한 세기 여 만에 지중해 연안의 기독교 지역을 석권하고 프랑크왕국 깊숙이까지 침범한 이 새로운 적들의 정체에 대해 유럽인들이 느꼈을 혼란은 이들을 가리키는 명칭들에서부터 여실히 감지된다. 어떤 이들은 그들이 아가르(하갈)에게서 난 아들 이스마일의 후손이라 하여 '아가레네스(Agarenes)' 또는 '이스마일리테스(Ishmaelites)'라 불렀고, 또 어떤 이들은 그리스-로마 시대로부터 내려온 관행대로 '사라센(Saraceni)'이라는 명칭을 썼다. 그런데 왜 '사라센'인가? 중세의 석학들은 그 말의 어원을 기어코 성경에서 발굴해 냈다. 7세기 초 세비아 주교였던 이시도루스(Isidorus)는 그들이 여종 하갈의 자손임을 감추기 위해 사라의 자손(Sarra geniti)을 자처한 데서 그 말이 유래했거나 그들의 시리아 태생(Syrigenae)에서 유래했다고 풀었고, 8세기 중엽 『지식의 샘』을 저술한 다마스쿠스의 요한(Johannes Damascenus)은 "사라(Sarra)가 저를 빈손으로(vacuos) 내쳤습니다"라는 하갈의 대답(『창세기』 16장)에서 그 말의 유래를 들춰낸다.[2] 게다가 종종 '마호메트교도(Mahomedans)'라는 말이 사라센이나 아랍인과 같은 의미로 통용되었으니, 이는 말하자면 '크리스천'이라는 말과 어느 특정한 민족을 혼동하는 오류와 같은 것이다.[3]

혼동은 이 정도로 그친 것이 아니다. 이슬람이라는 종교의 가장 기본적인 신조에 관한 문제들에 대해서조차도 의견이 분분했다. 무슬림이 다신교도라거나 우상숭배자라는 주장이 있는가 하면, 예언자 무함마드가 신이라거나 사탄이라거나 이단교주라거나 사기꾼, 난봉꾼이라는 등의 속설이 난무했다. 성적인 방종이 허용되고 심지어 낙원에서도 매음굴처럼 환락을 탐하기에 그 종교가 대중의 인기를 끌었다는 통념이 있었는가 하면, 무슬림들의 경건함과 건전한 생활태도를 찬양하는 의견도 일부 있었다. 예컨대, 13세기 말 바그다드에 수년간 체류했던 도미니쿠스 수도사 리콜도 다 몬테 디 크로체(Riccoldo da Monte di Croce)는 무슬림들의 생활 태도에 대해 이렇게 말한다. "이 무슬림들의 학구적 태도, 기도의 근행(勤行), 가난한 자에 대한 동정, 하나님과 예언자들과 성소에 대한 공경, 절제하는 태도, 낯선 이들에 대한 환대, 화합과 서로에 대한 사랑을 유심히 지켜본 사람이라면 누군들 놀라지 않겠는가?"[4] 외교적인 수사일 수도 있겠으나, 심지어 교황 자신이 기독교와 이슬람이 근본적으로 같은 신앙이라고 말하기도 했다. 1076년 교황 그레고리우스 7세는 베자야(Béjaïa, 알제리)의 술탄 알나지르(al-Nāṣir)에게 보낸 서한에서 이렇게 말한다. "… 우리는 한 분의 하나님을, 비록 서로 다른 방식으로이긴 하지만, 믿고 고백하며 모든 시대의 창조주이자 이 세상의 지배자로서 나날이 그 분을 찬양하고 숭배하기에, 당신들과 우리는 그 어떤 인간 종족들보다도 더 이와 같이 서로 사랑해야 마땅합니다."[5]

그런데 이로부터 불과 20여년 뒤에 시작된 십자군 시대에 무슬림들이 악마화되고 이 어둠의 세력에 대한 전쟁이 신을 위한 폭력으로 정당화되었다는 사실을 어떻게 이해해야 하는가? 서던을 비롯한 기존의 연구들에 따르면, 서유럽 기독교세계는 오랜 동안 '무지의 시대'에 있다가 십자군과 더불어 이슬람세계에 대한 관심과 정보 지식에서 급격한 변화를 맞게 되었다고 한다. 이 십자군의 시대에 성전(聖戰) 이데올로기의 동원과 더불어 무슬림들에 대한 편견과 악의적인 왜곡이 한층 더 조장되기도 했지만, 그 이면으로 이슬람에 대한 진지한 접근과 이성적 태도가 성장하고 마침내 관용의 정신이 싹트게 되었다는 것이다.[6] 더 근본적으로 대부분의 연구들은 이슬람이라는 타자가 무관심과 무지의 영역에서 십자군 이후 점차 "지적으로 확인 가능한 사실로서 서유럽인들의 의식 속에"[7] 들어오게 되었다고 말한다.

장기간의 십자군 원정과 예루살렘 왕국에서의 현지 체류 경험을 통해 무슬림 사회가 서유럽인들에게 좀 더 익숙한 모습으로 다가오게 되었고, 그와 더불어 이슬람에 관한 담론들 역시 전에 비해 부쩍 늘어났다는 것은 틀림없는 사실이다. 이 같은 역사적 배경에 비추어보면, 이슬람에 대한 지식의 진보를 상정하는 이러한 테제는 상당한 설득력이 있으며 실제로 중세 서유럽의 이슬람에 관한 많은 담론들을 이해하는 데 도움을 준다. 그럼에도 불구하고 그것은 이슬람에 대한 서유럽의 지식과 태도가 단선적으로 발전해나갔다는 오해를 불러일으킬 소지가 많은 것도 사실이다. 앞에서 언급한 이슬람과 무슬림들에 대한 허황되고 왜곡된 인식, 오해, 편견들이 이성적 접근태도와 비판 또는 관용의 정신 앞에서 서서히 퇴조해갔다는 주장은 복잡한 사실과 현상들을 너무 단순화할 우려가 있다. 서유럽의 패권과 더불어 이슬람세계가 더 이상 중대한 위협이 되지 못했던 근대 시기까지 연장해서 본다면, 그러한 시각이 어느 정도 타당하겠으나, 십자군 시대에 국한한다면 좀 더 면밀한 관찰과 신중한 해석이 필요할 것이다. 예컨대, 교황이 '그리스도의 대리(vicarius Christi)'로서 기독교세계 밖의 이교도에 대한 관할권까지 주장하며 성전을 독려하던 시기에, 황제 프리드리히 2세의 보호 아래 수만에 이르는 시칠리아 출신의 포로들이 로마 동쪽의 루체라(Lucera)에서 80년 가까이 무슬림 공동체를 이루며 살아갔다는 것을 어떻게 이해할 수 있겠는가?[8]

또 하나 염두에 둬야 할 점은 설령 그러한 변화가 지식인-성직자들의 담론에서 감지된다고 하더라도 그것이 곧 사회 전반의 여론에 파급되었다거나 거꾸로 그러한 여론을 반영한다고 말하기는 더더욱 어렵다는 것이다. 정보가 넘쳐나는 오늘날에도 이슬람에 대한 인식 수준에서 지식인들과 일반 대중 사이에 적지 않은 격차가 있거니와, 하물며 중세에 그러한 격차는 훨씬 더 컸고 또 그럴 수밖에 없는 이유들이 충분했던 것이다.

이러한 문제의식에서 출발한 이 글은 기존의 주요한 연구 성과들을 비판적으로 재검토하고 향후 이 주제에 대한 연구에서 좀 더 진지하게 논의되어야 할 문제들을 드러내보고자 하는 하나의 시론이다.

II. 십자군 시대 이전: '무지의 시대'?

무슬림들이 알라를 알기 이전 시대를 스스로 '무지의 시대'라 일컫듯이, 십자군 시대 이전까지 유럽인들은 이슬람이라는 종교에 대해 무지의 시대에 있었다고 흔히 알려져 왔다. 기존의 많은 연구들 역시 십자군 시대 이전의 이슬람에 대한 '무지'와 그 이후의 '지식'을 대비시킨다. 물론 십자군과 더불어 이슬람과 무슬림들에 대한 정보와 접촉이 훨씬 더 늘어난 것은 사실이지만, 그렇다고 해서 그 시기 전후를 어둠과 빛처럼 대비시키는 것은 지나친 단순화이다. 이는 20세기에도 대다수의 서구인들이 이슬람에 대해 무지했다는 사실을 상기해보면 더 이를 나위가 없을 것이다.

이 같은 '무지설'을 뒷받침하는 가장 주된 근거는 두 세계 사이에 직접적인 접촉이 매우 드물었다는 것이다.[9] 물론 접촉의 범위와 밀도 등 여러 면에서 십자군 시대에 비할 바는 아니었지만, 그렇다 해도 무지의 늪에 머물러 있을 정도로 접촉의 경험이 희박했던 것은 아니었다. 732년 투르-푸아티에 전투 이후로 에스파냐 북부와 갈리아 남부, 이탈리아 곳곳에서 무슬림들과 접전이 벌어졌으며, 일찍이 마르크 블로크가 밝혀냈듯이 로마에 갔다가 알프스의 생베르나르 고개를 넘어 귀환하던 클뤼니 수도원장 마이욀(Maïeul)을 납치하고 몸값을 받아낼 정도로 기승을 부렸던 사라센들의 소굴이 10세기 말까지 프로방스 해안의 프레네(La Garde-Freinet)에 똬리를 틀고 있었다.[10] 한편, 샤를마뉴의 궁정이 있던 아헨과 압바스 제국의 수도인 바그다드 사이에 사절이 오갔거니와, 바로 『천일야화』의 등장인물이기도 한 칼리프 하룬 알라쉬드(Harun al-Rashid)가 황제에게 선물로 보낸 아불 압바스(Abul Abbas)라는 이름의 코끼리가 두 제국의 긴밀한 관계를 상징한다.[11] 또한 9세기 중엽 이탈리아 남부의 바리(Bari) 일대는 한 세대 동안 아랍인 태수(emir)의 영역이었으며, 시칠리아는 1070년대까지 거의 두 세기 반 동안이나 이슬람의 수중에 있었다.

무엇보다도 비잔티움제국은 끊임없이 그 영역을 잠식해 들어온 이슬람 세력과 수세기 동안 대치하고 있었고, 이슬람 영역으로 넘어간 이베리아와 동방에는 수많은 기독교인들의 공동체가 여전히 잔존하고 있었다. 이 두 세계의 경계를 넘나드는 사절과 순례자, 망명자, 상인들이 있었고, 개중에는 아랍어를 라틴어로 옮길 수 있는 지식인도 없지 않았으며, 심지어 8세기 초에 콘스탄티노플에는 무슬림 방문자나 포로를 위한 모스크가 세워질 정도였다.[12] 이렇듯 다양한 경로를 통해서 이슬람과 무슬림들에 대한 다양한 정보—충실하든 부실하든—가 서유럽에 유입된 것은 확실하다. 문제는 키더(B. Z. Kedar)의 지적처럼 이러한 정보들이 진지한 관심과 논쟁으로 이어지지 못한 채 맞춰지지 않은 블록들처럼 겉돌고 있었다는 것이다.[13]

그런 의미에서 십자군 이전 시대는 무지의 시대라기보다는 무관심의 시대였다고 하는 편이 정확할 것이다. 이슬람세계가 서유럽인들에게 관심의 대상이 된 경우 그것은 기독교에 대한 종교적 위협으로서보다는 주로 군사적 위협으로서 다가왔다. 즉 그들에게 충격을 준 것은 아랍인 정복자들의 독특한 신앙이 아니라 파죽지세 같은 그들의 군사적 성공 자체였다. 이는 이 시대 기독교 논자들이 유대교와 기독교 이단에 대해서는 대단히 예민하게 반응하면서도 이슬람에 대해서는 그만한 열의를 보이지 않았다는 점, 그리고 노르만이나 슬라브, 마자르족 등 이교도에 대한 선교 사업과 대조적으로 이베리아 반도의 무슬림들에 대한 선교에는 그다지 관심을 기울이지 않았다는 점에서도 아주 잘 나타난다. 단적으로 거의 30년에 걸쳐 작센인들의 개종에 광적인 열정을 쏟았던 샤를마뉴가 피레네 변경 너머의 기독교화에는 별로 노력을 기울이지 않았던 것이다.

하지만 이슬람과 훨씬 더 직접적이고 전면적으로 접촉하고 있던 비잔티움 제국과 이슬람에 정복당한 이베리아 반도 쪽의 상황은 사뭇 달랐다. 8세기 중엽만 해도 에스파냐의 무슬림 정복자들은 '이교도(pagani)'나 '불신자(infideles)' 등으로 불리기보다는 '아랍인', '사라센', '이스마일족', '마우리(mauri)' 같은 종족명으로 불렸다. 이 정복자들은 원주민 사회에 대해 자신들의 종교를 강요하기는커녕 오히려 대다수의 종교인 기독교에 소수인 자기 종족이 물들지 않을까 우려하여 분리정책을 펴면서 기독교 공동체에 광범위한 자치와 자유를 허용했다. 이러한 관대한 정책의 결과, 국가의 보호를 받는 비무슬림 주민인 딤미(dhimmi) 신분의 원주민들 가운데 무슬림 사회에 동화하고 심지어 개종하는 사람들이 속출하게 되었고, 이때부터 기독교 사회 안에서 자신들의 종교적 정체성을 위협하는 이슬람과 선을 긋고 그 교의를 논파하려는 움직임이 나타났다.[14]

무슬림 지배 하의 에스파냐에서 나온 예언자 무함마드의 전기로, 케네스 볼프(Kenneth B. Wolf)가 분석한 두 가지 텍스트는 당시 그 지배자들의 종교에 대한 기독교 사회의 인식과 태도가 어떠했는지를 단적으로 보여준다.[15] 먼저, 8세기 중엽 익명의 저자가 쓴 전기(*Storia de Mahometh*)에서 예언자 '마호메트'는 고아로 커서 어떤 과부 밑에서 일하다가 욕정에 불타 그녀와 결혼한 인물이다. 후일 그는 양아들 제이드(Zaid)의 아내에게 욕정을 품고 아내로 취했다.[16] 고리대금업으로 살아가던 그는 기독교인들의 집회에서 듣고 외운 설교를 분별이 없는 아랍인들에게 되뇌어 최고의 현자로 소문이 났고, 자신이 가브리엘 천사라며 독수리 모습으로 나타난 악령의 조종에 따라 예언자를 자처하게 되었다. 이후 그는 우상 숭배를 멀리하고 천상의 신을 경배하라고 설교했으며, 새로운 신앙에 대한 열정으로 적에 대한 전쟁을 선동하여 다마스쿠스를 왕국의 도읍으로 삼았다. 그는 자신이 죽은 지 사흘 째 가브리엘에 의해 되살아나리라고 공언했으나, 실상 부활은커녕 썩은 내를 풍기는 그의 시신에 개들이 모여들자, 추종자들은 그의 유해를 땅에 묻고 해마다 개를 도살하도록 명했다. 저자는 이 거짓 예언자가 요셉, 자카리아(사가랴, 『누가』 1:67), 성모 마리아에 대한 찬송가를 지어 부르게 했고, 또한 『쿠란』에 언급된 동물들, 이를테면 붉은 송아지, 거미, 개구리, 오디새에 관한 노래를 지었다고 말한다.[17] 한편, 한 세기 뒤에 역시 익명의 작가가 쓴 예언자의 전기(*Tultusceptru de libro domni Metobii*)에서 무함마드는 원래 오짐(Ozim)이라는 수도사로 등장한다. 이 수도사는 스승인 주교 오시우스(Osius)의 유언에 따라 그가 주님의 천사로부터 받은 계시를 설파하러 에리본(Erribon)으로 가던 중 악한 천사의 꾐에 넘어가, 무함마드로 개명하고 그리스도의 그릇이 아니라 맘몬의 그릇이 되었다.[18]

볼프는 9세기 중엽의 텍스트가 한 세기 앞선 텍스트보다 예언자와 이슬람에 대해 훨씬 더 긍정적인 태도를 보인다고 분석한다. 즉 여기서 예언자는 고리대금업자에 호색한으로 묘사한 앞의 전기와 달리 수도사로서 스승인 주교를 통해 사도의 사명을 띠게 된 인물로 등장하며, 비록 온전한 신의 계시가 사탄의 간계로 변질되었지만 이슬람의 뿌리가 본래 기독교에 있음을 암시하고 있다는 것이다. 또한 예언자의 가문인 하심, 예언자의 도시인 야스리브와 각각 연관이 있을 '오짐', '에리본' 같은 고유명사들은 이슬람에 대한 좀 더 구체적인 지식을 나타낸다고 주장한다. 그러나 한 세기의 간격이 있는 이 두 텍스트에서 오히려 더 인상적인 것은 그 시간의 간격에 비해 이슬람에 대한 지식의 축적이 그다지 뚜렷하게 드러나지 않는다는 점이다.

그로부터 다시 두 세기 반 뒤로 넘어가서 제1차 십자군원정이 시작될 무렵에도 사정이 크게 달라진 것 같지는 않다. 이 시기에 이르면 무슬림들이 우상을 숭배하는 이교도(pagan)로 묘사되기보다 기독교의 한 이단(heresy)으로서 더 빈번하게 묘사되었다는 것은 널리 인정되어온 바이지만, 이러한 변화가 서유럽인들이 무슬림들과 더 많이 접촉하고 그들에 대해 더 잘 알게 된 데 따른 결과인지는 의문이다. 11세기 말 마인츠의 엠브리코(Embricho Moguntinus)가 지은 또 다른 무함마드의 전기에서 그는 전형적인 반(反)성인(anti-saint)의 면모를 띤 이단교주(heresiarch)로 등장한다. 본래 리비아 총독의 노예였던 그는 마구스(Magus)라는 악한의 계략과 조종으로 총독을 살해하고 그 과부와 결혼하면서 부와 권력을 쥐게 되며, 예언자의 권위를 누리면서 기독교 율법을 전복시켜 근친상간 같은 패륜적인 율법을 설파한다. 결국 얼마 못가서 하나님이 그를 죽임으로 벌하고 그의 시신을 돼지들이 먹어치워 차후 무슬림들 사이에 돼지고기에 대한 금기가 생겼다고 한다.[19]

이 텍스트를 분석한 존 톨란(J. Tolan)은 이교적 우상숭배에서 기독교의 이단으로 이슬람의 이미지가 바뀐 것은 기존 학설의 설명처럼 이슬람에 대한 지식이 증대한 것 못지않게 11세기 말 다시 고개를 쳐든 이단들과 개혁운동의 소용돌이에 휩싸인 기독교 교회의 강박에 그 원인이 있었다고 주장한다. 엠브리코는 무함마드의 활동무대를 황당하게도 4세기 리비아로 설정하는데, 톨란에 따르면 이는 이슬람을 기독교에 필적하는 신흥 종교가 아니라 익숙한 동시에 진부하고 타락한 이단의 한 종류로 표상하려는 의도를 담고 있다는 것이다.[20] 저자의 의도적인 왜곡 여하는 차치하고, 일단 표면적으로 십자군 시대 직전의 이 전기가 8-9세기의 전기들에 비해 이슬람에 대한 개선된 지식을 담고 있다고 보기는 어려운 노릇이다.

게다가 이슬람에 대한 시각과 태도는 어떤 단선적인 진화를 보이기보다는 저자들이 처한 주위 상황과 입장에 따라 상당한 편차를 보이기 마련이었다. 이를테면, 한편으로 850년대에 예언자 무함마드와 무슬림 지배자들의 신앙을 공개적으로 모독하여 죽음을 자초한 코르도바의 순교자들—또 이들을 옹호하며 결국 자신도 순교한 에울로기우스(Eulogius de Cordoba)와 그의 전기를 쓴 동료 알바루스 파울루스(Alvarus Paulus) 같은 극소수의 비타협적인 투사들—과 다른 한편으로 무슬림 지배 아래서 그나마 허용된 신앙생활과 안전을 도모하며 "카이사르의 것은 카이사르에게…"라는 계명 속에서 지배자들에 대한 자신들의 순응과 "거북한 공생관계(antipathetic symbiosis)"[21]를 정당화했던 대중 사이에는 의식과 행태 면에서 엄청난 차이가 있었던 것이다.

이베리아 반도보다 훨씬 더 일찍부터 비잔티움제국에서는 이슬람에 대한 논의가 더욱 활발했다.[22] 페르시아제국을 꺾은 이슬람제국은 페르시아처럼 두려운 동시에 훌륭한 적이었다. 사실 비잔티움제국은 십자군 전쟁 시점의 서유럽보다 이미 4세기 반 전부터 이슬람과 대적해왔지만 '성전' 이데올로기를 내세운 적은 없었으며, 그 제국 사람들이 무슬림들과 마찬가지로 야만인 취급한 서유럽인들보다 오히려 이슬람세계를 더 친숙하게 여겼다.[23] 게다가 과거 비잔티움제국의 신민이던 그리스계의 기독교인들이 여전히 무슬림의 지배 아래 남아 있었기 때문에 이들의 종교와 사회를 들여다보는 데 훨씬 더 유리한 위치에 있었다.

에울로기우스와 마찬가지로 칼리프 지배 아래서 유력한 지위를 누려온 기독교 집안 태생으로 아랍어와 그리스어를 구사했던 다마스쿠스의 요한(c. 676-749. 아랍명은 만수르)은 비잔티움의 반이슬람 담론에 큰 영향을 미쳤다. 사라센으로 불리는 종족의 '미신'에 관한 그의 논설에 따르면, 본래 열광적인 우상숭배자였던 그들 사이에 '모함메드'라는 거짓 예언자가 나타났는데, 이 사람은 구약과 신약 성경을 우연히 접하고 한 아리우스파 수도사와 대화를 나눈 뒤 그 스스로 이단을 고안해내고는 하늘로부터 자기에게 어떤 책이 내려왔다고 주장했다. 그 책에 따르면 천지만물을 창조한 한 분의 하나님이 있고, 그리스도는 하나님의 말씀 또는 영이되 하나의 피조물이요 종으로서 모세와 아론의 누이인 마리아에게서 씨 없이 태어났으며, 실제로 십자가에서 죽은 것이 아니라 하나님이 그에 대한 사랑으로 천국으로 데려갔다는 것이다.[24]

동방 정교회의 교부이자 로마 가톨릭의 교회박사로 존숭 받는 요한이 이슬람을 하나의 미신으로 단정한 것은 전혀 놀라운 일이 아니다. 정작 놀라운 것은 앞서 소개한 같은 시기의 에스파냐에서 나온 예언자 전기와 비교해볼 때 그의 논의가 이슬람의 경전에 근거하여 훨씬 더 논리적으로 전개되고 있다는 점이다. 「기독교인과 사라센의 대화」라는 논설에서 그는 자유의지와 그리스도의 본성에 대한 두 종교의 차이점을 서로 묻고 대답하는 방식으로 담담하게 토론하고 있다.[25] 이 논설은 기독교-이슬람 논쟁과 관련하여 대화체 논설의 효시이기도 하거니와, 상대방 종교에 대한 비하나 비방 없이 경전에 입각한 철학적 논쟁을 전개하고 있다는 점에서 이미 이 시대에 이슬람에 대한 비교적 정확한 정보와 비판적 태도가 나타났음을 보여주고 있다.

Ⅲ. 십자군 시대의 이슬람 담론: 지식의 진보?

이 같은 지적 태도의 영향인지는 확실치 않지만, 10세기 이후 비잔티움에서는 기독교도와 사라센들이 같은 신을 믿고 있다는 관념이 그리 생소하지 않았던 것 같다. 910년대에 콘스탄티노플 총대주교 니콜라스(Nicholas I Mystikos)는 바그다드의 칼리프 알묵타디르(al-Muqtadir)에게 보낸 서한에서 "지상의 모든 지배권들 위에 있고 창공의 두 횃불처럼 밝게 빛나는 두 개의 지배권이 있으니 사라센들의 지배권과 로마인들의 지배권이 그것입니다. 바로 이 이유 하나만으로도 이들은 서로 접촉하고 우애를 나눠야 하며, 우리의 생활과 습성과 종교가 다르다고 해서 매사에 서로 이방인으로 지내서는 안 됩니다"라고 말한다.[26] 여기서 말한 두 개의 지배권은 당연히 한 분의 하나님으로부터 함께 받은 것이다. 이미 9세기 말에 니케타스 비잔티오스(Nicetas Byzantios)는 무슬림들은 너무 유형적(有形的)인 신 관념에 집착하며, 무함마드가 메카에서 하나의 우상을 경배하도록 명한 것처럼 그의 종교는 근본적으로 우상숭배적이라고 비난했는데, 이는 사라센들이 진정한 신을 숭배한다는 의견을 논박하기 위한 것이었다.[27]

그러나 이슬람 영역에 인접했다고 해서 반드시 정확한 정보와 지식이 지배한 것은 아니며, 그러한 정보와 지식만이 서유럽에 수용된 것은 더더욱 아니었다. 코르도바의 순교자들에 관한 기록 이외에, 11세기 이전까지 이슬람에 대한 에스파냐 기독교인들의 저술 가운데 서유럽에 널리 알려진 것은 없었다. 게다가 동방의 저술은 번역 과정을 거쳐야 했다. 무함마드의 등장과 그의 가르침, 아랍인들의 정복과 역대 칼리프 등에 대한 비잔티움의 연대기 작가 테오파네스(Theophanes, c. 758-817)의 상세한 기술이 9세기 말에 교황궁의 사서 아나스타시우스(Anastasius Bibliothecarius)와 학자 란돌푸스(Landolfus Sagax)에 의해 번안되었지만, 앞서 말한 요한의 저술은 12세기 중엽에 가서야 라틴어로 번역되어 서유럽에 알려지게 되었다.[28] 이렇듯 서유럽에서 지식의 수용이 부진했던 것은 동 · 서 로마교회의 거리가 멀어진 것에도 원인이 있겠지만, 무엇보다도 이슬람과의 종교적 갈등 소지가 더 적었다는 것, 그리고 성경 및 교부 주해에 편중된 수도원의 학문 관행을 비롯하여 중세 초기 서유럽 문화 전반의 지체에 그 원인이 있었을 것이다.

이슬람에 대한 관심이 깨어난 것은 에스파냐와 시칠리아 등 재정복된 지역과 지중해 연안에서 무슬림 포로와 노예들 가운데 기독교 개종자들이 나오고, 11세기 후반 클뤼니 수도원과 교황청이 이베리아 반도에 처음으로 선교사를 파견할 만큼 무슬림의 개종이 가톨릭교회의 관심사로 떠오르면서부터였다. 사실 자발적으로 세례를 받은 무슬림들이 그리 많았던 것 같지는 않다. 하지만 이 시기 교회가 세례 받은 노예를 매매하거나 노예의 개종을 방해하지 말도록 수시로 권고한 것을 보면 자유를 얻기 위한 수단으로 개종을 선택한 무슬림들이 적지 않았음에 틀림없다.[29] 이 같은 기독교 영역에서의 개종을 넘어 기독교세계가 이슬람 영역으로의 선교 사업을 기획하게 된 것은 그 자체로 매우 획기적인 일이었다. 오랜 동안 서유럽 기독교세계의 선교 사업이 남쪽 방면의 이슬람 영역이 아니라 북쪽과 동쪽 방면의 이교도들을 향했던 것은 그들이 보기에 우상을 숭배하는 이 야만족들은 개종시키기가 좀 더 수월했던 데 비해, 그리스 · 페르시아와 같은 위대한 문명을 계승한 이슬람세계는 문화적으로 그들보다 뒤질 것이 없는데다가 철저히 유일신을 믿었기 때문이었다. 무슬림들을 상대로 그 예언자와 그가 설파한 신조들을 공공연하게 공격하는 것은 850년대 코르도바의 순교자들이 예증했듯이 죽음을 각오해야만 하는 터부 중의 터부였던 것이다.

이렇듯 완고한 외부세계를 기독교화하겠다는 포부 자체는 그 성패 여부를 떠나서 서유럽 사회가 물심양면에서 그 만큼 자신감을 갖게 되었음을 뜻했다. 무슬림들의 개종에 대한 비전과 십자군이라는 현실을 통해 그들과의 접촉과 관심이 넓고 깊어지면서 당연히 그들의 신앙에 대한 정보와 지식도 불어나기 마련이었다. 1047년 경 수도사 라울 글라베르(Raoul Glaber)는 앞서 말한

마이욀 수도원장이 생베르나르 고개에서 포로가 된 사건을 기술하면서 원장 일행을 납치한 사라센들을 인간적으로 묘사한다. 음식을 거부하는 원장에 대한 연민과 존경으로 그들 중 하나는 손수 반죽하여 갓 구운 빵을 대접하고, 원장의 성경책을 짓밟은 한 무례한 자에게 그의 동료들은 위대한 예언자들을 존중하라고 질책한다. 그 이유를 설명하면서 글라베르는 이렇게 말한다. "사라센들은 히브리 예언서와 기독교 경전을 읽는다. 그들은 마호메트라고 하는 그들 동족의 한 사람을 통해서 만물의 주군이신 예수 그리스도에 관한 거룩한 예언자들의 모든 예언이 완수되었다고 주장한다. 자신들의 무분별을 정당화하기 위하여 그들은 마태복음을 모방한 자신들의 계보를 지었는데… 그들의 경전에 따르면, '이스마일은 느바욧을 낳고…', 이런 식으로 가톨릭 신앙의 성스런 권위에 거스르고 진실과도 완전히 동떨어진 그네들의 사기극 끝까지 내려간다."[30]

특히 앞서 말한 바와 같이 9세기 말에 라틴어로 번안된 비잔티움 역사가 테오파네스의 기술이 이 시기 서유럽의 여러 연대기작가들에게 원용되었다. 흥미로운 것은 이 연대기작가들이 이슬람 교의에 관한 다양한 정보들을 임의에 따라 취사선택하는 방식으로 이용했다는 것이다. 예컨대, 시주베르 드 장블루(Sigebert de Gembloux)나 위그 드 플뢰리(Hugues de Fleury) 등의 작가들은 전투에서 적을 죽이거나 전사하는 무슬림은 천국에 들어가며, 그 천국은 육체적 향락으로 가득한 곳이라는 예언자의 가르침은 되풀이하면서도 서로 서로 동정심으로 대하고 고통 받는 자를 도우라는 그의 가르침은 옮기지 않았다.[31] 이 같은 예는 이 시기 비잔티움과 동방으로부터 서유럽에 유입된 새로운 정보가 기존의 선입견을 고치기보다는 거꾸로 저자의 선입견에 따라 정보가 취사선택되었음을 보여준다. 요컨대, 비교적 정확한 정보의 증가가 그에 걸맞은 지식의 축적과 확산을 의미하는 것은 결코 아니었던 것이다.

이의 더없이 명백한 증거는 십자군 시대의 많은 논자들이 이슬람에 대한 가장 기본적인 사실, 즉 그것이 유일신 종교라는 사실에 대해서조차 인정하는 쪽과 부인하는 쪽으로 나뉘어 있었다는 데에서 찾을 수 있다. 제2차 십자군에 참가했던 연대기작가 오토 폰 프라이징(Otto von Freising)은 제1차 십자군 당시 적에게 포로로 잡힌 잘츠부르크 대주교가 우상들을 경배하도록 강요받자 적들 앞에서 그 우상들을 박살내고 온갖 고문 끝에 순교했다는 전승에 대하여 자기로서는 그 주교가 우상들을 파괴했다는 것을 믿을 수 없노라고 단언하면서, 그 이유를 이렇게 말한다. "왜냐하면 잘 알려져 있다시피 사라센들은 예외 없이 한 분의 하나님을 숭배하는 사람들이기 때문이다. 그들은 율법서와 할례의 관습을 받아들이고, 그리스도와 사도들과 그 제자들까지 부인하지는 않는다. 그들은 인류를 구원하신 예수 그리스도가 하나님 또는 하나님의 아들임을 부인하고, 앞서 말한 사기꾼 마호메트를 유일신의 위대한 예언자로 존숭한다는 오직 한 가지 이유로 구원의 길이 가로막혀 있다."[32]

제1차 십자군의 역사를 기술한 기베르 드 노장(Guibert de Nogent)은 "마토무스(Mathomus)라는 사람"이 나타나 예수 그리스도는 무죄한 인간이라 가르쳤으며, 이 사람은 본래 가난한 문맹이었고 간질병 환자였는데, 악마의 사주를 받고 기독교를 전복하고자 꾀한 배교자 수도사에게서 가르침을 받았다고 말한다. 하지만 그는 "일부 사람들이 생각하듯이 무슬림들은 마토무스를 신이 아니라 신법을 전해준 선인이요 은인으로 생각한다"고 덧붙인다.[33] 십자군 시대의 많은 저자들이 이러한 견해를 따랐지만, 이와 반대로 사라센들이 우상들을 숭배한다거나 무함마드를 신으로 숭배한다고 단언한 저자들 또한 적지 않았다. 심지어 십자군 시대에 현지에 체류한 경험이 있는 작자들 사이에서도 의견이 엇갈렸다. 불로뉴 백작 보두앵(Baudouin de Boulogne)의 전속사제로 제1차 십자군을 따라가서 1127년 죽을 때까지 예루살렘에 머물렀던 푸셰 드 샤르트르(Foucher de Chartres)는 바위 돔 사원에서 사라센들은 '마후메트'라는 이름의 우상에게 기도한다고 말하며, 사라센들의 율법을 우상숭배로 규정한다.[34] 또한 무함마드가 니콜라스라는 이름의 배교자 수도사와 동일시되기도 했으며, 1204년 교황 이노켄티우스 3세에게 보낸 보고서에서 예루살렘 총대주교와 성요한기사단 단장들은 기독교 신자들이 교회에서 그리스도를 경배하는 것과 마찬가지로 사라센들은 매일 "마고메트 신"을 경배한다고 썼다.[35]

이 같은 지식인-성직자들의 저술보다 대중적인 이미지 형성에 훨씬 더 중요한 역할을 한 것은 전설이나 무훈시 같은 속어문학이었다. 특히 십자군 시대에 널리 유행한 『롤랑의 노래』(*Chanson de Roland*)는 이슬람과 무슬림들에 대한 통속적이고 상투적인 이미지를 유포시켰다. 8세기 말 이베리아 무슬림 세력 간의 분쟁에 개입한 샤를마뉴의 원정이 여기서는 이교도에 대한 성전으로 극화되었다. 기독교세계의 적인 사라센들은 여기서 마호메트, 아폴론, 테르바간트(Tervagant, 또는 Terogant) 등을 섬기는 우상숭배자로 묘사된다.[36] 또한 그 시대의 맥락과 전혀 무관하게 마르실(Marsile) 왕의 진영은 샤를마뉴 진영의 거울상처럼 일련의 주종관계로 짜여 있다.[37] 요컨대, 실제가 아니라 상상한 대로 무슬림들의 모습을 그려내고 또 그런 적의 모습에 자족한 것이다. 이 같은 비현실적 묘사는 작자들의 무지에서 나온 것이라기보다는—물론 그럴 가능성도 전혀 없는 것은 아니지만—이슬람이라는 타자의 정확한 실상을 전달하기에 앞서 독자들의 흥미를 돋우는 데 더 관심을 쏟고, 그래서 실상의 왜곡조차도 개의치 않았던 그들의 작중 의도에서 나왔을 가능성이 더 크다. 이런 의미에서 노먼 대니얼(Norman Daniel)은 "학술적 견해에 대해 작자들이 의식적으로 선호한 고려된 무관심(studied indifference)"이 그와 같은 비현실적 묘사에 개입했을 가능성을 언급한다.[38] 여하튼 재미를 추구하는 문학상의 묘사와 진지한 비난이나 비판을 꾀하는 지식인들의 담론이 별개의 문법과 목적을 따르고 있다는 것은 확실하다. 일반 대중에게 더 큰 호소력을 지닌 것은 당연히 전자였을 것이다. 십자군 시대에 사제 요한의 전설은 말할 것도 없고 살라딘이나 사자심왕 리처드, 알리에노르 다키텐, 그리고 템플기사단에 관한 온갖 전설이 유포된 것은 이런 가공의 이야기들이 대중의 마음을 더 사로잡았기 때문이었을 것이다.[39]

반면, 무슬림이라는 타자를 이성적 관점에서 비판하거나 이해하려는, 말하자면 '계몽적' 태도 또한 이 시기에 두드러지게 나타났다. 다마스쿠스의 요한이나 비잔티움의 테오파네스에게로 거슬러 올라가는 이러한 태도를 대표하는 인물은 클뤼니 수도원장인 존자 피에르(Pierre le Vénérable)였다. 1142년 에스파냐를 방문하고 기독교 지배 아래 놓인 무어인들의 개종에 관심을 갖게 된 그는 "무기가 아니라 말로, 폭력이 아니라 이성으로, 증오심이 아니라 사랑하는 마음에서" 무슬림들을 공격함으로써 그들을 "구원에 초대"하고자 했다.[40] 하지만 그는 이슬람에 대한 자신의 무지를 통감하고, 먼저 아랍어 전문가들을 동원하여 이슬람의 근거인 『꾸란』의 번역 사업을 추진했다.[41] 1143년에 결실을 본 이 최초의 라틴어 번역본은 타자의 종교를 무턱대고 배척하거나 비방하는 게 아니라 논리적 · 신학적으로 검증하겠다는 피에르 개인의 열정과 아울러 이른바 '12세기 르네상스'의 정신에서 비롯된 성과였다.

이 같은 지적 태도는 12세기 중엽에 이르러 사라센의 개종이 십자군의 목적 가운데 하나로 제시된 것과 무관하지 않다. 원래 십자군의 명시적 목적은 무슬림의 개종이 아니라 적에게 빼앗긴 성지를 되찾겠다는 일종의 방어전쟁, 이를테면 "무력에 무력으로 맞대응한다(vim vi repellere)"는 것이었다. 그러나 뒤로 갈수록 이슬람세계의 기독교화라는 좀 더 적극적인 목적이 강조되었고, 그에 따라 이교도 강제 세례의 정당성에 관한 논란이 이어졌다.[42] 존자 피에르 같은 계몽적 논자들은 개종에 우선적으로 관심을 두되 대체로 '칼(swords)'이 아니라 '말(words)', 즉 설교와 설득을 통한 개종을 추구했으며, 또 그리스도와 사도와 순교자들을 그 본보기로 하는 평화적인 전도에서 이슬람에 대한 기독교의 도덕적 우위를 찾고자 했다. 여하튼 타자에 대한 자신의 무지를 먼저 극복하고 대화와 토론을 통해 개종과 구원으로 이끌겠다는 이성적 태도는 분명 새로운 문화 현상이었다.

이 같은 태도는 다음 세기로 이어져 더욱 두드러진 결실을 보여주였다. 제5차 십자군 원정 시기인 1219년 술탄 알카밀(al-Kamil)을 만나러 다미에타(Damietta) 전선을 넘은 성 프란체스코의 순교자적 열정을 좇아, 이교도에 대한 선교 사명이 작은 형제회의 회칙에 포함되었으며, 더 나아가 도미니쿠스회는 선교사들에게 먼저 원주민 언어를 배울 것을 요구했다. 실제로 앞서 언급한 도미니쿠스회 수도사 리콜도 다 몬테 디 크로체는 1288년 무슬림 선교를 위해 성지 순례를 떠난 뒤 바그다드에 수년간 체류하면서 먼저 아랍어를 익힌 다음 엄정한 비판을 위해 『꾸란』을 연구하고 두 종교의 교의를 비교하는 데 몰두했다.[43]

특히 로저 베이컨(Roger Bacon, c.1219-1292)은 이 시대의 이성을 대표하는 인물 가운데 하나였다. 먼저 그는 세계에서 기독교도의 수는 상대적으로 적은 반면, 비기독교도는 아주 광대한 영역을 차지하고 있으며, 따라서 십자군 원정으로 그들을 정복하려고 하는 것은 잘못된 기획이라고 비판한다. 우선 그 목적은 정복에 대한 십자군의 욕망이 개종 사업을 좌절시킬 것이기에 잘못된 것이다. 전쟁은 실패를 거듭해왔거니와, 설령 성공한다고 해도 그 광대한 영토를 점령하기란 불가능하고, 정복자들에 대한 무슬림들의 증오심 때문에 이들을 개종시키기가 더더욱 불가능할 것이므로 부질없는 일이다. 따라서 기독교세계의 영역을 확장하는 유일한 길은 선교(설교)하는 것이다. 그리고 이를 위해서는 그들의 언어와 신앙에 대한 무지를 극복하고 효과적으로 논박할 수 있어야 한다. 그에 따르면 적에게 진리를 설파할 수 있는 길은 오직 두 가지뿐인데, 하나는 기적에 의한 것이고, 다른 하나는 철학에 의한 것이다. 전쟁이라는 수단은 이미 무용지물이고, 기적의 가능성 또한 무망한 노릇이다. 남은 것은 철학, 다시 말해 적과 지적인 토론의 장에서 만나 대화하는 길뿐인 것이다.[44] 말하자면 그리스인들로부터 학문을 전수받은 아랍인들에게 기독교 유럽이 철학을 배우고 그것을 계시로써 더욱 풍부하고 윤택해진 진리로 발전시켜 그들에게 되돌려준다는 것이다.

마요르카 태생의 라이문도 룰리오(Raimundo Lulio, 또는 Ramon Lull, c.1232-1315)는 이 같은 무슬림 선교에 대한 열정으로 보나 실천으로 보나 이 시대의 가장 도드라진 인물이었다. 수년간 아랍어를 익힌 그는 존자 피에르와 마찬가지로 이슬람이 유대교보다 기독교에 더 친화적이라고 생각했고, 그래서 사라센들에게 그들의 언어로 설교할 능력을 갖춘 선교사 양성 학교를 마요르카에 세웠다. 애초에 그는 십자군의 무력에 의한 성지 수복이 실패한 것을 신의 뜻으로 해석하고, 예전 "주님과 그의 사도들이 정복한 방식으로, 즉 사랑과 기도, 피와 눈물로써만이" 성공하리라 믿었다. 하지만 이슬람 영역에서의 선교가 현실적으로 불가능함을 깨닫자 그는 강제 개종은 부당하지만, 교황의 허가 아래 설교를 위한 최후 수단으로서의 전쟁은 합법이라는 교황 인노켄티우스 4세의 입장으로 옮겨갔다.[45] 여하튼 선교와 개종에 대한 그의 낙관적 기대는 좀처럼 실현되기 어려운 것이었고, 마침내 1291년 아크레의 함락과 함께 허망한 기대였음이 입증되었다. 개종에 대한 고민이 없는 십자군도, 종교에 관한 진지한 토론을 거부하는 무슬림 사회도 참을 수 없었던 그에게 유일한 배출구는 지면에서 무슬림과 가상의 대화를 펼치는 것이었다.[46]

하지만 이 같은 계몽적 태도가 십자군 시대의 지배적인 태도는 결코 아니었으며, 또 후기로 갈수록 이런 태도가 주류를 이루었다고 보기도 어렵다. 이슬람에 대한 이성적 접근 태도와 대조를 이루는 동시에 무관심과 무지, 편견과 왜곡 등의 태도와도 구별되는 또 하나의 경향은 이슬람과 무슬림들의 존재를 신의 섭리에 따라 진행하는 인류 역사 속에서 해석하려는 태도였다. 종말론적 또는 계시론적 관점이라 부를 수 있을 이런 태도 또한 비잔티움과 동방에서 시작되었다. 동방의 기독교인들이 무슬림들을 처음 접했을 때, 비잔티움제국 교회를 따르지 않는 소수파 기독교인들(non-Melkites), 즉 유대인, 네스토리우스파와 단성론자들은 무슬림들의 승승장구를 박해자들에 대한 정의로운 신의 응징이거나 심지어 메시아의 도래를 예고하는 것으로 반겼다. 650년대에 한 네스토리우스파 지도자는 "이제 하나님이 세계의 지배권을 주신 이 아랍인들은… 우리에게 호의적입니다. 그들은 기독교에 반하지 않으며 실은 우리의 신앙을 존중하고 우리 주님의 사제들과 성인들을 공경합니다.…"라고 편지에 썼다.[47]

반면, 같은 시기 동방정교회 교도(Melkites)의 관점에서 이슬람의 진격은 그들 자신의 타락과 사악에 따른 환란으로, 따라서 회개함으로써만 이겨낼 수 있을 시련으로 받아들여졌다. 일설에 따르면, 우마르가 예루살렘에 입성했을 때 그곳의 총대주교 소프로니우스(Sophronius)는 이렇게 외쳤다고 한다. "이는 실로 선지자 다니엘이 말한바 성소에 세워진 '멸망케 하는 미운 물건(Abomination of Desolation)'이로다."[48] 이렇듯 이슬람은 처음부터 하나의 종교로서가 아니라 기독교사회에 대한 어떤 징조로서 관찰과 고려의 대상이 되었던 것이며, 따라서 그것은 기독교 공동체를 위협하는 여느 재앙들 가운데 하나일 따름이었다.

850년대 코르도바의 순교자들 또한 자신들의 고난을 그러한 익숙한 방식으로 받아들였음에 틀림없다. 무슬림 지배자에 순응하고 그들의 생활방식에 동화된 주류 기독교도 사회에서 비타협적인 태도로 말미암아 소외된 이 극소수의 엘리트 순교자들에게 박해자에 대한 객관적 시각을 기대하는 것은 사실 무망한 일이었다. 이 사건을 기록한 에울로기우스의 동료 알바루스 파울루스는 다니엘의 꿈(『다니엘』 7장)에 나오는 네 번째 짐승(왕국)의 11번째 뿔을 무함마드로 해석했다. 그리스인, 서고트인, 프랑크인에 이어 등장한 무함마드의 추종자들은 70년이 세 번 반 흐른 세월, 즉 245년 동안 번성할 것이고, 따라서 이제 곧 세상의 종말이 닥칠 것이었다. 무함마드가 죽었다고 알려진 에스파냐력 666년은 『계시록』에 언급된 짐승의 표와 일치했다.[49] 이렇듯 성경 구절을 자의적으로 끌어다 이슬람과 세상의 종말을 예언하는 것은 아마도 순교를 각오할 만큼 비장한 엘리트들이 자신들의 태도에 정당성을 부여하고 주위의 순응하는 공동체에 경종을 울리려는 의도에서 나왔을 것이다.

말세는 순교자들에게만 임박하는 현상이 아니었다. 어떤 충격적인 사건이나 현상을 성서와 교부들의 문헌, 특히 계시 문학의 전승에 의거해서 해석하려는 습성은 중세 서유럽에서도 면면이 이어졌다. 이러한 전통에서 예언자 무함마드는 적그리스도의 체현이거나 그 징조, 아니면 『마태복음』에서 말하는 '거짓 선지자'로 간주되기 십상이었다.[50] 이탈리아 남부 출신으로 그 덕분에 이슬람에 대해 비교적 잘 알고 있었던 피오레의 수도원장 조아키노(Joachino da Fiore)는 1191년 사자심왕 리처드 1세가 성지로 가는 도중 그를 방문하여 조언을 구할 정도로 종말론적 비전으로 명성을 떨쳤다. 그가 보기에는 세상의 종말이 가까이 왔고, 적그리스도의 으뜸 되는 앞잡이가 바로 사라센들이었다. 그의 비전에 따르면, 무함마드는 『요한계시록』(13장)에 나오는 바다짐승의 네 번째 머리이고, 살라딘은 여섯 번째 머리이며. 임박한 6번째 시대의 환란 때 사라센이 재흥하여 다시 한 번 교회를 위협할 것이다. 조아키노의 비전에서 흥미로운 점은, 사라센들을 종말 직전 최후의 재앙으로 격상시키면서도 이러한 적들이 결국 또 다른 거룩한 수도회, 즉 성령을 받은 사람들의 수도회에 의해 제압되리라는 것이었다. 이슬람의 재흥과 기독교 교회 내부의 부패에 대한 비관 속에서 형성된 이러한 비전은 차후 중세 말의 여러 계시론적 담론 속에서 재현될 것이었다.[51]

Ⅳ. 맺음말

서두에서 언급했듯이, 십자군 시대를 거치면서 이슬람과 무슬림들이 서유럽인들에게 좀 더 익숙한 존재로 여겨졌다는 것은 틀림이 없다. 잘 알려져 있다시피, '12세기 르네상스'를 거치면서 서유럽 기독교세계는 이른바 '이슬람 학문'의 진가를 발견하고 인정하게 되었다. 아비센나(이븐 시나)의 이름이 교부 아우구스티누스와 나란히 언급되고, 아리스토텔레스의 해설자로 통한 아베로에스(이븐 루쉬드)의 영향을 받아 그의 이름으로 불리게 된 학파가 형성될 정도로, 그리하여 단테가 살라딘과 더불어 아비센나와 아베로에스를 선량한 이교도의 림보에서 마주칠 정도로 기독교세계는 이슬람 문화를 괄목상대하게 되었다.[52] 하지만 몇몇 무슬림 영웅들과 문화를 존경할 만큼 익숙한 존재가 되었다는 것이 곧 이슬람과 무슬림 사회에 대한 지식의 진보를 가져다준 것만은 아니었다. 게다가 이미 그 이전에 서유럽은 아주 오랜 동안 무슬림과 접촉해온 비잔티움제국과 동방 기독교사회, 이베리아를 통해서도 그러한 정보와 지식을 얻을 수 있었고 또 실제로 긍정적으로든 부정적으로든 이들로부터 상당히 큰 영향을 받았다.

십자군 시대에 유행한 이슬람 담론을 얼마간 단순화의 위험을 무릅쓰고 유형화하면 다음과 같이 크게 세 가지 범주로 나눌 수 있다. 첫 번째 유형은 오해와 편견, 왜곡된 인식을 드러내는 담론으로 그것은 무지에 의한 것일 수도 있고 아니면 고의적인 것일 수도 있다. 성전 이데올로기는 말할 것도 없고, 십자군의 성공은 승자의 자기도취와 패자에 대한 경멸을, 거꾸로 십자군의 실패는 또한 분노와 피해의식을 조장하기 십상이었다. 십자군의 역사를 통한 현지의 경험이 타자에 대한 정확한 정보와 지식을 가져다주기는 했지만, 그러한 정보와 지식이 지식인과 대중 사이의 오해와 편견을 확연히 퇴조시켰다고 보기는 어렵다. 십자군 이전의 시대가 전적으로 무지의 시대가 아니었듯이, 그 이후의 시대도 명료한 지식이 지배한 것은 아니었다. 어느 시대에나 타자에 대한 무지는 허구적인 이미지들이 자라나는 기본 토양인 것이다.

무지라는 어둠에서 벗어날 더 좋은 여건이 마련된 십자군 시대에도 그러한 허상들이 번성했다면, 거기에는 타자의 진상을 외면하거나 변형시키는 어떤 의도나 심리가 작용했음에 틀림없다. 예컨대 무슬림들과 그 예언자에게 덮어씌워진 우상숭배 · 다신교에 성적 문란과 패륜의 이미지는 지식인들의 무지에서라기보다는 이른바 성전의 시대가 정당화하는 본능적 혐오나 이데올로기적 투사에서 비롯된 것이다. 장 플로리(J. Flori)의 표현을 빌리면, "이데올로기적 사실(vérité idéologique)이 객관적 정확성(exactitude objective)보다 더 우선했다"고 할 수 있다. 또는 그것은 서유럽 기독교사회 자체의 이교적 관행이나 도덕적 결함들을 이슬람이라는 타자에게 전가하는 무의식적 투사의 산물일 수도 있다. 그리고 특히 십자군 시대에 인기를 끌었던 『롤랑의 노래』와 같은 서사 문학에서 그것은 의도된 무관심의 산물일 가능성이 크다. 이 경우 무슬림들에 대한 정확한 지식과 정보는 아예 작가들의 관심사가 아니었을 것이며, 심지어 의식적인 왜곡을 무릅쓰고서라도 독자 대중의 구미에 맞을 어떤 정형화된 이미지들에 편승하기 십상이었을 것이다. 그렇다면 이러한 문학 장르에서 나타나는 이미지들의 진정한 근원은 작자들의 의도적인 무관심이라기보다는 작자들이 영합하고자 했던 당시 대중의 정서와 심리 상태일 것이다.[53]

두 번째는 이슬람에 대한 이성적 접근 태도로 범주화할 수 있다. 물론 이 범주에 속하는 저술이라고 해서 지식인들 사이의 엄밀한 전승만을 반영하고 있는 것은 아니다. 에드워드 기번(E. Gibbon) 같은 계몽주의적 역사가의 '마호메트'에 관한 기술에서도 냉철한 통찰과 통속한 편견이 뒤섞여 있듯이,[54] 논자의 저술 의도에 따라 허황된 고정관념이나 희화화된 묘사가 얼마든지 자연스럽게 끼어들 수 있었다. 그럼에도 여기서 눈여겨봐야 할 것은 타자에 대한 자신의 무지를 인정하고 먼저 타자를 정확히 알려고 하는 노력 자체이며, 이는 '중세의 계몽주의'라고 부를 만한 새로운 정신의 산물이었다.

하지만 그렇다고 해서 이런 범주의 담론들이 평화와 관용의 태도와 직결되는 것은 아니다. 이슬람에 대해 친숙하다는 것과 그 신앙의 정당성을 인정하는 것이 별개의 문제이듯이, 이성적 근거를 통해 대상을 안다는 것과 그에 공감한다는 것은 전혀 다른 문제였다. 말하자면 근대에 동양에 대한 지식의 축적이 오리엔탈리즘이라는 편향된 인식 및 담론 체계로 이어진 것과 흡사하다고 할 수 있다. 대부분의 경우 이슬람에 대한 정확한 지식은 그 종교가 기독교의 교의를 왜곡했거나, 그것의 변종이거나, 아니면 하나의 이단이라는 신념을 더욱 굳게 해주었다. 이슬람에 대해 알면 알수록 그것의 논리적인 허점을 들추어내기란 손쉬운 일이었고, 또 처음부터 그런 지적 의도로 접근한 경우가 대다수였기에 이슬람의 가장 완강한 반대자들은 흔히 그에 대해 가장 박식한 사람들이었다. 가령 이슬람이 기독교와 많은 공통점이 있고 더 나아가

한 뿌리에서 나왔다는 인식은 그것이 기독교와 양립할 수 없는 거짓된 예언의 소산임을 드러내야 할 강박감을 주기 마련이었다. 그래서 노먼 대니얼이 지적하듯이, 이슬람에 대한 논자들의 가차 없는 공격은 "십자군 자체와 마찬가지로 공격적인 성격을 띠는 동시에 방어적인 의도를 가지고 있었다."[55] 요컨대, 십자군과 마찬가지로 외부의 적에 대한 공격은 곧 내부 공동체를 강화하고 그로부터의 이탈을 막으려는 의도를 띠고 있었다는 것이다.

물론 이들 가운데는 전쟁 대신 평화적 선교를 통해 무슬림들을 구원으로 이끌겠다는 숭고한 정신으로 접근한 이들도 많이 있었다. 하지만 그러한 관심이 실제로 이슬람에 대한 관용으로 나아간 경우는 오히려 예외에 속한다. 서두에 인용한 교황 그레고리우스 7세의 서한처럼 기독교와 이슬람이 근본적으로 같은 신을 믿으며 두 종교의 성서에서 많은 공통점을 발견하고, 더 나아가 라이문도 룰리오처럼 둘 사이의 진지한 대화를 위해 헌신한 학자들도 더러 있기는 했다. 하지만 이들조차도 이슬람이 기독교와 공통점이 많은 동시에 또한 그와 대등한 하나의 종교이며 무슬림 또한 기독교도와 마찬가지로 그 신앙을 통해 구원에 이를 수 있다는 생각을 해보았을지는 의문이다. 버나드 해밀튼(Bernard Hamilton)이 날카롭게 지적한 대로, 무슬림들의 신앙에 기독교와 공통되고 친근한 요소가 많다는 사실은 오히려 그들의 개종에 대한 낙관을 조장하기 쉬웠을 것이다.[56]

하지만 이러한 낙관은 엄청난 착각임이 드러났다. 룰리오의 생애가 보여주듯이 무슬림 사회로 들어가 설교하고 토론하고 설득하기란 순교를 각오하지 않는 한 사실상 불가능한 일이었다. 설령 그런 일이 허용된다고 해도 기독교 신자들처럼, 아니 그들보다 더 철저하게 절대적 유일신을 숭배하는 무슬림들을 개종시키는 것은 그리 만만한 일이 아니었다. 그런데다 장기간의 군사적 공격에도 아랑곳없이 이슬람세계는 여전히 건재했고 번성했다. 이렇듯 난감한 상황 앞에서 많은 지식인들은 그들에게 가장 익숙한 사고방식, 즉 초월적인 신의 섭리 안에서 이슬람의 존재와 운명을 사유하게 되었고, 이것이 바로 세 번째 유형인 계시론적 · 종말론적 담론으로 표출되었다. 조아키노에게서 전형적으로 나타나는 이러한 담론에서 이슬람이라는 종교 자체는 진정한 관심의 대상이 아니었다. 문제는 예정된 섭리의 역사에서 그것이 떠맡아온, 그리고 미래에 떠맡게 될 역할이었다. 즉 그것은 많은 지식인-성직자들이 예의 주시하고 있던 여러 종말의 징조들 가운데 아마도 가장 오래 존속하고 점점 더 의미심장하게 다가온 한 가지 징조였을 뿐이다.

이 세 가지 유형의 담론은 순차적으로 지배적인 양상을 띠며 교체된 것도 아니며 서로 배타적인 것도 아니다. 같은 논자가 이슬람에 대해 다양한 태도를 보이는 경우가 다반사일 뿐 아니라 그러한 태도들 사이에 때론 모순과 충돌이 나타나기도 한다. 더 중요한 점은 서두에 언급했듯이, 이 주제에 관련하여 지식의 진보라는 테제를 좀 더 신중히 성찰할 필요가 있다는 것이다. 중세 유럽을 떠돈 무함마드에 관한 세간의 전설들에 대해 크리체크(J. Kritzeck)는 "흥미로운 다양성과 지루한 동일성(an amusing variety and a boring sameness)"이 나타난다고 표현한다.[57] 비단 예언자의 전설만이 아니라 서유럽의 이슬람 담론 전반에 대해서도 똑같은 표현을 쓸 수 있을 것이다. 이 담론들에서도 비슷하게 나타나는 "흥미로운 다양성과 지루한 동일성"은 논자들 개개인의 처지와 성향 문제는 차치하고, 한편으로는 서유럽과 이슬람세계 사이의 복잡다단한 관계 변화와, 또 다른 한편으로는 기독교사회의 자의식 및 지식인 문화의 속성들과 깊은 관련이 있을 것이다. 이슬람이라는 타자의 모습 속에는 곧 기독교세계 자체의 모습이 투영되어 있었던 것이다.

지중해문명의 종언*

- 레판토 해전을 중심으로 -

김응종

I. 머리말

1571년 10월 7일 오전, 레판토 인근 해역에서 그리스도교 신성동맹과 오스만 투르크 제국 사이에 벌어진 해전, 소위 말하는 레판토 해전은 역사적인 사건이었다.[1] 양측에서 총 400척이 넘는 갤리선과 10만 명이 넘는 인원을 동원하여 4시간 동안 벌인 전투는 신성동맹의 승리로 결판이 났다. 전투의 규모에 비해 싱겁게 판가름이 난 전투였다. 비잔티움제국의 멸망 이래 육지와 바다에서 패전을 거듭해온 그리스도교 세계로서는 모처럼 맛본 대승이었다. 존망의 위기를 느껴온 그리스도교 세계는 오랜 공포에서 벗어날 수 있었다. 심리적인 차원에서 그것은 분명 역사적인 사건이었고 하나의 전기(轉機)였다.

이 전투에 직접 참가하여 한쪽 팔을 잃은 미겔 세르반테스는, "이제까지의

* 『군사』 제88호 (국방부 군사편찬연구소, 2013), pp. 163-184.

역사에서, 그리고 후세가 결코 목격할 수 없는 가장 고귀하고 기념비적인 사건"이라고 기록했다.[2] 그러나 후대의 평가는 레판토해전을 역사적인 의미가 없는 하나의 '사건'으로 축소시키는 경향이 강하다. 계몽사상가 볼테르는 그것을 중요하지 않은 전투로 깎아내렸다. 그의 시대에 전쟁의 성과를 판단하는 기준은 영토의 획득이었는데 레판토 해전은 이러한 차원에서 아무런 '성과'가 없었기 때문이다.[3] 오늘날의 역사가들도 대체로 볼테르의 입장을 따르고 있다. 16세기 지중해 세계의 구조를 연구한 페르낭 브로델은 1571년 레판토에서의 빛나는 승리가 계속 이어지지 못하고 오히려 1574년 오스만 투르크 제국이 라굴레트와 튀니스를 점령함으로써 지중해에서의 해전이 최종적으로는 오스만 투르크 제국의 승리로 끝났음을 인정한다. 그렇다고 해서 레판토 해전의 승리가 허망한 승리였던 것은 아니다. 브로델은 레판토 해전의 승리로 그리스도교 세계는 오스만 투르크 제국에 대한 열등감에서 벗어났으며, 오스만 투르크 제국의 노잡이로 동원되었던 그리스도교 노예들을 해방시켜 갤리선의 노잡이로 증원하였고, 레판토 해전 이후 그리스도교 세계의 해적들이 지중해 동부 지역에 깊숙이 침투해 들어간 것을 달라진 상황으로 지적한다.[4]

그러나 구조주의 역사가인 페르낭 브로델에게 있어서, 레판토해전은 하나의 '사건'에 불과했다. 브로델은 사건 아래에서 진행되는 '국면변동'(conjoncture)에 주목하여, 여기에서 지중해 역사의 큰 흐름을 조망한다. 레판토해전(1571년)과 튀니스해전(1574년)은 모두 지중해의 경제가 침체기에 빠져 있을 때 일어난 사건이다. 브로델의 도식에 의하면, 경제가 나쁠 때는 외전(外戰)이 일어나고 경제가 좋을 때는 내전(內戰)이 일어난다. 그러나 1575년부터 경제가 좋아지면서 전쟁은 내전으로 전환된다. 이러한 국면변동에 의해서 에스파냐를 비롯한 그리스도교 유럽은 오스만 투르크 제국과의 전쟁이 아니라 그리스도교 세계의 종교전쟁 속으로 빠지고, 오스만 투르크 제국은 동쪽의 숙적인 페르시아와의 전쟁, 수니파와 시아파의 내전이라는 종교전쟁 속으로 빠져든다.[5]

페르낭 브로델의 설명 도식을 따르면, 레판토 해전은 그것이 어떠한 '결과'

를 가져왔든지 간에 역사의 흐름에 영향을 끼치지 못한 하나의 '사건'에 불과하다. 그리스도교 제국과 오스만 투르크 제국이 각각 내륙으로 방향을 돌려 지중해 세계에 평화가 찾아온 것은 경제적인 국면변동에 의한 것이었다. 다시 말하면, 그것은 지중해 해전의 승패와는 관계가 없는 것이었다. 사건은 영향을 받는 것이지 영향을 주는 것이 아니다. 그런데 과연 그럴까? 사건의 힘이 그렇게 작은 것일까? 브로델 자신이 열거한 레판토해전의 영향이 그렇게 작은 것이었을까?

Ⅱ. 오스만 투르크 제국의 위협과 신성동맹

1453년에 비잔티움제국의 최후의 거점인 수도 콘스탄티노폴리스를 함락시킨 오스만 투르크 제국은 서부유럽으로 진격하여 유럽을 공포에 떨게 했다. 1454년 신성로마제국 제국의회에서 황제의 특사인 에네아 실비오 피콜로미니는 다음과 같이 당시 유럽인들이 느낀 위기의식을 표현하였다.

> 콘스탄티노폴리스가 적의 수중에 떨어지고, 이렇게 많은 교인들의 피가 흐르고, 이렇게 많은 사람들이 노예로 전락하는 지금 기독교 신앙은 통탄할 정도로 훼손되고 있다. 〔...〕 사실 수백 년이래 기독교세계가 지금보다 더한 치욕을 당한 적이 없다. 왜냐하면 예전에 우리 기독교인들은 단지 아시아, 아프리카 등 낯선 땅에서만 패했지만, 오늘 우리는 유럽, 우리의 조국, 우리의 집, 우리가 사는 곳에서 가장 심하게 당했기 때문이다.[6]

유럽인들은 새로운 술탄 술레이만에게서 평화를 기대했으나, 1521년, 새로운 술탄은 유럽인들의 기대를 저버리고 전쟁을 선택했다. 오스만 투르크 제국 군대는 벨그라드, 헝가리를 점령한 후, 1529년에는 오스트리아공국의 수도 빈 성문 앞에 도착했다. 그러나 술탄의 군대는 장거리 원정에 지쳐있었고,

황제 카를 5세의 동생인 페르디난트의 오스트리아는 수비태세를 갖추었기 때문에 술탄의 군대는 빈 공략을 포기하고 철수하지 않을 수 없었다. 그러나 페르디난트는 역습에 나설 힘이 없었다. 왜냐하면 독일의 제후들은 합스부르크 가문을 도울 생각이 없었으며, 황제 카를 5세는 프로테스탄트 문제를 해결하는 데 전념하고 있었기 때문이다. 술탄은 1532년에 다시 빈 공략에 나섰으나 이번에도 시간과 거리라는 강력한 적을 만나 뜻을 이루지 못했다. 페르디난트는 술탄과 휴전조약을 체결했다.[7]

지중해에서도 이슬람 세력이 우세했다. 1492년 그라나다 왕국이 멸망하자 북아프리카로 쫓겨난 무어인들은 해적이 되어 에스파냐 왕국에 대한 보복에 나섰다. 이들 바르바리 지역(Barbary) 해적들은 1516년에 알제를 점령하여 군사기지를 확보하였다. 이들은 오스만 투르크 제국과 정치적, 군사적 동맹을 맺고 있었지만, 서부 지중해의 그리스도교 국가들을 상대로 독자적인 해적 전쟁을 수행했다.[8] 1544년, 이들은 오스만 투르크 해군과 함께 나폴리 만을 공격하여 7,000여명을 포로로 잡아, 몸값을 받고 되팔거나 노예로 판매하였다.[9] 한편, 1525년 파비아 전투에서 황제 카를 5세에게 패배한 프랑스의 프랑수아 1세는 오스만 투르크 제국에 접근하였다. 프랑스는 술탄의 해군 함정과 약 3만 명의 군인들이 1543-44년 겨울을 프랑스의 지중해 항구인 툴롱에서 나게 함으로써 그리스도교인들을 경악시켰다.[10] 툴롱은, 말하자면, "제2의 이스탄불"이 된 것이다.[11] 오스만 투르크 제국은 1538년에 프레베자에서 그리스도교 갤리선단을 격파한 데 이어 1560년에는 제르바에서 그리스도교 갤리선단을 격파하고 동부 지중해와 중부 지중해의 패권을 확고히 했다.

막판에 몰린 그리스도교 국가들은 오스만 투르크 제국을 저지해야 했다. 1565년에 오스만 투르크 제국의 몰타 섬 공격을 막아낸 것은 최초의 승리였다. 1522년 오스만 투르크 제국의 공세에 밀려 로도스 섬에서 쫓겨난 후 1530년에 몰타 섬에 주둔한 성 요한 기사단은 그리스도교 세계의 최전선을 방어하는 역할을 맡고 있었다. 제르바 해전에서 승리한 오스만 투르크 제국이 몰타섬을 공격한 것은 예정된 수순이었다. 그렇지만 오스만 투르크 제국은 200척에 가까운 함정과 5만명에 가까운 병력을 투입하고도 6,000여명에 불과한 수비군을 굴복시키지 못했다. 게다가 항상 그러하듯이 물자부족과 역병은 또 다른 적이었다. 결국 공략 4개월째에 에스파냐에서 원군이 도착하자 오스만 투르크 군은 공격을 포기하고 섬으로부터 철수하였다.[12]

그리스도교 세계로서는 오랜만에 맛보는 승리였다. 볼테르는 "몰타 공략보다 더 잘 알려진 것은 없다"며 감격했다. 그렇지만, 오스만 투르크 제국의 힘이 약해졌거나 사기가 꺾인 것은 아니었다. 그것은 "절반의 실패"였다. 그들은 에스파냐에서 반란을 일으킨 모리스코들을 지원할 계획을 세울 정도로 강력했고 여전히 지중해의 재해권을 장악하고 있었다.[13] 그러나 그리스도교 국가들은 몰타의 승리로 인해 오스만 투르크 제국이 무적이 아니라는 것을 알게 되었다. 그리고 그것은 레판토 해전의 승리로 다시 한 번 확인된다.[14] 몰타의 승리는 하나의 작은 전기가 되었던 것이다.

오스만 투르크 제국에게 있어서 몰타섬 공략 실패는 굴욕이었다. 궁정의 강경파들은 실추된 명예를 회복할 기회를 노렸다. 이러던 차에 1569년에 베네치아의 국영 조선소에서 대규모 화재가 발생했다. 베네치아 국영 조선소는 16세기 당시 서유럽 최대 규모의 조선소였다. 화재 당시 조선소 내부의 도크에는 100여척의 예비선박이 준비되어 있었고 그중 25척은 즉각 취역이 가능한 상태였다. 화재소식을 접한 오스만 투르크 궁정은 베네치아 해군의 기능과 활동이 상당 기간 제한받을 것으로 판단했다. 사실 베네치아가 입은 화재 피해는 그렇게 크지 않았지만, 어쨌든 오스만 투르크 제국 강경파에게 그것은 새로운 팽창의 기회로 다가왔다.[15]

1570년 2월, 새로운 술탄 셀림 2세는 베네치아가 그리스도교 해적들의 키프로스 섬 기항을 허락한 것을 비난하며, 키프로스 섬의 반환을 요구하는 친서를 보냈다.[16] 경악한 베네치아 원로원은 술탄의 요구를 즉각 거절하고, 항전을 결의했다. 그러나 도시국가 베네치아 단독으로 오스만 투르크 제국에 저항하는 것은 불가능했다. 베네치아는 1537년에 결성된 제1차신성동맹이 1538년의 프레베자 해전의 패배와 1540년의 굴욕적인 강화조약으로 이어진 쓰라린 기억을 잊을 수 없었다.[17] 그러나 다른 방법이 없었다. 베네치아는 십자군에 열광한 교황 피우스 5세에게 호소했다.

"이교도 투르크인들에 대한 그리스도교 국가들의 십자군"이라는 명분 아래 신성동맹 결성이 논의되었다. 그러나 교황의 주도에도 불구하고 동맹 결성은 난항을 겪었다. 에스파냐와 베네치아의 이해관계가 엇갈렸고 상호 불신의 골이 깊었기 때문이다. 동지중해에 이해관계를 가지고 있는 베네치아와 달리 에스파냐는 서지중해와 북아프리카에 이해관계를 가지고 있었고, 1566년 네덜란드에서 프로테스탄트들이 반란을 일으킴으로써 네덜란드에 국력을 집중하지 않을 수 없었기 때문이다. 게다가 에스파냐는 제1차신성동맹 이후 오스만 투르크 제국과 단독으로 강화조약을 맺은 베네치아에 대해 불신감을 가지고 있었다. 그리고 1570년에 제3차 종교전쟁에서 벗어난 프랑스의 위협도 무시할 수 없었다. 또한 연합함대 총사령관을 누가 맡느냐 하는 기술적인 문제도 쉽게 결론이 나지 않았다.

1570년, 그리스도교 국가들의 동맹 결성이 난항을 겪고 있을 때, 오스만 투르크 제국은 약 300척의 선박을 동원하여 키프로스 섬에 기병대와 공성용 포를 포함한 약 6만명의 육군을 상륙시켰다. 이러한 소식을 전해들은 그리스도교 연합함대는 키프로스 섬으로 향했지만 아무런 소득을 올리지 못하고 돌아왔다. 키프로스는 함락되었고 잔인한 학살을 면하지 못했다.

베네치아의 위기감은 한층 더 고조되었다. 동맹 결성이 시급했다. 동맹의 전비 부담은 에스파냐가 3/6, 베네치아가 2/6, 그리고 교황청이 나머지 1/6을 부담하도록 결정되었다. 동맹의 전략 목표는 당장 오스만 투르크 군의 활동이 활발한 동지중해 방면을 중시하되 북아프리카 등 서지중해도 무시하지 않도록 조정되었다. 최후의 난제였던 총사령관 인선 문제는 에스파냐 국왕 펠리페 2세의 이복동생인 오스트리아 공 돈 후안으로 합의를 보았다. 1571년 5

월 20일 '신성동맹'이 정식 체결되었고 5월 25일 공포되었다.

Ⅲ. 최후의 갤리선 대첩

돈 후안은 1569년 에스파냐에서 일어난 모리스코인들의 반란을 진압함으로써 군지휘관으로서의 능력을 인정받았다. 돈 후안은 국왕의 이복동생이라는 한계를 극복하기 위해서 공을 세울 필요가 있었다. 펠리페 2세는 신중하라는 명령을 내렸지만, 돈 후안은 승리의 영광을 원했다.[18] 형("Roi prudent")은 신중했지만 동생("Prince imprudent")은 신중하지 않았던 것이다. 오스만 투르크 제국의 셀림 2세 역시 새로운 군주로서의 자리매김을 위해서 승리를 원했다. 결과는 전쟁이었다.

1571년 10월 7일 아침, 메시나에서 이동해온 신성동맹 군대와 레판토 항

에 집결해 있던 오스만 투르크 제국 군대는 레판토 인근 파트라스 만 입구에서 결전에 들어갔다. 신성동맹군의 함정은 표준 군선인 갤리선(Gallia sotil) 206척과 대형군선인 갤리어스 6척이었다. 베네치아는 갤리어스 6척 전부와 갤리선 105척을 파견했으며, 에스파냐는 갤리선 55척, 제노바는 갤리선 27척, 교황청은 갤리선 12척, 몰타섬의 성요한 기사단은 갤리선 3척을 파견했다. 이에 대해 오스만 투르크 제국의 함정은 갤리선 208척 외에 소형갤리선인 갤리엇(galiot) 56척과 갤리엇보다 더 소형인 푸스타(fusta) 64척이었다.[19] 양측의 갤리선 수는 비슷했으나, 신성동맹은 갤리어스를 가지고 있었고 오스만 투르크 제국은 소형 선박들을 많이 가지고 있었다. 전쟁의 승패를 좌우한 것은 화력이 월등한 갤리어스선이었다.[20]

전형적인 갤리선(Gallia sotil)은 길이 41미터, 폭 5미터, 흘수선 1.2미터, 배수량 200톤이며, 뱃머리에 큰 포, 좌우에 작은 포를 장착했다. 갤리선의 주동력은 노잡이이다. 전통적으로 베네치아의 갤리선은 한 사람이 노 하나를 젓는 방식(alla senile)이었다. 배의 양쪽에 각각 3개의 단이 있고 한 개의 뱅크에 24개의 노가 있으니, 총 144개의 노가 있다. 한 개의 갤리선에 144명의 노잡이가 필요한 것이다. 또다른 노젓기 방식으로는 사다리 방식(alla scaloccio)이 있다. 양측에 각각 24개의 노가 있고, 노 하나에 4명의 노잡이(자유민 한명과 노예 3명)가 붙는 방식으로, 갤리선 한척 당 총 192명의 노잡이가 동원되었다. 이것은 전통적인 방식보다는 덜 효율적이지만 노예를 사용할 수 있다는 장점이 있었다. 레판토 해전 당시에는 사다리 방식이 표준적인 방식이었으며, 베네치아에도 이 방식이 일반적이었다.[21] 갤리선에는 노잡이와는 별도로 125명의 군인이 승선했다. 지휘관은 보통 갤리선보다 큰 갤리선(gallia lanternas)을 탔다. 가장 큰 배는 갤리어스였다. 이 배는 베네치아가 범선과 에스파냐의 대형갤리선에 대항하기 위해 과거의 상업용 갤리선을 개량하여 만든 비밀무기였다. 길이가 47미터, 폭이 8미터였으며, 9개의 강력한 대포를 장착했고, 250명의 노잡이와 300명의 군인을 태웠다. 갤리어스선이 갤리선과 보조를 맞추기 위해서는 자체의 노잡이 외에도 갤리선의 견인이 필요했다.

전체적인 전력을 추산해보자. 베네치아의 갤리선과 갤리어스선에는 약 4만명의 선원과 노잡이, 28,500명의 군인(베네치아인 5,000명, 교황청 군대 1,500명, 독일인 5,000명, 에스파냐인 8,000명, 이탈리아인 5,000명, 그밖의 모험가들 4,000명) 등 약 68,500명이 타고 있었다. 오스만 투르크 제국의 갤리선과 작은 선박들에는 5만명의 선원과 노잡이, 1만명의 예니체리를 포함한 27,000명의 군인 등 약 77,000명이 타고 있었다. 군인의 수는 비슷했다. 노잡이의 경우, 신성동맹의 노잡이들은 대체로 죄수, 노예, 자유민들로 구성되어 있었고, 오스만 투르크 제국의 노잡이들은 대체로 그리스도교 노예들로 구성되어 있었다. 그리하여 신성동맹의 노잡이들은 유사시에는 전투에 동원할 수 있었으나, 오스만 투르크 제국은 노잡이들을 감시하고 반란을 진압할 특별 군인이 필요했다. 무기는 신성동맹측이 월등 우월했다. 갤리어스는 말할 것도 없고 갤리선의 크기도 큰 편이었을 뿐만 아니라 장착한 포의 수도 많았다. 신성동맹의 군인들은 화승총이나 머스켓 총을 지참했으나, 오스만 투르크 군대의 2/3는 총 대신 활, 칼, 도끼, 창 등으로 무장했다.[22] 신성동맹의 화기가 훨씬 근대화되어 있었던 것이다.

고대 이래 레판토해전 시기까지 전투시의 함대 진형은 육전에서와 마찬가지로 횡대 진형이 일반적이었다. 신성동맹 함대는 돈 후안과 각국의 기함들이 포진한 중앙부, 베네치아 군선이 주축이 된 좌익, 용병대장 안드레아 도리아가 이끄는 우익, 그리고 후방의 예비대로 편성되었다. 오스만 투르크 함대 역시 동일한 방식으로 함대를 편성하여 알리 파샤가 위치한 중앙부, 바르바리 해적 마호메트 샬루크가 이끄는 우익, 역시 바르바리 해적 출신 울루지 알리가 이끄는 좌익 그리고 후방의 예비대로 편성되었다. 양 함대의 차이는 오스만 투르크 제국 측의 군선 수가 약간 많다는 것, 그리고 신성동맹 함대의 각 진영에는 갤리어스가 두 척씩 포진하였다는 것뿐이었다.

배치가 완료된 다음, 양측은 승리를 기원하는 종교의식을 가졌다. 그리스도교인들은 미사를 드리고, 고해를 했다. 불신자들과 싸우다 죽은 사람들을 위한 교황 피우스 5세의 면벌부가 낭독되었다. 무슬림들은 예의 그 기도의식을 거행했다. 그들은 신앙을 위해 죽은 사람들은 자동적으로 천국에 간다고 믿었기 때문에 면벌부 같은 의식이 필요 없었다. 다음에 필요한 것은 전투개시 의식이었다. 알리 파샤는 신성동맹군을 향해 공포탄을 발사했고, 존 후안은 이에 응답하여 포를 발사했다. 오전 10시 20분경 전투개시 명령이 떨어졌다. 돌진해오는 오스만 투르크 갤리선을 향해 신성동맹의 갤리어스선이 포를 발사했다.[23] 오후 2시경 울루지 알리의 함대가 패주하고, 4시경 전투가 끝났다.[24]

신성동맹의 대승이었다. 오스만 투르크 제국의 갤리선 170여척이 나포되었거나 침몰했고, 3만여명의 투르크인들이 사망했거나 부상당했다. 3천여명이 포로로 잡혔는데, 이들 대부분은 그날 저녁에 처형되었다. 남은 갤리선은 울루지 알리가 끌고 콘스탄티노폴리스로 도주했을 뿐이다. 30여척의 푸르타와 갤리엇도 12,000여명의 선원과 함께 레판토 쪽으로 도주했다. 여기에 더해, 15,000여명의 그리스도교 노예 노잡이들이 해방되었다. 신성동맹측의 함정 피해는 10척의 갤리선만 침몰했을 정도로 경미했다. 반면에 인명 피해는 적지 않았다. 8,000여명이 전투 중에 사망했고, 21,000여명이 부상당했다.[25]

그날 저녁 폭풍이 불었다. 감사예배(Te Deum)는 바람 소리, 핏빛 파도 소리, 부상자들의 신음 소리에 묻혀버렸다. 계절적으로도 늦었고 그날 기상도 나빴을 뿐만 아니라 부상자들의 치료가 시급했기 때문에 울루지 알리를 추적하며 전투를 계속할 수 없었다. 10월 9일, 돈 후안은 북쪽으로 항해할 것을 명령했다. 최종적으로 신성동맹 함대는 10월 23일 코르푸에 도착한 후 해산했다. 베네치아 함대는 북쪽으로 계속 올라갔고, 다른 함대는 시칠리아의 메시나를 향해 서쪽으로 방향을 틀었다.

신성동맹을 승리로 이끈 힘은 어디에 있을까? 전쟁 직전에 레판토에 있는 오스만 투르크 제국 함대사령부에서 열린 작전회의에서 신중론을 편 측의 주장을 살펴봄으로써 이 문제에 대한 힌트를 얻을 수 있을 것이다. 제2장관이었던 페르테브 파샤는 갤리어스선의 존재, 오스만 투르크 함대의 불량, 병사들의 경험부족, 신성동맹군인들의 개인화기 우세, 오스만 투르크 함대에 있는 그리스도교 노예 노잡이들의 반란 위험 등을 이유로, 술탄의 명령에도 불구하고, 신중론을 폈다. 그러나 총사령관인 알리 파샤는 신중론자들의 반대 이유를 어느 정도 수용하면서도, 신성동맹의 전력이 상당하고 전의는 불타고 있으나 내분이 심하기 때문에, 그리고 오스만 투르크 군은 언제나 승리해 왔기 때문에 이번에도 승리할 것이라는 이유로 전쟁을 결정했다. 그는 갤리어스선을 무시했으나, 그의 예상은 다음날 오스만 투르크 제국의 갤리선처럼 산산조각이 나고 말았다.[26] 오스만 투르크 군이 승리를 자신한 결정적인 이유는 신성동맹이 분열되어 있다는 것이었다. 실제로 신성동맹은 동맹이라고 할 수 없을 정도로 상호 불신하였으며, 전략적인 차원에서도 분열되어 있었다. 그럼에도 신성동맹이 승리할 수 있었던 데에는 신성동맹군의 총사령관인 돈 후안의 리더십이 크게 작용했다고 말하지 않을 수 없다. 페르낭 브로델은 다음과 같은 점들을 승리 요인으로 들고 있다 : 돈 후안의 리더십 ; 갤리선의 충각(衝角)을 없애 대포의 효율성을 높인 안드레아 도리아의 전술 ; 그리스도교 선단의 선두에서 무서운 화력으로 오스만 투르크 선박들을 파괴한 갤리어스선 ; 에스파냐 갤리선의 놀라운 배치 ; 베네치아 갤리선의 화력; 선상 백병전에서 우위를 보인 에스파냐 보병 ; 기지를 너무 일찍 떠나 피로에 지쳤던 오스만 투르크 함대 ; 칼과 활을 사용하는 오스만 투르크의 열등한 무기.[27] 특히 갤리어스선의 위력이 결정적이었던 것으로 보인다. 전투가 끝난 후 돈 후안은 갤리어스선의 공을 인정하였으며, 오스만 투르크 군도 갤리어스선의 역할을 인정하고 갤리어스선을 제작하려고 하였다.[28]

갤리선은 기원전 2500년부터 지중해 해전의 주역이었다. 갤리선은 노를 사용하여 추진력을 얻기 때문에 기동성을 높일 수 있는 장점이 있으나, 노잡이를 필요로 하기 때문에 노잡이를 구하는 문제, 작은 배에 지나치게 많은 사람을 태우는 문제 등으로 인해 중세 말부터 서서히 바람을 이용하는 대형범선에 밀려나고 있었다. 갤리선을 이용한 전투는 해전이라기보다는 선상에서 벌어지는 육상전투였지만, 대포를 장착한 대형범선이 해전의 주역으로 등장함에 따라 퇴장하게 된다. 레판토해전 이후 갤리선이 역사의 무대에서 사라지는 것은 아니지만, 더 이상 주역의 자리를 차지하지는 못한다. 본격적인 해군에 의한 해상전투의 시대가 열리는 것이다.

Ⅳ. 결과 없는 승리?

승리의 원동력이 어디에 있든지 간에, 레판토해전은 놀라운 승리였다. 그러나 또한 놀라운 것은 그 승리가 단명으로 끝났다는 점이다. 패전 직후 오스만 투르크 제국의 재상은 다음과 같은 말을 남겼다고 한다.

> 키프로스를 빼앗음으로써 우리는 기독교도들로부터 팔을 잘라냈지만, 그들은 우리 함대를 쳐부숨으로써 우리의 수염을 뽑았을 뿐이다. 뽑힌 수염은 다시 자라나지만 잘린 팔은 다시 자라나지 않는 법이다.[29]

재상의 말은 억지 변명이 아니었다. 오스만 투르크 제국은 레판토해전에서 귀환한 울루지 알리를 새로운 함대 사령관으로 임명하고 200척의 갤리선을 건조했다.[30] 비록 급하게 건조되었고, 레판토 해전에서 입은 선원 상실의 피해는 쉽게 회복되지 않았지만, 오스만 투르크 제국의 국력이 건재함을 과시하기에 부족함이 없었다. 돈 후안은 레판토해전 승리의 여세를 몰아 레반트 정벌을 원했으나, 펠리페2세와 참모들은 레판토해전 때와 마찬가지로 베네치아를 돕는 것이 에스파냐에게 도움이 되지 않는다고 생각했다. 그들의 일차적인 관심은 여전히 북아프리카였던 것이다. 유럽의 정세는 '신중한 왕'을 더욱 신중하게 만들었다. 에스파냐의 적이었던 잉글랜드와 프랑스가 접근했으며, 네덜란드에서의 상황은 점점 심각해졌기 때문이다. 에스파냐는 프랑스가 네덜란드 반란을 배후에서 지원하고 있다고 의심했다. 1572년 5월 알제인들이 프랑스에 도움을 청했을 때 국왕 샤를 9세는 그 요청을 받아들였다.[31] 같은 해 5월 교황 피우스 5세가 죽자 십자군 열기는 급격히 식어버렸다. 1572년 여름, 돈 후안의 연합군은 그리스의 모레아 지방으로 원정을 떠났으나 아무런 성과를 올리지 못했다.

상황은 레판토해전의 승리 이전으로 되돌아가고 있었다. 베네치아는 레판토해전으로 얻은 것은 없고 오히려 에스파냐의 견제만 받았다고 생각했다. 레판토해전의 승리와 모레아 원정으로도 베네치아는 키프로스와 아드리아해의 주요 거점들을 되찾지 못했다. 오랜 전쟁으로 베네치아의 상업과 산업은 붕괴되고, 재정은 고갈되고, 국민들의 일상생활은 고통스러웠다. 베네치아는 신성동맹을 포기하고 오스만 투르크 제국과의 평화를 모색했다. 1573년 3월 7일, 프랑스의 닥스 주교의 중재로 강화조약이 체결되었다. 베네치아는 키프로스를 양도하고, 오스만 투르크 제국에게 빼앗긴 달마티아지방의 기지들을 포기했으며, 베네치아가 알바니아에서 정복한 지역을 돌려주었다. 베네치아는 30만 두카토의 전쟁배상금을 지불했고, 투르크인 포로들을 몸값 없이 석방했을 뿐만 아니라 케팔로니아와 잔테에 지불하는 연공(年貢)을 2,500 두카토로 올려야 했다. 또한 베네치아의 함대 규모는 갤리선 60척으로 제한되었다. 레판토해전의 승전국이 평화, 그것도 불확실한 평화를 얻기 위해 지불한 대가는 컸다![32] 그러나 베네치아에서 평화조약에 반대한 사람은 거의 없었으며, 펠리페 2세 역시 평화조약을 내심 반겼다. 펠리페에게는 네덜란드 문제가 더 중요했기 때문이다. 교황은 분노하고 파문을 내리겠다고 위협했으나, 당시 유럽의 군주들에게 파문은 익숙한 것이었다.[33]

베네치아가 오스만 투르크 제국에 대한 저항을 포기할 무렵, 펠리페2세 역시 지중해정책을 포기하고 북아프리카로 눈을 돌렸다. 펠리페 2세는 돈 후안에게 튀니스 정벌을 명령했다. 1573년, 돈 후안은 별다른 어려움 없이 튀니스를 점령했다. 마드리드에서는 도시를 파괴하라는 명령을 내렸지만, 돈 후안은 이 명령을 받지 못했다. 교황으로부터 국가건설을 약속받았고, 왕이 되고 싶었던 돈 후안은 도시를 보존하기로 결정했다. 그러나 정복하는 것과 유지하는 것은 별개의 문제였다. 돈 후안의 군대는 합시드 왕국의 작은 부분만 점령했을 뿐이었다. 그 광대한 국가를 점령하기 위해 내륙으로 진출하는 것은 문제가 되지 않았다. 당시 펠리페 2세의 주된 관심 지역은 부유한 네덜란드였기 때문이다. 펠리페 2세는 동생을 이탈리아로 파견하여 프랑스를 견제하고, 네덜란드로 가는 통행로를 강화하도록 했다.[34]

1574년 7월 11일, 울루지 알리가 지휘하는 오스만 투르크 함대가 튀니스에 나타났다. 병력은 갤리선 230척, 수십 척의 소형 선박, 4만 명의 선원이었다. 이탈리아에 가 있던 돈 후안은 이 소식을 듣고 튀니스로 내려가려 했으나, 기상이 나빴고 이미 겨울로 접어들었기 때문에 튀니스로 갈 수 없었다. 울루지 알리는 어렵지 않게 튀니스를 되찾았다. 튀니스의 주민들도 오스만 투르크 군대를 지원했다.[35] 돈 후안의 튀니스 정복 역시 레판토해전의 승리와 마찬가지로 아무런 결과를 낳지 못했다.

1574년 오스만 투르크 제국이 튀니스를 탈환한 이후 바다에는 평화가 찾아왔다. 바다가 아니라 육지가 주요 전쟁터가 되었다. 1574년 이후 에스파냐의 관심은 유럽 대륙으로 옮겨갔고, 오스만 투르크 제국의 관심은 페르시아 전선으로 옮겨 갔기 때문이다. 1577년 에스파냐는 오스만 투르크 제국과 휴전조약을 체결했다. 두 강대국은 이제 더 이상 지중해에서 대결을 벌이지 않았다. 해군이 철수한 빈 공간은 이제 해적의 차지가 된다.[36]

1571년 레판토해전이 그리스도교 세계와 오스만 투르크 제국의 세력 균형을 결정적으로 파괴한 것도 아니고, 1574년 튀니스 탈환 역시 두 세력의 균형을 결정적으로 파괴한 것도 아니었다. 이러한 의미에서, 레판토해전에서 튀니스 탈환까지의 해전을 각각 별개의 해전으로 보지 않고, 하나의 '역사적 블록'으로 보는 경향이 있다. 페르낭 브로델은 이 거대한 역사적 블록의 의미를 "16세기의 거대한 해상 전투의 종식"에서 찾고 있다.[37] 이에 대해, 앤드류 헤스는 브로델의 해석 역시 전통적인 유럽중심주의적 해석과 크게 다르지 않다고 비판하면서, 1571년 레판토 해전이 아니라 1574년 튀니스 탈환의 의미를 강조한다. 지중해에서 벌어진 장기적인 해전에서 오스만 투르크 제국이 최종적으로 승리했다는 것이다. 레판토해전의 승리는, 브로델의 평가 이상으로, 아무런 결과를 낳지 못했다는 것이다.[38]

그러나, 레판토해전의 승리가 아무런 결과를 낳지 못했다고 말하는 것은 지나치다. 16세기에 오스만 투르크 제국의 해상 팽창은 거침이 없었다. 오스만 투르크 제국은 1565년 몰타섬 공략에는 실패했지만, 레판토 해전 당시에도 그들이 지중해의 패권을 장악하고 있었음은 부정할 수 없다. 적어도 그들이 패권을 차지하고 있다고 생각했다. 이러한 상황에서 레판토해전 승리는 오스만 투르크 제국에 대한 그리스도교 세계의 공포와 열등감을 해소시켜주었다. 헤스 역시 이 점을 부정할 수는 없었다.[39] 레판토 해전의 승리는 우선 이러한 정신적인 차원에서 '결과'가 있었다고 말할 수 있다. 그러나 과연 그것뿐이었을까? 여기에서 반(反)사실적 가정을 해보는 것이 전혀 비역사적이지는 않다. 신성동맹이 레판토해전에서 패배했더라면 어떠한 결과가 일어났을까? 몰타섬 공략 실패의 굴욕을 만회하려 했던 오스만 투르크 제국은 레판토 해전에서 승리할 경우 계속 베네치아까지 공격할 계획이었음을 주목하지 않을 수 없다.[40] 따라서, 레판토해전의 승리는 오스만 투르크 제국의 진출을 저지하는 '결과'를 낳았다고 말할 수 있다. 이것은 눈에 띄지 않은 결과였지만 무시할 수 있는 것은 아니었다. 비록 1574년에 튀니스를 상실함으로써 오스만 투르크 제국과의 오랜 전쟁은 아무 소득 없이 끝났지만, 세기 초에 비해 그리스도교 세계는 오스만 투르크 제국의 위협에 대해 더 이상 두려움을 느끼지 않았다. 오스만 투르크 제국의 '수염'은 다시 자라났지만, 오스만 투르크 제국의 해상 전력은 많이 약화되었다. 레판토해전에서 입은 인적 손실은, 페르낭 브로델이 지적한대로, 쉽사리 회복되지 않았기 때문이다. 두 강대국이 휴전조약을 맺고, 지중해를 떠나 각각 유럽 대륙과 페르시아 문제에 몰두할 수 있게 된 것은 두 강대국의 세력이 균형을 유지했기 때문으로 볼 수 있다. 이것은 레판토해전의 승리가 가져다 준 중요한 '결과'가 아니겠는가?[41]

V. 맺음말

페르낭 브로델은 레판토해전의 승리가 그리스도교 세계의 열등감을 해소시켜준 승리였다고 평가하며, 이러한 평가를 부정하는 역사가는 없다. 페르낭 브로델은 레판토해전에서 오스만 투르크 제국이 입은 막대한 인적 손실이 오스만 투르크 제국의 해군력을 약화시켰음을 인정하기는 하지만, 그것이 장기적인 '결과'로 이어졌다고 평가하는 데는 소극적이었다. 아마도 그것은 그가 역사를 '구조'와 '사건'으로 나누어 인식하고, '사건'을 그림자나 먼지에 불과한 것으로 무시하기 때문일 것이다. 16세기의 지중해는 지중해에서 벌어지는 크고 작은 많은 '사건'과는 무관하게 '구조'와 '국면변동'(콩종튀르)에 의해 움직였다는 것이다. 아메리카대륙에서의 은의 유입이라는 국면변동에 의해 지중해에서 대서양으로 문명의 무게중심이 이동했다는 것이다. 브로델의 도식에 의하면, 지중해문명의 종언은 사건의 힘으로 바꿀 수 없는 숙명과도 같은 것이었다.

구조주의 역사가는 사건을 외면한다. 그는 '그 사건'이 아니라 '그 이전 사건'에서 하나의 전환점을 찾는다. 브로델이 레판토해전의 승리가 아니라 몰타해전의 승리에서부터 하나의 변화가 시작되었다고 보는 것은 이러한 심리의 반영이 아닌가 싶다. 그것은 사건의 힘을 축소하는 동시에 역사를 장기적으로 보는 이중적인 효과가 있다. 어쨌든 이렇게 몰타해전의 승리를 주목하는 것에 대해 역사가들은 대체로 동의하고 있다.

그러나 브로델이, 시간을 더 소급해 올라가, 에스파냐가 1492년에 그라나다왕국을 정복한 후 북아프리카 정복을 포기하고 이탈리아로 선회한 것을 놓고 하나의 "비극"이라거나 에스파냐의 "역사적 사명"과 "지리적 사명"의 포기라고 말하는 것은 유럽중심주의적인 일방적인 해석이라는 평가를 면하기 어렵다.[42] 당시 지중해는 이슬람의 바다였고 아프리카 북부는 이슬람의 땅이었다는 사실을 고려하면, 에스파냐가 과거 로마제국의 영토를 회복하기 위해 북아프리카 정복에 나섰더라도 성공할 수 있었을지는 미지수이기 때문이다.

16세기의 지중해는 에스파냐와 베네치아와 오스만 투르크 제국이 각축을 벌이던 바다였으며, 그러한 대립구도가 뚜렷하게 나타난 전쟁이 바로 레판토해전이었다. 그 레판토해전에서 그리스도교세계가 승리함으로써 지중해에 세력균형이 이루어지고, 그 결과 지중해에 평화가 찾아왔다. 에스파냐가 네덜란드로 국력을 집중하고 오스만 투르크 제국이 페르시아로 국력을 집중할 수 있었던 것도 지중해의 평화 덕분이었다. 이러한 점에서 레판토해전은 아무런 결과를 낳지 못한 '사건'이 아니라 '구조'에 영향을 준, '구조화'에 영향을 준 '사건'이었다고 평가할 수 있을 것이다.

프랑스 혁명과 전쟁*

- 정복전쟁 포기 선언의 역설 -

박윤덕

Ⅰ. 서론

1792년 4월 20일, 프랑스 입법의회(Assemblée Législative)는 오스트리아에 대한 선전포고 안(案)을 가결했다.[1] 입법의원들은 이 전쟁이 속전속결로 혁명 프랑스에 영광스러운 승리를 가져다 줄 것이라 믿어 의심치 않았지만, 전쟁은 그들의 예상과 달리 4반세기 동안 전(全) 유럽을 전란의 소용돌이 속에 몰아넣을 대전(大戰)이 되었고, 결국 "혁명의 유산 집행인"이었던 나폴레옹뿐만 아니라 프랑스 혁명 자체를 끝장내고 말았다. 동맹국이었던 프랑스와 오스트리아 사이에서 시작된 이 전쟁은, 근대 유럽의 대(大)전쟁들이 그러했듯이, 거의 모든 유럽 국가들을 끌어들이면서 전쟁에 관한 당대의 기록들을 대부분 갈아치웠다.

---

* 『프랑스사연구』 제30호 (한국프랑스사학회, 2014), pp. 91-118.

첫째, 휴전과 개전을 반복하면서 1815년 워털루 전투까지 계속될 전쟁은 기간 면에서 두드러진 것은 아니지만, 지리적으로는 이전의 전쟁들과 비교할 수 없을 정도로 광범위한 지역에서 전개되었다. '최초의 세계대전'이라 할 만한 7년 전쟁 때 이미 전장(戰場)이 광역화되어 유럽, 북아메리카, 인도 등 세계 도처에서 전투가 벌어졌지만, 실제 전투를 치른 지역은 상대적으로 제한되었다. 이와 대조적으로 프랑스 혁명전쟁과 뒤이은 나폴레옹 전쟁 동안에는 포르투갈에서 러시아까지 영국을 제외한 유럽의 거의 모든 나라에서, 그리고 카리브 해에서 이집트까지 해외 식민지에서도 전투가 벌어졌다. 한마디로 '확대된 유럽' 거의 전역에서 전투가 벌어졌다고 할 수 있다.

둘째, 투입된 병력 규모나 작전 지역 면에서 전투 규모 자체가 매우 커졌다. 러시아 원정에 나섰던 나폴레옹의 '대군(Grande Armée)'은 극단적인 예라고 할 수 있지만, 10여만 명 이상의 병력이 단일 전투에서 맞붙어 싸운 경우가 적지 않았다. 혁명전쟁이 확대되고 나폴레옹 전쟁이 본격화되면서 병력 규모는 점점 더 커졌고, 작전 반경도 그 만큼 확대되어 수백 킬로미터에 달하게 되었다. 혁명전쟁 초기인 1792-1794년에는 단일 전투에 최대 4~5만 명의 프랑스 군이 투입되었다면,[2] 1800년 12월 뮌헨 인근의 호엔린덴(Hohenlinden)에서는 프랑스와 오스트리아 양측 모두 5~6만 명의 병력을 동원하여 승패를 겨뤘다. 황제가 된 나폴레옹은 적게는 7~8만에서 많게는 15~20만 명의 병력을 거느리고 전장을 누볐다.[3] 전쟁이 확대되고 장기화됨에 따라 전투 수행 단위의 규모가 사단(division), 군단(corps), 군(armée)으로 점점 더 커졌고, 그에 따라 작전 반경도 크게 확대되었다.[4] 아우스터리츠(Austerliz) 전투 당시 승리에 결정적인 역할을 했던 다부(Louis Nicolas Davout) 장군 휘하의 3군단은 빈(Vienne)으로부터 140킬로미터를 행군해서 48시간 만에 전장에 당도했는데, 이는 우연의 소산이 아니라 나폴레옹의 치밀한 작전 계획에 따른 것이었다.[5]

셋째, 전투 규모 확대의 당연한 결과였지만, 전쟁으로 인한 사망자 수가 크게 증가했다. 콥(Richard Cobb)은 1795-1801년 사이에 혁명전쟁으로 약 140만 명의 프랑스인이 목숨을 잃은 것으로 추산했다.[6] 여기에 나폴레옹 전쟁의 희생자까지 합치면 사망자 수는 크게 증가한다. 정확한 수치를 제시할 수는 없지만, 연구자에 따라 많게는 프랑스 및 교전 상대국 주민 520만 명, 적게는 프랑스 인 87만 명이 전쟁의 직 · 간접적인 결과로 사망했을 것으로 추정하고 있다. 이를 근거로 중첩된 기간을 고려해서 추산해 볼 때, 혁명전쟁으로 시작된 24년간의 전란으로 말미암아 적어도 200만에 가까운 프랑스 인이 목숨을 잃었고[7], 교전 상대국들의 희생도 그에 못지않았을 것으로 판단된다.

큰 틀에서 보면, 프랑스 혁명전쟁은 17세기 말에 시작된 영국과 프랑스 사이의 "두 번째 백년전쟁"[8]의 마지막 국면의 시작으로서, 이전에 벌어진 전쟁들의 일반적 양상을 따르면서도, 다른 한편으로는 "혁명전쟁"으로서의 새로운 면모를 보여주었다. 혁명전쟁이 이전의 전쟁들과 달리 훨씬 더 심각한 인명 손실을 초래한 것도 바로 그 때문이다. 전통적인 영토 분쟁과 패권 다툼에 프랑스 혁명으로 야기된 이념투쟁이 더해지면서 혁명전쟁은 타협의 여지가 거의 없는 '또 다른 형태의 종교전쟁'이 되었다. 혁명을 지켜내야 하는 프랑스에게도, 혁명 이념의 확산을 저지해야 하는 대(對)프랑스 동맹군에게도 물러설 수 없는 싸움이었던 것이다. 18세기의 전쟁들이 협상에서 유리한 위치를 차지하기 위한 수단에 불과했던 것과 달리, '섬멸전'이 나폴레옹 전쟁의 중요한 특징이 되었던 것은 바로 이러한 맥락에서였다.

혁명 프랑스는 전쟁 승리를 위해서 국가의 모든 역량을 집중했다. 국민총동원령(levée en masse) 형태로 잠정적인 징병제를 실시하고,[9] 늘어난 군대를 부양하기 위해서 전시경제체제를 운영하는 한편, 군비 강화를 위해서 '국방과학'이라 불리게 될 새로운 분야를 개척했다. 이 모든 것에 '최초'라는 수식어를 붙여야 하는 것은 말할 필요도 없다. 그 결과 전쟁의 양상뿐만 아니라 전쟁 당사국들의 정치, 경제, 사회에도 적지 않은 변화가 나타났다. 프랑스 혁명이 러시아 혁명에 자리를 내어주기 전까지 혁명의 본보기였듯이, 바로 이러한 이유에서, 프랑스 혁명전쟁은 제1차 세계대전으로 전쟁사의 또 다른 전환이 나타날 때까지 전쟁사 분야에서 가장 각광받는 연구 주제였다.

그러나 안타깝게도 최근에는 국내외를 막론하고 이에 대한 연구가 거의 없는 실정이다. 이 시기의 전쟁과 관련해서 참조할 수 있는 우리말 자료로는 나폴레옹 전쟁에 관한 단편적인 논문과 번역서 몇 편뿐이고,[10] 그나마 혁명전쟁에 관한 연구는 전무한 실정이다. 서구 학계에서도 프랑스 혁명전쟁은 더 이상 관심을 끌지 못하는 낡은 주제가 되었다. 20세기 말에 나온 몇 안 되는 연구들은 전쟁사의 관점을 버리고 사회사적인 측면에서 군대의 구성이나 병사들의 생활 등에 초점을 맞추고 있는 형편이다.[11] 이러한 상황에서 프랑스 혁명전쟁 연구를 시작하기 위해서는, 이 분야의 권위자인 블레닝(T. C. W. Blanning)이 권고했듯이, 19세기 후반의 연구 성과들로 거슬러 올라갈 수밖에 없다.[12]

제1차 세계대전에 대한 역사 연구가 보여주듯이, 전쟁에 관한 역사가들의 관심은 주로 전쟁 발발의 원인에 관한 문제에 쏠려 있다. 이른바 '기원(起源)'의 문제는 현실적으로 전쟁의 책임 문제와 밀접하게 연관되어 있기 때문에, 상반되고 모순되는 다양한 견해가 난무할 수밖에 없는 매우 민감한 사안이다. 이 점에서는 프랑스 혁명전쟁도 예외가 아니어서, 19세기 후반부터 20세기 중반까지의 연구는 대부분 혁명전쟁의 원인을 규명하는 데 초점을 맞추고 있다. 그 주장하는 바에 따라 유형을 분류하면 크게 세 부류로 나눌 수 있다.

첫째, 정치 · 외교사적 관점에서 참전국들의 상황과 동기를 분석하고, 전쟁 발발의 원인을 규명하는 것이다. 당연히 1792년 전쟁의 당사국인 프랑스, 오스트리아, 프로이센 중 어느 나라의 책임이 더 무거운지를 놓고 입장이 갈린다. 독일의 시벨(Heinrich von Sybel)과 트라이츠케(Heinrich von Treitschke)는 혁명 프랑스의 도발에 전쟁의 책임을 돌리고 있다. 시벨은 프로이센과 오스트리아는 혁명 발발 후 2년 동안 프랑스 문제에 신중하게 대처했으며, 지롱드파가 전쟁을 강요하지 않았다면 오랫동안 혁명 프랑스와 평화를 유지했을 것이라고 주장했다. 그에 따르면, 오스트리아의 레오폴드 2세(Leopold II)는 1791년까지 국내의 소요와 발칸에서의 전쟁, 그리고 동유럽 문제에 매여 있었을 뿐만 아니라, 혁명에 그렇게 적대적이지도 않았다.[13] 트라이츠케가 볼 때, 브리소(Jacques-Pierre Brissot)와 지롱드파는 프랑스의 공격성을 대표하는 정치 세력으로 전쟁 도발의 책임을 면할 수 없다. 반면에, 비어(Adolf Beer)는 프로이센의 영토 팽창 정책이 전쟁을 부른 주범이라고 보았다. 그에 따르면, 프리드리히 빌헬름 2세(Friedrich Wilhelm II)가 1790년 가을부터 비밀리에 프랑스의 영토를 병합하기 위한 계획을 추진했다는 사실을 밝혀냈다. 또한 미국의 로드(Robert H. Lord)에 따르면, 프로이센이 전쟁에 뛰어든 것은 프랑스가 오스트리아 령(領)이었던 벨기에를 공격해서 오스트리아와의 방위동맹을 가동시키지 않을 수 없었기 때문이 아니라 영토를 차지하려는 열망 때문에 정세를 잘못 판단한 결과였다.[14]

프랑스 책임론을 지지하는 학자들 가운데에는 프랑스 연구자들도 적지 않다. 그들은 대부분 혁명 프랑스가 내부 문제를 해결하기 위한 방편으로 전쟁을 선택했다는 일종의 "사회적 제국주의" 이론을 제시하고 있는데, 미숑(Georges Michon)과 소불(Albert Soboul)이 대표적이다. 자코뱅적 혁명 해석을 옹호하는 미숑은 지롱드파가 전쟁을 원했고 도발했다고 주장한다. 그에 따르면, "외부로부터의 위협이나 외국의 공격은 전혀 문제가 되지 않았다. 전쟁은 나날이 심각해지는 사회 문제로부터 관심을 돌리기 위해서 기획되었을 뿐이다. 6개월 동안 민주파를 분쇄하기 위해서 여러 가지 방법이 시도되었지만 하나도 성공하지 못했다. 그래서 극단적인 방법인 전쟁이 이 때 시도되었던 것이다. 왜냐하면, 전쟁은 정부에 독재 권력을 부여할 것이고, 그 덕에 혁명의 적들을 제거할 수 있을 것이기 때문이다. 지롱드파에게 전쟁은 국내 정치를 위한 거대한 책략이었다."[15] 소불도 이 견해에 전적으로 동의하면서 상인 부르주아지의 경제적 이해관계가 지롱드파의 정략적 판단에 강하게 작용했다고 지적한다. 요컨대, 지롱드파를 지지하는 상인 부르주아들은 전쟁으로 아시냐의 가치가 회복되고 군납업의 막대한 이익을 챙길 수 있으리라 기대했다는 것이다.[16]

물론 소불이 혁명전쟁을 특정 정파의 작품이라고만 생각했던 것은 아니다.

그에게 혁명전쟁은 무엇보다도 '원칙의 문제'였다. 즉 특권계급에 대한 제3신분의 전쟁이자 구체제 유럽의 열강들에 대한 프랑스 국민의 전쟁으로 국민적인 동시에 혁명적인 싸움이었다. 이러한 견해가 바로 세 번째 부류의 해석이다. 랑케(Leopold von Ranke)가 말한 "국가들 사이의 충돌이자 원칙의 충돌", 즉 "구체제의 군주제적 보수주의와 혁명의 공화주의적 자유주의 사이의 충돌"이 바로 프랑스 혁명전쟁이었다는 것이다. 그에 따르면, "전쟁과 평화의 문제는 국왕의 대권을 보장하는 헌법이 유지되어야 하는가 아니면 폐지되어야 하는가의 문제였다." 그것은 세계의 미래를 결정할 "군주정과 공화정" 즉 신구(新舊) 이데올로기들 사이의 결투였던 것이다. 하우저(Ludwig Häusser)가 보기에, 필니츠(Pillnitz) 선언이나 코블렌츠(Koblenz) 선언과 같이 프랑스 밖에서 벌어진 사건들은 보조적인 요인에 불과했고, 전쟁은 기본적으로 혁명이 프랑스의 낡은 법뿐만 아니라 기존의 국제법도 바꾸었기 때문에 일어난 것이다.[17] 프랑스의 혁명가들은 혁명 이데올로기를 다른 나라에 수출하고자 했고, 유럽의 군주들은 혁명 이념의 침투를 막기 위해서 국경에 방역선을 치고 '병원균'의 원천인 혁명을 박멸하려 했기 때문에 충돌을 피할 수 없었다는 것이다. 버크(Edmund Burke)의 표현에 따르면, "잉글랜드는 무장한 이데올로기와 싸우고 있었다."[18] 한마디로 말해서, 혁명전쟁은 원칙들의 불가피한 충돌이었고, 따라서 전쟁의 발발은 시간문제였다.

월트(Stephen M. Walt)가 지적했듯이, 이 각각의 견해는 혁명과 전쟁의 관계를 설명하는 데 나름대로의 강점을 가지고 있지만, 총체적인 설명에 이르지 못하는 약점도 가지고 있다. 혁명 이념을 수출하려는 시도가 전쟁을 야기했다는 세 번째 입장은 전쟁을 혁명 체제의 공격성의 직접적인 결과로 간주한다는 점에서 "일방적"이다. 실제 전쟁 발발 전까지 혁명 프랑스의 외교정책은 매우 수세적이어서, 혁명이 프랑스의 국제적 위상에 심각한 타격을 가했다고 생각될 정도였다. 혁명 국가의 국내 상황에서 혁명전쟁의 기원을 찾는 두 번째 입장은 결국 혁명 국가 내부의 갈등이 외부에 대한 공격성을 증대했다고 보는 것인데, 엘리트 분파들 사이의 갈등과 혁명 정부에 대한 민중의 압력이 상승작용을 일으켜 갈등이 증폭되었다고 주장한다. 그러나 이러한 주장은 혁명으로 급조된 정부는 전쟁에 전혀 대비되어 있지 않다는 점을 간과한다.[19] 이제 막 권력을 잡은 혁명가들이 다수의 적대 국가들과 전쟁에 돌입해서 어렵사리 획득한 지위를 스스로 위태롭게 만들려 하지 않을 것이라는 점 또한 경시되었다.[20]

이와 같이 전쟁의 원인에 대한 일반론적 접근은 그 설득력이 제한적일 수밖에 없기 때문에, 혁명과 전쟁의 상관관계를 파악하기 위해서는 혁명전쟁의 필연성을 운위하기 전에 앞에서 언급한 요인들, 즉 혁명 국가의 내부 상황, 국제적인 역학관계, 혁명 이념과 그 수용성 등을 종합적으로 살펴보아야 할 것이다. 경과와 결과는 말할 것도 없고 그 원인만 보더라도 프랑스 혁명전쟁은 다층적인 문제들이 복잡하게 얽혀 있는 거대한 사건이었다. 따라서 한 편의 논문에서 혁명전쟁에 관한 모든 문제를 검토한다는 것은 불가능할 뿐만 아니라 무의미하기도 하다. 왜냐하면 개괄적인 소개에 그칠 수밖에 없기 때문이다. 이러한 한계를 명확히 인식하면서 동시에 프랑스 혁명전쟁에 관한 연구가 전무한 우리 학계의 현실을 고려해서, 본고에서는 이에 관한 가장 핵심적인 문제인 혁명전쟁의 기원 문제를 프랑스 혁명의 내적 논리 속에서 고찰하고자 한다.

엄밀하게 말하면, 프랑스 혁명으로 촉발된 '이 전쟁'은 단일한 전쟁이 아니다. 1792-1815년 사이에 혁명 프랑스와 이에 맞선 유럽 국가들은 '혁명전쟁'과 '나폴레옹 전쟁'이라 불리게 될 7차례의 전쟁을 치렀는데, 이 전쟁들은 정치적 · 군사적 맥락에서 볼 때 서로 연결되어 있는 사건들이기 때문에 "하나의 에피소드"로 다루는 것이 일반적이다.[21] 더욱이 이 시기에 전쟁의 정치적 함의가 앞에서 살펴본 군사적 측면에서의 변화들보다 훨씬 더 심오하게 변했기 때문에 더더욱 그러하다. 클라우제비츠(Carl von Clausewitz)가 지적했듯이, 프랑스 혁명으로 말미암아 "전쟁이 느닷없이 다시 인민이 해야 할 일이 되었으며, 그것도 스스로를 모두 시민이라고 생각하는 3천만 인민의 일이 되었다. …… 인민이 전쟁에 참여하게 되었으니 이제 정부와 군대 대신에 전체 인민이 그 자연스러운 힘을 지닌 채 전쟁의 저울판에 오르게 되었다. …… 전쟁 자체는 엄청난 힘을 갖고 수행될 수밖에 없었고 이 힘을 막을 것은 아무것도 없었으며, 그 결과 이제 적의 위험은 극단적인 것이 되었다."[22] 이제 전쟁은 왕들의 문제가 아니라 국민의 문제가 된 것이다.

그러나 혁명 프랑스가 1790년 5월 22일 제헌국민의회의 입법을 통해 정복전쟁 포기를 선언하고 1791년의 헌법에 이를 명기했다는 사실을 상기한다면,[23] 이러한 결과는 역설적이다 못해 모순된 것처럼 보인다. 왜 입법의회는 전임자들의 선언에도 불구하고 채 2년도 지나지 않아서 선전포고를 했을까? 새로이 선언된 혁명 이념도 전통적인 국제정치의 논리를 극복하지 못한 것인가, 아니면 역사가 보여주듯이 혁명과 전쟁은 불가분의 관계[24]인가? 이러한 문제의식을 가지고 혁명전쟁의 기원과 성격을 고찰해보면, 기본적으로 프랑스사(史)의 틀 안에서 혁명의 성과와 의의를 논의하던 이제까지의 방식을 뛰어넘어, 유럽사 더 나아가 세계사의 차원에서 프랑스 혁명의 진정한 의미를 평가할 수 있을 것이다.

II. 구체제 유럽과 프랑스 혁명

1. 대서양 혁명과 "피억압자들의 엘도라도"

미국의 역사가 파머(Robert R. Palmer)는 『민주혁명의 시대: 유럽과 아메리카의 정치사 1760-1800』에서, 18세기 후반 대서양 양안(兩岸)에서 확산되고 있던 민주주의와 평등의 이념이 특권계급의 지배에 도전하면서 아메리카와 프랑스를 비롯한 여러 지역에서 혁명과 반란이 일어났다고 주장했다.[25] 그의 "대서양

혁명론"은 프랑스 혁명의 역사적 의의를 폄하하고, 동유럽 사회주의 세력에 맞서 북대서양조약기구(NATO)를 강화하려는 정치적 저의를 숨기고 있다고 비판받았지만,[26] 18세기 후반 유럽과 아메리카에서 나타나고 있던 정치적 변혁의 큰 흐름을 포착해 내는 역사가의 혜안을 보여주고 있다.

1770-80년대에 대서양 양안을 요동치게 했던 혁명운동은 1769년 코르시카의 독립투쟁과 함께 시작되었다. 1755년 파올리(Pascal Paoli)의 영도 아래 독립을 선언한 코르시카는 오랜 전쟁 끝에 1763년 제노아로부터 독립을 쟁취했다.[27] 그러나 제노아는 이듬해 비밀리에 코르시카를 프랑스에 양도했고, 만반의 준비를 한 프랑스는 1768년 코르시카 합병을 선언했다. 코르시카 인민들은 프랑스 점령군에 맞서 게릴라전을 벌였지만 패퇴했고, 파올리는 영국으로 망명했다. 18세기 후반의 혁명운동을 완결하게 될 프랑스가 그 첫 번째 봉기인 코르시카 독립운동을 진압했고, 코르시카 출신의 나폴레옹이 프랑스 혁명을 종결했다는 것은 역사의 아이러니가 아닐 수 없다.

비슷한 시기에 대서양 건너 아메리카에서도 본국 정부의 강압적 조치에 불만을 품은 식민지 주민들의 항쟁이 격화되고 있었다. 주지하다시피, 1775년에 시작된 이들의 독립전쟁은 "아메리카 국가연합(USA)"의 탄생으로 이어졌다. 대영제국에 대한 저항은 아일랜드에서도 끊이지 않았는데, 자치의회, 참정권, 상업의 자유 등이 핵심적인 요구사항이었다. 한때 버크의 지지를 받았던 아일랜드 개혁운동은 1780년대에 이르면 무장봉기로 발전하였다. 혁명적 변화를 지지하는 영국인들이 적지 않았지만, 정부는 단호한 대응으로 아일랜드의 독립의지를 꺾었고, 그 덕에 영국은 혁명적 흐름을 가까스로 비껴갈 수 있었다. 스위스의 제네바에서는 1782년 시민들이 도시 행정을 장악한 귀족들에 맞서 봉기했는데, 구체제를 복원하기 위해서는 외세의 개입이 필요했다.[28]

네덜란드에서는 1787년 애국파의 반란이 영국의 재정 지원을 받는 프로이센군의 개입으로 실패했다. 합스부르크 왕가의 오스트리아에서는 언어의 통일, 인신예속제의 폐지, 교단과 예배의식의 세속화 등 조세프 2세(Joseph II)의 갑작스런 개혁 정치가 정치적 불안을 야기했다. 농민들은 정부가 종교생활에 개입하는 것에 반대하면서 더 많은 것을 요구했고, 결국 1789-90년 폭동에 가담했다. 벨기에에서는 "국가주의자"라고 불린 보수주의자들과 봉크주의자(Vonckist)[29]라 불린 애국파가 모두 황제에 반기를 들고 독립을 시도했지만, 1790년 오스트리아군의 개입으로 실패하고 말았다. 스웨덴, 덴마크, 러시아에서도 계몽전제군주들이 고문을 폐지하고 언론의 자유와 종교적 관용을 허용하는 등 정치 · 사회 개혁을 추진함으로써 사회적 긴장을 초래했고, 결국 폭동을 야기했다.[30]

역사적인 맥락과 구체적인 요구사항들은 각기 달랐지만, 이 운동들은 모두 계몽사상의 영향 아래 보다 자유롭고 평등한 사회와 자율적으로 주권을 행사하는 국가 건설을 지향하는 정치적 움직임이었다. 아메리카를 제외한 모든 나라에서 정치적 변혁은 좌절되었고, 각국의 "애국파들"은 프랑스로 망명했다. 프랑스는 절대왕정 국가임에도 불구하고 국제정치의 역학관계에 따라 이들을 후원했고, 계몽사상의 본향(本鄕)으로서 정치적 망명자들을 환대했다. 네덜란드로부터 약 5천 명의 망명자들이 몰려왔는데, 그 가운데 장차 프랑스 입법의회 의장이 될 다버우트(Daverhoult)가 있었다. 벨기에 망명자들은 혁명 프랑스를 위해 복무하게 될 벨기에 군단(Légion belge)을 조직했고, 스위스 망명자들은 그들만의 클럽[31]을 결성할 정도로 그 수가 많았는데, 나중에 혁명정부의 외무장관[32]과 재무장관[33]이 그들 가운데서 배출되었다.

이와 같이 혁명 전부터 군주제 유럽에서 "피억압자들의 엘도라도"였던 파리는 프랑스 혁명의 발발과 함께 혁명적 국제주의의 산실이 되었다.[34] 바스티유 함락 소식이 전해지자마자 유럽 도처에서 "자유의 순례자들"이 파리로 몰려들었고, 각국의 망명자들은 그들만의 신문을 발행하고, 이를 통해서 조국 해방전쟁을 설파했다.[35] 1790년 6월 19일, 아랍, 시리아, 인도, 프로이센과 독일, 폴란드, 잉글랜드, 스위스, 네덜란드, 벨기에, 스웨덴, 이탈리아, 에스파냐, 아메리카, 아비뇽, 제네바, 사르데냐, 시칠리아 사람들로 구성된 외국인 대표단이 제헌국민의회에 나타나 자신들도 연맹제에 참여할 수 있도록 허가해 달라고 요청했다. 그들을 대표해서 연단에 오른 클루트(Jean-Baptiste Cloots-Anacharsis)는 프랑스 혁명이 지닌 보편적 호소력을 다음과 같이 강조하였다.

> "위대한 인민의 부활을 알리는 트럼펫 소리가 세계의 구석구석에 울려 퍼졌다. 2천 5백만 자유인이 부르는 환희의 송가는 오래 동안 노예상태에 빠져 있는 사람들을 깨웠다. …… 그들(연맹제에 참여할 외국인들)이 높이 들어 올릴 자유의 모자는 장차 불행한 동포들의 해방을 보증할 것이다. 로마의 개선장군은 그가 정복한 사람들을 전차에 매달아 끌고 다니며 즐거워했다. 그러나 의원 여러분은 당신들의 대열 속에서, 지금은 그 조국이 사슬에 묶여 있지만, 당신들의 용기와 계몽된 법 덕분에 언젠가 그 조국이 해방될 자유민들을 보게 될 것입니다."[36]

선언의 주체가 "우리"인 「아메리카 독립선언」과 달리, 프랑스의 「인간과 시민의 권리선언」의 주인공이 그저 "인간"인 것은 부분적으로는 보편성의 토대 위에 형성된 혁명적 국제주의의 영향 때문이었다. 보벨(Michel Vovelle)이 지적했듯이, "대서양 혁명의 시대"에 다른 많은 선언들이 있었지만, 이와 같은 보편성을 지닌 선언은 하나도 없었다.[37] 혁명을 피해 조국을 등지고 국경 저편에서 "프랑스를 구하자! 국왕을 구하자!"라고 외쳤던 수많은 프랑스인들만큼이나, 혁명을 위해 조국을 등지고 국경 이편에서 "조국을 해방하자! 동포를 해방하자!"고 외쳤던 수많은 외국인 망명객들도 프랑스 혁명전쟁의 주요 원인 가운데 하나였다. 그들은 브리소가 주창한 "자유의 십자군"의 일익을 담당하게 될 것이다.

2. 혁명 입법과 봉건 유럽

프랑스 혁명이 유럽 도처에서 공감과 흥분을 불러일으켰던 것만큼이나, 아니 그보다 더 큰 반감과 혐오를 야기했다는 점을 부인할 수 없다. 이는 단순히 혁명의 전염 가능성에 대한 우려 때문이 아니라, 혁명이 가져온 실질적 변화가 봉건적인 구체제 유럽에 가한 충격 때문이었다.

1789년 여름 제헌국민의회는 프랑스 전역을 휩쓴 대공포와 농민반란을 잠재우기 위해서 8월 4일 밤 봉건제 폐지를 선언했다. 미라보(Mirabeau) 백작의 표현대로, 제헌의원들은 하루 밤 사이에 프랑스 왕정의 모든 낡은 질서를 뒤엎었는데, 선언의 영향은 이내 프랑스 국경인 라인 강을 넘어 독일 땅으로 파급되었다. 1648년 베스트팔렌 조약으로 알자스는 프랑스 왕국의 영토가 되었지만, 합병 이전부터 영지를 보유하고 있던 독일 영주들은 영주로서 영주권, 사법권, 그리고 종교에 관한 권리를 영원히 보장받았다. 따라서 8월 4일 밤의 선언으로 자신들의 권리와 이익이 침해당했다고 간주한 독일 영주들은 신성로마제국 의회에 이에 대한 항의를 프랑스 측에 전달하라고 요구했다.[38]

이와 같이 8월 4일 밤의 선언은 법리상으로도 현실적으로도 복잡한 문제를 야기했다. 과거에 프랑스 국왕이 승인한 조약들이 국민의회를 통해서 프랑스 인민이 행사하는 주권을 제한할 수 있는가? 프랑스 국내법의 적용에 있어서 외국인을 예외로 인정해야 하는가? 제헌국민의회는 오랜 기간 심사숙고했지만, 이에 대한 대답은 간단명료했다. 1790년 10월 28일 봉건제 위원회를 대표해서 메를랭 드 두에(Merlin de Douai)가 다음과 같이 보고했다.

> "여러분과 여러분의 형제인 알자스인 사이에는 지난해 바로 이 의회에서 모든 프랑스인 사이에 형성된 사회계약 이외에 다른 어떠한 통합의 정당성도 존재하지 않습니다. …… 알자스 인민의 동의 없이 체결된 조약은 그들이 동의하지 않은 권리에 합법성을 부여할 수 없습니다. 간단히 말해서 국민의 권리를 규제하는 것은 군주들의 조약이 아닙니다. …… 알자스 사람들이 프랑스인이 된 것이 외교문서 때문이라고 하는데, …… 과연 전제주의 시대에 알자스인을 프랑스에 결속시킬 목적으로 체결되었던 조약이 무슨 의미가 있습니까? 알자스 인민은 그들이 원했기 때문에 프랑스 인민으로 통합된 것입니다. 따라서 통합을 정당화하는 것은 뮌스터 조약이 아니라 바로 그들의 의지인 것입니다."[39]

1790년 11월 제헌국민의회는 알자스가 1790년 7월 14일의 연맹제에 참가했다는 사실이 입증하는 것처럼 그 주민들의 의지에 따라 프랑스의 일부가 되었다고 선언했다.[40] 국민주권과 민족자결의 새로운 원칙은 세습을 통해 영지와 권리를 상속한다는 점에서 여전히 가산제적(家産制的)이고 봉건적인, 왕조 중심의 근대국가체제를 일시에 무너뜨릴 수 있는 파괴력을 가지고 있었다. 어떤 다른 지역의 주민들이 프랑스에 합병하기를 원한다면 어떻게 이를 막을 수 있겠는가?

실제로 1790년 6월 11일, 교황의 지배 아래 있는 아비뇽(Avignon)의 주민들이 들고 일어나 교황 관리들을 내쫓고, 투표로 프랑스와의 합병을 결정했다. 얼마 뒤 또 다른 교황령 브네생 백작령(Comtat-Venaissin)이 아비뇽의 뒤를 따랐다. 프랑스와의 합병을 요청하는 아비뇽 주민들의 청원에 대해서 페티옹(Jérôme Pétion de Villeneuve)은 1790년 11월 16일 "그 주민들이 더 이상 교황을 그들의 지배자로 받아들이지 않기 때문에, 아비뇽은 더 이상 교황령이 아니다."라고 주장하면서, 아비뇽 주민들의 뜻에 따라 프랑스가 아비뇽을 받아들일 것을 촉구했다.[41] 이틀 뒤 로베스피에르(Maximilien Robespierre)도 "국민의회는 아비뇽 시와 그 부속 영토를 프랑스 제국의 일부라고 선언하고, 프랑스의 법이 그곳에서도 집행될 수 있도록 모든 법령을 아비뇽 시에 보내라"고 제안했다.[42]

제헌국민의회는 교황과의 갈등을 피하기 위해서 두 차례의 표결에서 근소한 차이로 합병 안을 부결시켰지만, 임기 종료 직전인 1791년 9월 14일 "시민 다수에 의해 자유롭고 엄숙하게 표현된 소망에 따라" 아비뇽과 브네생 백작령의 합병을 승인하였다.[43] 제헌국민의회의 조치는 국민주권과 민족자결의 새로운 원칙이 결국은 혁명 프랑스의 이익을 위해서 합병을 원하는 인민을 병합할 수 있는 권리라고 선언한 것이나 다름없다. 파리 주재 오스트리아 대사 메르시(Mercy) 백작이 지적했듯이, 제헌국민의회는 이 결정을 통해서 유럽의 다른 모든 국가에 전쟁을 선포한 것이나 마차가지였다.[44]

이러한 일련의 사태는 1790년 5월 14일 제헌국민의회가 눅타(Nookta) 해협 위기로 야기된 국제적 긴장과 전쟁 위협에 대처하기 위해서 대책을 논의하는 과정에서 이미 예견되었다. 1789년 5월 밴쿠버(Vancouver) 섬 서해안의 눅타 해협을 지나던 영국 상선 3척을 에스파냐 전함이 나포했는데, 이 소식이 거의 1년이 지나 유럽에 알려지면서 이 지역의 영유권을 놓고 대립하던 양국 사이에 긴장이 고조되었다. 1776년 샌프란시스코(San Francisco)로 진출한 이래 북아메리카 대륙의 서해안을 따라 북상하던 에스파냐와 교역망을 확대하며 이 지역을 식민지화하려는 영국 사이에 또 다른 식민지 전쟁의 그림자가 드리워진 가운데,[45] 에스파냐가 부르봉 왕가의 일원으로서 프랑스의 군사적 지원을 기대하고 있었기 때문에 혁명 프랑스의 외교가 시험대에 오르게 되었다.[46]

국왕 루이 16세가 만약의 사태에 대비해서 14척의 전함을 비상 대기하도록 명령했다는 외무대신 몽모랭(Montmorin)의 보고[47]를 접한 국민의회는 구체적인 상황과 국민의 이해관계를 검토하기 전에 원칙의 문제를 제기했다. 라메트(Alexandre de Lameth)는 아무도 국왕의 조치를 비난할 수 없다고 운을 뗀 뒤, "주권자 국민이 국왕에게 전쟁과 강화의 권한을 위임해야 하는지, 아니면 국민의회가 관할해야 하는지"를 검토해야 한다고 주장했다.[48] 페티옹은 모든 정복을 거부한다고 선언할 것을 제안하면서, 입법부의 명시적 동의를 받아야만 집행부가 전쟁을 선포할 수 있고, 집행부가 제안한 강화조건을 입법부가 검토해서 수용 또는 거부할 수 있도록 법제화하자고 주장했다.[49] 이는 의회가 군사·외교정책을 통제한다는 것을 의미했다. 보수파는 이상주의적이고 원론적인 제안에 맞서, 다수로 구성된 회의체는 쉽게 타락할 수 있고, 기밀을 유지해야 하는 동맹, 전쟁, 강화의 문제를 올바르게 결정할 수 없다고 강조하면서, "국민의 대표"인 국왕에게 전쟁과 강화의 권한을 위임해야 한다고 주장했다. 그들이 보기에, 입법부는 국왕의 권한 남용을 막기 위한 수단으로 "보조금에 대한 거부권"과 "평화조약에 대한 비준권"만 확보하면 충분했다. 이번에는 로베스피에르가 페티옹을 지지하고 나섰다. 그에 따르면, 국왕은 국민의 '대표(représentant)'가 아니라 일반의지를 집행하는 '관리(commis)'일 뿐이다. '대표'란 국민에 의해 국민의 의지를 표명하도록 특별 임무를 부여받은 자들이다. 아무리 존엄할지라도 다른 모든 권력은 인민의 대표가 될 수 없다. 따라서 전쟁과 강화의 권한은 국왕이 아니라 국민의 대표들에게 위임되어야 한다.[50]

일주일에 걸친 논쟁 끝에 제헌국민의회는 다음과 같이 결정했다. 전쟁과 강화에 관한 결정권은 국왕이 아니라 국민에게 귀속되고, 국가 안보를 돌볼 책임은 헌법에 의해서 국왕에게 위임된다. 정복 전쟁도, 영토 분할도, 비밀 외교도 인정하지 않은 제헌국민의회는 "어떤 경우에도 인민의 자유에 맞서 군사력을 사용하지 않을 것"이라고 선언하면서 영국에 대한 전쟁 준비를 중단시켰다. 앞으로 모든 선전포고는 "국민의 이름으로 국왕의 명령에 따라서" 이루어질 것이다.[51]

제헌국민의회는 이러한 평화주의가 동맹체제와 무력시위보다 더 큰 힘을 발휘할 것이라고 생각했지만, 미라보는 "전쟁을 준비하고 있는 유럽 앞에서 프랑스를 무장해제한다면, 영구적인 평화는 한낱 위험한 꿈에 불과하다."고 주장했다. 그의 판단에 따르면, 군주들보다 국민들을 더, 특히 프랑스 국민 자체를 경계해야 한다. 왜냐하면 "자유로운 인민들이 두드러졌던 것은 언제나 더 야심차고 야만스러운 전쟁에 의해서였기" 때문이다. 그는 "당신들이 여기에서 전쟁을 논의하지 않는다면, 그 열정의 움직임이 당신들을 절대 위험한 전쟁으로 인도하지 않을 것이라고 믿으시오. 그러나 카이사르가 위험했던 것은 로마를 위해서였다."고 일갈했다. 이와 같이 미라보는 전쟁에 관한 논의에서 의원들이 승전을 확신하는 민중의 열정에 이끌려 전쟁을 선택하게 되리라는 점을 예견했다. 하지만, 미라보는 그의 선견지명이 사실로 입증되기 전에 세상을 등지고 말았다.[52]

III. 반혁명과 혁명전쟁

1. 바렌 탈주와 혁명의 급진화

1791년 9월 14일, 루이 16세가 다시 한 번 국민에게 충성을 다짐하면서 헌법을 승인했다는 소식은 제헌국민의회의 수세적이고 평화주의적인 외교 정책 못지않게 유럽의 평화 유지에 기여한 것처럼 보인다. 1791년 9월 30일, 제헌국민의회 의장 투레(Jacques-Guillaume Thouret)는 국왕의 폐회식 연설에 화답하며 "폐하가 헌법을 진심으로 받아들임으로써 혁명을 끝냈다."고 선언했다.[53] 제헌의원들처럼 유럽의 군주들도 이로써 혁명이 끝나기를 기대했을 것이다. 오스트리아 재상 카우니츠(Kaunitz)는 "신은 모든 사람을 긴장된 상황에서 벗어날 수 있게 해준 데 대해 프랑스 국왕에게 감사해야 할 것"이라고 말했고, 프로이센의 프리드리히 빌헬름 2세는 "마침내 유럽의 평화가 보장되었다."고 기뻐했다.[54] 그러나 루이 16세의 바렌(Varennes) 탈주는 잦아들던 혁명의 물결을 다시 소용돌이치게 만들었고, 이제 프랑스뿐만 아니라 유럽 전체가 그 소용돌이 속으로 빨려 들어갈 것이었다. '국왕납치설'로 국왕의 배신을 호도하며 아무 일 없었던 것처럼 넘어가려 해도 진실을 숨길 수는 없었기 때문이다.

1790년 7월 14일, 조국의 제단에서 "국민과 국법에 충실할 것"을 맹세했던 루이 16세는 어쩔 수 없이 혁명을 승인했을 뿐, 결코 절대왕권을 포기한 적이 없었다. 이미 그해 1월 "짐은 이런 처지에서 프랑스의 국왕으로 머무느니 차라리 메츠(Metz)의 왕이 되고 싶다. 그러나 이런 상태는 곧 끝날 것"이라고 언명한 바 있다.[55] 나중에 발견된 비밀 서신들을 통해서 밝혀졌듯이, 루이 16세는 망명 귀족들의 지원을 받아 외국으로 탈출해서 오스트리아의 군대를 이끌고 돌아와 국민의회를 해산하고 혁명을 전복시킬 계획을 하고 있었다.

1791년 초부터 반혁명 책동이 강화되었다. 국경 근처에 집결해 있던 망명 귀족들은 외국 군대의 개입을 유도하기 위해 음모를 꾸몄다. 국내에서는 반혁명 세력이 국유 재산 매각을 방해하고, 아시냐에 대한 불신을 조장했다. 선서 거부 사제들은 제헌국민의회의 종교정책을 규탄하면서 저항을 선동하고 있었다. 2월에 루이 16세의 고모들이 로마로 망명길에 올랐을 때, 파리뿐만 아니라 전국이 반혁명 음모를 걱정하며 동요했다. 2월 28일 파리에서는 민중들이 뱅센(Vincenne) 성을 파괴하려 한다는 소식을 듣고 라파예트가 국민방위대를 이끌고 출동한 사이, "단검의 기사들"이라 불린 일단의 귀족들이 국왕의 거처인 튈르리 궁에 난입하는 사건이 발생했다. 뱅센의 소요는 궁정에 의해 조작되었으며 단검의 기사들은 국민방위대가 자리를 비운 사이에 국왕의 탈출을 엄호하기 위해서 모였다는 의혹이 제기되었다.[56]

프랑스 혁명에 대한 외국의 반응도 심상치 않았다. 혁명 프랑스에 대한 각국의 외교적 대응은 각양각색이었으나, 혁명에 대한 적대감에서는 하나였다. 러시아의 예카테리나 2세(Ekaterina II)는 "프랑스의 무정부 상태를 타파하는 것, 그것은 바로 불멸의 영광을 준비하는 길"이라고 외쳐댔다. 3월 10일, 교황 피우 6세(Pius VI)는 혁명의 원칙을 공식적으로 탄핵했고, 에스파냐 정부는 "프랑스 역병"을 막기 위해 피레네 산맥에 군사 방역선을 폈다. 스웨덴의 구스타프 3세(Gustav III)는 유럽의 반혁명 동맹을 주도할 채비를 갖추고 있었고, 프로이센의 프리드리히 빌헬름 2세도 역시 같은 생각이었다. 루이 16세의 처남인 오스트리아 황제 레오폴드 2세는 5월, 비밀리에 루이 16세의 동생 아르투아(Artois) 백작을 만나 반혁명을 위한 준비 작업에 대해 토의했다. 그러나 혁명 프랑스를 전복하기 위해서 무엇보다도 파리 민중의 포로가 된 루이 16세와 왕가를 구출하는 것이 급선무였다.[57]

1791년 6월 20일 밤 시도된 국왕의 탈주는 바렌에서 민중에 의해 저지되었고, 어가(御駕)는 "군주제의 장송행렬"과 함께 파리로 압송되었다. 바렌 탈주의 즉각적인 결과는 애국파의 분열이었다. 제헌국민의회의 부르주아들은 "국왕납치설"로 상황을 호도하려 했다. 입헌군주제의 수립과 함께 혁명을 마무리 짓고자 했던 그들에게, 신체제에서 균형추 역할을 해야 할 국왕이 도주했다는 사실은 체제가 확립하기도 전에 붕괴될 것이라는 것을 의미했기 때문이다. 그러나 국왕의 배신을 목도한 민중은 국왕을 용서하지 않았다. 민중은 우선 자위 태세를 취했다. 국왕의 탈주는 침략이 임박했다는 증거로 비쳐졌기 때문이다. 1789년 8월과 같은 공포의 물결이 일어났고, 국경의 요새들은 자발적으로 방어 태세를 갖추었다.[58] 민중과 급진파는 루이 16세를 국민의 적으로 규탄하고 군주제와 자유는 양립할 수 없다고 선언하면서, 군주제를 즉각 폐지할 것을 요구했다. 민주파 신문 『파리의 혁명』은 루이 16세를 반국가 범죄자로서 재판하라고 촉구했다. 7월 15일, 제헌국민의회가 국왕은 불가침이라고 선언한 바로 그날, 코르들리에 클럽은 변호사 로베르(Pierre-François Robert)가 작성한 청원서를 발표하고 공화정을 요구했다. 수천의 시민들이 청원서에 서명하기 위해서 샹드마르스 광장으로 몰려들었다. 국민의회는 계엄령을 선포했고, 라파예트의 지휘 하에 파리 국민방위대가 사전 경고도 없이 비무장 군중에게 발포해서 50여 명이 사살되었다.[59]

국왕의 바렌 탈주로 말미암아 이제까지 비교적 평화롭게 전개되었던 프랑스 혁명은 대내외적인 전쟁 위협에 직면하게 되었다. 오스트리아의 레오폴드 2세는 1791년 7월 6일 유럽의 군주들에게 프랑스 왕가를 구하기 위해서 공동보조를 취할 것을 촉구하고, 8월 27일에는 필리츠(Pillnitz)에서 프로이센 국왕과 함께 "공동의 목표를 달성하기 위해서 상호협력하에 필요한 무력을 가지고 즉각 행동할 것"이라고 선언했다. 사실 필리츠 선언은 "유럽의 군주들이 그들의 능력에 비례하는 가장 효과적인 수단을 사용하는 데 동의해야" 한다는 조건을 달았기 때문에 실효성 없는 수사(修辭)에 불과했다. 중립을 유지하고 있던 영국이 개입하지 않을 것이 분명했기 때문에 전쟁 가능성은 매우 낮아 보였다.[60] 그러나 필니츠 선언이 유럽의 군주들에게 프랑스 혁명을 파괴하기 위해 동맹할 것을 제안하고 공동보조를 모색함에 따라 프랑스도 이에 대응하기 위해서 내부의 단결을 도모하지 않을 수 없었다.

공화파의 왕정 폐지 요구를 무력으로 진압한 제헌국민의회는 입법의회가 소집될 때까지 왕권을 정지시켜는 한편, 군 장교들의 지지를 확보하기 위해서 각급 부대에 대표를 파견했다. 그러나 상당수의 군 장교들이 '국왕'이 빠진 '국민'과 '국법'에 대한 충성 맹세를 거부했고, 장교들의 망명과 이념 논쟁으로 군의 사기는 극도로 저하되었다. 국민의회는 공석이 된 자리를 채우기 위해서 부사관의 장교 진급과 의용병의 입대를 허용하고, 백기 대신 삼색기를 군기로 채택했다. 군의 정치화가 강화됨에 따라 군과 국민의 동맹도 강화될 것이었다.[61] 이와 같이 두 개의 대립된 진영으로 세력이 결집되면서 전쟁의 가능성은 점점 더 높아졌고, 이에 대비하기 위해서 내부 결속을 강화하면 할수록 반혁명의 위험 또한 점점 더 커질 수밖에 없었다. 그러나 1791년 헌법의 발효 및 입법의회의 개원과 함께 상황은 일단 진정되는 듯이 보였다.

2. 입법의회와 혁명전쟁

1791년 헌법의 선거 규정에 따라 선출된 입법의회는 1791년 5월 16일의 법으로 제헌의원들 스스로 피선거권을 포기했기 때문에 745명 전원이 초선의원으로 구성되었다. 재산제한선거로 선출된 입법의원들은 대부분 부르주아 출신이었지만, 제헌의원들보다 훨씬 젊었고, 국왕의 바렌 탈주로 야기된 긴장된 분위기에서 선출되었기 때문에 전임자들보다 조금 더 급진적이었다. 하지만 처음에 입법의회를 지배한 것은 입헌군주제를 지지하며 자코뱅 클럽을 탈퇴한 푀이양파(Feuillants)였다.

1791년 헌법의 토대 위에 혁명을 안착시키고자 했던 푀이양파는 264석을 확보해서 최대 파벌을 형성했지만, 이른바 3거두(triumvirate)[62]를 지지하는 세력과 라파에트파로 양분되었다. 푀이양파에 맞서 아직 '미완의 혁명'을 그 논리적 귀결까지 밀고나가려 했던 136명의 자코뱅파(Jacobins)는 브리소와 베르니오(Pierre Vergniaud)를 중심으로 힘을 모았는데, 이들도 나중에 자체 분열해서 지롱드파(Girondins)와 자코뱅파로 나뉜다. 나머지 345명은 "독립파"를 자처하며 현안에 따라 입장을 바꾸었다.[63] 우리의 주제와 관련해서 한 가지 중요한 사실은 노선을 달리하는 여러 정파들이 권력투쟁을 벌였지만, 입법의회에 혁명을 반대하는 세력이 더 이상 존재하지 않았다는 점이다. 1792년 4월 20일의 선전포고가 거의 만장일치로 가결되었다는 사실은 이 점에서 매우 의미심장하다.

1791년 10월 1일, 입법의회가 개원하던 날, 혁명 프랑스 안팎의 상황은 좋지 않았다. 도시와 농촌에서 물가고에 대한 항의의 물결이 다시 나타나기 시작했다. 아시냐의 가치 하락과 서인도 제도의 흑인폭동의 결과로 야기된 커피, 설탕 등 생필품 품귀 현상으로 식료품 가격이 앙등하자 식량폭동이 확산되었다. 농촌에서는 봉건제의 완전 폐지를 요구하는 농민들의 저항이 계속되었다. 농민들은 봉건적 부과조의 납부를 거부하면서, 망명 귀족들의 성을 공격했다. 선서거부 성직자들은 신도들에게 폭동을 사주하면서 반혁명의 대열에 가담했다. 국내의 불안은 반혁명 책동과 전쟁의 위협 때문에 더욱 가중되었다. 루이 16세의 탈주가 실패한 이후, 혁명은 더 이상 프랑스만의 문제가 아니었다. 프로방스(Provence) 백작의 망명으로 힘을 얻은 망명 귀족들은 코블렌츠에서 선언문을 발표하고 혁명 프랑스에 대한 침공을 예고하면서 병력을 집결시키고 있었다.

이와 같이 국내외의 상황이 악화되는 시기에 온건한 타협정책이 유지되기 힘들었기 때문에, 푀이양파의 정국(政局) 장악력은 급속히 약화되었다. 푀이양파인 나르본(Narbonne)의 외무대신 취임이나 민주파인 페티옹의 파리 시장 선출에서 드러나듯이, 바렌 탈주 이후 어느 누구도 실질적으로 권력을 장악하지 못했을 뿐만 아니라, 주도권을 행사할 수 있을 만큼 정통성을 충분히 보유하지 못했다는 점이 문제였다. 입법의회는 제한선거였지만 국민에 의해 선출됨으로써 정통성을 확보했고, 헌법에 규정된 권력분립 원칙에도 불구하고 혁명의회로서 집행부를 능가할 수 있었다.[64] 그러나 좌우파의 정치 공세로 의회 내 최대 파벌인 푀이양파의 입지가 축소되면서 입법의회는 권력투쟁의 장으로 전락해갔고, 민중의 지지를 확보할 만큼 사회경제적인 문제를 해결하지도 못했다. 자신들의 권력을 지켜줄 수 있는 지도자를 찾던 푀이양파는 라파예트에게 달려갔지만, 그는 개인적 야망 때문에 그들의 노선을 충실하게 따르지 않았다. 라파예트는 왕권이 유지 · 강화되기를 원했지만, 자신의 이익을 위해서 자기 방식대로 일을 추진했기 때문에 왕실과의 동맹도 불완전했다. 국왕 루이 16세는 입법의회의 개원과 함께 왕권을 회복했지만, 더 이상 절대 군주도 헌법상의 권한을 온전하게 행사하는 입헌 군주도 될 수 없었다. 국민을 배신하고 반혁명 세력과 내통했기 때문이다. 이와 같이 일종의 "무정부상태"라 할 수 있는 권력 공백 속에서 정쟁(政爭)이 격화되었다.[65]

이러한 상황에서 입법의원들이 가장 우려했던 것은 반혁명이었다. 1791년 10월 20일, 브리소는 구체제를 복원하기 위한 거대한 국제적 음모가 진행되고 있다고 고발했다. 브리소는 유럽 열강들이 혁명에 가한 모욕을 하나하나 열거하며 그들에 의지하고 있는 망명자들을 격렬하게 비난했다. 그에 따르면, 불구대천의 원수였던 오스트리아와 프로이센이 동맹하고, 러시아가 승리를 눈앞에 두고 오스만 제국과 휴전하는 등 언뜻 이해할 수 없는 국제 정세의 변화들은 프랑스에 대한 반혁명 음모의 존재를 입증해준다. 그러나 너무 걱정할 필요는 없다. 왜냐하면, 혁명 프랑스의 잠재적 적들은 모두 약점을 가지고 있기 때문이다. 영국은 식민지 문제로, 오스트리아는 재정 문제로, 프로이센은 오스트리아에 대한 본능적인 적대감으로, 러시아는 전쟁 피로와 농노반란에 시달리고 있기 때문에 그들의 반혁명 동맹은 '종이호랑이'에 불과하다. 모든 정황을 종합해볼 때, 가장 확실한 해결책은 바로 전쟁이었다.[66] 입법의회는 반혁명에 대한 대응수위를 높여가며 평화적으로 사태를 해결하기 위해서 노력했다. 10월 31일 망명자들에게 1792년 1월 1일까지 해산할 것을 명령했고, 열흘 뒤에는 국왕으로 하여금 외국 군주들에게 망명자 무리를 해산시키도록 요청하게 하는 법령을 통과시켰다. 11월 29일의 법은 성직자들에게 1791년 헌법에 대한 충성 서약을 강제했다. 그러나 이러한 조치들은 상황을 타개하기보다는 오히려 악화시켰다. 반혁명에 대한 압박이 강화되면 될수록 혁명에 대한 저항도 강렬해졌기 때문이다.

각 정파는 정치적 입장의 차이에도 불구하고 일전불사를 외치며 전쟁으로 치달았다. 라파예트와 푀이양파는 전쟁에서의 승리가 자신들의 정치적 입지를 강화시킬 것이라는 계산에서 전쟁을 주장했다. 브리소를 중심으로 한 지롱드파의 생각에, 전쟁은 애국적 열정을 불러일으켜 사회적 분쟁에 대한 관심을 희석시킬 뿐만 아니라, 전쟁 특수를 통해서 부르주아 사업가들에게 기회를 제공하고, 아시냐의 신용의 회복시킬 것이었다. 또한 전쟁을 통해서 혁명을 국경 너머로 확산시킴으로써, 유럽 절대왕정의 지배를 받고 있는 피압박 약소민족들을 해방시키는 "자유를 위한 십자군의 시대"를 가져올 것이었다. 로베스피에르만이 상황을 정확하게 꿰뚫어 보고 전쟁을 반대했다. 귀족 출신 장교들의 망명, 병력과 군비의 부족 등 프랑스군의 부실한 상태를 지적하면서, 전쟁은 망명귀족과 궁정, 그리고 라파예트파의 의도를 만족시켜 주는 것일 뿐이라고 역설하고, 국내 정세에 눈을 돌려 우선 자유의 질서를 회복해야 한다고 주장했다. "우리 스스로가 자유를 쟁취하기도 전에, 외국의 국민들에게 자유를 주고자 하는 것은 우리 자신뿐만 아니라 전 세계 인민의 예속을 보장하는 것이다."[67]

루이 16세도 전쟁을 원했다. 그가 보기에, 프랑스 군대는 오스트리아와 프로이센의 정예군에 패할 것이고, 프랑스가 패배하면 절대왕정이 복원될 것이었기 때문이다. 마리앙투아네트는 9월 8일자 편지에서 오빠인 오스트리아 황제에게, "모든 것을 바로잡을 수 있는 것은 군대뿐"이라고 호소했다. 루이 16세는 비밀리에 외국의 궁정과 내통하여 전쟁을 부추기는 정책을 취했다. 트리어 선거후에게 1792년 1월 15일까지 망명귀족들이 집결시킨 군대를 해산하지 않는다면 "프랑스의 적"으로 간주하겠다고 최후통첩을 보내 놓고, 오스트리아 황제에게는 밀사를 보내 자신의 최후통첩이 거절되기를 희망했다. "그것은 내란이 아니라 대외전쟁이 될 것이며, 사태는 호전될 것이오. 프랑스의 물질적, 도덕적 상황이 어중간한 상태로 프랑스를 내버려 두지는 않을 것이기 때문이오." 석 달 후, 프로이센의 왕에게도 밀서를 보내 군사적 지원을 촉구했다. 외세의 도움으로 혁명을 전복하려는 궁정에도, 혁명의 대의명분으로 온 나라를 통합하려는 지롱드파에게도 대외전쟁은 내전을 막을 수 있는 유일한 해결책으로 비춰지게 되었다.[68]

오스트리아와 프로이센의 군주들은 지롱드파가 주창한 "자유의 십자군"이 자국에 혁명적 봉기를 불러일으키지나 않을까 두려워했다. 혁명을 봉쇄하기 위해서 전쟁을 불가피해 보였다. 1792년 2월, 양국은 혁명 프랑스의 공격에 대비한 군사 동맹을 체결하고, 각각 2만의 병력을 국경 지대에 배치했다. 4월 3일, 레오폴드 2세를 계승한 오스트리아의 새 황제 프란츠 2세는 프로이센군 총사령관 브룬스위크(Brunswick) 공작에게 "프랑스의 군주제를 구하고 무정부 상태의 전염으로부터 유럽을 보호하기 위해 전력을 다할 것"이라고 다짐했다.

입법의회는 반혁명 책동을 봉쇄하고, 전쟁에 대비하기 위해 망명 귀족들의 재산을 몰수한다고 선언했고, 루이 16세는 지롱드파를 중심으로 한 주전파 내각을 구성했다. 1792년 4월 20일, 입법의회는 열광적 분위기 속에 "보헤미아와 헝가리의 왕"에게 선전포고를 했다. 몇 주 후, 프로이센도 프랑스에 전쟁을 선포했다. 이와 같이 해서 1815년까지 전 유럽을 동란 속으로 몰아넣게 될 전쟁이 시작되었다. 이 전쟁은 프랑스에서 혁명 운동에 생기를 불어 넣었다. 왕권은 그 최초의 희생물이 될 것이었다.

IV. 결론

역사는 혁명과 전쟁이 불가분의 관계라는 것을 입증하는 것처럼 보인다. 중장기적인 관점에서 볼 때, 전쟁은 혁명을 초래했고 혁명은 전쟁을 야기했다. 근대의 혁명들은 모두 전비 조달에 어려움을 겪었던 국가가 주민에게 과중한 조세를 요구함으로써 시작되었다. 30년 전쟁은 잉글랜드의 스튜어트 왕정을 무너뜨리는 데 일조했으며, 아메리카 혁명은 7년 전쟁의 전쟁 부채에 시달리던 영국 정부가 증세 정책을 강행한 데 대한 식민지 주민들의 반발이었고, 루이 16세를 궁지에 몰아넣었던 것은 바로 아메리카 독립전쟁이었다. 혁명은 기존 체제 안에서 화해할 수 없는 이해관계의 대립이 내전이든 대외전쟁이든 전쟁으로 이어졌다는 점에서도 전쟁과 밀접한 관련이 있다.

잉글랜드 혁명과 아메리카 혁명이 발발 즉시 전쟁으로 비화한 것과 달리, 프랑스 혁명은 이례적으로 전쟁 상태를 거치지 않고 혁명을 완수하는 것처럼 보였다. 혁명 프랑스는 정복전쟁을 포기한다고 선언함으로써 불안한 평화를 깨뜨리지 않으려고 노력했고, 유럽의 열강들은 체제 파괴적인 프랑스의 혁명 입법에도 불구하고 타협을 모색했다. 프랑스의 경우 이러한 신중한 태도의 이면에 혁명을 초래했던 재정위기와 혁명 권력의 불안정성이 있었다면, 대(對) 프랑스 동맹국들의 경우에는, 대서양 혁명의 여파로 인한 국내 정치의 불안, 또 다른 대외 전쟁, 사태 추이를 관망하면서 이익을 극대화하려는 정치적 계산이 깔려 있었다.

한때 유럽의 패권을 차지했던 대국으로서 프랑스가 보유하고 있던 물적 · 인적 자원과 함께, 혁명 초기의 평화는 프랑스가 전 유럽을 상대로 24년간 전쟁을 벌이며 버틸 수 있었던 중요한 요인이었다. 그 기간 동안 프랑스는 혁명의 성과를 공고히 할 수 있었고, 그 덕에 혁명 프랑스를 지키려는 광범위한 지지층을 확보할 수 있었기 때문이다. 따라서 혁명 이념이 반혁명으로부터 프랑스를 지켜내는 데 매우 중요한 원동력이 되었음은 틀림없지만, 국민주권과 민족자결의 혁명 이념이 불가피하게 전쟁을 초래한 것이라고 단언하기는 어렵다. 근대 유럽의 국가체제는 프랑스의 절대군주제, 잉글랜드의 입헌군주제, 네덜란드의 제한군주제, 스위스의 공화정 등 일반적으로 인식되는 것보다 훨씬 더 다양한 국가형태를 그 안에 수용하고 있는 매우 탄력적인 구조였기 때문에, 블레닝이 가정했듯이, 혁명 프랑스와 군주제 유럽이 공존할 수 있는 가능성이 전혀 없었던 것은 아니다. 하지만 프랑스가 혁명 이념에 따라 한층 더 효율적인 국가로 부활할 가능성이 커지자, 프랑스도 유럽의 열강들도 전통적인 국가체제의 작동 원리에 따라 힘의 논리에 호소하게 되었던 것처럼 보인다.

문명의 충돌과 그 기억*

- 제1차 세계대전시 영국군의 갈리폴리 원정(1915)을 중심으로 -

이내주

Ⅰ. 들어가는 말

오늘날 군사사 연구에서 중요한 경향 중 하나는 연구주제의 '문화적 전환(cultural turn)'이다. 문화인류학의 영향을 받은 이러한 접근법은 전쟁을 합리적이고 목표지향적인 정치적 행위로 보는 클라우제비츠 부류의 전통적 관점으로부터의 탈피를 전제로 하고 있다. 키건(John Keegan)은 전쟁이란 정치 이상의 것을 내포하고 있는데 그 중 가장 본질적인 것은 해당 사회의 문화적 요소라고 말한다.[1] 물론 문화는 정의하기도 쉽지 않고 설명력도 미흡한 분석 개념이지만, 군사사 연구에 문화적 요소를 가미함으로써 연구범위를 확장할 수 있었다. 무엇보다도 공간적으로 서양의 경계를 넘어서 비(非)서양세계의 군사적 발전에 대해서도 주목할 필요가 있음을 제기했다. 다시 말해, 서양 중심주의

* 『군사』 제88호 (국방부 군사편찬연구소, 2013), pp. 185-215.

에서 벗어나서 비교사적 접근의 중요성을 드러낸 것이다.

오늘날 이러한 경향의 대표적인 연구자로 블랙(Jeremy Black)을 꼽을 수 있다.[2] 그는 방대한 저술 작업을 통해 전 지구적 관점에서 군사사의 다양성(diversity)을 추구하고 이의 방법론을 정립하는 것이 향후 군사사 연구의 중심주제가 되어야 한다고 주장한다. 아울러 다양성을 저해하는 핵심 요인 중 하나로 서양세계 연구자들의 비서양세계에 대한 편협한 시각을 지적하고 있다. 흔히 서양이 유럽의 팽창이 이루어진 시기 이후로 비서양세계를 군사적으로 압도해 왔다고 일반화하는 경향이 있는데 이는 심각한 오류라는 것이다. 최근에 벌어진 베트남 전쟁이나 소련의 아프가니스탄 침공전쟁의 실패 사례에서 엿볼 수 있듯이 우월한 무기 및 무기체계가 언제나 승리를 담보하는 것은 아님을 일깨워주고 있다.

이처럼 전쟁을 문명 간의 충돌로 파악하려는 연구경향에 잘 어울리는 전투들 중 하나로 제1차 세계대전 중 기독교 문화권의 대표주자인 영국군과 이슬람 문화권의 대표주자인 오스만 터키 군이 충돌한 갈리폴리 전투(Gallipoli Campaign, 1915년)를 꼽을 수 있다. 1914년 말에 이르러 서부전선이 교착상태에 빠지자 영국정부는 전략적 차원에서 다른 지역에서 돌파구를 찾게 됐고, 그곳이 바로 오스만 터키의 지중해 동부 갈리폴리 반도와 다르다넬스(Dardanelles) 해협이었다. 서부전선에 대한 동맹 진영의 압력을 분산시키고, 우방국 러시아와의 직접적 연결로를 확보하는 것이 이 작전의 궁극적 목적이었다. 하지만 제대로 준비도 갖추지 않은 채 너무 조급하게 추진된 탓에 목적을 달성하기는커녕 엄청난 수의 사상자만을 남긴 채 종국에는 실패로 끝나고 말았다.[3] 이는 제1차 세계대전 중 영국군이 당한 가장 치욕적인 패배로 기억되고 있다. 19세기 중엽 이래 '유럽의 병자'라는 조롱을 받으면서 서구 제국주의 열강들의 주요 침탈 대상으로 간주되어 온 오스만 터키에 당한 패배인지라 그 충격과 굴욕감은 더욱 컸다.

갈리폴리 전투의 촉발 요인은 1915년 1월 초 러시아 황제가 영국정부에 보낸 한 통의 서한이었다.[4] 자국을 위협하고 있는 오스만 터키 군을 배후에서 견제해 달라는 러시아의 요구에 대해 키치너(Horatio Herbert Kitchener, 1850-1916)와 처칠(Winston Churchill, 1874-1965) 등 영국군 수뇌부가 적극적으로 반응했다. 이들은 흑해 접근로인 다르다넬스 해협과 궁극적으로는 콘스탄티노플(이스탄불) 점령이라는 목표를 갖고서 서둘러 작전을 추진했다. 1915년 2월~3월에 영국과 프랑스 연합함대가 터키 군이 다르다넬스 해협에 부설해 놓은 기뢰를 제거하고 이어서 해협 주변에 구축된 해안포대를 향해 함포사격을 실시하면서 전투에 불이 붙었다. 하지만 3월 중순 경에 원정군 전함 3척이 터키 군의 기뢰에 부딪혀 침몰하는 사태가 발생하면서 작전의 양상은 해군 단독작전이 아니라 지상군 상륙작전으로 확대됐다.[5] 마침내 1915년 4월 말에 영국 지중해원정군(Mediterranean Expeditionary Force, MEF)이 사령관 해밀턴(Ian Hamilton, 1853-1947) 장군의 지휘 하에 갈리폴리 반도의 입구에 상륙했다.[6]

그러나 상륙작전은 터키 군의 완강한 저항에 부딪혀 소기의 성과를 달성하지 못하고 어렵게 해안에 교두보를 확보하는데 머물렀다. 이후 원정군은 협소한 해안가에서 웅거한 채 수개월 동안 치열한 공방전을 벌여야만 했다. 1915년 8월 초에 교착상태를 타개할 목적으로 갈리폴리 반도 좌안 에게해(海) 방면의 협소한 안작 만(Anzac Cove)[7]과 수블라 만(Suvla Bay)에 약 2만 명의 오스트레일리아-뉴질랜드 연합군이 추가로 투입됐다. 이들 상륙부대는 케말(Mustafa Kemal, 1881-1938)이 지휘하는 터키 군 제19사단과 치열한 공방전을 벌였으나 엄청난 인명 손실을 입은 채 겨우 2마일을 전진하는데 그쳤다.[8] 10월 중순 작전 부진의 책임을 물어 영국원정군 사령관 해밀턴이 해임되고 먼로(Charles Monroe) 장군이 부임했으나 전황에는 별다른 변화가 없었다. 진퇴양난의 상황에서 영국군은 철수를 결정하고 이듬 해 1월 초까지 갈리폴리 반도에서 완전히 물러났다.[9]

곧 이어 1916년 여름에 런던에서는 작전 실패의 원인을 조사할 목적으로 위원회가 설치됐다. 주요 관련자들을 심층 인터뷰한 후 위원회는 작전 전모에 대한 공식보고서를 발간(1917년 1권, 1918년 2권) 했다. 영국정부 수뇌부의 체계적이지 못한 사전 논의, 군수물자 준비 부족, 그리고 전투현장에서 해밀턴 사령관을 비롯한 영국군 고위지휘관들의 리더십 부재 등을 골자로 하는 여러 요인들이 도출됐다.[10] 패배의 원인이 영국군 자체에 있었다는 일종의 중심부적인 분석이 주류를 이뤘으나 동시에 당시 터키 군의 방어 전력을 너무 과소평가했다는 주변부에 주목한 분석 마찬가지 제기됐다.[11] 영국군 측의 사전 준비 미흡을 비웃기라도 하듯이 갈리폴리 전투 당시 터키군은 대전 이전부터 실시된 독일 군사고문단의 인적 지도 및 물적 지원에 힘입어 상당한 수준으로 전투력을 유지하고 있었다.[12]

이 글은 바로 이 점에 주목하고 있다. 즉, '지피지기 백전불퇴'라는 말처럼 실제 전투 이전에 상대방의 전력에 대해 상세하게 파악하는 것이야 말로 승패의 관건임에도 불구하고, 왜 당시 영국군 수뇌부 인사 및 전장(戰場) 지휘관들은 적군인 터키 군의 전력에 대한 최소한의 사전 파악도 없이 전투에 임했는가? 그리고 대규모 원정작전을 수행함에도 불구하고, 이를 준비하고 정책 결정하는 핵심 주체들조차 너무나 안이한 낙관주의적 자세로 대처했는가? 이들의 뇌리 속에 스며들어 있던 유럽 중심주의적인 우월감과 오만함이 암암리에 이슬람 문화권에 속하는 터키 군을 그 실상과는 달리 얕잡아 보게 만들었던 것은 아닐까. 다시 말해, 19세기 중엽 이후 본격화된 영국 제국주의 진출로 더욱 심화된 서구중심의 제국주의적 시각이 영국군 수뇌부에 영향을 주어 터키 군의 전투력을 무시하는 태도로 표출됐다고 생각한다. 물론 이러한 이념적 요인의 영향 정도를 입증하기는 쉬운 일이 아니나 그렇다고 결코 무시할 수 없을 정도로 개연성이 농후하다.

한마디로 갈리폴리 전투는 근대 초에 지중해에서 벌어졌던 레판토 해전처럼(물론 이때는 서양이 승리했으나) 일종의 문명충돌이었고, 이때 해당 문명권에서 배태된 타자에 대한 인식과 이로부터 연유된 유무형의 전력이 전투의 승패에 무시하지 못할 영향을 미쳤던 것이다. 그 때문인지 갈리폴리에서 벌어졌던 충돌은 제1차 대전이 종결된 이래로 전쟁 당사국들에게 한편으로는 '뼈아픈 아픔'을, 다른 한편으로는 '승리의 환희'를 떠올리게 하는 '기억의 산실'이 되어 지속적으로 재생산되어 왔다.

이러한 비교사적 접근은 그동안 간과되어온 서양세계와 비서양세계 간에 상호작용의 실상을 드러냄으로써 군사사의 내용을 보다 풍부하고 객관적으로 만들어 줄 것으로 기대한다. 앞으로 전쟁에 대한 연구가 더욱 깊이 있고 활성화되기 위해서는 서양 중심으로 설정된 각종 기준 및 넓게는 패러다임에 대한 재검토와 함께 비서양세계와의 비교사적 접근이 활발하게 이루어져야 할 것이다. 이러한 측면에서 이 글은 해당 분야에 대한 관심을 촉발하는 한 사례연구가 되길 기대한다.

II. 갈리폴리 원정의 배경과 작전 경과

1914년 8월 초에 제1차 세계대전이 발발했을 때, 터키는 불안정한 상태에서 중립을 유지하고 있었다. 표면적으로는 중립을 표방하고 있었으나 19세기 말부터 추진된 독일의 중동지역 진출 정책의 영향으로 내심으로는 이미 독일 측으로 기울어져 있었다. 전통적으로 지중해 지역에 관심이 높았던 영국은 신생 통일국가 독일의 중동지역 진출 시도에 대해 민감하게 반응해 왔으나 대전 발발 직전 상황은 독일 측에 유리하게 전개됐다. 실제로 대전 이전부터 터키는 무엇보다도 군사 면에서 잔더스(Liman von Sanders, 1855-1929) 장군이 이끄는 독일 군사고문단의 지원과 지도를 받고 있었다.[13] 1914년 9월 말에 터키군은 갈리폴리 반도 해안에 포대를 구축하고 에게해에 기뢰를 설치, 다르다넬스 해협을 폐쇄하는 조치를 취했다. 그리고 이로부터 한 달 후 터키는 독일 진영의 일원으로 제1차 대전에 참전했다.[14] 다르다넬스 해협 봉쇄로 인해 흑해와 지중해 간의 통항이 단절되면서 러시아에 대한 영국의 군수물자 지원도 심각한 차질을 빚게 됐다.

이러한 상황 변화와 더불어 1914년 11월 말부터 정부의 전쟁정책에 대한 최고결정기구인 전시위원회(War Council)에서 갈리폴리 원정작전의 가능성에 대한 논의가 본격화됐다. 이 시점에서 해군장관 처칠이 식민지 이집트를 방어할 수 있는 이상적인 방안으로 터키의 갈리폴리 반도에 대한 공격을 제안했다. 이 계획이 성공할 경우, 다르다넬스 해협은 물론이고 콘스탄티노플을 차지하는 것도 시간문제라는 주장이었다.[15] 당시 영국군 군사정책 결정 시스템에서 중요한 위치에 있던 군사보좌관역의 행키(Lord Hankey)도 갈리폴리 원정작전의 필요성을 언급했다.[16] 육군장관 키치너는 한 걸음 더 나아가서 1915년 1월 전시위원회에서 다음과 같이 확언했다: "(이 작전은) 러시아와의 연결망을 재확립함은 물론 중근동 문제를 해결할 것이며, 그리스와 불가리아를 우리 진영으로 끌어들이고 현재 흑해에 봉쇄되어 있는 곡물과 선박을 활용할 수 있도록 만들어줄 것이다."[17]

근본적으로 갈리폴리 원정작전은 당시 영국의 세계전략과 맥을 함께 하고 있었다. 이 작전을 통해 형성될 새로운 방어망은 인도, 수에즈 운하, 그리고 페르시아 만의 석유 등 국익 보호를 위해 영국이 투입할 비용을 절감시키고 이탈리아를 협상 측으로 끌어들이는데 크게 기여할 것이었다. 더구나 독일은 서부전선에 배치된 병력과 물자를 다른 곳으로 돌릴 수밖에 없도록 압박 받을 것이고, 동맹국인 오스트리아는 영국의 해군력은 물론이고 새롭게 전력을 증강한 러시아의 압력에 어떠한 형태로든 대응해야만 할 것이었다. 이러한 변화로 인해 중근동 전선에서 더 이상 물자와 장비의 보급 소요가 필요 없게 된 협상 진영은 이를 서부전선에 집중하여 그곳에서 돌파구를 마련할 수 있을 것이었다. 따라서 이 작전이야 말로 당시 상황에서 영국과 협상진영이 당면하고 있던 제반 군사적 난제들을 해결하고 전쟁을 가능한 한 빨리 종결시킬 수 있는 묘책으로 인식됐다.

이처럼 갈리폴리 원정 방안이 활발하게 논의되고 있던 상황에서 1915년 1

월 초 배후에서 터키를 공격해 달라는 러시아 정부의 전문(電文)이 영국정부에 전달됐다. 이에 발맞추어 해군장관 처칠은 해군력만으로 공격을 감행할 수 있다는 매력적인 제안을 했다. 키치너 역시 1월 8일의 전시지도부 회의에서 15만 명의 병력이면 다르다넬스 해협을 충분히 장악할 수 있다는 낙관적인 견해를 피력했다.[18] 다른 누구보다도 처칠이 작전 수행에 적극적인 자세를 보였다. 1월 13일에 처칠은 예하 해군부에 이 작전에 대한 검토를 지시했고, 수주일 안에 해협에 설치된 장애물 제거계획을 수립할 수 있으리라 믿었다. 국내에서 작전 실행을 방해하는 문제들이 해결되고 이와 동시에 다르다넬스 해협에 설치된 기뢰들이 제거되어 급기야는 해군함대가 콘스탄티노플까지 밀고 들어가서 터키 군을 섬멸할 수 있으리라 낙관했다.[19] 원정작전에 대해 반대 또는 신중한 재검토를 요구하리라 예상한 프랑스조차도 영국의 결정에 별다른 이견 없이 동의했다.[20]

마침내 1915년 2월 중순 지중해 함대사령관 카든 제독(Vice-Admiral Sackville Carden)의 지휘 하에 영국군의 갈리폴리 원정작전이 개시됐다. 총 18척의 전함과 수십 척의 소함정으로 편성된 영국 해군함대가 다르다넬스 해협에 접근했다. 2월 19일 아침 터키군의 방어요새를 향해 영국 함대의 함포가 불을 뿜기 시작했다. 같은 달 24일에 개최된 전시지도부 회의에서 키치너는 "영국 해군함대가 터키 군의 해안 포대를 무력화시키는데 성공할 경우, 갈리폴리에 주둔하고 있는 터키 군 병력도 철수할 것"이라고 전세를 낙관했다.[21] 이에 부응이라도 하듯이 영국 해군함대는 3월 초에 터키군의 해안 방어선 외곽을 제압하고 1단계 통로 개척에 성공했다.

그러나 터키군의 반격도 만만치가 않았다. 지속적인 집중포격에도 불구하고 터키 해안 방어부대의 주력은 건재했고, 해협에 설치된 기뢰도 그대로 남아 있었다. 터키군은 각종 화기를 동원하여 필사적으로 저항했다. 특히 터키군은 기동성이 높은 해안포를 적재적소로 이동시키면서 대응했다. 공중 관측용 항공기의 동원이 거의 불가능했기에 이러한 터키군의 이동 상황을 포착하기가 어려웠다. 대규모 화력을 동원했음에도 불구하고 영국 함대의 공격은 외곽 방어망의 돌파를 제외하고는 의도한 목적을 달성하지 못한 채 공방전만 지속되는 상황으로 빠져 들었다. 더구나 3월 중순에 실시된 영불(英佛) 연합함대의 공격 중 3척의 영국군 전함이 터키 군의 기뢰에 부딪혀 침몰하는 사태가 벌어지면서 해군 단독작전의 한계가 드러났다. 바야흐로 지상군이 투입될 차례가 다가온 것이었다.

이제 작전의 주도권을 장악한 육군장관 키치너가 상륙작전을 구상하게 됐다. 그로서는 동부전선에서 독일군의 압박을 홀로 견디어내고 있는 러시아를 도와야 한다고 생각한 자신의 의지를 실천할 기회가 찾아온 셈이었다. 곧 육해군 연합 상륙작전이 계획됐고, 해밀턴 장군(Sir Ian Hamilton)이 7만 여명으로 구성된 원정군 사령관으로 임명됐다. 그는 예하 참모들과의 숙고 끝에 상륙작전 계획을 수립하고[22], 갈리폴리 반도의 중앙부에 있는 킬리드 바(Kilid Bahr) 고원을 주공(主攻) 목표로 선정했다. 고지대인 이곳을 성공적으로 점령할 수만 있다면 터키군의 다른 요새들은 지상관측과 함포사격으로 충분히 제압할 수 있으리라 판단한 것이었다. 총 77척의 각종 선박에 분승(分乘)한 원정군은 4월 초 이집트의 알렉산드리아 항구를 출발하여 4월 21일에 갈리폴리 반도 부근의 그리스령(領) 렘노스 섬의 무드로스(Mudros) 항구에 도착했다.

마침내 4월 25일 영국 원정군은 갈리폴리 반도 남단의 헬레스 곶(Cape Helles) 및 에게 해 쪽의 가바 테페(Gaba Tepe)에 상륙했다. 처음에 터키군의 저항은 미미했으나 부적합한 장비, 협조체제의 결여, 그리고 주공 부대였던 제29사단 사단장 훈터-웨스턴(Hunter-Western) 장군의 통제력 부재 등으로 인해 작전의 주도권은 곧 터키 군 쪽으로 넘어갔다. 예기치 못한 터키 군의 거센 저항에 직면한 상륙부대는 더 이상 내륙으로 나아가지 못한 채 해안가에 웅거할 수밖에 없었다. 4월 28일 원정군은 고지대에서 터키 군을 밀어내고 아키 바바(Achi Baba)의 감제고지를 장악할 목적으로 이의 통로에 해당하는 크리시아(Krithia)에 대한 공격을 감행했으나 실패했다. 이어서 시도된 2차, 3차 공격도 많은 사상자만 남긴 채 성공하지 못했다. 결국 처음에 확보한 해안가의 교두보를 크게 벗어나지 못한 채 갈리폴리의 상황은 유럽의 서부전선에서처럼 서서히 참호전으로 변모했다.

시간이 갈수록 더욱 불리해 지는 상황을 타개하기 위해 원정군은 1915년 7월 말까지 총14개 사단으로 병력을 대폭 증강했다. 해밀턴 사령관은 제2차 상륙작전에서는 주공을 갈리폴리 반도 서북쪽의 안작만(Anzac Cove)으로 결정했다. 터키 군이 갈리폴리 반도 입구에 있는 원정군의 헬레스 곶 교두보에 관심을 집중하고 있는 사이에 새로운 방향에서 대규모 병력으로 기습작전을 감행한다는 계획이었다. 이를 위해 3개 지점에 동시에 병력을 상륙시킬 작정이었다. 이러한 작전계획을 기초로 8월 6일 한 시간에 걸친 함포의 준비포격에 이어서 주공을 담당한 안작군단이 공격을 감행했다. 격렬한 접전 끝에 공격부대는 야간에 터키군의 방어선을 돌파하는데 성공했다. 이어서 다음 날 새벽에는 원래 주공 목표였던 사리배어 능선에 대한 공격을 시작할 수 있었다. 하지만 터키군 증원부대에 의한 역습으로 인해 이후 3일 동안에 걸친 수차례의 공격에도 불구하고 원정군의 시도는 실패하고 말았다. 수블라 만에 대한 상륙작전도 초반에는 순조롭게 진행됐으나 상륙부대(영국군 제9군단)가 해안에서 너무 장시간 지체하는 바람에 결국에는 승리의 기회를 놓치고 말았다.

이제 10월로 접어들면서 영국군의 원정작전이 실패했다는 징후들이 불거지기 시작했다. 10월 14일에 그동안의 패배 책임을 물어 해밀턴 장군이 해임되고 먼로 장군이 후임 사령관으로 임명됐다.[23] 그는 곧 본국 정부에 원정군의 철수를 건의했고, 최종 판단을 위해 11월 3일에는 키치너 장군이 직접 갈리폴리의 영국군 해안 점령지역을 방문했다. 원정군이 전략적으로 전혀 가망이 없는 지점에 웅거하고 있는 실상을 목도한 키치너도 결국에는 철수 건의에 동의했다. 그리하여 12월 달에 먼저 안작 만(灣)과 수블라 만에 상륙한 병력이, 이어서 1916년 1월 8-9일에 헬레스 곶에 있던 병력이 철수했다.

승리에 대한 부푼 기대를 안고서 시도된 갈리폴리 원정작전은 영국군의 참담한 패배로 끝나고 말았다. 다르다넬스 해협을 장악하려던 영국군의 계획은 완전히 수포로 돌아갔다. 무려 연인원 약 48만 명이 작전에 투입됐으나 소득은 거의 없었다. 막대한 인명 손실이 발생했음은 물론이고 상당량의 군 장비도 대부분 터키 군 수중으로 떨어졌다. 이 작전을 통해 터키 군의 사기를 떨어뜨리고 더 나아가서는 격파하리라던 영국 측의 기대와는 정반대로 (비록 약 25만~30만 명의 사상자가 발생했으나) 이 전투의 승리를 통해 터키 군은 발칸전쟁에서 당한 수모를 떨쳐내고 국가적으로 자신감을 회복할 수 있었다.

이와는 반대로 갈리폴리 작전 실패는 영국군의 위신에 일대 타격을 가했다. 비록 혹자는 성공적인 철수작전을 들먹이면서 위안을 삼으려고 했으나 후진국 터키와의 대결에서 당한 패배는 당시 세계 최대의 식민제국이었던 영국의 위상에 커다란 손상을 입혔다. 특히 안작 만 전투에서는 3만 4천 명에 달하는 오스트레일리아-뉴질랜드 장병들이 목숨을 잃었다. 전략적 측면에서도 원정작전 실패 여파로 불가리아는 동맹진영으로 가담했고, 두 진영 사이에서 망설이고 있던 그리스 왕실의 태도도 독일에 우호적으로 바뀌었다.

Ⅲ. 갈리폴리 원정작전의 실패 요인

1. 표면적 요인: 처칠, 키치너, 그리고 해밀턴

갈리폴리 원정작전에 대한 공식적인 조사가 당시 정치적으로 궁지에 몰려 있던 애스퀴스 정부에 의해 실시됐다. 1916년에 접어들어서 영국은 갈리폴리 반도 철수 이외에 메소포타미아 지역에서도 위기에 직면해 있었다. 정부는 이러한 연이은 군사적 패배의 이유를 국민들에게 설명해야만 했다. 물론 행키를 비롯한 전시지도부의 일부 위원들은 기밀 유출을 우려하여 갈리폴리 원정작전 관련 자료의 발간을 반대했으나 조사를 요구하는 거센 비판 여론을 무시할 수 없었다. 이런저런 이유를 들어 그냥 덮어두기에는 패배의 충격이 너무 컸기 때문이다.

1916년 특별위원회 법에 근거해 갈리폴리 및 다르다넬스 원정작전에 대해 조사할 위원회가 설치되었다. 약 1년(1916년 8월 말 ∽ 1917년 9월 초) 동안 관련 증거들을 수집한 위원회는 이를 종합적으로 검토한 끝에 1917년 12월에 보고서 작성을 완료했다. 애초에는 소규모 위원회를 구상했으나 의회의 논의 과정에서 인원이 10명으로 늘어났다.[24] 원정작전의 전모를 밝힌다는 설치 목적에 따라 위원회는 작전의 배경 및 실행과 관련된 내용을 정리하여 2권의 보고서로 발간했다.

다르다넬스 위원회의 조사 과정에서 가장 주목받은 인물은 처칠, 키치너, 그리고 해밀턴이었다.[25] 이들 세 사람은 원정작전의 시작부터 철수 시까지 직간접적으로 깊숙이 관련되어 있었기 때문이다. 이들 중 맨 먼저 주목을 받은 인물은 해군장관 처칠이었다. 그는 원정작전이 추진되는 과정에서 중추적인 역할을 담당했다. 그로 인해 갈리폴리 원정작전 실패라는 불명예를 안고서 1915년 5월 해군장관직에서 사임했고, 지속적으로 언론의 비판을 받는 신세로 있었다.[26] 특히 『데일리 메일(*Daily Mail*)』은 "아무런 목적도 없이 수천 명 장병들의 목숨을 희생시키고 ... 영국군의 운명을 위험에 처하게 만든 과대망상적인 정치가"로 혹평하기조차 했다.[27]

중앙정부에서 활동했던 또 다른 핵심 인물은 육군장관 키치너였다. 그 역시 직간접적으로 원정작전과 관련되어 있었고, 병력 및 군수물자 증강을 요구한 원정군의 건의를 계속하여 무시했다는 비난을 받아 왔다. 하지만 1916년 여름에 러시아와의 군사협상을 위해 발트 해로 항해하던 중 발생한 불의의 사고로 사망하는 바람에 그에 대한 비판은 더 이상 지속될 수 없었다.[28] 이로 인해 원정작전의 실패를 주로 키치너의 탓으로 돌리려던 처칠과 해밀턴의 은밀한 의도도 무산됐다. 물론 이후에도 키치너는 처칠과 해밀턴으로부터 공격을 받았으나 당사자가 이 세상에서 사라진 상황에 그에 대한 직접적 비난은 불가능하게 됐다.

마지막으로 비판의 중심에 선 인물은 원정군 사령관으로서 작전을 총지휘했던 해밀턴이었다. 그는 처칠처럼 자신을 옹호하기 위해 변호사를 고용하지는 않았으나 나름 은밀한 방식으로 비난의 화살을 모면하려고 했다. 갈리폴리에 상륙한 바로 그때부터 해밀턴은 마치 나중에 자신의 행위 및 원정작전을 옹호하려고 준비한 듯이 보였다.[29] 작전 중에 그가 본국으로 보낸 전문이나 메모, 다르다넬스 위원회에 대한 그의 태도, 그리고 제출한 증거 및 연설 등을 검토해 볼 경우에 그가 상황 변화에 따라 융통성 있게 자신의 입장을 옹호하고 있음을 엿볼 수 있다. 그는 작전 기간 동안에는 성공과 평판을 쌓는데 주력했으나 사령관 직에서 해임된 직후부터는 자신에 대한 비난과 의혹의 눈길을 불식시키기 위해 심혈을 기울인 듯한 인상을 주었다.

그렇다면 과연 갈리폴리 원정작전의 실패 책임은 어디에 아니면 누구에게 있단 말인가? 넓게는 구조적인 요인에 있겠으나 그동안 논의는 앞에서 살펴본 바와 같이 주로 세 핵심 인물들의 역할을 중심으로 이뤄졌다.[30] 이들의 행보가 작전 수행과 관련하여 중요한 영향을 미쳤기 때문이다. 처칠은 갈리폴리 원정작전이 지닌 전략적인 이점에 몰입된 나머지 너무 성급하게 이를 밀어붙였다는 점에서, 키치너는 서부전선에 집착하여 갈리폴리 전장에서 요구한 인원과 물자의 지원에 인색했다는 점에서, 그리고 해밀턴은 원정군 사령관으로서 실전(實戰) 상황에서 조차 예하부대의 작전수행을 너무 방임했다는 점에서 주로 비판을 받았다. 물론 근본적으로는 원정작전의 어느 단계에 초점을 두느냐에 따라 책임의 경중이 달라질 수도 있었다.[31]

2. 근원적 요인 : 서구중심의 제국주의적 시각

그렇다면 왜 이들 세 사람은 모두 갈리폴리 원정작전에 대해 무모할 정도로 낙관적인 태도를 취했을까? 이들로 하여금 이러한 인식을 갖게 한 근본적 요인이 있다면 이는 과연 무엇일까? 작전의 준비 단계 및 심지어는 진행과정에서 간헐적으로 드러난 바와 같이 이들은 18세기 중엽부터 세계 각지에서 벌어진 식민지 쟁탈전쟁에서 연전연승했던 자국군의 전력을 과대평가하고 반대로 상대방 터키 군을 무시하는 일종의 서구중심적 사고방식에 물들어 있었던 것으로 보인다. 더구나 19세기에 영국인들은 자유와 정의 실현의 선구자인 자신들 앵글로색슨족이야말로 열등하고 미개한 다른 문명권의 인종들을 통치하고 문명화로 이끌 책임과 능력을 부여받았다는 선민의식에 물들어 있었고, 이러한 경향은 19세기 후반기에 대두한 사회적 다윈주의(Social Darwinism)의 영향 하에서 오도된 과학적 외피를 쓰고서 더욱 기승을 부리게 됐다.[32] 이러한 일종의 '제국주의적 오리엔탈리즘'이 적군인 터키 군의 전력(戰力)을 제대로 파악하지도 않은 상태에서 성급하게 작전을 감행토록 추동한 것으로 짐작된다. 이러한 추론은 갈리폴리 원정작전과 관련된 핵심적인 세 인물의 과거 경력을 살펴볼 때 매우 설득력이 있음을 알 수 있다.

영국의 수뇌부가 충분한 사전 준비 없이 원정작전을 추진했음은 작전의 구상단계에서부터 엿볼 수 있다. 단적으로 당시 영국의 최고 군사정책 결정기구였던 전시위원회에서 갈리폴리 작전과 관련하여 어떠한 논의들이 있었는지를 살펴보면 알 수 있다. 당시 전시위원회의 서기로 활동했던 행키는 자신의 저서를[33] 통해 전시위원회의 비효율적 운영을 간접적으로 비판했다. 그는 애스퀴스 수상의 영도 하에서 각종 회의가 문서화된 공한(메모렌덤)이나 전문가인 참모들의 평가도 없이 편의적으로 그리고 간혹 비공식적인 방식으로 진행됐음을 밝히고 있다. 어떠한 통합적 조정기능도, 해군이나 육군의 전문적인 자문도, 또는 계획에 대한 지속적인 검토 작업도 생략된 채 각 해당 부서들 내에서만 논의가 이뤄졌다. 그 결과 전시위원회의 일부 결정들은 실행과정에서 관련 기관들 간의 타협으로 인해 본래의 취지가 퇴색되기도 했다. 전시지도부가 통합적인 기능을 제대로 수행하지 못한 결과, 내각이나 전시지도부의 사전 승인이나 심지어는 통보도 없이 키치너가 독단적으로 내린 명령을 받고서 해밀턴이 상륙작전을 감행하는 사태까지 벌어졌다. 무엇보다도 행키는 전시지도부의 구성원 전체가 터키 군의 방어 전력을 과소평가하는 우(愚)를 범했다고 지적한다.[34]

그렇다면 원정작전의 입안 및 실행 과정에서 해군장관으로서 핵심적인 역할을 했던 처칠은 왜 터키군의 실상을 제대로 파악하지도 않은 채 승리를 낙관했을까? 젊은 시절부터 식민지에서 초급장교 및 특파원 등으로 활동한 바 있던 처칠은 은연 중 일종의 '제국주의적 오리엔탈리즘'에 젖어서 터키군의 전력을 무시했던 것은 아닐까. 1886년에 보수당정부의 재무부장관으로 차기 수상후보로까지 거론되었던 랜돌프 처칠(Randolph Churchill)의 아들로 태어난 처칠은 샌드허스트(Sandhurst) 육군사관학교를 졸업한 다음에 기병대 초급장교이자 종군기자 자격으로 인도, 수단, 그리고 남아프리카 등 영제국의 주요 전장을 다니면서 실전 경험을 쌓고 동시에 저널리스트로서 필명(筆名)을 날리기 시작했다.

그는 남아프리카에서 보어군의 포로로 생포됐다가 극적으로 탈출한 자신의 경험을 책으로 출간하면서 전국적인 명성을 얻었다. 이러한 인기에 힘입어 그는 1900년 27세라는 젊은 나이에 하원의원으로 당선되어 자력으로 의회 진출에 성공했다.[35] 이후 식민부차관, 상무부장관, 그리고 내무부장관을 거쳐서 1911년 제2차 모로코 사건을 계기로 애스퀴스 내각의 해군장관직에 오르게 됐다.[36] 1915년 5월까지 약 4년간 해군부를 이끌면서 처칠은 해군참모단 및 항공대 창설, 함대 연료용 석유 공급원 확보와 같은 중요한 업적을 이뤘으나 의욕적으로 추진한 다르다넬스 원정에 실패하면서 불명예 퇴진하고 말았다. 이후 1917년 7월에 로이드 조지 수상에 의해 군수물자부장관으로 재기용될 때까지 처칠은 서부전선에서 야전부대 지휘관으로서 일종의 백의종군을 수행했다.[37]

원정작전의 또 다른 핵심 인물인 키치너는 1897년의 옴두르만 전투 및 1900년의 보어전쟁에 처칠과 함께 참전했기에 서로에 대해 잘 알고 있었다.

런던의 중앙정부에서 육군장관으로서 영국군의 전쟁수행 전반을 관장했던 키치너도 갈리폴리 원정작전 시 터키군의 전력을 제대로 파악하려고 하지 않았다. 그는 지나치게 상황을 낙관했고, 식민지에서 영제국의 영토 확장과 이익 보호에 잔뼈가 굵은 자신의 군대 경험 때문인지 우려스러울 정도로 터키군의 전력을 과소평가하고 있었다.[38]

그렇다면 과연 키치너는 어떠한 인물일까? 한마디로 그는 영국 제국주의가 배출한 대표적 군인이었다. 1850년에 영국군 하급장교의 아들로 태어난 키치너는 평생을 독신으로 지내면서 제1차 대전 발발 이전까지 영제국 각지에서 무공을 세운 당시 영국육군의 상징과 같은 존재였다.[39] 주로 중동 및 아프리카의 영제국 식민지에서 근무한 키치너가 국가적 영웅으로 부상하게 된 계기는 기묘하게도 해밀턴, 처칠, 그리고 키치너 세 사람 모두가 함께 참전했던 1897년 수단의 옴두르만 전투였다. 일찍이 1885년에 또 다른 영국군 제국주의 전쟁의 대중적 스타였던 고든 장군의 죽음을 응징하기 위해 이집트로부터 영국군을 이끌고 옴두르만으로 가서 1897년 그곳에서 마흐디가 이끈 이슬람 광신도 집단을 괴멸시킨 소식이 영 본국에 전해진 것이 그가 전국적 인물로 주목받는 계기가 됐다.[40] 그는 흡사 '전쟁의 신'으로 과대평가된 채 일반 영국인들의 뇌리에 새겨지게 됐다. 이러한 대중적의 인기는 1900년 그가 로버츠 장군의 후임으로 남아프리카 원정군 총사령관으로 임명되어 이후 보어전쟁을 승리로 이끌면서 더욱 높아졌다.[41]

이러한 맥락에서 1914년 8월 대전이 발발했을 때, 키치너가 전쟁수행을 주도하는 육군장관에 임명된 것에 대해 이의를 제기할 사람은 거의 없었다. 애스퀴스 수상을 포함한 대부분의 영국민들은 이 제국주의 전장의 영웅이 이번 전쟁도 승리로 이끌어 줄 것으로 확신했다. 하지만 이러한 기대가 오산이었음을 깨닫는 데는 오랜 시간이 걸리지 않았다. 평생을 상대적으로 규모가 작고 열세한 무기로 무장하고 있던 식민지인들과 싸워온 키치너로서는 기관총, 야포, 독가스 등이 동원되고 참호전 및 살육전으로 전개되고 있던 제1차 대전의 본질을 정확하게 인식하기가 어려웠다.

사실상 그동안 키치너가 경험해 온 식민지의 전장은 유럽과는 전혀 다른 특징을 갖고 있었다. 1870년대 이후 유럽인들과 아프리카인들 간에 벌어진 충돌은 전력 측면에서 역사상 가장 비대칭적인 경우의 하나였다. 전자에게는 전쟁이라기보다는 차라리 사냥에 가까운 싸움이었던데 비해 후자에게 전자와의 조우는 당혹스럽고 가망성이 없는 투쟁이었다. 후장식 소총은 아프리카인들의 저항의지를 결정적으로 무산시켰다. 1890년대에 식민지 주둔 영국군에 맥심기관총과 속사형 경(輕)야포가 배치되면서 아프리카 대륙에서 유럽 군대와 식민지 원주민 저항세력 간에 전력 차이는 더욱 벌어지게 됐다. 이러한 맥락에서 양자 간의 충돌은 전투가 아니라 흡사 후자에 대한 전자의 살육전이라고 해도 무방했다.

그런데 문제는 유럽인들이 무기 및 전술에서 경험한 서구문명의 우월감이 하드웨어적인 측면에만 머문 것이 아니라 문화나 사상과 같은 소프트웨어적인 측면으로까지 확대됐다는 점이다. 즉, 정치, 경제, 사회, 문화 등 모든 면에서 서양은 우월하기에 미개한 식민지 주민들을 교화로 이끌 자격과 사명을 갖고 있다고 확신했던 것이다. 핸슨(Victor D. Hanson) 같은 연구자는 서양문명의 우월성 연원을 그리스시대까지 거슬러 올라간다고 주장하고 있으나,[42] 이것이 19세기 제국주의 시대에 벌어진 충돌에서처럼 극명하게 드러난 경우는 없었다.

마지막으로 갈리폴리 원정작전을 현장에서 지휘한 사령관 해밀턴에 대해 살펴보자. 1915년 3월 중순 갈리폴리 원정군 사령관에 임명됐다는 전갈을 받은 해밀턴 역시 학자풍의 외모와 필력을 지녔으나 근본적으로 영제국의 식민지에서 잔뼈가 굵은 군인이었다. 그는 40여년에 걸친 자신의 군 생활 대부분을 아프가니스탄, 버마, 인도, 수단, 그리고 남아프리카 등지에서 영제국의 식민지 주둔군 장교로 지냈다. 이외에도 그는 한 동안 육군 검열관으로서 오스트레일리아와 뉴질랜드를 포함한 전 세계에 흩어진 영제국의 식민지를 순방하면서 군의 실태를 조사한 경력도 갖고 있었다. 또한 그는 러일전쟁 동안에 영국군 관전단의 일원으로서 일본군에 배속되어 전투를 참관하고, 이를 토대로 향후 현대전의 양상에 대해 수준 높은 관전보고서를 작성하여 군내에서 크게 명성을 얻기도 했다.[43] 그는 갈리폴리 원정 당시 해군장관이던 처칠과 막역한 친구 사이였다. 공교롭게도 두 사람이 젊은 시절에 처음 알게 된 것은 바로 1897년 아프리카 수단에서 벌어진 옴두르만 전투였고 이후 양인은 보어전쟁에서도 함께 근무하게 됐다.[44]

그런데 무엇보다도 중요한 것은 해밀턴과 키치너의 관계였다. 1897년 옴두르만 전투 시에 키치너 예하에 있었던 해밀턴은 보어전쟁 시에는 키치너 사령관의 참모장으로서 근무하는 질긴 인연을 갖고 있었다. 그 때문인지 해밀턴은 평생 동안 키치너의 그늘에서 벗어나지 못했다. 나이 상으로는 두 살 차이에 불과했으나 해밀턴에게 키치너는 군의 영원한 직속상관이었다. 따라서 키치너에 대한 해밀턴의 태도는 흡사 퍼블릭 스쿨의 스승과 제자 사이처럼 상하관계가 분명했다. 이러한 경향은 해밀턴이 원정군 사령관으로 임명되어 키치너에게 신고하는 광경에서도 드러났다. 해밀턴이 장관 집무실로 인사 차 방문했을 때 키치너는 "우리가 현재 다르다넬스 해협에 있는 함대를 지원하기 위해 육군병력을 파병하고자 하는데, 자네가 원정부대를 지휘해줘야 하겠네."라고 짧게 언급하면서 이어서 참모장으로 브레이드웨이트 소장(Major-General Walter Braithwaite)을 선정했노라고 덧붙였다.[45] 명색이 원정군 사령관인 해밀턴에게는 아무런 사전 의견제시나 선택의 여지도 주어지지 않았다. 무엇보다도 이러한 키치너의 태도에 대해 해밀턴은 어떠한 이의도 제기할 수 없었다.

특히 해밀턴을 당혹스럽게 만든 것은 상대방 터키 군에 대한 정보가 거의 없다는 점이었다. 갈리폴리로 출발하기 직전에 해밀턴은 재차 키치너를 방문했다. 이때 키치너는 몇 가지 지시사항을 적은 메모지를 건네 줬다: 원정군의 명칭을 '지중해원정군(Mediterranean Expeditionary Force)'으로 할 것; 다르다넬스 해협에 대한 해군함대의 공격이 실패한 경우에만 상륙작전을 실시할 것; 전황 보고는 키치너 자신에게 직접 보낼 것.[46] 이것이 전부였을 뿐 적인 터키 군에 대해서는 단지 갈리폴리 반도가 상당히 요새화되어 있을 것이고, 약 4만 명에 달할 것으로 추정되는 적군의 저항이 만만히 않을 것이라는 추측성 언급 이외엔 한마디도 없었다. 터키 군이 중형 대포(heavy gun)를 갖고 있는지 그리고 갈리폴리 반도 주둔군의 실질적 지휘관은 누구인지 등 기본적으로 필요한 정보조차 없었다.

'지피지기 백전불퇴'라는 손자의 말이 무색할 정도로 당시 영국군은 적군인 터키 군의 전력에 대해 거의 백지상태에 있었다고 볼 수 있다. 심지어 해밀턴은 콘스탄티노플 주재 영국무관이 보내는 다르다넬스에 대한 정보보고서 조차 회람하지 못했다. 그리하여 전장인 갈리폴리로 갈 때 명색이 사령관인 해밀턴이 지참한 것은 1912년에 작성된 터키 군에 대한 한 권의 노트와 터키에 대한 두 권의 여행용 가이드 책자가 전부였다.[47] 해밀턴이 키치너에게 작별인사를 하고 장관 집무실을 나오려고 할 때, 키치너가 해밀턴에게 던진 마지막 말은 터키 군의 실상에 너무 무지한 일종의 제국주의적 오만함을 내포하고 있었다: "해군함대가 다르다넬스 해협을 성공적으로 통과하기만 한다면, 콘스탄티노플은 저절로 무너질 것이고 그렇게 되면 당신은 전투가 아니라 전쟁에서 승리하는 지휘관이 될 것이네."[48]

그렇다면 당시 영국군의 전쟁 상대인 터키 군은 과연 어떠한 상태에 있었을까? 갈리폴리 전투와 관련된 또 다른 핵심인물은 바로 무스타파 케말이었다. 그는 갈리폴리 전투에서 승리함으로써 군 내부에서는 물론이고 국가적인 영웅으로 부상했으며, 이를 발판으로 삼아 1923년에는 터키 공화국 초대 대통령으로 당선됐다. 터키 군내에서 그의 실력은 익히 알려져 있었으나 갈리폴리 전투 이전에는 엔웨르(Enver Pasha) 및 탈라트(Col. Talat)와 같은 1908년 혁명세력 내 실세들의 그늘에 가려서 권력의 주변부에 머물러 있었다. 하지만 보석은 숨겨져 있어도 빛을 발한다는 말처럼 주변부에 있던 케말은 이미 대전 전에 콘스탄티노플을 방문한 바 있던 영국군 윌슨 장군(General Sir Henry Wilson)에 의해 장차 터키 군을 이끌 재목감으로 주목받은 바 있었다.[49]

IV. 오스만 터키군의 실상

어떻게 해서 터키 군은 영국군 수뇌부의 예상을 깨고 승리할 수 있었을까? 갈리폴리 전투 발발 시에 터키군의 실상은 어떠했을까? 과연 터키군은 단지 영국군 원정군이 작전을 치밀하게 수행하지 못했기에 일종의 어부지리로 갈리폴리 전투에서 이긴 것일까? 물론 그러한 측면을 전혀 무시할 수는 없겠으나 무엇보다도 당시 터키군은 영국군 수뇌부가 얕잡아본 것과는 달리 갈리폴리 전투를 전후로 인적 및 물적으로 꾸준히 전력을 증강해 왔고, 이것이 바로 승리할 수 있던 요체였다. 한 예로 원정작전의 패배 후 설치된 다르다넬스 조사위원회에서 원정군 사령관이었던 해밀턴은 다음과 같이 말했다: "솔직히 말해서, 나는 터키 군이 그 정도로 잘 싸울지는 전혀 알지 못했다."[50]

만일 이 언급이 사실이라면, 왜 터키 군은 그토록 잘 대응했을까? 우선 인적 측면에서 영국 원정군이 상대한 터키 군은 영국군 수뇌부의 판단처럼 지휘체계도 갖추지 못한 오합지졸의 군대가 아니라 당시 오토만 제국군 내에서 최강의 정예 병력이었다. 이들을 지휘한 장교들도 이전의 발칸전쟁에서 실전까지 경험한 능력 있는 인재들이었다.[51] 게다가 하드웨어적 측면에서도 터키 군은 길게는 30여 년간에 걸쳐서 그리고 짧게는 1, 2차 발칸전쟁(1912-13년)을 계기로 갈리폴리 반도의 방어진지를 상당한 수준으로 보강하고 체계화시켜 놓고 있었다. 터키 군은 영국군의 공격 개시 이전부터 갈리폴리 반도를 전략적 요충지로 판단하고 요새화했던 것이다.[52] 불행하게도 영국 원정군은 오토만 제국 영토 내에서 방어망이 가장 잘 갖추어진 지역으로 상륙했던 것이다.

물론 상대방 터키 군의 실상에 무지했던 영국 원정군의 오만한 태도는 별

다른 근거 없이 형성된 것은 아니었다. 유럽과 아시아 그리고 북아프리카에 걸친 대제국을 건설했던 오토만 제국은 19세기에 접어들면서 쇠퇴의 기운이 완연해져 심지어는 '유럽의 병자'로 불리고 있었다. 특히 19세기 중엽 이후 서구 열강의 제국주의 진출이 본격화되면서 대표적인 먹잇감으로 전락했다. 설상가상으로 오토만 제국 내부 또는 주변의 제 민족들—러시아, 그리스, 세르비아, 불가리아 등—도 발칸지역과 코카서스 지방을 빼앗기 위해 경쟁적으로 압박을 가해 왔다. 이러한 와중에 벌어진 크림전쟁(1854-56) 및 러터전쟁(1877-78) 과정에서 서방에 비친 당시 터키 군은 쇠락한 거인의 모습 그 자체였다.[53] 게다가 세기의 전환기 및 1912-1913년에 벌어진 발칸전쟁에서의 패배는 지난 과거에 서방을 위협했던 군사강국으로서 터키 군의 명성은 완전히 끝났음을 재차 입증하는 듯이 보였다. 서툰 기동, 엉성한 전략, 나락으로 떨어진 전투력 등 터키 군의 와해된 모습은 당시 서방 관찰자들의 눈에 포착되어 본국의 군수뇌부 및 참모부에 전달됐다.

하지만 다른 한편으로 터키 군에는 잘 훈련되고 기동작전도 훌륭하게 수행하는 부대가 여전히 건재하고 있다는 사실과 터키 군 나름대로 군 개혁의 고삐를 조이고 있던 점은 제대로 포착되지 않았다. 원정군에게 가장 치명적이었던 것은 당시 터키 군이 과거의 패배로부터 교훈을 얻고 이를 바탕으로 전투역량 및 무엇보다도 방어 작전 능력을 지속적으로 향상시켜 온 점을 간과한 것이다. 더구나 19세기 말부터 독일군의 지원과 지도 감독 하에서 터키 군은 조직을 재정비하고 전력을 강화해 오고 있었다.[54] 결과적으로 1915년에 영국군은 터키 군의 약점을 겨냥하여 자신의 강점을 발휘한 것이 아니라 그 반대로 행동하는 우(愚)를 범했던 것이다.

독일의 전폭적인 지원과 지도를 바탕으로 제1차 대전 직후에 이르면 터키 군은 약 40개 사단의 병력으로 대폭 증강되어 있던 상황이었다. 터키는 전 병력을 총 4개 군으로 편성하고 이 중에서 제2군에게 갈리폴리 반도에 대한 방어를 일임했다. 그리고 이미 1914년 9월-10월에 갈리폴리 반도의 방어망을 강화할 목적으로 독일군 요새 구축 전문가들을 파견한 바 있었다. 이들은 영국군의 공격이 가해질 만한 전술적 요충지들을 미리 선정하고 보강했다. 당시 대포, 지뢰, 그리고 탄약과 같은 군수물자의 심각한 부족이 터키 군의 당면문제로 지적되고 있었으나 이러한 문제 역시 영국군의 공격 개시 이전부터 수입되는 군수물자를 갈리폴리 반도로 집중 투입한 덕분에 상당한 정도로 해결된 상태였다.[55] 또한 강력한 이슬람 민족주의 및 전장에서의 죽음을 신성시하는 종교교리를 통해 효율성이 부족했던 지휘체계를 보완하고 있었다.

다르다넬스 해협에 대한 영국군의 공격이 점차 가시화되면서 터키 군은 갈리폴리 반도를 일종의 특별 작전구역으로 설정하고 집중적으로 전력증강을 시도했다.[56] 1915년 4월에 약 8만 5천 명의 병력으로 제5군을 창설해 갈리폴리 반도 전담부대로 정하고, 당시 독일 군사고문단의 총수였던 잔더스 장군을 군사령관으로 임명했다. 일찍이 그는 터키의 혁명정부 수뇌부에 다르다넬스 해협과 갈리폴리 반도의 전략적 중요성에 대해 역설한 바 있었다. 그는 기존의 선방어 개념을 기동방어 형태로 변경하여 적군의 상륙이 예상되는 지점에 신속하게 지원군을 보내는 방어체계를 구축했다. 예하 전 병력을 삼분(三分)해서 상륙 예상 지점에 배치하고, 필요시에는 해당 지점으로 빠르게 이동시킬 수 있는 체계를 구축해 놓았다.[57]

이러한 터키 군의 방어태세와는 달리 영국 측은 런던의 정부 수뇌부로부터 갈리폴리 전장의 장병들에 이르기까지 적군의 실상에 대해 몰라도 너무 모르고 있었다. 우선 런던에 있던 영국정부 인사들은 제국주의적인 사고에서 벗어나지 못한 채 터키 군의 전력을 과소평가하는 분위기에 젖어 있었다. 이는 육군장관 키치너만의 문제가 아니었다. 당시에 영국 내각의 각료들은 물론이고 전문보좌관들 조차도 영국 해군함정이 콘스탄티노플에 출현하기만 해도 터키는 금방 항복할 정도로 허약하다는 오만한 선입견에서 벗어나지 못하고 있었다.[58]

앞에서 언급한 바와 같이 원정작전을 구상할 때부터 영국군 측은 터키 군에 대한 부정확하고 구체적이지 못한 정보들에 의존하고 있었다.[59] 이러한 단편적이고 부정확한 정보들을 기초로 영국 원정군 참모들은 상륙작전을 계획했던 것이다. 오늘날 서방세계의 대표적인 터키 군 전쟁사가로 손꼽히는 에릭슨(Edward J. Erickson)은 이러한 영국 원정군 수뇌부 및 참모들의 뇌리에 담겨있던 우월의식과 여기에서 배태된 터키 군의 전투력을 무시하는 태도가 당시 터키 군에 대한 정보 부재를 초래한 것으로 평가하고 있다.[60] 실제로 원정작전 당시 이러한 제국주의적 오리엔탈리즘이 군 수뇌부로부터 말단 병사에 이르기까지 편만해 있었고, 이로 인해 이들은 상대방 터키 군을 자신들의 용맹함 및 전투능력에 크게 뒤지는 취약한 군대로 판단하고 있었다.

따라서 속성상 다국적군 - 영국군, 프랑스군, 오스트레일리아 군, 그리고 뉴질랜드 군 - 으로 구성되어 원천적으로 효율적인 지휘가 어려웠던 영국 원정군이 일종의 홈그라운드인 갈리폴리 반도에서 이미 전투를 대비하고 있던 터키 군을 제압한다는 것은 애초부터 무리였는지도 모른다. 터키 군은 1915년 3월 18일에 벌어진 초기 전투에서 해협에 부설된 기뢰와 해안에 설치된 대포를 이용하여 영불 연합해군의 공격을 물리치는데 성공했다. 터키 측 자료에 의하면, 당시 다르다넬스 해협에는 그동안 알려져 있던 것보다 더 많은 기뢰가 부설되어 있었다. 또한 원정작전이 끝난 후에 처칠은 당시 터키 군은 포탄이 거의 바닥난 상태로 영국해군이 한 차례 더 공격을 가했더라면 승리할 수도 있었을 것이라고 말했으나 실상은 그렇지가 않았다. 터키 군은 포탄이 심각하게 부족한 상태도 아니었고, 더구나 4월말 이후로 대포, 기관총, 철조망 등으로 무장된 강력한 방어진지를 구축하고 있었다.[61] 원정작전 실패 후에 사령관 해밀턴이 다르다넬스 위원회에서 고백한 바와 같이 갈리폴리 반도의 터키군은 제국주의적 오리엔탈리즘의 시각으로는 결코 인정할 수 없을 정도로 강한 전투능력을 갖추고 있었다.

Ⅴ. 나가는 말

우리는 앞에서 1915년에 전개된 갈리폴리 원정을 작전 전말(顚末)과 관련하여 가장 중요한 위치에 있었던 세 인물들 - 처칠, 키치너, 해밀턴 - 을 중심으로 살펴보았다. 실패의 책임 경중(輕重)을 누구에게 놓든 간에, 당시 터키 군의 전력을 감안할 시, 이는 진정한 의미의 분석으로는 미흡하다. 다시 말해, 앞에서 살펴본 바와 같이 당시 갈리폴리 반도를 방어하고 있던 터키 군의 전력이 그토록 강력했음에도 불구하고 왜 영국군 수뇌부 및 심지어는 전장의 장병들조차도 이를 제대로 인식하지 못했을까 하는 점이다. 바로 여기에 위의 세 인물들을 관통하는 공통 요인이 작용한 것이라고 생각한다.

간접적으로는 어린 시절부터 학교교육을 통해 그리고 직접적으로는 젊은 시절에 영제국의 식민지에서 근무하면서 축적한 경험을 통해 이들은 자신도 모르게 일종의 제국주의적 오만함(오리엔탈리즘)에 물들어 있었던 것이다. 따라서 전투의 기본 중 기본인 적군 전력에 대한 사전 파악에 깊은 관심을 기울이지 않았던 것이다. '형편없을 것'이라던 이들의 인식과는 달리 터키 군은 무기 및 진지구축과 같은 하드웨어적인 측면에서는 물론이고 지휘관의 자질이라는 소프트웨어적인 측면에서도 무스타파 케말이나 에사트 파샤의 사례에서 볼 수 있듯이 당시 서방 진영 장교들에 결코 뒤지지 않는 자질과 리더십을 갖추고 있었다. 이러한 측면에서 영국 원정군의 패배는 예정된 결과였는지도 모르겠다.

이처럼 첫 단추부터 잘못 꿴 탓에 영국 원정군은 1915년 1월 본격적으로 원정작전에 대해 논의한 이래로 수시로 기본 작전개념을 변경해야만 했다. 그 결과 정확하고 현실성 있는 계획을 마련하지 못한 채 서둘러 상륙작전이 이뤄졌고, 작전이 개시된 이후에는 진퇴양난의 상황에서 지루하게 시간을 허비하는 바람에 결과적으로 피해만 늘었다. 전쟁의 우선순위가 여전히 서부전선에 놓여 있던 전략적 상황에서 주전장으로부터 멀리 떨어진 지중해 전선에서 전쟁을 수행해야만 한다는 본질적인 취약점에도 불구하고, 원정작전을 주도한 인사들은 적군의 전력을 얕잡아보는 어리석음을 저지르고 말았던 것이다. 그러다보니 사전 합의 및 준비가 미흡한 상태로 서둘러 작전을 개시했던 것이다. 물론 당시 상황에서 불가피한 이유들도 있었겠으나 처음부터 육해군 합동작전으로 추진하지 않고 해군 단독작전으로 실행한 것은 당시 터키 군의 정황에 대한 영국 측의 무지를 단적으로 보여주는 사례임에 분명하다.

이 글은 기본적으로 이른바 '수뇌부 정치학(high politics)'이라는 관점에서 접근하고 있다. 그래서 갈리폴리 원정과 관련해 핵심적 역할을 했던 세 인물들의 역할을 중점적으로 고찰했다. 그동안의 기존 연구들은 원정작전 실패의 책임이 이들 중 누구에게 더 많이 있는가에 초점을 두고 이뤄졌다. 물론 책임의 경중을 따지는 것도 의미가 있지만, 무엇보다도 중요한 것은 이들 세 인물에게 공통적으로 적용될 수 있는 실패의 근본적 요인이 무엇인가 하는 점이다. 그리고 여기에서는 이를 이들 세 인물의 뇌리에 은연중에 물들어 있던 서구중심적 제국주의적 시각, 즉 일명 '제국주의적 오리엔탈리즘'에서 구했다. 물론 실패 요인에 대한 보다 정확한 평가를 위해서는 이들의 행동과 역할을 제약한 제반 구조적인 요인에 대한 분석도 필요하지만, 이는 이 글의 범위를 넘어서는 또 다른 주제이다.

전쟁과 문명

02

전쟁과 평화의 수사학

자연법과 전쟁*

-후고 그로티우스의『전쟁과 평화의 법』을 중심으로-

김응종

I. 머리말

1956년, 영국 역사가인 마이클 로버츠는 1560년-1660년에 유럽에서 일어난 군사전술과 전략상의 급격한 변화가 정치, 경제적인 변화를 추동했다는 '군사혁명론'(Military Revolution)을 제창했다. 그는 주로 스웨덴을 대상으로 연구하여 이러한 결론에 도달했지만, 그의 주장을 동시대의 네덜란드에 적용해도 무리는 없을 것이다.

근대 초 네덜란드는 에스파냐로부터의 독립전쟁과 식민지쟁탈전쟁을 동시에 수행한, 그야말로 선도적인 전쟁국가였기 때문이다. 찰스 틸리의 연구에 따르면, 네덜란드는 1566년부터 1697년까지 무려 27차례 전쟁을 벌였다.[1] 주요 상대는 에스파냐, 포르투갈, 잉글랜드였다. 에스파냐와의 전쟁은 독립전

* 『군사』 제91호 (국방부 군사편찬연구소, 2014), pp. 321-346.

쟁이었고, 포르투갈과의 전쟁은 신생국 네덜란드가 해상제국 포르투갈에 맞선 전쟁이었으며, 잉글랜드와의 전쟁은 신흥 강국 잉글랜드의 도전을 받아 일어난 전쟁이었다. 물론, 유럽 국가들에게 있어서 전쟁이 새삼스러운 사건은 아니었지만, 이 시기의 전쟁은 특히 해상 무역 및 식민지 쟁탈과 관련하여 빈번하게 일어났다는 점을 주목할 필요가 있다. 군사혁명론을 확대하면, 전쟁은 정치적, 경제적 변화만이 아니라 사상적인 변화를 동반한다. 근대 초의 빈번한 전쟁과 근대 초에 만개한 자연법사상이 전혀 무관하지 않은 것으로 여겨지는 이유이다. 본 논문은 근대 자연법의 창시자이자 국제법의 아버지로 알려진 후고 그로티우스(Hugo Grotius, 1583-1645)[2]를 통해 그 관계를 살펴보려는 것이다.

그로티우스의 삶 역시 전쟁과 밀접한 관련이 있다. 그로티우스는 홀란드의 도시 델프트의 부유한 지배가문에서 태어났다. 그의 집안은 네덜란드 북부 주들이 에스파냐의 지배로부터 벗어나기 위해 벌인 투쟁뿐만 아니라 네덜란드 동인도 회사의 해외 무역과 군사행동에도 참가했다. 그로티우스는 15살 때 저명한 정치가인 올든바르너벨트를 따라 프랑스를 방문했으며[3], 1601년에는 홀란드의 독립을 과시하기 위해 신설된 공식 라틴어 역사가로 임명되었다. 변호사로도 활동했는데, 올든바르너벨트, 동인도회사, 나사우의 마우리츠공(公) 등 같은 유력 인사들이 주요 고객이었다. 그로티우스는 1602년에 사촌인 헤임스케르크가 일본에서 구리를, 중국에서 비단과 자기를, 그리고 멕시코와 페루에서 금은을 싣고 오던 포르투갈의 대형선박을 나포한 사건을 담당했으며, 1613년에는 영국 선박이 그린랜드 부근을 항해하던 네덜란드 선박을 나포하자 항의단을 이끌고 런던을 방문하였다. 이러한 현실 정치상의 경험이 그의 저작에 깊이 반영되어 있다.

그로티우스는 네덜란드의 국내정치에도 관여했다. 17세기 초 네덜란드 내의 종교적인 대립은 내란 수준으로 심해졌다. 네덜란드공화국에서 가장 강력한 주인 홀란드의 주의회 의장(Grand Pensionary)인 올든바르너벨트와 그로티우스를 위시한 소위 '청원파'는 에스파냐의 전제정을 몰아내도 그것이 불관용적인 칼뱅파의 지배로 대체된다면 무의미하다고 보았다. 그들은 종교적인 관용을 확보하기 위해서는 총독(Statholder)에게 군사적인 공격을 가하는 것 외에는 다른 방법이 없다고 생각했다.[4] 그러나 이들의 기도는 실패로 끝났다. 올든바르너벨트는 사형당했고, 그로티우스는 종신형을 언도받아 1618년에 남부의 루베슈타인성에 수감되었으나, 3년 후에 탈출하여 파리에 정착했다.[5]

이 시대의 감옥은 학교였다. 그로티우스는 1603년에 동인도회사의 의뢰로 작성한 필사본[6]을 토대로 『전쟁과 평화의 법』(*De Iure Belli ac Pacis*)을 썼고, 1625년에 파리에서 출판했다. 이 책은 17세기에만 26개의 라틴어 판본이 출판되었고, 네덜란드어, 영어, 불어 등으로 번역되는 등 좋은 반응을 얻었다. 스웨덴 국왕인 구스타프 아돌푸스는 베게 밑에 성서와 이 책을 놓고 읽었으며, 팔츠 선제후는 이 책의 주석서를 출판하기 위해 하이델베르크 대학에 특별 강좌를 마련할 정도였다. 18세기에도 이 책의 인기는 계속되어 라틴어판, 영어판, 불어판, 독일어판, 이탈리아어판이 계속 출판되었다. 그 가운데 18세기 독자들에게 결정적인 판본은 1706년에 사무엘 푸펜도르프의 『자연법과 만민법』을 펴낸 장 바르베라크가 1720년에 펴낸 라틴어 판본이었다. 이 두 책은 계몽주의 시대에 정치사상의 백과사전이 되었다.[7]

1631년, 그로티우스는 마우리츠의 후임 총독인 빌렘(프레데릭 윌리엄)이 복권시켜 줄 것을 기대하고 귀국했으나 뜻을 이루지 못했다. 1635년 당시 북유럽의 초강대국이었던 스웨덴 정부는 그를 주(駐)프랑스 대사로 임명했고, 그로티우스는 30년 전쟁 후반기의 복잡한 외교 문제를 해결하는 데 일익을 담당했다. 1644년 왕위에 오른 크리스티나가 그를 대사가 아닌 다른 직에 임명하려 하자 그로티우스는 재임용을 요구하기 위해 스톡홀름에 갔다가 돌아오는 길에 난파를 당하여 1년 후 사망했다. "나는 많은 것을 시도했으나 아무 것도 이루지 못했다"가 최후의 말이었다.

그로티우스는 변호사, 정치가, 외교관으로서 '전쟁의 시대'를 겪었고, 50여권이 넘는 책과 수많은 글을 남겼는데, 특히 『노획의 권리』와 『전쟁과 평화의 법』이 중요하다. 그러나 『노획의 권리』는 1864년에야 발견되었기 때문에 17세기와 18세기 사람들에게 영향을 주었던 책은 『전쟁과 평화의 법』이다. 어린 루소가 아버지의 서재에서 발견한 고전 역시 『전쟁과 평화의 법』이었다. 이 책은 그로티우스의 모든 사상이 종합되어 있는 책이라고 말할 수 있다. 이 글은 『전쟁과 평화의 법』을 중심으로 그로티우스의 전쟁관을 분석한 것이다. 리차드 턱은 그로티우스가, 일반적인 인식과는 달리, 상당히 호전적이었다고 말하는데[8], 왜 그런가? 과연 그러한가?

II. 근대 자연법의 등장

자연법(natural law, lex naturalis)은 말 그대로 인간의 본성(nature)이나 물리적 본성(nature)로부터 자연적으로(naturally) 도출되는 법이다. 또는 더 간단히 정의하면, 자연(nature)이 가르쳐주는 법이다. 그러하기에 자연법은 불변적이고 보편적이고 영원하며, 실정법(positive law)에 선행하는 근본적이고 확실한 법이다.[9]

자연법사상이 언제 등장했는지에 대해서는 논란이 있지만, 스토아 철학자들의 논의에서 최초의 체계적인 모습을 찾는 것이 일반적이다. 스토아 철학자들은 우주는 합리적이고 합목적적인 질서에 따라 움직인다고 생각했다. 인간은 이러한 자연의 순리를 따라 살아갈 때 덕(virtue)이라는 고귀한 가치에 도달한다. 합리적인 존재인 인간이 이러한 질서에 따라 살아가도록 해주는 것이 바로 자연법이다.

스토아 철학자들의 자연법 이론은 중세의 교부들, 특히 아우구스티누스와 토마스 아퀴나스 같은 신학자들에 의해 그리스도교 체계 속으로 흡수되었다. 아우구스티누스에 의하면, 인간은 타락(fall) 이전에는 자연법을 따르는 것이 가능했으나 타락 이후에는 자연법을 따르는 것이 불가능하기 때문에, 신법과 은총에 의해 구원을 얻어야 한다고 보았다. 토마스 아퀴나스 역시 자연법과 신법을 구분했다. 자연법은 인간의 이성을 통해 이해할 수 있지만, 신의 존재, 신의 의지, 신과 인간의 합일 등은 이성이 아니라 계시와 초자연적인 은총에 의해서만 가능하다는 것이다. 따라서 자연법은 신법에 의해 보완될 필요가 있다. 그러나 다행스럽게도 인간은 이성과 자유의지를 가진 능동적인 존재이기에, 자연법을 통해 신의 영원한 법에 참여한다.

스토아 철학자들은 자연법의 원천에 대해서는 관심이 없었던 반면, 스콜라 철학자들은 자연법과는 별도로 신법이 존재한다고 보았으며, 신법을 자연법의 상위법이자 그 원천으로 이해했다. 근대에 들어 자연법에 대한 논의가 만개한다.[10] 근대의 자연법사상은 크게 보아 스콜라적인 자연법에서 스토아적인 자연법으로의 복귀라고 말할 수 있다. 이 과정에서 관건이 된 것은 당연히 자연법과 신법의 관계를 재정립하는 것이었다. 달리 말하면, 자연법을 신법의 후견으로부터 해방시키는 것이었다. 이러한 자연법의 세속화는 그로티우스의 자연법사상에서 가장 뚜렷하게 나타난다. 그로티우스는 『전쟁과 평화의 법』 "서문"에서 다음과 같이 과감하게 말한다.

> 우리가 이야기한 모든 것은, 신이 없으며 신은 인간사에 관심이 없다고 감히 가정해도 - 이것이야말로 극도로 사악하지 않고서야 말할 수 없는 것이지만 - 일어날 것이다.[11]

그로티우스를 대표하는 유명한 구절이다. 이 과감한 가정으로 인해 그로티우스는 자연법의 역사에서 근대적이며 세속적인 장을 열었다는 평가를 받는다. 사무엘 푸펜도르프는 그로티우스는 스콜라 철학의 그림자로부터 자연법을 떼어낸 위대한 선구자라고 평가했다. 그러나 신은 존재하지 않는다거나 신은 무관심하다는 가정이 독창적인 것은 아니었다. 그것은 적어도 14세기 중엽 이래 스콜라 신학자들의 신학 논쟁에서 자주 등장했으며[12], 가브리엘 바

스케즈나 프란시스코 수아레즈 같은 근대의 사상가들에게서도 나타난다.[13]

그로티우스 가설의 독창성 여부에 관계없이, 우리에게 중요한 것은 그의 자연법사상이 세속적인 성격을 지니고 있다는 사실이다. 그로티우스는 자신의 과감한 가설에 뒤이어 곧바로 신의 존재와 섭리를 인정하고 자연법은 신이 인간에게 만들어준 법이라고 덧붙이지만, 이러한 식의 글쓰기는 무신론자라는 비난을 피하기 위한 안전장치라고 보아야 할 것이다. 그로티우스는 "서문"에 뒤이어 본문 제1장에서는 더 과감하게 말한다.

> 자연법은 불변이기 때문에 신도 그것을 변경할 수 없다. 왜냐하면 신의 힘이 무한하다고 해도 이 무한한 힘이 미치지 못하는 것이 있다고 말할 수 있기 때문이다.[14]

예컨대, 그로티우스에 의하면, 아무리 신이라고 해도 2 더하기 2가 4가 되지 못하게 할 수 없으며, 본질적으로 악한 것을 악하지 않게 할 수 없다. 신도 자연법을 변경시키지 못하고 자연법을 따를 수밖에 없으니, 신법은 존재하지 않거나 존재하더라도 자연법의 하위법이 된다. 신이란 본래 무한한 능력을 가진 존재인데 그러한 존재가 없다는 것이니, 결과적으로 신의 존재와 신의 자의적인 개입을 부정하는 셈이 된다. 그로티우스의 과감한 진술은 '근대의 탄생'을 선언하는 것이라고 보아도 무리가 없을 것이다.

그로티우스의 근대적 자연법은 스콜라적 자연법과 달리 더 이상 신에게서 기원하지 않는다. 그로티우스는 "자연법의 어머니는 인간의 본성"이라고 말한다.[15] 그로티우스의 자연법사상이 지니는 근대성은 그로티우스의 국제법사상에서도 찾을 수 있다. 그로티우스를 국제법 사상가로 자리매김해 준 책은 1609년에 출판한 『자유로운 바다』(*Mare Liberum*)이다. 그로티우스가 이 책을 쓰게 된 계기는 1602년에 네덜란드의 동인도회사가 포르투갈 상선 산타카타리나호를 나포한 사건이었다. 국가가 아닌 동인도 회사의 무력사용이 정당한

지, 강제 노획이 정당한지를 둘러싸고 네덜란드 안팎에서 법적 · 도덕적 논란이 일어나자, 동인도회사는 변호사 그로티우스에게 나포와 노획을 정당화시켜줄 것을 의뢰했고, 그로티우스는 "정의의 자연적인 원칙" 즉 자연법에 근거하여 동인도회사의 행동을 정당화시켰다. 이러한 주장이 들어 있는 책이 바로 『노획의 권리』이며 그 일부가 『자유로운 바다』이다. 이 책에서 그로티우스는 바다는 국제적인 영토이기 때문에 모든 나라는 바다를 자유롭게 이용하여 무역할 수 있다고 주장했다.[16] 그로티우스의 주장은 "항해의 자유에 대한 최초의 고전적인 주장"이라는 평가를 받는다.[17] 이러한 논리는 네덜란드가 막강한 해군력을 이용하여 각국의 무역 독점을 깨뜨리고 자기의 독점을 세우는 데 기여했음을 간과할 수 없다.

그러나 독립적인 학문으로서 국제법의 등장을 알린 책은 『전쟁과 평화의 법』이다. 아담 스미스는 『전쟁과 평화의 법』이 당시로서는 가장 완벽한 국제법 저술이었다고 평가했다.[18] 사실, 책 제목이 시사하듯이, 국제 관계라는 것은 국가간의 전쟁과 평화의 관계라고 말할 수 있다. 따라서 어떻게 전쟁을 해결하고 평화를 유지하는가 하는 것이 국제법의 핵심 문제인 것이다. 그로티우스가 『전쟁과 평화의 법』을 쓴 동기는 전쟁의 '권리'를 인정하되, 평화를 유지하기 위해 전쟁의 '법'을 정하기 위함이었다. 이 책을 『전쟁과 평화의 권리』가 아니라 『전쟁과 평화의 법』으로 번역해야 하는 이유이다.[19]

해상 무역과 식민지 쟁탈전이 벌어지던 17세기의 세계는 홉스가 정의한 '자연상태'와 다르지 않았다. 열강들은 전쟁에 대한 '자연권'을 가지고 "만인의 만인에 대한 전쟁"을 벌이고 있었다. 전쟁의 '자연법', 홉스의 '리바이어던'은 존재하지 않았다. 그로티우스는 『전쟁과 평화의 법』의 서문에서 당시의 상황을 다음과 같이 표현한다.

> 나는 야만인들조차 부끄러워할 정도로 무질서하고 무자비한 전쟁이 기독교 세계에서 벌어지고 있음을 본다. 사람들은 하찮은 이유나 있지도 않은 이유

> 때문에 성급하게 무기를 찾는다. 일단 무기를 잡으면, 신의 법에 대해서건 인간의 법에 대해서건 아무런 존경심을 표현하지 않는다. 마치 그 순간부터는 온갖 종류의 범죄를 저질러도 된다는 허가를 받은 듯이 말이다.[20]

이렇게 국가이익과 힘이 법인 약육강식의 상태에서 그럼 어떻게 할 것인가? 사랑과 용서의 그리스도교 정신에 입각하여 평화주의를 외칠 것인가? 그로티우스는 요하네스 페루스와 에라스무스 같은 사람들의 극단적인 평화주의는 사태해결에 도움이 안된다고 말한다.[21] 역사와 관습과 문화가 상이한 나라들에게 공통적으로 적용되는 법을 마련하는 것이 과연 가능한가? 그리스도교 세계의 법을 이슬람 세계에 강요할 수 있을까? 그리스도교 세계의 법을 아메리카 원주민들이나 아시아의 국가들에게 강요할 수 있을까? 당시에는 국가와 국가 사이의 관계에 있어서는 '힘'이 정의요 '전쟁'이 유일한 중재자라는 인식이 널리 퍼져 있었다. '전쟁'의 수단에 대해서도 아무런 규범이 없었다. 그로티우스는 프랑스의 리슐리외 추기경이 "국가 간의 문제에서는 약자가 언제나 그르다"라고 말하는 것을 듣고 충격을 받았다.[22] 작금의 무질서한 상황에서 필요한 것은 질서, 달리 말하면, '전쟁과 평화의 법'을 정하는 것이었다. 그로티우스는 그것이 자기의 과제임을 책의 첫머리에서부터 분명히 밝히고 있다.

> 로마인들의 시민법이건 다른 나라 사람들의 시민법이건, 많은 사람들은 그것을 주석서나 요람의 형태로 사용한다. 그러나 많은 나라들이나 나라들의 지배자들에게 공통으로 적용되는 법은, 그것이 자연으로부터 유래했건, 신의 명령으로 제정되었건, 관습과 묵시적인 동의로 도입되었건, 인류에게 이익이 됨에도 불구하고, 이제까지 보편적이고 체계적으로 다루어지지 않았다.[23]

이제 그로티우스의 과제는 분명해진다. 그것은 국가와 국가의 관계에서도 '자연법'이 존재한다는 것을 밝히는 것이었다. 특히 유럽인들이 아메리카 원주민이나 아시아인들과 같은 비그리스도교인들과 접촉하면서 비그리스도교인들에게도 자연법을 적용할 수 있는가 하는 문제를 가지고 고심하던 상황에서, 그로티우스의 세속적 자연법은 특별한 의미를 지닌다. 전통적인 자연법사상은 자연법은 신법으로부터 기원하는 것이기 때문에 그리스도교인들에게만 적용되는 것이지 비그리스도교인들에게는 적용되지 않는다는 것이었다. 따라서 그리스도교인들은 비그리스도교인들을 도덕적으로 다루어야 할 의무가 없었다. 그로티우스는 이러한 주장에 대해 강력히 반대하며, 자연법은 모든 합리적이고 사회적인 존재에게, 다시 말하면 비그리스도교인들에게도 적용된다고 주장했다.[24] 그로티우스의 세속적 자연법은, 말 그대로, 보편적이었다.

그로티우스에 의하면, 국제 관계는 신중함과 편의주의에 의해서 뿐만 아니라 도덕과 법에 의해서도 지배된다. 그로티우스는 전쟁이나 무력이 아니라 법과 동의에 의해 지배되는 국제 관계를 정립한 최초의 인물이다. 후일 "그로티우스적 전통"으로 일컬어지는 이러한 합리주의적 관념은 베스트팔렌 평화에서 구체화되었다.[25]

Ⅲ. 정당한 전쟁론

그리스도교는 평화의 종교이다. "눈에는 눈, 이에는 이"의 동해보복(同害報復)의 원칙이 아니라 "네 이웃을 사랑하라", "오른 뺨을 때리면 왼 뺨을 내밀어라", "원수를 사랑하라"는 사랑과 용서를 가르치는 종교이다. 따라서 그리스도교인들에게 전쟁의 문제는 양심의 갈등을 불러일으키는 문제가 아닐 수 없다. 초기 그리스도교인들 가운데에는 "나는 그리스도교인이다. 따라서 군인이 될 수 없다"는 평화주의를 택하며 군대를 떠난 사람도 있다. 그러나 이러한 사람은 극소수에 불과했다. 신학자들은 전쟁의 불가피함을 변호하기 위해 '정당한 전쟁'이라는 개념을 정립했다. 아우구스티누스는 "방어적이며 불의를 바로잡는 전쟁", "공적인 인물이 수행하는 전쟁", "참된 정의가 구현되는 평화를 세우기 위한 전쟁", 세속의 왕국을 위한 전쟁이 아니라 신의 왕국을 위한 전쟁을 '정당한 전쟁'으로 규정했다. 정당한 전쟁론은 기본적으로 방어적인 전쟁으로 한정되는 것이었지만, "정의로운 전쟁", 성스러운 전쟁이라는 개념이 가미되면서 공격적인 전쟁을 정당화시켜 주기도 했다. 특히 이교도들이 그러한 정의로운 전쟁의 특권적 대상이었다. 12세기의 성인인 베르나르두스는 "이교도를 없애는 것은 사람을 죽이는 것이 아니라 악을 죽이는 것"이라며 전쟁을 부추길 정도였다.[26] 토마스 아퀴나스는 필요하다면 가장 성스러운 날에도 전쟁을 할 수 있다고 말했다.[27]

그로티우스는 전쟁을 할 수 있는가 하는 문제를 가지고 고민하지 않았다. 그로티우스는 그리스도교가 전쟁을 금하지 않았음을 온갖 자료와 논리를 동원하여 증명한다. 예컨대, 모세가 "네 이웃을 사랑하라"고 한 것은 동족을 사랑하라고 한 것이지 이민족을 사랑하라고 한 것이 아니며, "오른 뺨을 치면 왼 뺨을 내밀어라"하는 말은 얻어맞은 당사자에게 한 말이지 행정관에게 한 말이 아니라는 것이다.[28] 그로티우스는 에라스무스 같은 평화주의자가 아니었다.[29] 인간은 기본적으로 자기보존권을 가지고 있기 때문에, 자기 보존을 위해서라면 전쟁은 불가피한 것이었다. 그로티우스에게 중요한 문제는 전쟁을 없애는 것이 아니라 부당하고 야만적인 전쟁을 없애는 것이었다. 『전쟁과 평화의 법』은 전반부는 '정당한 전쟁'을, 후반부는 '부당한 전쟁'을 다룬다. 제1권에서는 "전쟁은 무엇인가, 법은 무엇인가" "전쟁을 하는 것은 합법적인가", "사적인 전쟁과 공적인 전쟁", "신하의 군주에 대한 전쟁" 등을 다룬 다음, 제2권의 제1장 "전쟁의 원인들"에서, "방어, 회복, 처벌"의 세가지 정당한 이유를 제시하는데, 여기까지는 아우구스티누스 이래의 전쟁관과 크게 다르지 않다. 그로티우스의 전쟁관은 제20장 "처벌"에서 뚜렷이 나타난다.

> 왕, 그리고 왕의 권력에 상응하는 권력을 부여받은 사람들은 자기들이나 자기들의 신하들에게 가해진 위해에 대해서 뿐만 아니라 그들과는 특별히 관련이 없다하더라도 어떤 사람들에게든지 자연법이나 국제법을 심각하게 위반하는 행위들에 대해서 처벌할 권리를 가진다. 왜냐하면, 처벌권은 처음에는 사람들 각자에게 있었지만 시민사회와 법정이 설치된 이후에는 최고의 권력을 소유한 사람에게 있기 때문이다. [...] 같은 이유로, 우리는 알렉산드로스가 야수성을 포기하라고 설득했던 소그디안 같이 부모들에게 비인간적인 사람들에 대해서, 디오도루스가 전하는 대로 헤라클레스가 고대 갈리아인들에게 포기하라고 강요했던 관습인 인육을 먹는 사람들에 대해서, 그리고 해적질을 하는 사람들에 대해서, 정당한 전쟁을 수행할 수 있음을 의심하지 않는다. [...] 여기까지 우리는 자연을 위반하는 사람들에 대한 전쟁은 정당하다고 주장하는 인노켄티우스 같은 사람들의 생각을 따른다. 이러한 생각은 비토리아, 바스케즈, 아조리우스, 몰리나의 생각과는 대조되는 것이다. 이들은 전쟁을 정당하게 만들기 위해서는 전쟁을 하는 사람 본인이나 그의 나라가 피해를 입었거나 전쟁을 하려는 사람들에 대해서 사법권을 가지고 있어야 한다고 주장한다. 왜냐하면, 처벌권은 본래 시민적 사법권의 결과이기 때문이라는 것이다. 여기에 대해 우리의 생각은 처벌권은 자연법에서 비롯된다는 것이다...[30]

그로티우스는 자연법을 어기는 사람들을 처벌하는 것은 정당하다고 분명히 말하는 것이다. 사실, 전통적으로 인정된 정당한 전쟁이란 약탈을 위해서건 영광을 위해서건 공격하는 전쟁이 아니라 방어하는 전쟁이며, 상대방의 공격으로부터 피해를 입은 자가 그 피해를 보상받기 위해 벌이는 전쟁이었다. 그런데, 상대방이 아무런 피해를 입히지 않았더라도 그의 행위가 자연법에 어긋나면 처벌할 수 있다는 것이다. 이렇게 자연법을 어긴 사람들, 예컨대, 독재자, 식인종, 해적, 양민학살자, 반인륜적인 자식들을 처벌하는 것이 정당하다고 말하는 것은 근대초 유럽인들이 아메리카나 아시아의 토착민들을 상대로 벌인 전쟁을 정당화시켜주는 논리로 이용될 수 있었다.

그로티우스의 호전성은 정당한 전쟁을 둘러싸고 벌어진 논쟁의 계보 위에서 자기의 위치를 분명히 하는 데에서도 드러난다. 인노켄티우스 4세는 남색이나 우상숭배는 신의 법을 위반하는 것이기 때문에 신의 대리인인 교황은 이들을 처벌할 수 있다고 주장한 인물이다. 반면에 비토리아, 바스케즈, 아조리우스, 몰리나는 영광을 추구하는 전쟁, 불안에 기인한 예방전쟁, 야만인들에 대한 전쟁 등을 부당한 전쟁으로 구분한 인물이다.[31] 리차드 턱에 의하면, 근대초 유럽의 전쟁과 평화에 대한 관념은 인문주의 전통과 스콜라철학 전통으로 구분된다. 인문주의 전통을 대표하는 사람은 옥스퍼드 대학의 시민법 교수였던 알베리코 젠틸리이고, 스콜라 철학 전통을 대표하는 사람은 포르투갈 에보라 대학의 신학과 철학 교수였던 몰리나이다. 스콜라 철학 전통에 비해 인문주의 전통은 방어적인 정당한 전쟁을 넘어, 선제타격, 영광을 추구하는 전쟁, 인간사회의 이익을 위한 전쟁, 자연법을 지키는 전쟁 같은 공격 전쟁을 지지하는 호전적인 성향을 보였다.[32] 그로티우스는 자신이 이러한 호전적인 인문주의 전통을 따르고 있음을 자인한 것이다.

자연법이란 막연한 개념이기 때문에 광범위하게 적용될 수 있다. 본래, 자연상태에서 '전쟁'이 발발하는 것은 자기보존을 위해서이다. 유럽인들이 아메리카와 아시아에 진출하면서 소유권 문제가 발생했다. 그로티우스는 원주민들의 소유권을 인정한다. 그러나 그들이 소유한 땅을 경작하지 않고 놀리는 경우는 어떻게 할 것인가?

> 만일 이방인들이 우리의 소유지 안에 있는 황무지나 불모지를 요구하면 그들에게 주어질 수 있으며, 그들에 의해 합법적으로 소유될 수 있다. 왜냐하면 경작되지 않고 있는 땅은 소유지라고 인정될 수 없기 때문이다.[33]

마찬가지 논리로 아메리카나 아시아의 원주민이 소유하고는 있지만 경작하지 않는 땅이 있으면 그것을 빼앗을 수 있다는 것이다. 그로티우스는 감옥에 있을 때 작성한 『그리스도교의 진리』(*De Veritate Religionis Christianae*)(1622)에서 이미 이러한 생각을 분명히 했다.

> 우리의 자연적 욕구를 충족시키는 데는 많은 것이 필요 없다. 많은 노동이나 비용 없이도 쉽게 이루어진다. 신이 우리에게 부가적으로 허용하신 것들을 우리는 바다에 던져버리거나 (몇몇 철학자들이 어리석게 주장하듯이) 낭비해서는 안 된다. 대신 우리는 그것을 다른 사람들에게 주거나 빌려줌으로써 그들의 욕구를 충족시키는 데 사용해야 한다.[34]

땅을 소유하고 있는 자가 경작하지 않고 놀리면서 다른 사람의 경작을 방해하는 것은 자연법에 위배되는 것이니, 이들에 대해서 전쟁을 하는 것은 정당하다는 것이다. 그로티우스에게 있어서 자연법은 전쟁을 정당화시켜주는 구실로 작용하였다. 막스 베버도 지적하였듯이, 근대자연법 사상이 유럽 국가들이 세계 지배를 위해 경쟁을 벌이던 시대에 나온 것은 우연이 아니었다.[35] 아우구스티누스의 종교적인 "정당한 전쟁" 개념은 근대에 이르러서는 "합법적인 전쟁"에 의해 대체된다. 근대에 들어, 전쟁의 정당성 여부는 교회의 뜻이 아니라 법에 따라 정해지는 것이다.[36]

Ⅳ. 전쟁의 권리에서 전쟁의 법으로

그로티우스에게 이르러 정당한 전쟁의 '권리'가 비로소 인정된 것은 물론 아니다. 정당한 전쟁의 역사에서 그로티우스는 그것을 "체계적으로" 제시했다는 평가를 받는다.[37] 그로티우스는 제1권, 제1장에서 jus의 의미를 살펴보면서 논리를 전개한다. 그로티우스는 jus의 의미를 여럿으로 나누는데 가장 중요한 의미는 "사람이 무엇인가를 올바르게 하도록 해주는 도덕적 자질"이다. 그로티우스에게 있어서 jus는 인간이 가지고 있는 능력, 힘, 권리이다. 예컨대, jus를 가진다는 것은 도덕적이나 법적인 제재 없이 어떤 행동을 할 수 있는 능력을 의미한다. 인간은 자기보존권을 가지고 있기 때문에 국가나 다른 권위기관의 허가나 도움이 없이도 자기의 이익을 추구할 수 있다. 이러한 개념은 토마스 아퀴나스의 중세적 개념과 대조를 이룬다. 아퀴나스에게 있어서 jus는 "정당한 사물 그 자체"를 가리킨다. jus는 사람이 아니라 사물에게 속해 있는 것이다. 아퀴나스에게 있어서 인간의 행동은 자연법과 합치할 때 정당성을 획득한다. 그로티우스의 jus가 주관적인데 반해 아퀴나스의 jus는 객관적이다. 그로티우스의 jus는 개인이 무엇을 할 수 있는 '권리'인 반면, 아퀴나스의 jus는 개인이 올바른 행동을 해야 하는 '의무'이다.[38] 그로티우스의 근대적 개념은 '개인'과 '권리'의 탄생 선언이다.

그로티우스는 인간의 본성에 대한 고찰에서 전쟁의 권리를 이끌어낸다. 앞에서 말했듯이 그로티우스에게 있어서 자연법의 근원은 신이 아니라 인간의 본성이다. 그로티우스에 의하면 인간의 본성은 "자기 보존 욕구"와 "사회성의 요구"라는 두 개의 본질적인 요소로 구성되어 있다.[39] 인간은 자기보존을 위해서라면 무엇이든지 할 수 있으며, 그것은 정당하다. 무엇을 하든지 그것은 자기의 권리이며 자유이다. 심지어 인간은 자신을 노예로 팔 수도 있기 때문에 노예제 역시 정당하다. 어쨌든 인간의 자기보존 권리는 자연이 준 권리, 즉 자연권이다. 전쟁은 자연권이다. 그러나 모든 인간이 이러한 자연권을 가지고 있다면, 그리하여 자기보존을 위해 '전쟁'을 벌인다면 홉스가 말한 "만인의 만인에 대한 전쟁"이 벌어질 것이며, 결과적으로 자기보존을 위협할 것이다. 따라서 필요한 것이 인간의 두 번째 본성인 "사회성의 요구"이다. 자연권을 통제하는 자연법이 필요해지는 것이다. 짐작하듯이 그로티우스의 사상은 홉스의 사상과 대단히 비슷하다.[40] 루소는 그로티우스와 홉스가 동일한 사상을 공유했음을 정확히 지적했다.[41]

중세의 자연법 이론이 자연법에서 자연권을 도출한 데 반해, 그로티우스는 자연권에서 자연법을 도출했다고 볼 수 있다. 『전쟁과 평화의 법』의 구성 자체가 그러하다. 그로티우스는 책의 전반부에서는 전쟁의 '자연권'에 대해, 책의 후반부에서는 전쟁의 '자연법'에 대해 논의한다. 따라서 책의 전반부에 등장하는 그로티우스는 호전적인 인문주의 전통을 계승하는 호전주의자의 모습을 하고 있지만, 책의 후반부에 등장하는 그로티우스는 전쟁을 억제하고 평화를 구하려는 평화주의자이다.

그로티우스에 대한 평가에 앞서 기억할 것은 근대의 많은 인문주의자들, 예컨대, 프랜시스 베이컨, 토마스 모아, 존 로크, 임마누엘 칸트도 전쟁을 정당화하거나 예찬했다는 사실이다.[42] 나아가, 그로티우스는 종교가 다르다는 이유로 이교도들을 처벌하는 것은 정당화시키지 않았다. 어떤 종교든 최소한의 자연법을 지키는 한 관용되어야 한다. 이교도들에게 그리스도교를 강제하는 것은 안된다. 그리스도교 역시 이교도들에 의해 관용되어야 한다.[43] 이러한 이야기는 인노켄티우스 4세의 이교도 징벌론과 분명히 다르다.[44]

『전쟁과 평화의 법』을 쓴 근본적인 목적은 전쟁권을 정당화하기 위함이 아니라 무질서하고 야만적인 전쟁을 바로잡으려는 데 있었다. 제2권의 제22장 "전쟁의 부당한 이유에 대하여"와 제23장 "전쟁의 의심스러운 이유에 대하여"에서의 그로티우스는 평화주의자이다. 그로티우스는 오로지 이익을 얻기 위하여 벌이는 전쟁, 구체적인 피해를 입지 않았으면서도 두려움 때문에 벌이는 예방전쟁이나 선제타격 등을 정당하지 않다고 말한다. 이것은 그로티우스가 전쟁의 인문주의적 계보에 속하지 않음을 말해주는 것이다. 또 그는, 앞에서 자연법을 근거로 전쟁을 정당화했을 때와는 달리, 새로운 땅을 발견했더라도 이미 거기에 사람이 살고 있으면 그들이 악하다거나 잘못된 신을 섬긴다거나 어리석다거나 하는 이유로 전쟁을 벌이고 땅에 대한 권리를 주장하는 것은 정당하지 못하다고 말한다. 비슷한 맥락에서, 너그러움, 보은, 동정심, 자비심 등이 없다는 이유로 전쟁하는 것은 부당하다고 말한다. 전쟁의 이유와 함께 고려되어야 할 것이 수단이다. 제24장은 "정당한 이유가 있더라도 성급하게 전쟁에 뛰어들지 말 것"을 권한다. 전쟁에서 허용되는 수단과 허용되지 않는 수단의 기준 역시 자연법과 국제법으로 정해진다.

제3권에서는 구체적인 사항을 정하여 '절제'를 권한다. 제11장 "정당한 전쟁에서 사람을 죽이는 권리의 절제"에서는, 여성, 어린이, 비무장인, 농민, 상인, 포로 등을 보호하라고 말한다. 제12장 "적의 국가를 파괴하는 데에 있어서의 절제"에서는, 특히 그리스도교인들은 무자비한 파괴를 하지 말라고 말한다. 제13장 "전쟁에서 탈취한 물건에 대한 절제"에서는 정당한 전쟁이라 해도 물건을 빼앗는 것은 죄악이라고 말한다. 왜냐하면, 자비의 규칙은 법의 규칙보다 더 멀리 미치기 때문이다. 항복한 도시는 약탈하지 말고, 농민의 목숨과 재산은 보호해야 하며 상인들의 상거래 자유도 보호되어야 한다. 제14장 "포로에 대한 절제"에서는 포로를 노예로 삼는 것은 허용되지만 제한되어야 한다고 말한다. 노예에게도 공평함과 자비를 보여주어야 한다. 제15장 "제국을 획득하는 데 절제"에서는 전쟁으로 모든 나라를 복속시키는 것보다는 평화로운 이웃을 가지는 것이 더 행복하다고 말한다.

그로티우스는 정당한 전쟁이라 하더라도 사람과 재산에 대해 무자비한 폭력을 가하는 것을 금하고 있는 것이다. 그런데 그의 주장 가운데 주목할 만한 것은 신하의 군주에 대한 저항은 절대 금하고 있다는 것이다. 만일 군주가 자연법이나 신의 법에 위배되는 것을 명령하면 복종하지 말아야 한다. 그러나 그 때문에 군주로부터 피해를 입어도 군주에게 무력으로 저항해서는 안된다. "부모가 정당하면 사랑하고, 정당하지 않으면 참아라" 라는 성서 말씀처럼, 군주의 행위를 참아야 한다.[45] 정당한 이유가 있다고 해도 군주에게 무력으로 저항하는 것은 안된다.[46] 이러한 절대군주론 역시 홉스에게 계승된다.

무엇보다 중요한 것은, 그리스도교인으로서 용서하는 것이다. 그로티우스는 그리스의 그리스도교인들 사이에서는 적을 죽이는 사람은 누구나 3년 동안 파문당했다는 이야기를 한다.[47] 평화를 위해 전쟁하는 것이 아니라 힘을 과시하기 위해 전쟁하는 것은 그리스도교인의 의무와 '휴매니티'에 위배되는 것이다.[48] 싸우는 것이 합법적이라 해도 전쟁을 하지 않는 것이 더욱 신성하다.[49] '결론'("신의를 유지하고 평화를 모색할 것을 권함")은 완전한 평화의 메시지이다. 폭력은 인간의 본성이 아니라 동물의 본성이기 때문에 "우리가 인간임을 잊지 않기 위해서는" "자비와 휴머니즘"으로 무장해야 한다. 전쟁하지 말아야 한다. 평화는 승리보다 낫다! 이 지점에서 그로티우스는 "악한 평화는 선한 전쟁보다 낫다"라고 말한 에라스무스의 모습을 하고 있다. 책의 전반부에서는 이상주의자라고 비판했던 그 에라스무스에게로 돌아간 것이다.

V. 맺음말

전쟁은 인간이 일으키는 재앙이며 인간이 피해야 하는 재앙이지만, 인간은 전쟁을 피하지 못했다. 서양의 고대는 전쟁이 얼마나 일상화되었던지, 헤라클레이토스 같은 철학자는 "전쟁은 만물의 아버지이며 만물의 왕"이라고 말할 정도였다. 그리스도교의 도래와 함께 전쟁 자체에 대해 회의심이 일어났다. 사랑과 용서의 종교인 그리스도교와 전쟁은 양립하기 어려운 것이기 때문이다. 그리스도교 신학자들은 '정당한 전쟁' 개념을 만들어 전쟁을 방어전쟁으로만 국한하였으나, 이교도와의 전쟁은 물론이고 그리스도교인들 사이의 전쟁도 줄이거나 막지 못했을 뿐만 아니라, '정의로운 전쟁' 이라는 이름으로 이교도와 이단들에 대한 공격전쟁을 부추기도 했다.

그로티우스의 시대는 그야말로 전쟁이 빈번했고 또 전쟁이 사회변혁의 추동력이었던 소위 "군사혁명"의 시대였다. 그로티우스는 그리스도교인들 사이에, 그리고 그리스도교인들과 아메리카와 아시아의 토착민들 사이에 벌어지는 야만적인 전쟁을 목격하면서, 전쟁과 평화의 '법'을 만들려고 했다. 그로티우스는 그리스도교가 아니라 자연법에 근거해서 정당한 전쟁을 주장했다. 그에게 있어서 정당한 전쟁은 전쟁의 목적과 수단이 정당할 때에만 정당했다. 그로티우스는 정당한 전쟁과 부당한 전쟁, 전쟁의 정당한 수단과 부당한 수단 등을 구분함으로써 전쟁의 야만성과 참혹함을 줄이려고 했다. 이러한 점에서, 리차드 턱이 그로티우스를 호전주의자로 보는 것은 성급하다.

그로티우스는 자연법에 근거해서 전쟁을 억제하고 평화를 유지하려고 했지만, 그의 의도와는 달리, 자연법은 오히려 식민지 전쟁을 정당화시키는 데 도구로 사용되었다. 국가간의 문제에 있어서 자연법은 아무런 법적 구속력을 가지지 못했기 때문이다. 엠마누엘 칸트는 1795년의 「영구평화를 위하여」에서 그로티우스를 성서에 나오는 욥의 불행을 위로하는 데 실패한 사람이라는 의미에서 "실패한 위무자"(sorry comforter)라고 평했다. 그러나 프랑스혁명전쟁과 나폴레옹에 열광한 칸트 역시 실패한 위무자라는 평을 면하기 힘들다.[50] 자연법이 평화를 가져오는 데는 실패했고 오히려 전쟁을 정당화시키는 데 기여했다고 해서 그로티우스의 평화주의적인 의도가 무시되는 것은 아니다.

그로티우스의 시대는 종교가 지배력을 상실하고 세속화되어 가던 시대이다. 기독교인들 사이의 야만적인 종교전쟁에 실망한 지식인들은 그리스도교에 대해 회의하기 시작했다. 그로티우스도 그런 사람들 가운데 한 명이었다. 그는 "신이 존재하지 않는다면"이라는 과감한 가정을 한 사람이며, 신이라도 자연법을 어길 수 없다고 수차례 이야기한 사람이다. 그로티우스의 『전쟁과 평화의 법』은 종교가 아니라 자연법으로 평화를 구하려는 '신'없는 사회의 모습을 보여준다.

제1차 세계대전 전후 영국의 평화운동, 1900-1920*

- 노먼 에인절(Norman Angell)의 평화사상을 중심으로 -

이내주

Ⅰ. 들어가는 말

19세기 말에 이르러 통일 후 국가 결속 작업을 마무리한 독일제국이 본격적으로 해외 진출을 시도하면서 국제적 갈등과 긴장감이 고조됐다. 특히 보어전쟁(1899-1902)을 수행하느라 정신없는 상황에서도 영국은 독일 해군력의 증강에 긴장의 고삐를 늦추지 못하고 있었다. 이른바 '건함경쟁'으로 불리는 군비경쟁이 본격적으로 작동하기 시작했던 것이다. 이렇듯 1914년 8월 제1차 세계대전이 발발하기 이전의 한 세대 동안에는 실질적인 군비증강과 '적과의 전쟁에 대비하자'는 구호가 일반대중의 관심을 끌고 있었다. 이러한 분위기에 편승하여 국가효율화운동(National Efficiency Movement) 및 의무병역제(compulsory

* '영국의 평화운동과 노먼 에인절의 평화사상, 1900-1920', 『군사』 제92호 (국방부 군사편찬연구소, 2014), pp. 1-29.

military service) 도입과 같은 대중의 관심을 끄는 주장들이 정부 및 민간 차원에서 활발하게 제기되고 있었다. 한마디로, 20세기 초반기는 전쟁의 기운이 고조되고 있던 시기였다.

그런데 이러한 분위기 속에서 일반대중의 마음속에 또 다른 기대, 즉 평화에의 열망이 도사리고 있음을 드러내는 획기적인 한 사건이 전쟁 발발 불과 5년 전에 일어났다. 평화주의(pacifism)를 내세우며 전쟁을 반대하는 노먼 에인절(Norman Angell, 1872-1967)의 책, 『거대한 환상(*The Great Illusion*)』이 발간된 것이었다.[1] 1910년에 일반대중에게 선을 보인 이 책은 이후 불과 3년 사이에 2백만 부 이상이 판매되었고, 제2차 세계대전 발발 직전인 1939년에는 한 해에 50만 부 이상이 팔리는 엄청난 관심을 불러 일으켰다. 이후 이 책은 무려 25개국 언어로 번역되어 세계인들의 가슴 속에 평화에 대한 염원과 신조를 심어주었고, 이러한 공헌 덕분에 에인절은 1933년 노벨평화상을 수상하는 영광을 누리기까지 했다.[2]

넓게는 유럽, 좁게는 영국에서 평화운동은 19세기 중엽 이래 상당한 영향력을 가진 정치적 및 사회적 흐름으로 이어져 왔다. 마틴 시아델(Martin Ceadel)의 분석처럼, 섬나라라는 안보전략상의 상대적인 이점 및 일찍부터 자유주의가 꽃피어 다양한 주장들이 허용되어 온 정치문화로 인해 영국은 평화운동의 요람으로 인식되어 왔다.[3] 다양한 평화운동들 중 특히 에인절의 지적(知的) 대부라고 할 수 있는 맨체스터 학파의 리처드 콥던(Richard Cobden)이 평화운동의 큰 산맥을 형성하고 있었다. 사후에 콥던주의(Cobdenism)라고 알려진 그의 평화사상은 국제 자유무역주의를 토대로 타국에 대한 내정(內政) 불간섭, 중재를 통한 국제분쟁의 해결, 상호 군사력 감축 등을 핵심 원리로 삼고 있었다. 그의 제자 및 추종자들은 1870년대 이후 콥던 클럽(Cobden Club)으로 알려진 단체를 결성하고 이를 발판으로 영국 정부의 정책에 스승의 사상을 반영시키려고 노력했지만, 19세기말 이래 유럽 열강들 간의 긴장관계가 고조되고 있던 탓에 별다른 호응을 얻지 못하고 있었다.

바로 이러한 시대적 상황 속에서 에인절의 저서가 발간됐고, 그 자신도 깜짝 놀랄 정도로 엄청난 대중적 반향을 불러 일으켰던 것이다. 그렇다면 그 이유는 무엇일까? 에인절이 내세운 평화주의의 핵심은 재정적으로 상호 의존도가 높은 근대 국가시스템 상 전쟁이라는 무력충돌은 원칙적으론 불가능하다는 점이었다. 전쟁을 수행하기 위해서는 불가피하게 천문학적인 비용이 소요되기에 결국에는 패자(敗者)는 물론이고 승자(勝者)에게도 엄청난 손해를 가져다줄 것이기 때문이었다. 따라서 이러한 전쟁의 비합리성을 잘 인식하고 있는 일반대중이 건재하고 있는 한 전쟁은 일어날 수 없다는 논지였다. 에인절의 평화사상은 본질적으로는 콥던주의와 일맥상통하고 있으나 실질적인 측면에서는 이 보다 진전된 면모를 보이고 있었다.

무엇보다도 에인절의 주장은 "전쟁은 경제적으로 이득을 준다"는 대전 직전의 우세한 일반여론에 정면으로 맞서는 것이었다. 1914년 8월 대전 발발 이후에도 약 1년여 동안 지속적으로 관심을 끌던 에인절의 평화주의는 전쟁의 총력전화가 심화되면서 빠르게 수그러들었다. 즉, 전쟁이라는 극단적 대결 국면 상황에서 "전쟁 발발은 불가능하다"고 외친 그의 주장은 이론적, 논리적 차원의 것이라 하더라도 이상세계에서나 가능한 '공허한 메아리' 또는 '터무니없는 수사(修辭)'라는 비판을 피해가기 어려웠다. 하지만 호워드 웨인로스(Howard Weinroth)에 의하면, 그의 책은 '신평화주의(New Pacifism)'[4]의 등장을 고무했고, 전쟁의 불가피성을 내세우는 주장에 대응할 수 있는 이론을 제시했다. 또한 그의 평화사상은 당시 영국의 자유주의자, 급진주의자, 사회주의자, 그리고 정계의 주요 인사 등 거의 전 계층을 망라해 영향을 미쳤다.

이러한 맥락에서 이 글에서는 『거대한 환상』에서 제시된 에인절의 평화사상을 중심으로 제1차 세계대전 발발을 전후하여 한 세대에 걸쳐서 전개된 영국의 평화운동을 고찰하고 있다. 이를 위해 우선, 에인절의 등장 이전까지 영국 평화운동의 흐름을 개관하여 그 문제점을 도출하고, 이어서 『거대한 환상』에서 설파(說破)되고 있는 에인절 평화사상의 핵심 내용을 분석하여 이전

평화사상과의 차이점을 드러내고자 한다. 이를 통해 대전 직전에 그의 평화사상이 일반대중에게 크게 어필했던 이유를 규명하려는 것이다. 마지막으로, 대전 발발로 곤경에 처했던 에인절이 평화사상의 기본 틀을 '전쟁의 무익성'에서 '집단안보'를 통한 국제평화 정착으로 전환하고 이의 실현을 위해 구체적으로 벌인 활동을 살펴보고자 한다.

II. 제1차 세계대전 이전 영국의 평화운동

전쟁과 평화는 서로 대비적인 현상으로 인식되곤 한다. 전쟁은 흔히 투쟁과 기근, 죽음과 파괴, 그리고 어두움과 절망 등으로 비유되는데 비해, 평화는 질서와 조화, 화합과 공존으로 묘사되기 때문이다. 하지만 현실적으로 전쟁과 평화를 구분하는 선은 분명하지 않으며 역사적으로도 각국은 흔히 전쟁상태도 그렇다고 평화상태도 아닌 회색지대에서 생존해 왔다. 전쟁에 대해 제대로 알지 못하는 사람은 진정한 평화의 본질을 이해할 수 없다. 인류 역사를 통해서 하나의 이상(理想)으로서 평화에 대한 관심이 적극적으로 제기된 것은 최근세에 일어난 특이한 현상이었다. 제1차 세계대전을 전후한 시기에 영국에서 일어난 평화운동(peace movement)은 한 세기 이전에 미약하게 불붙기 시작한 소수 지식인들의 각성에서 그 뿌리를 찾을 수 있다.

평화에 대한 일반대중의 관심 제고가 하나의 과제로 부상한 것은 나폴레옹전쟁이 남긴 유산이었다. 전쟁 이전에는 별로 문제시되지 않았던 인간행동의 여러 측면들이 특히 영국의 복음주의자들에 의해 의문시되기 시작했다. 노예제, 아동 학대, 무절제 등과 같은 각종 사회악이 인간사회에서 추방되지 않는 이유가 무엇인가라는 문제의식을 갖고서 1816년 6월 런던에서 영국 최초의 평화협회(Peace Society)가 설립됐다.[5] 주로 퀘이커교도(Quakers)였던 이 단체의 주요 인사들은 프랑스, 스위스, 그리고 미국 등지에서 비슷한 생각을 지닌 사람들과 국제적 연대를 형성, 평화운동을 전개해 나가기 시작했다.

이로부터 약 20년 후 이들은 자유무역을 주창하는 중산계급 중심의 캠페인으로부터 믿음직한 우군(友軍)을 얻었다. 19세기 중엽 산업도시 맨체스터를 중심으로 곡물법 폐지운동을 벌이던 콥던과 브라이트(John Bright)가 그 주인공이었다. 이들은 각국 간에 놓인 무역장벽의 제거야말로 가장 확실한 전쟁 방지책이라고 주장했다.[6] 이들이 보기에 전쟁이란 영속적 평화 유지의 근간인 자본주의를 훼손하는 귀족적인 시대착오주의에 불과했다. 하지만 기대와는 달리 당시 영국 파머스턴 정부의 강성(强性) 외교정책은 평화운동 진영을 실망시키고 있었다. 비슷한 시기에 일어난 크림전쟁(1854-56)은 평화운동의 한계를 분명하게 보여줬다. 일반여론조차도 평화의 중요성은 인정하나 국가의 위상 제고를 위해서는 필요하다면 전쟁도 불가피하다는 입장을 지지하고 있었기 때문이다.

국내적으로 헨리 리처드(Henry Richard) 및 윌리엄 크리머(William R. Cremer)와 같은 유력한 평화 운동가들의 활동, 그리고 국제적으로 1899년 헤이그 국제평화회의 개최 등과 같은 노력에도 불구하고 전반적으로 볼 때 19세기말까지 영국에서 평화운동은 여전히 미약하고 제반 난제에 직면해 있었다. 평화 단체들의 연말 총회보고서를 통해 볼 때, 이들은 개인적 실망, 재정 부족, 그리고 정치적 무능력 등으로 인해 의욕만 있을 뿐 실제로는 내세울 만한 성과를 얻지 못하고 있었다. 평화운동 지도자들은 평화운동에 대한 당시대 일반대중의 냉담한 태도에 크게 실망했다. 실제로 당시 영국 노동계급은 자국 정부의 제국주의 진출과 보어전쟁을 적극 지지하고 있었다. 심지어는 보어전쟁에 대해 다른 지방들보다 비판적 성향이 강했던 웨일스에서 실시된 1900년 선거에서조차 정부의 전쟁정책을 지지한 후보가 당선될 정도였다.[7]

당시 영국의 분위기가 평화운동을 활성화하기에 불리한 상황이었음을 당대의 식자층도 인식하고 있었다. 저명한 경제학자였던 홉슨(J. A. Hobson)은 당시 유행하고 있던 평화적 분위기의 취약성을 간파했으며, 정치사상가 홉하우스(L. T. Hobhouse) 역시 평화, 군축, 그리고 개혁 등에 대한 외침들은 이제 모두 과거의 기억 속으로 사라져버렸다는 점을 인정했다.[8] 이들 외에도 자유주의 성향의 지성인들은 세계가 조화로운 질서를 확립하는 방향으로 나아가는 것이 아니라 오히려 평화의 원리에 대한 강한 반대 사조에 직면해 있다고 느꼈다. 노동자들은 위대한 대영 제국의 신민이라는 자긍심에 도취되어 더 이상 개혁을 외치는 대중 집회에 관심을 기울이지 않았고, 중산계급조차 사회문제에는 무관심한 채 안락한 생활을 보장해 줄 사회질서의 확립을 선호하고 있었다.

이러한 시대적 상황에서 실시된 1906년 총선에서 자유당이 거둔 압승은 평화주의자들에게 오랜만에 희소식이었다. 자유당 내에는 급진주의자나 비국교도 출신의 의원들이 상당수 포진하고 있었기에 태생적으로 평화운동 진영은 자유당을 지지하는 편이었기 때문이다. 평화 운동가들은 자유당이 국제평화의 유지 및 향상을 위해 적극적으로 나설 수 있도록 가시적 활동을 통해 간접적으로 압력을 가했다. 한 예로 당대의 대표적 평화운동가로서 1903년 노벨평화상을 수상한 바 있던 크리머는 1907년 영 왕실이 주는 기사작위를 받았고, 같은 해에 헤이그에서 개최된 제2차 국제평화회의에 영국의 평화운동 단체들이 대거 참석했다. 또한 1907년 모임 시에는 자유당 정부의 외무상이던 에드워드 그레이(Edward Grey)에게 독일과의 항구적 평화협정 체결을 요구하기도 했다.[9]

당시 국제적 상황 전개도 평화운동의 필요성을 더욱 고무했다. 1907년 그동안 중앙아시아의 전략지대를 중심으로 전통적으로 대립해온 영국과 러시아가 협상을 체결했다. 이로써 이제 유럽의 열강들은 삼국동맹(독일, 오스트리아, 이탈리아)과 삼국협상(영국, 프랑스, 러시아)이라는 적대적인 양대 군사블록으로 나뉘어 분쟁과 군비증강에 박차를 가하기 시작했다. 특히 왕실 간 혈연관계로 연결되어 있던 영국과 독일 간의 외교 관계가 악화되면서 전쟁과 평화란 단어는 영국 정치계에서 중요한 화두로 떠올랐다. 이러한 분위기 변화에 편승해 평화 운동가 혹은 평화주의자(pacifist)라고 불린 인사들도 수적으로 늘어나게 됐다.[10] 당대의 대표적 활동가 중 하나였던 에드워드 비슬리(Edward S. Beesly)의 평가처럼, 1907년이야 말로 영국 평화운동의 역사에서 분기점이라고 평가해도 좋을 정도로 전쟁 반대 여론이 고조됐다.[11]

당시 평화운동 계열 팸플릿이었던 *Herald of Peace*가 논평한 바대로 제1차 대전 발발 7-8년 이전에 영국에서 평화운동은 '새롭고 보다 강력한 단계'로 발전하고 있었던 것이다.[12] 기존 평화운동 관련 단체들은 이러한 고무적인 분위기를 적극 환영했다. 평화 운동가들은 전국규모의 회합을 개최함은 물론 당시 창설된 전국평화협의회(British National Peace Council) 조직을 활용, 평화운동을 하나의 통합된 움직임으로 발전시키고자 했다.[13] 이러한 국제정세 변화 및 그로 인한 여론의 지지 덕분에 평화 운동가들은 '실현 불가능한 것'을 주장하는 몽상가라는 그동안의 통상적 인식으로부터 점차 벗어날 수 있었다.

이와 더불어 미흡하나마 실질적인 성과도 얻을 수 있었다. 1908년 런던에서 열린 모임 시에 영국 내 모든 평화단체의 대표들이 참석했다. 이들은 윈저성에서 국왕과 자유당 정권의 신임 수상이던 허버트 애스퀴스(Herbert Asquith)의 환대를 받았다. 이때 향후 모든 국가는 헤이그에 있는 국제분쟁 조정재판소를 통해서 국제 분규를 해결해야만 한다는 결의문이 채택됐다.[14] 또한 이러한 전국적 모임을 계기로 4년 전에 설립된 바 있는 전국평화협의회는 기반을 보다 굳게 다질 수 있었다. 왜냐하면 향후 이 단체가 그 동안 개별적, 산발적으로 전개되어 온 평화운동 관련 각 분파의 활동을 통합하는 역할을 담당할 것으로 기대됐기 때문이다.

평화운동 내의 이러한 동향은 당시 영국 보수진영에서 일어나고 있던 군국주의적 행보에 대한 반응이기도 했다. 당시 영국에서는 고조되는 전쟁의 위협에 대응하기 위해 의무병역제를 도입해야 한다는 목소리가 거세게 일어나고 있었다. 군의 원로였던 로버츠 원수(Field Marshal Roberts)는 영국민의 애국심 약화 및 국가방위에 대한 무관심에 깊은 우려를 표명하면서 이를 해결할 목적으로 전국의무병역제연맹(National Service League)의 창립을 주도했다. 이 단체는 1909년 한 해에만 무려 3만 5천명의 회원을 확보할 정도로 급성장을 이뤘다.[15] 이외에 로즈베리나 밀너 같은 당대의 유력 정치가들도 '지금은 전쟁에 대비해야할 때'라는 의견을 적극 표명하기 시작했다.

이러한 움직임에 대해 평화협회의 지도부는 이를 평화의 진전에 역행하는 행위로 간주하고, 자신들과 비슷한 견해를 표명한 자유당 내 일부 의원들의 캠페인을 지지했다. 군국주의적 사조에 반대하는 일반대중의 모임이 전국에 걸쳐서 개최됐다. 특히 의무병역제의 도입은 전통적으로 유지해 온 영국민의 자유에 대한 분명한 위협이며 오히려 국가이익을 저해하는 행위라는 비판적 목소리가 울려 퍼졌다.

그렇다면 이러한 평화운동은 성공했는가? 그렇지 않다. 평화주의자들은 자유당 정부의 의무병역제 도입 포기가 자신들이 실행한 반대활동 때문이라고 믿고 있었으나 실질적 측면에서 이들이 미친 영향력은 미미했다. 국제적으로 열강들 간에 더 많은 식민지를 차지하려는 치열한 경쟁이 벌어지면서 유럽 내에서도 긴장상태가 고조되고 있는 상황에서 근본적으로 도덕적, 종교적 원리에 기초한 기존의 평화운동은 시대가 요구하는 행동 지침이 되기에는 한계가 있었다. 이러한 답답한 현실 속에서 종교문제에는 무관심했으나 평화적 이슈에는 민감한 반응을 보인 당시 영국의 젊은이들은 새로운 돌파구가 마련되길 기대하고 있었다. 이때 혜성처럼 등장한 인물이 바로 『거대한 환상』을 발간, 평화에 대한 참신한 아이디어들을 제시한 노먼 에인절이었다.

III. 『거대한 환상(The Great Illusion)』과 에인절의 평화사상

대전 직전 시기에 벌어진 평화운동의 제반 흐름에서 가장 주목할 만한 성장세를 보인 것은 노먼 에인절을 추종하는 평화운동이었다. 기존의 평화운동 진영이 '신평화주의'에 대해 언급했을 때, 이들이 염두에 두고 있던 대상은 바로 에인절의 캠페인이었다.[16] 그는 1910년 소개된 저술(『거대한 환상』)을 통해서 국내외적으로 엄청난 반향을 불러일으키고 있었다. 이 책은 발간 직후 무려 25개국 언어로 번역됐으며, 거의 50쇄를 거듭하면서 1백만 부 이상의 판매고를 기록할 정도로 대단한 인기를 얻었다.[17] 자신의 평화사상을 가능한 한 널리 전파하여 전쟁을 방지코자 한 에인절의 노력은 단기간 내에 브리튼 섬을 넘어서 독일과 미국으로까지 전파됐다.[18] 특히 1909년 이래 영국에서는 독일과의 건함경쟁 과정에서 불거진 해군예산의 증액 문제가 재차 정치권의 중요한 이슈로 부각되면서 호전적인 분위기가 고조되고 있었다. 열세한 입장에 처해 있던 평화주의자들은 이 한 권의 책으로 자신들의 신조인 자유무역과 군비축소 정책을 새롭게 제기하는 반전(反轉)의 계기를 마련할 수 있었다.

기존 평화사상들이 해결하지 못하는 이론적 공백을 메꾸면서 에인절의 평화사상은 당시 영국의 식자층에게 상당한 호소력을 가질 수 있었다. 무엇보다도 영국 국내에서의 반향이 대단했다.[19] 1913년까지 전국적으로 런던, 맨체스터, 리즈, 글래스고를 비롯한 영국의 도시들에서 50개 이상의 에인절 평화사상 연구그룹이 결성됐고, 적어도 10개 대학에서 토론클럽이 등장했다.[20] 역사가 키스 로빈스(Keith Robbins)의 평가에 의하면, 에인절의 평화사상은 "제1차 대전 발발 수년 전 기간에 영국에서 국제문제와 관련해 가장 많이 회자된 개념이었다."[21]

평화주의에 대한 그의 새로운 메시지는 정복전쟁의 경제적 불합리성이라는 단순한 명제로 요약될 수 있었다. 기존에 평화 운동가들이 내세웠던 도덕성(morality)보다 오히려 자기이익(self-interest)을 강조한 에인절의 평화사상은 실천 가능한 전쟁반대 이론으로 인식되어 일반인들에게 어필할 수 있었다. 자신의 책에서 에인절은 각국의 군사력과 이에 내재된 경제적 및 사회적 이점(利點)과의 상관관계를 분석했다. 그동안 평화운동의 주창자들은 간혹 전쟁은 비록 그것이 비도덕적일지언정 승자에게 이득을 가져다준다는 점을 인정할 수밖에 없었다. 이러한 분위기 하에서 어느 국가든지 타국의 재산을 강탈할 권리를 갖고 있지 않다는 평화주의자들의 도덕적인 호소는 별다른 호응을 얻지 못하고 있었다. 이처럼 곤란한 처지에 놓여 있던 평화운동에 대해 에인절은 시의 적절하게 유용한 아이디어들을 제시했던 것이다.[22] 그의 사상은 평화에 대한 참신한 논의를 갈망하고 있던 평화주의자들은 물론이고 국제적 위기를 해소하고 평화를 유지할 묘책을 찾느라 초심초사하고 있던 유력인사들의 관심을 끌었다.

근본적으로 에인절은 전통적인 평화운동과 그 맥을 달리 했다. 그가 국제주의(internationalism)를 강조하고 전쟁을 전적으로 경제적 관점에서 바라보는 독특한 평화사상을 갖게 된 배경에는 평범하지 않은 그의 성장 배경이 있었다.[23] 실제로 1910년 책이 주목받기 이전까지 그는 전문적인 평화운동과는 무관한 삶을 살아왔다. 영국의 링컨셔에서 태어난 그는 사업으로 성공한 부친 덕분에 유년시절을 영국에서 보낸 후 고등학교는 프랑스에서 그리고 대학은 스위스 제네바에서 다닐 수 있었다. 이후 잠시 영국으로 귀국했다가 10대 후반에 도미(渡美)하여 1890년대의 대부분을 미 서부 캘리포니아에서 소떼를 돌보는 카우보이로 일했다. 이때 틈틈이 저널리스트로 활동한 덕분에 1898년 미국의 군소 신문사들을 위해 일하는 파리 주재원이 될 수 있었다. 파리에서 일하던 중 1905년 영국의 신문 재벌 노스클리프 경 소유의 *Daily Mail*지 유럽 담당 편집자로 채용되는 행운을 잡게 됐다. 이때부터 에인절은 강대국들 간의 치열한 군비경쟁과 국제적 위기 상황을 직접 경험하면서 복잡하게 뒤엉킨 국제문제를 바라보는 안목과 통찰력을 키울 수 있었다.

신문 편집자로 활동하면서 그는 집필에도 관심을 기울였다. 1909년에 그는 자비(自費)로 100여 쪽 분량의 『유럽의 착시(錯視, *Europe's Optical Illusion*)』라는 책자를 발간[24]했으나 별다른 주목을 받지 못했다. 그러다가 이 책을 수정 및 보완한 『거대한 환상』으로 일약 출판계의 신데렐라로 부상한 것이다. 그는 책 판매는 물론이고 영국 전역에서 쇄도하는 강연 요청에 즐거운 비명을 질러야만 했다. 무엇보다도 에인절이 빠르게 명성을 얻은 이면에는 당시 국왕 에드워드 7세의 절친한 친구로서 보수진영의 대표적 정치가였던 에셔 경(Lord Esher)의 적극적 후원이 있었다.[25] 에인절의 책을 읽고 "산업화된 다른 국가를 쳐들어가는 침략전쟁은 무익하다(futile)"는 그의 논지에 크게 공감한 에셔 경은 당시 외무상이던 그레이에게 이 책에 대해 말했고, 후자는 런던 길드 홀에서 행한 영국의 외교정책 관련 연설에서 에인절의 주장을 언급했다. 또한 당대의 저명한 기업가였던 리처드 가턴 경(Sir Richard Garton)은 에셔 경의 조언 및 제안에 따라 사재(私財)를 출연, 1912년에 에인절 후원재단(Garton Foundation)을 설립했다.[26]

이상주의적인 성향을 보인 기존 평화사상과는 달리 에인절의 평화사상(Norman Angellism)은 현실적 측면에서 문제의 핵심에 접근할 수 있었다. 군비 증강을 이론적으로 뒷받침하고 있는 잘못된 개념을 제거하지 않고서는 군비축소를 위한 호소는 무의미하다고 그는 판단했다. 『거대한 환상』에서 에인절은 과거 시대에 전쟁은 승자에게 이득을 가져다주었을지 모르나 산업화된 오늘날에는 기술과 통신수단의 발달로 인해 국제적으로 국가 간 경제적 상호의존성(interdependence) 및 국제질서의 필요성이 높아짐으로써 전쟁은 승자나 패자 어느 쪽에도 이득이 되지 않는다고 주장했다.

> 그동안 인정되어 온 이론에 의하면, 한 국가의 상업적, 사회적 이점은 군사적이며 정치적인 힘에 달려 있다는 것이었다. 따라서 자신을 방어할 능력이 없는 국가의 부와 번영은 이 나라를 침략할 유혹에 빠질 수도 있는 강대국들의 자비에 달려 있었다. ... 하지만 당연시 되고 있는 이러한 이론은 순전히 착시(錯視)에 기반을 두고 있다. 군사적, 정치적 힘은 해당 국가에 어떠한 상업적 이점도 가져다줄 수 없으며, 한 국가가 다른 국가의 부를 빼앗고 파괴하는 것 역시 경제적으로 불가능하다. 한 국가는 다른 국가를 정복함으로써 자신을 부유하게 만들 수 없다.[27]

다시 말해, 군사적 승리를 통해 경제적 이득을 얻는다는 발상은 이제는 일종의 '거대한 환상(great illusion)'에 불과하다는 것이었다. 전쟁은 당시 유럽을 비롯한 전 세계 번영의 초석이 되는 국제교역 및 금융제도를 와해시킴으로써 승자와 패자 모두에게 재난을 초래할 것이기 때문이다.

그러나 그의 평화사상의 핵심 개념들 중 하나인 국가 간 경제적 상호의존의 개념은 그가 독창적으로 고안해 낸 것은 아니었다. 이는 19세기 중반 국제 평화운동의 대부였던 콥던의 주장에다가 이후 발달된 국제 금융망의 중요성을 덧붙이는 방식으로 콥던이즘(Cobdenism)이라 불린 '자유주의적 국제주의(liberal internationalism)'을 재구성한 것이었다.[28] 콥던이 정부 간섭이 없는 자유무역을 지지한 것처럼 에인절 역시 평화를 달성하는데 중앙정부만을 바라보지는 않았다. 비록 자신의 평화사상에서 정부 역할에 관심을 보이기는 했으나 그는 근본적으로 일반대중의 역할을 신뢰했다. 이러한 맥락에서 그는 세계의 주요 지도자들을 세계평화 유지의 주역으로 인식한 일부 평화주의자들과는 출발부터 구별됐다.

그렇다고 에인절이 콥던의 사상을 그대로 답습한 것은 아니었다. 에인절의 평화사상은 지적 선배였던 콥던에 비해 보다 자유주의적이면서도 덜 급진적이었다.[29] 콥던과는 달리 그는 귀족, 군수업자, 그리고 신문발행인 등을 비난하지 않았고, 국내에서 정치개혁의 필요성을 주창하지도 않았다. 대신 그는 금융이익의 상호의존(mutuality) 관계에 대한 이론을 널리 전파하는데 주력했다. 이러한 논리적 기반 위에서 서유럽 강대국들 간에 전쟁은 이미 불가능하게 됐다고 역설했던 것이다. 에인절은 '전쟁의 무익성'을 내세우면서 당대의 국제관계를 지배하고 있던 정복과 힘의 원리에 정면으로 도전했다. 어느 한 국가가 무력을 통한 대립, 군국주의, 전쟁이나 정복 등의 수단으로 무엇인가 이득을 얻으려는 행위는 '거대한 환상'에 불과하다고 보았던 것이다. 국제적 금융 및 교역의 발달로 인해 각국 간 경제적 상호의존이 심화되면서 한 산업국가의 운명은 다른 국가의 그것과 밀접하게 연결되어 있었기 때문이다.

> … 국제 금융은 매우 상호의존적이고 교역 및 산업과 복잡하게 엉켜 있기 때

문에 적국의 눈에 보이지 않는 재산은 자국의 교역에까지 연결되어 있다. 따라서 한 국가의 정치적 힘이나 군사력이 현실적으로 국가 간의 국제교역에 미칠 수 있는 영향력은 없다. 고로 이러한 힘을 행사할 수 없는 소국의 상인이나 제조업자들도 국제시장에서 강대국의 산업가들과도 성공적으로 경쟁할 수 있는 것이다.[30]

에인절 평화사상의 또 다른 특징으로 일반대중에 대한 평화교육의 필요성을 역설한 점을 꼽을 수 있다. 에인절이 느끼고 있던 딜레마는 일반국민들은 한편으로는 평화를 원하면서 다른 한편으로는 평화와 반대되는 정부의 군비증강과 호전적인 외교정책을 지지한다는 사실이었다. 일반대중은 평화를 원할 뿐만 아니라 이를 달성하는 방법에 대해서도 잘 알고 있었다.[31] 하지만 이들이 전쟁 발생 원인에 대해 아무리 많이 알고 있다고 하더라도 이를 실생활에서 적용하지 않을 경우, 무용지물이라고 판단했다. 따라서 에인절은 교육을 통해서 일반대중이 정부의 정책에 지속적으로 관심을 갖도록 만들고 정부의 정책 방향을 분명하게 알려주어야 한다고 생각했다.

Ⅳ. 제1차 세계대전과 에인절의 국제평화 활동

평화에 대한 에인절의 과도한 낙관주의는 심지어는 홉슨으로부터 '평화주의자의 환상'이라는 조롱을 받기도 했다.[32] 비단 홉슨과 같은 학자들만 에인절의 평화사상을 비판한 것은 아니었다. 그의 자유주의적 평화주의는 당대의 평화 관련 저널들로부터 크게 두 방향에서 비판을 받았다. 우선, 일부 평화주의자들은 금융을 평화문제에 접근하는 토대로 보기에는 너무 피상적이라고 생각했다. 이들은 오직 심오한 심적 격변에 기초한 도덕적 저항을 통해서만 전쟁을 근절시킬 수 있다고 주장하면서, 에인절의 평화사상에 내포된 물질주의를 비판했다. 그가 19세기 중엽 이래 평화운동 안에서 확산되고 있던 일종의 세속화 과정을 촉진시키고 있다고 보았기 때문이다. 평화 운동가였던 스미스(E. G. Smith)는 당장은 에인절이 인기를 누리고 있으나 그의 평화사상으로는 평화를 구출할 수 없기에 평화운동은 예전처럼 순수한 도덕적 열정의 시대로 뒤돌아가야 한다고 역설했다.[33]

에인절의 평화사상에 대한 두 번째의 도전은 급진주의 진영으로부터 왔다. 일반적으로 급진주의자들은 군수업자에게 반감을 갖고 있었는데, 에인절이 이들의 이익을 옹호하는 듯하자 비판의 날을 세운 것이다. 예를 들어, 『거대한 환상』에 대한 서평에서 패러(J. A. Farrer)는 에인절의 책 속에서 "진정한 국가 이익과는 반대로 사익(私益)을 추구하면서 강력한 영향력을 행사하고 있는 계급의 이익이 옹호되고 있음을 느낄 수 있다"고 지적했다.[34] 왜냐하면 에인절은 국제적 경제활동, 특히 자본의 활발한 이동을 강조하였는데 당시 군수업체들이 국제적으로 거대 자본집단으로 대두하면서 에인절이 군수업체들의 활동까지도 허용한 것으로 인식됐기 때문이다. 때마침 당대 영국의 대표적 군수업자들 중 하나였던 윌리엄 암스트롱(William Armstrong)이 대금(貸金)만 지불한다면 세계 어느 곳의 누구에게든지 자사(自社)가 제작한 전함을 판매할 수 있다고 천명하자 에인절의 평화사상에 대한 급진주의자들의 의구심은 심화됐던 것이다.[35]

무엇보다도 에인절에게 결정적 타격을 준 사건은 1914년 8월 초에 일어난 제1차 세계대전이었다. 비록 그 자신은 대전 전에 각국이 자국의 이익만을 챙기려는 현실적 상황 속에서 전쟁이 발발할 수도 있다는 점을 전적으로 부인하지는 않았으나, 『거대한 환상』과 다른 소책자 등을 통해 본질적으로 유럽의 선진 산업국가들 간에는 전쟁이 일어날 수 없다는 논리를 주창해온 터인지라 어찌되었든 대전 발발로 인해 그의 입장은 매우 난처하게 됐다. 더구나 대표적인 자유민주주의 국가이자 선진 산업국가인 영국은 중간자적 위치에서 이 충돌 사태를 해결할 수 있으리라 믿었던 그의 소망과 개인적인 노력에도 불구하고, 대전 발발 직후 영국정부가 내린 신속한 참전 결정은 그동안 전쟁의 무익성을 주장하며 평화사상을 설파했던 에인절에게 깊은 충격을 안겨줬다. 유럽대륙에서의 전쟁 발발 소식에 처음에는 실의와 절망의 상태에 빠져 있던 에인절은 곧 정신을 가다듬고 '전쟁의 무익성'이라는 다소 추상적인 이론을 제시해 온 이전의 소극적인 태도에서 벗어나서 적극적으로 현실에 참여하면서 국제평화를 유지하기 위한 활동에 매진했다.

그는 대전 발발 직전에 일부 인사들과 함께 영국의 참전 반대를 촉구할 목적으로 중립연맹(Neutrality League)을 창설했다.[36] 이들은 영국은 전쟁에 가담하지 않은 채 유럽대륙 교전국가들 간에 평화 교섭을 중재할 수 있으리라 기대했다. 실제적인 측면에서는 서유럽 국가들 간에 전쟁이 벌어질 경우 결국에는 러시아가 유럽을 압도하는 군사국가로 대두할 것이라는 우려를 표명했다. 하지만 전쟁 발발 직후인 1914년 8월 4일 영국정부가 참전을 선언하면서 중립연맹은 유명무실해 졌다. 설상가상으로 이러한 그의 활동이 비애국적으로 비친 탓에 에인절은 대전 이전 자신의 적극 후원세력이던 보수진영 인사들과도 멀어지게 됐다.

이후 에인절은 대외적으로 국제주의를 지향하면서 정치적으로 전쟁 반대를 지지한 인사들이 주로 포진하고 있던 노동당으로 옮겨갔다. 여기에서 그는 노동당 내의 급진적 정치가들 - 트레벨리언(Charles Trevelyan), 모렐(E. D. Morel), 폰손비(Arthur Ponsonby), 스노든(Philip Snowden), 맥도날드(Ramsay MacDonald) 등 - 과 민주통제연합(Union of Democratic Control, UDC)이라는 단체를 결성하고 이를 중심으로 평화운동을 전개했다.[37] 전쟁은 에인절을 보다 좌파 성향으로 나아가도록 만들었다. 자신이 UDC의 일원이라는 이유만으로 보수진영으로부터 거센 비난을 받게 되자 그는 이제 보수진영으로부터는 얻을 만한 것이 전혀 없다고 판단하게 됐다. 물론 에인절 자신도 사회주의 진영에 속한 정치가들과의 동참 활동에서 세월이 흘러가면서 불편함을 느꼈다. 비록 현실정치에서는 노동당에 발을 담갔으나 본질적으로 그의 정치적 성향은 19세기 영국 중산계급의 자유주의적 전통을 잇는 급진주의(radicalism)에 가까웠기 때문이다.

그렇다고 에인절이 팔짱만 끼고 있던 것은 아니었다. 그는 한편으로는 대전 이전 자신이 제기한 국제관계 및 평화사상의 오류를 지적하는 비판에 대해 응수하고, 다른 한편으로는 전후에 보다 안정되고 평화로운 세계를 만들기 위한 활동을 시작했다. 후자와 관련하여 그는 영토할양이나 배상금 부과가 없는 평화, 모든 국가가 별다른 제약 없이 교역에 참여할 수 있는 국제평화의 수립을 역설했다. 하지만 전쟁이 지속될수록 영국의 일반대중에게 자신의 견해를 어필하기가 점점 더 어렵다는 점을 깨달은 에인절은 활동 무대를 미국으로 옮기기로 결심했다. 당시 중립을 유지하고 있던 미국에서는 자신의 평화사상이 여전히 유효하다는 사실을 알았기 때문이다.[38]

이러한 개인적 여건에 더해 외부적 상황도 에인절의 도미(渡美) 결심을 도와줬다. 전쟁 상태가 지속되면서 1915년에 접어들어 UDC가 내세운 목표들 ― 정부 외교정책에 대한 의회의 통제 및 비밀 외교정책 반대, 각국 대중정당 중심의 전후처리 논의, 패전국에 대한 응징 반대 및 임의적인 국경선 조정 반대 ―이 대외적으로도 관심을 끌기 시작했기 때문이다. 특히 비밀외교의 철폐 및 국제적인 상호이해를 통한 평화의 모색은 이 시기 미국 대통령으로 당선된 우드로 윌슨(Woodrow Wilson)을 비롯한 미국 진보주의 진영의 호응을 받았다. 때마침 1915년 초에 카네기재단이 그해 여름에 코넬 대학교에서 개최될 하계 캠프에 에인절을 강사로 초청한다는 전갈을 보내왔다. 드디어 그해 5월 중순 에인절은 미국행 여객선에 몸을 싣고 대서양을 건넜다. 계획된 하계 스쿨 종료 후 그는 계속 미국에 머물면서 평화운동을 지속했다. 그는 저술활동을 통해 유럽 전쟁에 대한 미국의 정책과 전후 미국이 국제평화를 위해 취할 리더십 등에 대해 의견을 제시했다.[39] 무엇보다도 당시 미국 정계의 실력자였던 월터 리프먼(Walter Lippman)과 친분관계를 유지하면서 윌슨 대통령에게 전쟁에 대한 자신의 생각을 직접 전달하려고 노력했다.[40]

미국 체류 기간에 그는 무엇보다도 전후에 현실화되는 국제연맹(League of Nations) 창설운동의 핵심 인물들 중 한 명으로 입지를 다질 수 있었다.[41] 전쟁이 진행되면서 에인절은 비인회담 이후 형성되었던 유럽의 협조를 뒤이은 새로운 형태의 '유럽의 협조체제'를 구축해야만 한다는 원래의 생각으로부터 벗어나서 유럽 국가들은 물론이고 미국까지 포함하는(곧 세계의 다른 모든 국가들을 망라하는) 일종의 동맹체제인 '국제연맹'의 설립으로 나아갔다. 이는 구성원들의 경제적인 안보는 물론이고 정치적 안보까지 책임지는 국제기구였다. 이는 특히 1930년대에 그가 역설한 이른바 '집단안보'라는 개념에 근접한 것이었다. 실제로 종전 후인 1919년에 에인절은 베르사유 평화조약 회담 현장을 참관할 목적으로 파리로 갔다. 이곳에서 그는 논의되고 있는 조약의 내용들이 평화회담 개최 이전에 자신이 발표한 글에서 비판적으로 예견한 바대로 전개되고 있는 사실을 목도하고 놀라움을 금치 못했다.[42]

집단안보에 대한 논의는 콥던학파의 불간섭주의와 유사한 견해를 견지해오던 에인절의 초기 입장이 바뀌었음을 암시했다.[43] 세월이 흐르면서 그는 여론의 호응이나 새로운 기구의 필요성에 대한 주장만으로는 충분하지 않다는 점을 깨닫게 됐다. 그는 한동안 정복전쟁의 무익성을 알리는데 열중했듯이 이제는 집단안보의 원칙과 논리를 설파하는데 주력했다. 국제적 무정부 상태하에서 자국만의 국가안보를 추구하려고 할 시 이는 국가 불안이나 전쟁으로 이어질 가능성이 높았다. 질서 있고 평화로운 국제사회를 유지하기 위해서는 공통의 규칙, 법, 그리고 기구 등이 필수적인데 이를 위해 범세계적 차원의 무력 공동체가 요구됐다.[44] 에인절은 이러한 논리를 영국, 프랑스, 그리고 소련 등이 나치 독일의 호전성에 대해 적극적 대응을 회피하고 있던 1930년대 동안 국제연맹의 운용에, 그리고 제2차 대전 이후에는 국제연합의 역할에 적용했다.

Ⅴ. 나가는 말

앞에서 고찰한 바와 같이, 에인절은 제1차 대전 발발 수년 전에 『거대한 환상』을 발간했다. 여기에서 그는 전쟁의 '무용성'을 제기하면서 이를 근거로 각국 정부가 무력 사용을 자제할 것이라는 논지를 펼쳤다. 이러한 그의 주장은 놀라운 반향을 불러일으켰고 그 열기는 기존 평화운동과 결합되면서 더욱 고조됐다. 그 여세를 몰아서 제1차 대전이 발발하기 몇 달 이전에 에인절은 장차 벌어질 전쟁은 과거 전쟁에 비해 덜 잔인할 것이라는 예견을 담은 또 다른 소책자를 발간했다.[45] 하지만 전쟁의 발발과 더불어 그의 예상이 틀린 것으로 드러나면서, 전쟁 기간 내내 그는 '이상주의'의 화신으로 지목되어 현실주의 진영의 주 비판 대상으로 전락하는 신세가 됐다.

그렇다면 과연 에인절은 현실 감각을 결여한 채 공상적인 평화사상을 내세운 인물일까? 유럽 열강들이 치열하게 군비경쟁을 벌이고 있던 대전 이전 상황에서 에인절의 평화사상은 과연 어느 정도나 현실성이 있었을까? 그의 주장과는 달리 군비경쟁이 승자나 패자 모두에게 엄청난 손해를 주기 때문에 전쟁을 통한 승리라는 것이 '거대한 환상'이 아니라 오히려 전쟁의 무익성(無益性)을 주장한 그의 사상이 '거대한 환상'은 아니었을까?

물론 에인절이 활동한 전(全) 시대를 관통해 그의 주장이 옳았던 것은 아니었다. 그는 자신의 견해는 '이미 증명을 필한 것'이라고 주장하는 경향이 있었다. 하지만 이러한 그의 일반화는 공개적으로 비난을 자초했다. 예를 들어, 민족주의에 대한 혐오로 인해 그는 주권국가 및 이에 대한 해당국 국민들의 귀속의지를 저평가하는 실수를 범했다. 또한 이성의 능력을 과도하게 신뢰한 탓에 일반대중의 전쟁에 대한 충동이나 욕구가 교육을 통해 억제될 수 있다고 과신했다. 국제경제에 대한 콥던의 견해를 무비판적으로 수용한 탓에 자유무역이 가져다주는 이득이 보편적으로 수용될 수 있다고 가정하는 실수를 범했다. 식민지는 유지비용이 더 소요되고 그곳의 주요 자산을 식민본국으로 가져오는 것은 불가능하다는 논리에 집착한 탓에 그는 식민지가 나름대로 식민모국에 이득이 됐다는 점을 간파하지 못했다.

오늘날 에인절의 평화사상이 무시되고 있다면, 이는 아마도 국제관계에서 합리주의(rationalism) 사조가 제2차 대전 이후에 낡은 사상으로 낙인찍히고 그 반대로 현실주의(realism)가 주류로 대두했기 때문일 것이다.[46] 에인절은 군비 증강은 그 자체로 서로 간에 적대감을 고무할 것이기 때문에 비현실적인 것이라고 생각했다. 또한 적대적인 양국 국민들 간에 협력과 이해가 가능하다는 확신이 없을 경우 전쟁 이외에는 군비경쟁을 중단시킬 수 있는 대안은 없다고 주장했다. 물론 이러한 에인절의 견해는 오늘날 상황에서 바라보았을 때 비현실적인 요소를 담고 있음은 분명하다.

그렇다면 에인절의 평화사상은 그가 왕성하게 활동했던 20세기 전반기에만 유효했던 것일까? 다시 말해, 그는 실현될 수 없는 주장만을 외친 '이상주의자'에 불과했단 말인가? 그렇지는 않다. 그의 사상 중 상당 부분은 오늘날에도 여전히 나름대로 의미와 영향력을 갖고 있다.[47] 1980년대에 접어들어 그의 평화사상 및 국제관계 이론에 대한 재평가가 볼드윈(David Baldwin), 밀러(J. D. B. Miller), 그리고 나바리(C. Navari) 등과 같은 연구자들에 의해 시도되어 왔다. 이들은 20세기 전체를 관통해 볼 때, 에인절이 내세운 국제관계 이론은 상당한 의미와 중요성을 갖고 있다는 수정주의적 시각을 내세운다.[48] 에인절의 주저인 『거대한 환상』은 대표적인 반전(反戰) 저작이지만, 동시에 이는 자유주의적 국제주의의 전통을 유지하면서 이를 크게 발전시킨 역작이기도 하다는 점이다.

이러한 맥락에서 국제 평화운동에서 에인절이 이룩한 업적을 무시하는 것은 국제관계에서 이루어진 역사적 및 이론적 발전을 간과하는 것과 같다. 에인절이 체계화한 상호의존 관계는 최초의 근대적 의미의 상호의존이론이며, 국제적 시스템의 변화를 사회변화와 접맥시킨 선구적 연구임에 분명하다. 무엇보다도 『거대한 환상』에서 그가 역설한 산업국가들 간의 상호의존에 대한 논제는 중요하고 혁신적인 생각이었다. 에인절이 평화를 유지하는 힘으로서 상호의존을 과도하게 강조하고 상호의존적 관계에서 발생하는 갈등적 측면을 경시하는 경향을 보이기는 했으나, 특히 국제관계에서 현대까지도 여전히 유용하고 어느 면에서는 자본주의화가 만연한 오늘날의 국제관계를 이해하는데 필수불가결한 분석적 개념을 제시했다고 볼 수 있다.[49] 에인절의 평화사상은 그 시대적 한계성에도 불구하고 현실성 없는 '평화의 수사학'에 불과한 것이 아니라 시공을 초월해 심지어는 오늘날까지도 사상적 생명력을 발산하고 있는 '평화의 복음'임에 분명하다.

독일 성내평화와 키일(Kiel) 수병봉기에 나타난 사회주의 운동의 한계*

장은주

Ⅰ. 머리말

1914년 '성내평화'와 1918년 키일(Kiel) 수병봉기의 '반전평화'는 동일한 '평화'를 수식하는 단어이면서도 그 의미는 판이하게 달랐다. 그 두 사건은 시기적으로는 제 1차 세계대전의 발발과 종식을 상징하며 둘의 연결고리는 독립사회민주당(USPD)이라고 볼 수 있다.

1914년 8월 4일 사회민주당(SPD, 이하 사민당)과 노동조합이 독일제국 정부의 전쟁정책에 협조하겠다는 의미의 성내평화는 사민당의 정책포기와 더불어 그들의 개혁주의와 수정주의 노선을 공고히 하는 결과를 가져왔다. 국가와 기업, 노동자라는 삼자 관계가 새롭게 설정되는 전시 환경 속에서 사민당의 선택은 국제주의의 퇴조와 함께 사회주의의 분열을 초래했다. 이 과정에서

* 『인문학연구』 제97호 (충남대학교 인문과학연구소, 2014), pp. 307-329.

나온 것이 독립사민당이다.

전쟁에 대한 혐오감에서 비롯된 키일 수병봉기의 '사회주의 운동'[1]은 주로 독립사민당에 의해 주도되었고, 전쟁 말기 독일혁명의 단서를 제공해주는 중요한 계기가 되었다. 수병봉기가 자발적이지만 즉흥적이고 무계획적인 봉기였다는 사실은 이미 알려진 사실이다. 그럼에도 키일 수병봉기에 독일 '최초의' 혁명이라는 수식어가 부여됐다는 점에서 그 역사적 상징성이 갖는 의미가 사회주의 운동에 던진 파장은 컸다고 본다.

1918년~19년 독일혁명의 배경과 전개과정 그리고 실패원인과 그 의미 분석에 관한 연구는 국내 학계에서 이미 오랜 기간 진행되었다.[2] 그렇지만 독일혁명을 다루는 대부분의 연구에서 키일 봉기가 혁명의 도화선이라는 사실에는 이견이 없음에도 그 사건에 대한 구체적인 내용 연구는 미흡했다. 비록 봉기는 실패로 끝났지만 그것이 지향했던 목표는 사회변혁 운동으로서 그 의미가 퇴색하지 않는다.

수병봉기의 전개과정에는 '사회주의 공화국' 구호와 더불어 노동자-병사 평의회운동, 다수파사민당(MSPD)과 독립사민당(USPD)의 갈등, 스파르타쿠스단과의 이념대립 등 1918년 독일제국 붕괴 이후 전개된 사회격변의 모든 요소들이 담겨 있다.

여기에서 주목할 점은 수병봉기를 주도했던 독립사민당과 노동자와 병사들이 자발적으로 조직했던 평의회의 관계이다. 사회주의 운동을 지도했던 주축세력의 역량과 특히 경제 분야에서 사회화의 관철은 곧 혁명의 성공 여부를 가늠하는 척도였다. 그런 의미에서 키일에서 전개된 사회주의 운동에 나타난 독립사민당의 역할과 평의회의 성격과 한계를 분석하는 것은 그 후 독일혁명의 실패 원인을 규명하는데 또 하나의 근거를 제시한다고 본다.

그러므로 본고에서는 사회주의 운동의 한계를 다음의 질문에 초점을 맞추어 분석하고자 한다.

1. 성내평화가 사회주의 운동에 미친 영향은 무엇이었나?

2. 키일 수병봉기가 반전평화 운동에서 사회주의 운동으로 전환된 계기는 무엇이었나?

3. 키일 봉기에서 중요 직책을 맡았던 로타르 포프(lothar Popp)와 카를 아르텔트(Karl Artelt) 그리고 구스타프 노스케(Gustav Noske)는 봉기의 전개 과정에서 어떠한 역할을 했나?

4. 독립사민당과 키일 평의회의 관계 속에 나타난 사회주의 운동의 한계는 무엇이었나?

II. 성내평화와 사회민주당(SPD)

전쟁으로 치달아가는 1914년 '7월 위기' 속에서 사민당은 제국정부의 외교정책을 비판하면서 7월 25일 당 수뇌부의 이름으로 성명서를 발표했다. "최근 수십 년 중에서 가장 심각한 위기가 왔다. 우리는 전면전의 위협을 받고 있다. 독일 프롤레타리아의 이름으로, 인류와 문명의 이름으로, 전쟁광의 범죄 음모에 맞서 저항해야 한다."[3]

그렇지만 반전과 노동자의 연대를 강조하는 이러한 잦은 외침은 한편으로 공허하기만 했다. 왜냐하면 사민당이 예산안을 승인함으로써 알려진 성내평화(城內平和:Burgfriede)는 사민당과 노동조합이 주축이 된 전쟁지지 정책이었기 때문이다. 그것은 국가와 기업가, 노동자 삼자가 더 이상 대립하지 않고 서로를 인정함으로써 평화롭게 상생하자는 의미였다. 전쟁 시 노조에 가해질지 모르는 정부의 탄압을 억제하고 정부가 추진하는 정책에 당과 노조가 먼저 협조함으로써 안위를 도모하려는 선택이었다.[4]

그러므로 성내평화는 노동자들을 '전쟁 노동'에 동원해도 좋다는 묵언의 약속, '내부 평화'였고 동시에 '애국심'과 '민족'을 강조하는 가운데 재정비된 '8월 4일의 정신'이었다.[5] 언론과 더불어 철학자, 신학자, 법률가와 같은 독일 지식인들은 독일의 자유, 동지애 그리고 '사회주의의 길'을 마련하는 것이 '1914년의 정신'이며 대의라고 선전했다.[6]

여기서 언급된 사회주의란 전시국가체제에 편입된 '전쟁사회주의'(Kriegssozialismus)였다. 지식인들은 성내평화의 당위성을 이론화 했고 사회주의 혁명의 기치보다 조국애를 수반한 전쟁이 우선한다고 역설했다. 이러한 선전선동에서 가장 강조된 점은 조국을 위한 투쟁과 민족연대의 기치 아래 '의무의 평등'(Gleichheit des Dienstes)이 궁극적으로 '독일의 자유'를 가져온다는 내용이었다. 그렇기 때문에 국가와 민족공동체 안에서 수립된 협동생산체제를 위해 계급투쟁은 포기해야만 한다는 것이다. 다수의 지식인이 대거 동원되어 마련한 이론적 기반에서 애국자와 사회주의자는 동일시되었다.[7]

사실상 성내평화는 기존 질서 유지의 '계급 내 평화'였고, 사회주의 혁명의 급진 화를 제어하는 브레이크 역할을 수행했다. 사민당과 노조가 성내평화를 통해 변신을 꾀하는 가운데 제국정부로부터 얻어내려 했던 반대급부는 3계급 선거권[8] 제의 폐지와 노조 활동의 공식적 인정이었다.

노조는 제1차 세계대전 전에 사민당 내에서 영향력을 강화했으며 그들의 요구는 임금협상이나 복지정책 개선과 같은 현실적인 문제에 집중되어 있었다. 노조는 사민당이 8월 4일 전쟁 예산안을 승인하기 2일 전 이미 모든 파업 포기를 선언했다. 노조가 사민당보다 먼저 성내평화를 지지했다는 점은 그만큼 그들이 실용주의 노선에 가깝다는 뜻이었다.[9]

성내평화의 실천에서 핵심 내용은 경제와 행정 분야에서 국가중앙 통제시스템에 의거하여 모든 활동이 규제받는다는 것이었다. 이는 노동력의 군사화와 통제 경제 안에서 실행되는 '경제평화'를 의미했다. 전쟁 전에는 노조가 자력으로 사회의식을 갖고 지속적인 투쟁의 분위기 속에서 임금협상과 사회정책 참여에 적극적이었다면 전쟁 중에는 국가가 모든 계약의 주체 자가 되어 노조연합의 자유 권한을 제한했다. 그 대표적인 예가 독일 '애국보조복무법'(1916,12)이었다.[10]

노동조합의 이러한 현실적응 입장을 로자 룩셈부르크는 자신의 저서에서 헛된 '시지프스의 운동'이라며 신랄하게 비판했다. 그녀의 생각에 노조의 한계는 임금법칙으로 알 수 있는 '착취'를 철폐하지 못한다는 것이며 이는 또한 실질적 소유권을 배제하지 못한다는 것이었다.[11]

노조의 역할을 둘러싼 이러한 논란 외에도 성내평화의 국내외 후유증은 컸다. 사민당이 1914년 8월 4일 전쟁공채 찬성투표를 하면서 제2 인터내셔널은 와해되었다. 국제주의는 민족주의라는 벽을 넘어서지 못했고 사회주의자들 사이에 전쟁을 막지 못했다는 자괴감이 팽배한 가운데 사회주의 운동은 정체되었다.

결국 성내평화는 극도의 식량난과 패전의 공포 속에서 반전평화를 외치는 사민당의 분열을 초래했고, 그 중심에는 카를 리프크네히트를 비롯한 좌파가 있었다. 그들이 집단적으로 전쟁채권 승인에 반대표를 던졌을 때 그 중심에는 '사회민주주의 노동자 연대'(SAG)가 있었다.[12] 이보다 더욱 결정적인 사민당의 분열은 1917년 4월 고타에서 반전사회주의자 모임인 독립사민당이 수립됐을 때 왔다.[13] 독립사민당은 비록 수적으로는 열세였으나 키일 수병봉기를 이끌었고 짧은 기간이나마 사회주의 운동에서 그 존재감이 부각되었다.

III. 키일 수병봉기와 사회주의 운동

1. 반전평화 운동과 독일 '최초의' 혁명

키일 독립사민당의 전신은 로타르 포프(Lothar Popp)를 중심으로 결성된 '키일(Kiel) 사회민주대연합, 구노선'(Sozialdemokratischer Verein Groβ-Kiel, alte Richtung)이었다.[14] 로타르 포프는 원래 사민당 당원이었으나 1914년 8월 4일 사민당의 전쟁채권 승인에 반대하여 이 단체를 만들었다. 여기에는 약 1,000명의 회원이 가

입했는데 그 회원들 중 대부분은 해군에 속했다.[15]

1917~18년에 전쟁혐오와 극심한 식량난으로 반전평화 궐기대회가 키일에서 개최될 때 마다 그 중심에는 독립사민당이 있었다.[16] 그러므로 1918년 10월 키일(Kiel)에서 발생한 수병의 항명사건은 외따로 분리된 획기적인 사건이라기보다는 1917~18년 반정부 시위의 연장선상에서 발생한 반전평화 운동이었다.

연합국과의 평화협정 체결의 움직임이 있는 가운데 10월 28일 내려진 함대 출격명령은 수병들의 반발만을 불러왔다. 그들은 적의 공격에 대한 방어전 수행에는 동의했으나 전쟁 지속은 무의미한 일이라 항변하기 시작했고 이 과정에서 약 800명이 체포되어 구금되었다.[17] 구금된 해군동료의 석방과 반전평화의 구호 속에 11월 3일 일요일 오후부터 약 3만의 인파가 키일의 엑서찌어플라츠(Exerzierplatz)에서 집회를 갖고 시내 방향으로 시위행렬을 이루었다. 이 중 4/5가 해군병사들이었고, 1/5은 노동자들이었다.[18]

11월 4일에는 독립사민당의 영향력이 가장 강했던 어뢰공장과 게르마니아 부두를 중심으로 노동자들이 파업을 시작했다. 조선소와 부두에서 일어난 파업은 키일 도시 전체 기업과 공장의 총파업으로 이어졌다. 이후 병사들은 병사평의회를 구성했고 노동자들 역시 자발적으로 노동자평의회를 조직했다.

이렇듯 초기 상황이 단순히 항명사건에서 비롯된 것이었음에도 불구하고 키일 수병봉기가 독일 '최초의' 혁명이라는 수식어가 붙는 이유는 첫째, 수병들의 반전시위가 산발적 소요로 그치지 않고 이후 독일 전역에 빠르게 확산되어 영향력을 파급시켰기 때문이다.[19] 둘째, 반정부 투쟁이 성과를 거두어 11월 9일 빌헬름 2세 황제퇴위 선언과 그 후 바이마르공화국 수립이 이어졌기 때문이다. 그리고 셋째, 봉기의 전개과정에서 '혁명'의 전위대로 알려진 평의회(레테,Räte)가 구성됐기 때문이다.

수병봉기 발발부터 키일의 공공기관 장악에 이르기까지 전반적인 상황을 이끌었던 주축세력은 독립사민당이었다. 두 명의 지도자 로타르 포프와 카를 아르텔트가 그 중 중심인물이었고, 그들은 평의회 구성과 활동에 관여했을 뿐만 아니라 봉기를 일으킨 병사들이 혁명의 구호 아래 결집하도록 지도했다. 11월 4일에는 포프와 아르텔트가 중심이 되어 작성한 '병사평의회의 의결과 요구'라는 제하에 '14개 항 선언문'[20]이 배포되었다.

그런데 '14개 항의 선언문' 속 어디에도 '프롤레타리아 독재'나 '계급투쟁'과 같은 과격한 표현은 보이지 않았다. 오히려 그 중 제 9항에서는 '사유재산의 보호'가 강조 되었다. 사유재산의 제한이나 몰수가 아닌 오히려 '보호'를 강조했다는 점은 무질서를 단속하려는 의도로도 해석할 수 있다. 그러나 다른 한편으로 봉기가 처음부터 철저하게 사전에 계획된 '사회주의 혁명'은 아니라는 해석도 가능하다.

그렇듯 온건하게 시작된 반전평화 시위가 과격한 시위로 변한 상징적인 사건은 11월 5일 오후 함대에서 발생했다. '혁명'을 상징하는 '붉은 깃발'을 함대에 매다는 문제를 두고 해군병사와 장교단 사이에 총격전과 인명살상이 있었기 때문이다.[21]

붉은 깃발이 등장한 이후 로타르 포프와 카를 아르텔트의 이름으로 발표된 '특별 선언문'에는 이전과는 전혀 다른 분위기의 과격한 단어들이 등장하기 시작했다. 그것은 '군국주의에 대한 승리'라든가 '프롤레타리아의 역사적 과제'와 같은 강경하고도 선동적인 표현이었다.

> "(우리는) 프롤레타리아의 역사적 과제를 해결하지 못했다. (과거와는) 다른 세상이 열려야 한다. 증오와 질투가 없는 세상, 착취와 노예화가 없는 평화로운 세상, 자유와 권리가 보장되는 세상, 이러한 세상 건설이 프롤레타리아들의 역사적 과제이다. 노동자계급의 해방전쟁이 역사의 마지막 남은 계급투쟁이다. 그 후 억압 받는 계급은 남지 않는다."[22]

위와 같은 격앙된 분위기는 베를린 정부에서 11월 4일 파견한 제국의회 의원 노스케(G.Noske)에 대한 반응이었다.[23] 그는 "키일은 '고립된 지역'이므로 봉기의 파괴력에도 한계가 있다. 만약 키일에 식량조달과 군대의 급료가 중단된다면 도시는 마비될 것이기 때문에 그러한 불행한 사태를 막아야한다."고 역설했다.[24]

노스케는 베를린 정부와 연대할 것을 호소하면서 폭동이 아닌 다른 방법, 즉 정치적 '개혁'만이 목표를 이룰 수 있다고 수병들을 설득했다. 그는 후일 회고록에 다수파사민당(MSPD)의 정책을 지지하면서 "명예로운 평화(ehrenvolle Frieden)를 거부하고, 독재평화(Diktatfrieden)를 선택하는 것을 독일민족의 온 힘을 결집하여 막아낼 것이다."라고 기록했다.[25] 여기에서 '명예로운'이란 표현은 노스케의 생각에 '민주적'이라는 뜻과 통했다. 그가 강한 혐오감을 드러냈던 독재평화는 러시아혁명과 연계된 '볼쉐비즘'을 의식하고 쓴 단어라 볼 수 있다. 그것은 러시아의 후진성과 결합된 볼쉐비키의 '중앙 집중주의'를 의미했다.

11월 6일 대표자회의 토론에서는 노스케의 발언에 대한 포프의 반론이 있었다. 포프는 이 시점에 개혁을 논의할 것이 아니라 이제는 '혁명'이 핵심주제가 되어야 한다고 강변했다. 그는 모든 사회체제의 변혁을 주장했고, 노동조합과 유사한 '평의회' 조직화의 필요성을 역설했다.[26]

실제로 포프의 주장이 일면 타당한 이유는 그 다음 날인 11월 7일 평의회 이름으로 발표된 성명서에 반전평화 호소와 함께 정치적 목표인 '사회주의 공화국'이 명시되었기 때문이다. 키일 봉기가 독일 '최초의' 혁명이라는 이름에 걸 맞는 이유는 무엇보다 11월 7일 성명서인 '슐레스비히 홀스타인 시민에게 고함'에 기인한다고 볼 수 있다.

> "정치권력은 우리의 손에 있다. 관청과 협력하여 새로운 질서를 수립할 임시 지방정부가 수립되었다. 우리의 목표는 자유로운 '사회주의공화국'이다. 아직 노동자-병사 평의회가 수립되지 않은 곳에서는 우리의 예를 따라줄 것을 호소한다. 우리는 노동자의 복지지원을 약속한다. 우리의 중요과제는 제일 먼저 '평화'를 도모하는 것이고 전쟁의 상처를 치유하는 것이다."[27]

이후 최고 병사평의회의 이름으로 1918년 12월 10일 발표된 선언문은 내용면에서 더욱 진일보한 것이었다. 선언문은 군국주의 붕괴 다음의 공격목표는 자본주의라 명시했고 그 주적대상인 "은행과 대기업, 지주의 재산이 즉시 국유화되어야 한다."고 선포했다.

> "군국주의는 무너졌으나 여전히 자본주의는 살아 있다. 대다수 민중이 빈곤할 때 소수의 자본가와 지주들은 권력 수단을 거머쥔 채 여전히 건재하고 있다. 우리는 이것을 참을 수 없다. 우리는 도중에 멈출 수 없다. 우리는 과거 우리가 무엇이 문제였는지 오랫동안 인식하지 못했던 문제를 이제는 알고 있다. 그러므로 우리는 이제 우리의 목표를 명확히 세울 수 있다. 우리는 정치적인 민주주의뿐만 아니라 경제적 민주주의도 원한다. 우리의 목표는 '사회주의공화국'이다. 이 목표를 달성하기 위해 필수적인 것은; 최우선적으로 '정치적인 권력'은 혁명의 결과가 확인될 때까지 그리고 적의 공격이 완전히 끝날 때까지 노동자-병사 평의회에 속한다. 은행과 대기업, 지주의 재산은 즉시 '국유화'됨을 선포한다. 우리는 그 어떤 혼란도 내전도 원하지 않는다. 왜냐하면 인간의 생명은 존엄하기 때문이다. 우리가 원하는 것은 정치, 경제적 민주주의와 '사회주의 공화국'의 질서이다."[28]

이상에서 보듯 봉기 초기에는 선언문이 병사들에 대한 처우개선 등 온건한 내용이었지만 노동자-병사 평의회 수립과 노스케와의 회담 이후 그 내용이 과격화 된 것을 알 수 있다.

또한 12월 10일 급진적인 내용의 선언문이 나온 배경을 보면 키일 평의회에서 지도부 교체라는 중요한 변수요인이 작용했음을 알 수 있다. 그날 최고 병사평의회 의장은 포프에서 아르텔트로 바뀌었다.[29]

아르텔트는 봉기 처음부터 사상 면에서 급진 좌파였던 스파르타쿠스단과 뜻을 같이 했던 인물이었다. 실제로 함대에 사회주의 혁명의 상징인 붉은 깃발을 맨 처음 앞장서서 매단 인물도 아르텔트였다. 그가 후일 스파르타쿠스단을 중심으로 결성된 독일 공산당(KPD)에 가입했고, 제2차 세계대전 이후에는 동독(DDR)에 거주지를 정했다는 사실만으로도 그의 삶의 궤적은 로타르 포프와 달랐다.[30] 그러므로 12월 10일 선언문 작성에는 누구보다 아르텔트의 역할이 결정적으로 컸다.

그러나 이러한 사회주의 공화국 건설에 대한 염원은 일주일 후 결국 구호에서 멈출 수밖에 없었다. 1914년 반전평화 의지를 지속적으로 표명하다가 '성내평화'라는 새로운 국면이 전개되었듯 1918년에도 평의회주의는 베를린에서 개최(12,16~20)된 제1차 노동자-병사 평의회총회(Räte Kongress)에 의해 무위로 돌아갔기 때문이다.[31] 이는 당시까지 전개된 상황을 단번에 반전시킨 획기적인 사건이었다. 평의회 총회에서 '국민의회' 소집이 결의되었을 때 사실상 전국적 규모로 구성된 평의회의 정치적 힘은 과거의 것이 되었고, 그 중 키일도 예외가 될 수 없었다.

사회주의 혁명을 천명했음에도 키일의 수병봉기는 '최초의' 혁명이라는 수식어만 남긴 채 다수파사민당이 원했던 '의회주의'의 길을 선택했다. 그 길은 막스 바덴 (Max von Baden)공으로부터 11월 정권을 이양 받은 에베르트가 군부 실세인 그뢰너(W.Groener)와 협약[32]을 체결했을 때 이미 예정된 길이었다. 실제로 키일에서는 국민의회 소집이 결정된 그 날 이후 어떤 평의회 소집도 없었다.[33] 키일의 이러한 선택에는 평의회 자체 내의 한계와 독립사민당의 역량 부족이라는 요인이 함께 작용했다.

2. 키일 평의회와 독립사민당(USPD)의 한계

평의회는 키일의 독립사민당이 선택했던 투쟁적 자치조직으로서 직접민주주의를 실현할 수 있는 효과적인 대안이었다.[34] 그러나 그 수립 단계에서 해체 과정까지 비교적 짧은 기간에 진행된 관계로 그 역량에는 한계가 있었다. 노동자평의회는 기업 단위로 구성되었고, 병사평의회는 하급단위 부대 내지는 수비대에서 자발적으로 결성되었다. 병사들은 2-3 명만 모여도 그 자리에서

평의회를 구성할 만큼 '즉흥적'으로 평의회를 만들었다.[35]

병사평의회 대표 선출도 복잡한 선거절차는 생략된 채 동의와 박수갈채로 짧은 시간 안에 이루어졌다. 실제로 포프와 아르텔트가 병사평의회 의장에 선출될 때에도 후보의 이력이나 자질에 대한 신중한 검증은 생략된 채 몇 사람의 동의와 대중의 호응이 있었을 뿐이다. 수병들의 제 일차적 관심은 전쟁 종결과 생필품 공급 그리고 귀향이었다.[36]

노스케는 포프와 더불어 11월 6일 최고병사평의회 공동의장이 됨으로써 이미 절반의 성공을 거두었다. 노스케와 포프의 공동의장 선출은 다수파사민당(MSPD)과 독립사민당(USPD)의 공동권력을 의미했다. 키일 봉기를 진압하려고 온 "노스케가 도대체 어떻게 병사평의회 공동의장이 될 수 있었나?" 하는 질문과 "노스케 선출을 포프가 (혹은 독립사민당이) 왜 막지 못했는가?" 하는 질문은 이제까지 자주 거론된 주제였다.[37]

위의 질문들을 통해 우리는 당시 독립사민당과 다수파사민당의 힘의 관계 및 키일 병사평의회 지도부의 한계를 알 수 있다.

제국의회 의원이면서 군사전문가인 노스케는 수병봉기가 혁명으로 발전하는 것을 막기 위해 정부에서 파견한 인물이었다. 그는 11월 말 자유군단(Freikorps)을 설립했고, 12월에는 1,600 명에 달하는 갑판장교와 하사관 등, 해군에서 선발된 정예군으로 '철의 군단'(Eiserne Division)을 조직했다. 이들은 후일 '제1 해군 단'이라 이름을 변경했고 반혁명에 앞장섰다.[38] 하필 그가 최고병사평의회 공동의장으로 선출됐고, 그 후에도 키일 지사를 역임했다는 사실은 키일에 노스케를 견제할 힘이 존재하지 않았고, 그만큼 그의 행동에 제약이 없었다는 뜻이기도 했다.

포프와 아르텔트는 처음부터 노스케에 대한 경계심을 갖고 있었던 것으로 보인다. 포프는 노스케가 장교단 중심의 무력을 결성하여 키일 봉기를 진압하고 다른 도시들에서도 내전을 일으킬만한 위험인물임을 자신이 내심 우려했었다고 언급했다.[39] 그렇지만 그 시점에(1918년 11월) 포프는 노스케를 견제하면서도 권력의 배분에서 그를 완전히 배제할 수는 없었다. 그는 그 이유를 독립사민당이 전시행정과 경제전반의 위기 극복을 위해 다수파사민당과의 협력을 필요로 했고, 권력분담을 통해 전후 위기 상황에 대처하기를 원했다고 설명했다. 실제로 막스 바덴 공으로부터 11월 9일 정권을 위임 받은 베를린 임시정부는 다수파사민당과 독립사민당의 연정으로 이루어진 것이었다.[40]

포프와 아르텔트가 다수파사민당의 세력을 완전히 몰아낼 수 없었던 또 하나의 이유는 독립사민당이 지지도 면에서 수적으로 열세였기 때문이다. 당시 키일에서 포프에게는 약 1,000명의 추종자가 있었고 노스케에게는 6,000명에 달하는 지원세력이 있었다.[41] 그러므로 독립사민당은 다수파사민당과 형식적으로라도 협력하면서 사태추이를 관망할 수밖에 없었다. 그들은 서로를 불신하면서도 용인할 수밖에 없는 불편한 관계였다.[42]

노스케가 키일을 떠난 시기는 1919년 1월 9일이었다. 그 때까지 노스케는 최고병사평의회 공동의장과 키일 지사를 역임했고 노동자-병사 평의회가 주축이 된 '슐레스비히-홀스타인 공화국' 수립을 결국 무산시켰다.

포프와 아르텔트는 기존체제에 대한 반감과 평화에 대한 열망이 강한 전쟁혐오주의자이면서 사회주의자였다. 그렇지만 그들에게는 강력한 지도력을 발휘하여 평의회를 이끌만한 역량이 사실 상 부족했다. 포프와 아르텔트는 반전평화를 외치면서도 연합군이 당시 요구했던 무장해제에 관여하지 않았고, 키일 행정기구의 개편이나 교체에 관한 적극적인 의지도 없었다. 무엇보다도 그들은 공화주의 적 개혁 프로그램에 필요한 사항들을 점검하지도 않았고, 그것을 본질적인 문제로 생각하지도 않았다.[43]

그러므로 로자 룩셈부르크의 지적대로 키일 수병봉기에서 가장 부족했던 점은 독립사민당의 지도력이었다.[44] 독립사민당 지도부는 혁명적 구호만 내세웠을 뿐 병사와 노동자들을 결집해서 행동으로 이끌만한 적극적인 지도력은 결여되어 있었다.

로자 룩셈부르크의 해석이 타당한 이유는 독립사민당 내 분파의 갈등으로도 설명될 수 있다. 포프가 속한 독립사민당 중도파의 입지는 좌파인 아르텔트 및 스파르타쿠스단과의 갈등으로 더욱 좁아졌다. 권력이 평의회에 집결되어야 한다고 '미래형'으로 주장한 스파르타쿠스단과 이미 키일에는 평의회가 권력을 장악하고 있으니 문제될 것이 없다고 생각한 포프의 견해는 큰 입장 차이라고 볼 수 있다. 포프는 카를 리프크네히트와 로자 룩셈부르크가 속한 스파르타쿠스단을 '어리석은 자들'이라 불렀고, 키일 혁명 실패의 원인제공자로서 그들의 실책이 컸다고 비판했다.[45]

독립사민당 중도파와 좌파의 입장 차이는 물론 키일에 국한된 것만은 아니었다. 국민의회냐 평의회냐 하는 선택의 기로에서 독립사민당의 타협적이고 유약한 태도는 스파르타쿠스단과 결별하고 다수파사민당(MSPD)과 연합하는 결과를 초래했다.

다수파사민당은 애초부터 평의회운동 자체를 볼쉐비즘이나 프롤레타리아 독재와 동일시하여 비판했다. 1918년 12월 13일 다수파사민당의 당수인 에베르트(F. Ebert)는 전국적으로 확장세인 평의회를 위협적인 조직이라 보고 평의회 지배는 중단되어야 한다고 주장했다. 다수파사민당 내에서는 평의회를 심지어 '볼쉐비키 러시아로부터 수입된 질병'이며 '무질서의 조직'이라고 비난하기까지 했다.[46]

그렇지만 평의회에 대한 이러한 비판과 우려는 평의회의 잠재력 내지는 역량을 지나치게 과대평가함으로써 나온 결과이며, 키일 평의회의 실제 상황과는 다소 거리가 있는 내용이었다. 키일에서 짧은 기간 내 구성된 평의회는 사실상 볼쉐비키의 전형을 따르지 않았다. 키일의 평의회가 주로 과도기적 감시기능 체제인데 비해 러시아 소비에트체제는 노동자의 관리와 통제를 통해 실제적인 권력을 갖고 있었다.[47]

11월 4일 키일의 '병사평의회의 의결과 요구' 14개 항에서 보듯 평의회는 반전평화주의를 통한 전쟁종식과 사회주의와 민주주의를 지향했다. 그들이 원했던 것은 무엇보다도 군국주의 폐지였다. 그러므로 결과적으로 키일 수병봉기가 이룬 성과는 '황제폐위'와 '전쟁종식'이라고 볼 수 있다. 물론 그 다음 단계로서 '사회주의 공화국'이라는 이상적 목표의식은 있었으나 이를 추구하는 데 실천이 밑받침되지 못했고, 또한 생산수단의 '사회화' 같은 과제를 해결할 만한 지원세력도 부족했다. 무엇보다도 가장 큰 취약점은 지도력과 전략적 사고가 부족했다는 점이었다.

그러므로 "1918년 독일혁명의 미진한 결과는 독립사민당 중도파의 운명과 밀접한 함수관계에 있다"는 해석[48]은 매우 타당하다. 이러한 내용은 독일혁명의 첫 신호였던 키일 수병봉기에서 제일 먼저 확인할 수 있었던 사실이었다.

Ⅳ. 맺음말

제1차 세계대전의 발발과 함께 성내평화가 사회주의자들에게 어둡게 각인된 이유는 국제주의의 참담한 패배와 더불어 사회주의의 분열을 초래했기 때문이다. 성내평화는 사민당의 분열을 가져왔고, 반전평화운동은 독립사민당 내 중도파와 좌파의 분리를 가시화했다.

성내평화는 제국정부의 전쟁정책에 협력함으로써 기득권을 지키고 사회적 인정을 항구화하려고 했던 사민당과 노동조합의 현실적 이익추구에서 비롯된 것이었다. 이는 결과적으로 사회주의 운동이 독립사민당이라는 소수파의 과제가 되는 분기점을 마련했다.

독립사민당 중심의 반전평화운동은 1918년 11월 키일(Kiel) 군항의 평의회운동과 연결되었고, 결국 독일황제 퇴위와 종전을 앞당기는 역할을 했다. 수병봉기는 비록 즉흥적으로 발발했고 짧은 기간 지속했지만 그들의 목표의식은 명확했다. 그것은 '반전평화'와 더불어 '사회주의공화국' 건설이었다. 처음에는 비교적 온건하게 시작된 반전평화운동이 수병과 노동자들이 자발적으로 '평의회'를 구성하면서 그 성격은 급진적 사회주의 운동으로 발전했다.

하지만 노동자-병사평의회는 구호에 의한 결속력을 일정 기간 유지했을 뿐 선언문의 내용을 구체적으로 실천할 추진세력이 되지는 못했다. 당시 키일 평의회의 목표는 '사회주의 공화국'이었으나 그 전단계로서 행정력을 장악하고 군사조직을 새롭게 개편하여 체제 이행을 이끌 만한 강력한 지도력은 실제로 존재하지 않았다.

독립사민당의 포프와 아르텔트 그리고 다수파사민당인 노스케의 관계에서 보듯이 양당의 관계는 협력과 상생을 표방하긴 했으나 수면 아래에는 늘 갈등과 견제가 함께 했다. 독립사민당은 다수파사민당을 몰아내고 권력의 공백 상태에서 독자적으로 정국을 주도할 만큼 역량을 키우지 못했기 때문에 오히려 노스케에게 반혁명의 세력을 조직할 기회를 주었다. 독립사민당 내 불협화음은 중도파와 좌파인 스파르타쿠스단과의 관계에서도 나타났다. 그들은 다수파사민당을 견제하기 위해 협력하기보다는 오히려 평의회 문제로 분열했다.

독일혁명을 논할 때 평의회민주주의냐 의회민주주의냐 하는 선택의 문제는 언제나 중요한 주제 중 하나였다. 그 선택의 갈림길에서 키일의 평의회는 최종적으로 국민의회를 택함으로써 다수파사민당의 노선과 함께했다.

로타르 포프는 이러한 양자택일 문제에서 노동자-병사 평의회를 포기한다고 생각하지 않았고, 국민의회에 평의회의 권력을 '위임'하여 사회주의공화국 건립에 주춧돌을 삼는다고 믿었다. 그는 국민의회에서 평의회가 필요로 하는 법적, 제도적, 행정상의 도움을 받기를 원했다. 이렇듯 국민의회에 모든 것을 '위임'한다는 발상 자체가 평의회를 항구적인 혁명 조직으로 생각했던 스파르타쿠스단과는 전혀 다른 선택이었다.

그러므로 키일에서 노동자-병사평의회가 결국 방향성을 잃은 것은 '독립사민당의 지도력 부재'와 '국민의회' 때문이라며 개탄했던 로자 룩셈부르크의 해석[49]은 옳다고 본다.

키일 수병봉기는 반전평화 운동이 발전한 독일 '최초의' 혁명이라는 점에서 역사적, 상징적 의미를 둘 수는 있지만 내용면에서는 실패한 사회주의 운동이었다. 그 안에는 1918년 11월부터 이듬해 1월까지 독일 전역을 휩쓴 혁명의 파고에 나타난 목표와 전개과정, 실패요인과 같은 혁명의 축소된 모습이 모두 투영되어 있다. 키일의 사회주의 운동의 한계는 곧 독일 혁명의 한계였다.

서양철학의 전쟁 담론에 대한 비판적 고찰*

- 환경 윤리적 관점에서 -

서영식

Ⅰ. 서론

서양의 경우, 전통적으로 인간은 '이성적인 동물(zoon logon echon)' 내지 '국가공동체적인 동물(zoon politikon)'로 규정되어 왔다. 가장 이상적인 인간의 모습은 합리적인 사유능력을 통해 자기 자신과 주변을 올바로 인식하고, 나아가 자신의 내면의 욕망을 억제하는 동시에 자신이 속한 사회 안에서 공동의 선을 추구하며 살아가는 삶 속에서 발견된다는 것이다. 그런데 인류의 삶에서 가장 중요한 가치이자 공동선으로 간주된 '정의 구현'은 끊임없이 강조되었던 반면에, 우리의 생물학적인 삶의 토대가 되는 자연에 대한 관심과 배려는 최근까지 거의 없었거나 있더라도 극히 제한적이었다. 주지하듯이 이러한 상황의 원인은 일차적으로, 자연을 인류의 삶에 유용한 도구로 생각하는 전통

* 『동서철학연구』 제78호 (한국동서철학회, 2015), pp. 623-650.

적인 태도에 기인한다. 기독교적 세계관의 변형된 형태로서 근대 과학혁명과 더불어 급속도로 확산된 기계론적 세계관은, 자연을 생명이 없는 기계와 같은 존재로 간주하기에 인간은 그것을 자신의 행복을 위해 필요할 경우 거의 무제한적으로 사용해도 된다는 확신에 차 있었다. 이로 인해 야기된 자연 생태계의 파괴가 오늘날 인류에게 커다란 재앙으로 되돌아오고 있음은 주지의 사실이다.

우리는 전쟁의 참상을 논하면서 주로 파괴의 주체이자 동시에 대상이기도 한 인간이 겪는 피해와 고통에 대해 언급하곤 한다. 그렇지만 전투수행 중에 발생하는 자연파괴나 여타 생명체의 고통에 대해서는 별로 관심을 기울이지 않는 경향이 있다. 사람들은 베트남 전쟁 당시 살포된 고엽제로 인한 병사들의 후유증에는 관심을 기울였지만 그로 인한 삼림의 파괴에 대해서는 모른척 했으며, 이라크 전쟁 중의 고의적 유전파괴로 인한 자원낭비는 아쉬워하면서도 그로 인해 야기된 주변의 오염이나 물고기의 떼죽음에는 큰 관심을 기울이지 않고 뉴스의 가십거리 정도로 치부하였다.

이처럼 오늘날 전쟁을 오직 인간중심적 관점에서만 바라보거나 그 밖의 참상에 대해서는 눈을 감는 태도에는 앞에서 언급한 서구의 기계론적인 자연관 이외에도, 전쟁의 정당성 내지 불가피성을 줄기차게 주장해 온 동서고금의 사상가들의 입장이 배경으로 자리 잡고 있다. 대표적인 예로, '정의로운 전쟁(just war)'에 대한 논의는 동서양을 막론하고 전쟁 자체의 역사만큼이나 오래되었다. 고대 중국에서는 통치자들이 정략적 차원에서 무력으로 주변 약소국을 복속시킬 때마다 이른바 중원(中原)을 위협하는 오랑캐에 대한 징벌을 내세우곤 하였으며, 명망 있는 사상가들 역시 의전론(義戰論)이나 주전론(主戰論) 같은 전쟁 정당화 이념을 제시하였다. 서양의 경우에도 로마제국이 이방세계를 침략할 때 항상 내걸었던 주장(bellum justum)이나 기독교에서 '성전(聖戰)'으로 일컫는 십자군 전쟁, 혹은 2000년대 초반 미국의 이라크 침공과정을 대표적인 예로 들 수 있다. 이처럼 역사 속에 등장한 대부분의 전쟁은 그것을 사전에 혹은 사후적으로 정당화하는 작업과 더불어 수행되었다.

이 글에서는 전쟁의 당위성이나 현실적인 역할을 강조했던 서구의 주요 철학사상가들의 전쟁관을 비판적으로 검토하고, 나아가 20세기 중후반 이후 새롭게 부각된 바 있는 생태학적 세계관에 대한 관심을 바탕으로 우리가 이른바 전쟁 효용론 내지 전쟁 불가피론의 유혹을 극복할 수 있는지 살펴보고자 한다.

Ⅱ. 서양철학의 전쟁담론의 주요 흐름

1. 서양 고대의 대표적인 전쟁사상[1]

오늘날 고대 그리스 사회 전체를 통틀어 가장 유명하고 영향력 있는 작가로 인정받고 있는 호메로스는, 『일리아스』와 『오딧세이』에서 전쟁 상황을 배경으로 전개되는 인간행위의 파란만장한 모습을 사실적이면서도 장엄하게 묘사함으로써 이후 문학작품의 전형을 제시한 바 있다. 그 뿐 아니라 고대 그리스에서 활동했던 대부분의 작가나 사상가들 역시 전쟁을 인류의 삶에서 사실상 피할 수 없는 요소 내지 부분으로 간주하였다. 소크라테스 이전 철학자들 중에서는 예컨대 헤라클레이토스를 들 수 있다. 그에 따르면 전쟁은 모든 것의 아버지이며, 나아가 세계 내의 창조와 변화의 원동력이다.[2] 그런데 고대 그리스 사회에서 전쟁에 대한 본격적이며 체계적인 고찰은, 고전기 그리스의 대표적인 철학자인 플라톤(B.C 428/7-348/7)과 아리스토텔레스(B.C 384-322)를 통해서 진행되었다. 즉 이들은 전쟁의 원인과 본질 그리고 전투수행 방법에 대해 상세히 고찰하였을 뿐만 아니라, 전쟁의 종식과 평화의 구현이 그리스 반도에서 어떻게 실현가능한가를 정치학적 차원에서 논구하였다.

플라톤에 따르면, 인간은 자연 속에서 홀로 사는 것이 사실상 불가능하기에, 공동체를 형성하여 분업적인 방식으로 노동에 종사하고 서로 최대한 협력함으로써 자신의 욕구를 충족시킬 수 있다는 것이다. 이처럼 경제적인 이유에서 형성된 최초의 국가공동체[3]는 이후 변화와 발전을 거듭하여, 다양한 직종이 등장하고 화폐가 교환매체로 통용되기 시작하는 등 이전보다 훨씬 복잡하고 비대해진다. 더불어 플라톤이 상상한 최초의 "건강한 나라(hygiēs polis)"는, 구성원들이 자족감을 상실하고 점점 더 많은 것을 요구하는, 부풀어 오른 "염증상태의 나라(phlegmainousa polis)"로 변모된다. 이제 온갖 불필요한 사치품들로 채워진 거대하고 복잡한 나라의 통치자는, 국가 구성원들의 욕망을 끊임없이 충족시키기 위해 최초의 국가 형성과정에서 소개된 분업 형태의 노동을 넘어서 극단적인 방법을 동원하게 되는데, 이것이 전쟁의 출발점이다.

결국 전쟁이란 인간이 생존에 필요한 기본적인 욕구충족을 넘어서, 더 많은 소유와 부(富)에의 열망을 해결하기 위해서 자신 안에 감추어져 있던 폭력적인 성향을 여과 없이 분출시키고, 이를 토대로 물질적 소유와 타인에 대한 지배 그리고 권력에의 욕구를 동시에 충족시키고자 하는 극단적인 욕망의 장이다.[4] 우리는 이러한 관점에서 볼 때, 플라톤이 전쟁을 인간의 본성과 연결되는 현상으로 파악한 것으로 해석할 여지를 발견하게 된다. 그에 따르면 인간이 국가공동체를 형성하고 서로 협동하는 것(노동 분업)은 생존을 위해 매우 자연스러운, 즉 자신의 "성향에 따른(kata physin)" 것이다. 그런데 국가의 형성과 유지의 내적 조건인 노동 분업은 인간의 현실적인 삶을 가능하게 만들지만, 다른 한편 노동 분업은 욕망의 충족을 극대화하는 수단이 된다는 관점에서 보면, 전쟁의 가능성은 사실상 국가의 형성과정 속에 잠재적으로 내포되어 있다고 말할 수 있을 것이다.

전쟁은 사람들이 자신의 영혼을 제대로 돌보지 않고 극단적으로 욕망만을 추구한 결과 나타나는 부정적인 사회현상이지만, 다른 한편 한 사회가 물질적, 문화적 차원에서 발달함에 따라 발생하는 현상이기 때문에, 플라톤의 관점에서 볼 때 인간의 삶과 사회에서 전쟁 자체를 완전히 없애는 것은 현실적으로나 논리적으로나 불가능에 가깝다.[5] 이에 플라톤은 비록 전쟁의 원인은 악한 것임을 분명히 인정하면서도, 악에서 기인하는 전쟁을 자체로서 악한 것으로 단정 짓지는 않았다. 또한 전쟁은 필연적으로 악을 발생시킨다고 주장하지도 않았다.[6] 나아가 그는 전쟁을 인류의 삶에서 영원히 추방해야 한다는 식의 실현되기 어려운 이상론에만 집착하기 보다는, 가능한 한 국가 간에 전쟁이 발생하지 않도록 서로 노력해야겠지만, 다른 한편 전쟁의 행위주체인 수호자들을 제대로 교육하고 훈련시킴으로써 국가를 위해 나아가 싸워야 하는 순간이 발생하면 자신들의 능력을 최대한 발휘하도록 미리 준비해야 한다고 보았다. 플라톤이 보기에 수호자의 임무수행은 '정체(politeia)'의 지속적인 수호와 안정적인 운영을 위해 가장 중요하고 긴급한 일이기에, 국정운영 과정에서는 최대한의 관심과 지원을 아끼지 말아야 한다.[7] 나아가 플라톤은 폴리스 간의 '내전(stasis)'은 엄격히 금지되어야 하지만, 이방민족과의 '대외전쟁(polemos)'은 정당한 전쟁으로 인정할 수 있다고 주장하였다.[8]

플라톤의 제자이자 사상적 경쟁자인 아리스토텔레스의 전쟁관은 스승의 입장을 발전적으로 계승한 것으로 볼 수 있다.[9] 즉 아리스토텔레스 역시 전쟁은 잔혹하고 괴롭지만 피할 수 없는 삶의 현실에 속한다는 전제 하에서 전쟁에 관한 논의를 전개하였다.[10] 그에 따르면, 전쟁은 평화의 시기에 이루어지는 시민들의 공적 활동(재판, 민회 참여 등)과 더불어 사실상 국가업무의 가장 본질적인 부분에 속하기 때문에 단순히 부정하거나 회피의 대상이 될 수 없으며, 따라서 이러한 일에 종사하는 사람들은 국가운영의 핵심그룹으로 존중 받아야 한다.[11] 같은 맥락에서 그는 현실세계에서 이루어지는 인간의 모든 활동을 노동과 여가(scholē), 그리고 전쟁과 평화(eirēnē)의 구도 하에 이원화하였다.[12] 나아가 그에 따르면 노동은 노동 이후의 혹은 노동을 바탕으로 한 여가와 휴식을 위해 존재하듯이, 전쟁 역시 전쟁 이후의 혹은 전쟁을 통해 주어진 평화를 위해서 불가피하게 용납되고 수행되어야 한다.

아리스토텔레스에 따르면 단적으로 시민으로 불릴 수 있는 사람은, 한 국가의 구성원으로서의 정체의 보존과 유지를 위해 필요한 의무수행이 가능한 사람이다. 그런데 이처럼 국가 안에서 시민의 의무와 역할을 수행할 수 있는 자격은, 기본적으로 외세의 침략이나 정체 내부의 분열이 발생했을 때 앞장서서 싸울 수 있는 사람에게만 주어진다. 즉 국가공동체(polis)를 위해 무기를 들고 싸울 수 있는 사람만이 정치적인 권리를 가질 수 있다는 것인데, 아리스토텔레스는 이 시민계급이 젊었을 때는 주로 전사의 역할을 수행하고, 나이가 들어서는 주로 재판과 의회 활동을 중심으로 한 정치에 참여하는 것이 바람직한 것으로 보았다.[13]

나아가 아리스토텔레스는 이웃나라를 맹목적으로 지배하려는 의도 하에 수행되는 전쟁에는 분명히 반대하였으나, 다른 한 편 자체적인 군사훈련을 비롯하여 전쟁이 정당화될 수 있는 몇 가지 경우들을 제시하였다.[14] 즉 그는 본성상 지배받도록 정해진 인간들에 대한 전쟁은 명백히 정당한 것이라고 주장하였다. 국가의 존재이유가 구성원들이 훌륭한 삶을 영위할 수 있도록 만드는 것이라면, 인간에게 가장 중요하고 가치 있는 삶의 근원은 자유이며 그것을 지키고자 노력하는 태도에 있다. 따라서 아리스토텔레스는 본성상 노예근성을 가지고 있거나 자발적으로 자유를 추구하지 않는 사람은, 외적인 삶의 모습과 관계없이 진정한 의미에서 사람의 가치를 지니고 있지 못한 것으로 간주하였다. 심지어 그는 피지배자로서의 삶에 만족하는 이방인과의 전쟁을 야생동물 사냥처럼 수렵술의 일종으로 보았다.[15]

국가와 시민에게 가장 중요한 덕목이 자유의 수호이며, 자유를 수호하지 못하는 나라는 온전한 의미에서 나라라고 부를 수 없다면, 아리스토텔레스는 자유의 수호는 군사적인 방어태세와 전사 계급의 희생을 바탕으로 해서만 가능하다는 점을 분명히 하였다.[16] 이에 따라 아리스토텔레스는 『정치학』에서 이상 국가의 구상과 연관된 내용의 일정 부분을 구체적인 전쟁대비책 내지 전투수행방법을 설명하는데 할애하였다. 예컨대 그는 최선의 국가를 건설하기 위해 영토의 위치를 결정하는 부분에서 군사적 측면의 중요성을 강조하였다.[17] 또한 아리스토텔레스는, 마치 스승 플라톤이 최고의 통치자(철인왕)는 동시에 전쟁 전반에 능통한 최고의 전사가 될 수 있어야 한다고 주장했듯이,[18] 한 국가의 통치자는 자신이 통솔하고 사용할 수 있는 가용병력이 정확히 얼마인지, 시민의 충원을 통해 어느 정도 보충 가능한지, 전투 시 자국 군대의 장점은 무엇인지, 자국 병사들의 신체적 특징과 성격적 특성은 무엇인지 파악하고 있어야 한다고 주장하였다. 이처럼 당시의 상황이나 아리스토텔레스의 관점에서 볼 때 전쟁과 평화의 결정은 사실상 정치적 일상에 속하는 일이었기 때문에, 그의 정치사상은, 비록 궁극목적이 전쟁 상황의 개선과 평화의 확산에 있음을 인정하더라도, 군사적 관점에 의해 강하게 규정되어 있었다고 말할 수 있다.

2. 서양 근대의 대표적인 전쟁사상

서양고대의 지성계와 비교해 볼 때, 서양근대에 활동했던 사상가나 철학자들 중에서 전쟁을 주제적으로 다룬 경우는 훨씬 더 많다고 볼 수 있다. 예컨대 니콜로 마키아벨리(Nicolò Machiavelli, 1469-1527)가 『군주론』(*Il Principe*, 1513)에서 내세운 '선군(先軍)정치론', 홉스(Thomas Hobbes, 1588-1679)가 『리바이어던』(*Leviathan*, 1651)에서 제시한 '만인의 만인에 대한 투쟁론(Homo hominis lupus)', 근대 자연법의 창시자로 평가되는 그로티우스(Hugo Grotius, 1583-1645)가 『전쟁과 평화의 법』에서 제시한 사적(私的) 기구의 전쟁 정당화론 등을 들 수 있을 것이다.

이처럼 근대의 수많은 전쟁사상 중에서 전쟁 자체를 다룬 가장 유명한 저술은 클라우제비츠(Carl von Clausewitz, 1780-1831)의 『전쟁론』(*Vom Kriege*, 1832)이다. 그는 직업군인 출신으로서 오랫동안 전쟁에 참가했을 뿐만 아니라, 당대의 영웅인 나폴레옹의 새로운 전략전술을 높이 평가하고 이를 기반으로 과거와는 전혀 새로운 차원의 전쟁이론을 제시하였다. 그는 전쟁을 "나의 의지를 관철시키고자 적에게 굴복을 요구하는 폭력적 행동"으로 규정한 바 있으며,[19] 나아가 전쟁을 "절대전쟁"과 "현실전쟁"으로 구분하였다.[20] 그런데 클라우제비츠 전쟁론의 이론적 핵심은 전쟁의 세 가지 특성(폭력성-개연성-정치성)에 관한 그의 분석과 설명(전쟁의 삼중성 내지 전쟁의 삼위일체론)에 있다. 이 중에서 그는 전쟁과 정치의 상관관계(정치성)를 특별히 강조함으로써 당대는 물론이거니와 후대의 정치인과 군사전략가들 사이에서 큰 주목의 대상이 되었다. 현실에서 정치는 전쟁에 개입할 수밖에 없다. 다른 측면에 대한 고려 없이 오직 전투에서의 승리만을 염두에 둘 경우, 즉 절대전쟁 같은 극단적인 상황이 발생하여 전투에서의 승리에도 불구하고 피아 공히 엄청난 손실을 입었을 경우에는 승리의 의미가 퇴색하기 때문이다. 따라서 자원의 손실을 최소화하면서도 적으로 하여금 나의 의지를 수용하게 만든다는 전쟁의 궁극적인 목적을 달성하기 위해서는 전쟁에 정치적인 요소가 개입하게 된다. 그가 기본적으로 전쟁을 "나의 의지를 관철시키고자 적에게 굴복을 요구하는 폭력적 행동"으로 규정하였다면, 나아가 그는 "전쟁은 (폭력이라는) 또 다른 수단에 의한 정치의 연속"이라는 표현을 통해 양자의 상관성을 묘사하였다.[21]

그렇지만 클라우제비츠는 그의 저술에서 전쟁 자체에 대한 가치평가를 시도하거나, 이러한 평가에 기초하여 전쟁 방지책을 제시하는 데는 매우 소극적이었던 것으로 보인다. 즉 그는 전쟁 현상이나 전쟁의 발발을 인간사에서 피할 수 없는 사실로 받아들이고, 자신은 다만 어떻게 하면 효과적으로 전투를 수행하여 적이 더 이상 저항할 수 없도록 만들고, 승리라는 전쟁의 궁극목적에 도달할 수 있는가에만 사고와 관심을 집중한 것으로 보인다. 이러한 태도는 『전쟁론』의 저술목적에 대한 서술이나 직업군인으로서의 그의 일생을 고려할 때 전혀 이해할 수 없는 바는 아니다. 그렇지만 클라우제비츠는 전쟁을 폭력에 의한 정치의 연속으로 간주함으로써, 마치 인류의 삶에서 정치행위가 사라지지 않는 한 그 한 가지 방식인 전쟁 역시 사라지지 않을 것이라는 인상을 주었으며, 나아가 어떤 식으로든 정치적 활동 없이는 결코 공존할 수 없는 우리 인류가 과거와 현재 그리고 미래에서 전쟁의 정당성을 이념적 차원에서 정당화시키는 길을 열어 놓았다고 말할 수 있을 것이다.

흔히 '독일관념론'의 완성자로 평가받는 헤겔(Georg Wilhelm Friedrich von Hegel, 1770-1831)은, 인간이란 본래 타인으로부터 인정받기를 원하며, 이를 위해 생사를 건 투쟁도 불사하는 존재로 규정하였다. 나아가 헤겔은 이른바 개인 간의 '인정투쟁(Kampf um Anerkennung)'이라는 모델을 통해서 사회의 형성과 진행과정을 설명하였다.[22] 그의 논의를 전쟁과 연관시켜 보면, 싸움과 투쟁의 집단적인 형태가 바로 국가 간의 전쟁이다.[23] 헤겔은 자신의 저서 여러 곳에서 전쟁의 의의와 가치를 논하고 있는데, 특히 그는 전쟁을 통해 그동안 일상 속의 나태함과 무사안일주의에 빠졌던 우리의 영혼을 진정한 의미의 긴장 속으로 몰아넣고, 또한 이를 통해 비로소 인간의 정신이 최고의 단계로 고양될 수 있다는 입장을 반복적으로 제시하였다.[24]

헤겔은 한편으로 전쟁을 통해서 국민 개개인이 평소보다 강하고 단결된 모습을 보이며 내부적으로도 안정된 상태를 유지하게 된다고 보았지만, 이보다 더욱 중요한 것은 그가 오직 전쟁만이 인간이 자신의 실존적 유한성과 불안정성을 비로소 자각할 수 있는 현실적인 계기를 제공한다는 점임을 부각시키고 있다는 점이다. 헤겔에 따르면 인간이 근원적 차원에서 자신의 유한성을 자각하는 계기는 오직 총체적인 의미에서 자신을 둘러싼 현실 속의 모든 것을 송두리째 뒤흔들어 놓고 유한성의 극치인 죽음과 직접 대면할 수밖에 없는 사태, 즉 전쟁 상황을 통해서만 주어질 수 있다. 동시에 전쟁은 일상의 나태함과 무사안일주의에 빠져 자신이 속한 시민사회나 국가공동체의 소중함과 가치를 망각하기에 이른 대중들에게 자신들을 보호하고 그 존재와 존엄성을 유지시켜주는 최후의 보루인 국가의 중요성을 새롭게 자각토록 만드는 계기가 된다. 나아가 국가의 입장에서도 전쟁은 평상시에는 단지 형식적으로만 존재하는 것으로 간주되었던 국가(정부)의 각종 권한을 실질적인 차원에서 작동시키고, 그 밖의 개별자나 개별집단의 의사를 국가의 의지에 종속시킴으로써 추상적 차원이 아니라 진정한 의미에서 국가의 자기실현이 가능토록 만든다는 것이다. 또한 헤겔은 역사철학적 관점에서 전쟁의 이른바 '역사적 필연성' 내지 '윤리적 불가피성'을 강변하였다. 그에 따르면 사람들은 흔히 개인이 윤리적으로 따라야 하는 덕목과 국가를 운영함에 있어 준수하고 실천해야 하는 원칙을 같은 차원에서 생각하는 범주적 오류를 범하고 있다. 즉 국가의 통치에서 필요한 것은 인격적 차원의 윤리의식의 재고가 아니라, 어떻게 하면 국가가 망하거나 쇠퇴하지 않고 강한 상태로 유지될 수 있는지 고민하는 것이다.[25] 헤겔의 시각에서 볼 때, 세계의 역사는 자유의 지속적인 확장을 가능케 만드는 진보의 역사이다. 인류의 역사에 등장하는 전쟁 역시 단지 살생과 파괴로 점철된 비극적 행위에 그치지 않으며, 오히려 기존의 낡은 세계를 파괴하고 전복시킴으로써 새로운 세상의 출현과 역사의 진보를 현실적으로 가능하게 할 수 있는 것이다. 따라서 헤겔은 전쟁으로 인한 비참함과 개인적 차원의 비극적 상황에도 불구하고 전쟁은 정당성과 필연성을 인정받을 수 있다고 보았다.

3. 서양 현대의 대표적인 전쟁사상

20세기 초중반 독일에서 활동했던 법학자이자 정치사상가인 칼 슈미트(Carl Schmitt, 1888-1985)는, 대중적으로도 잘 알려진 소책자인 『정치적인 것의 개념 *Der Begriff des Politischen*』을 비롯한 일군의 저술에서 정치와 전쟁의 본질에 대해 이전의 서구 사상가들과는 구별되는 독특한 이론을 제시한 바 있다.[26]

20세기 초반 서유럽의 정치상황에 대한 슈미트의 분석에 따르면, 근대 이후 서구의 현실 생활에서나 정치영역에서나 대세로 자리 잡은 자유주의는 진정한 국가(정치)이론이 될 수 없으며 되어서도 아니 된다. 슈미트에 따르면 자유주의는 개인을 모든 생각과 판단과 행위의 출발점이자 귀결점으로 간주하며, 국가와 정치의 역할을 개인이 자유롭게 살아가기 위한 조건을 확보하고 그것을 방해하는 요소들은 적극적으로 배제하는 것을 이상으로 삼고 있다.

그러나 슈미트가 보기에 이러한 자유주의의 입장은 정치적인 것을 윤리적인 것과 경제적인 것에 종속시키려는 부적절한 시도에 불과하다. 즉 자유주의가 지배하는 국가체제에서는 정치적 투쟁 대신, 윤리적 정열과 경제적 사물성을 토대로 해서 영원히 지속되는 토론과 자유롭고 상호 간에 다소간 관용적인 경쟁이 자리를 대체하게 된다.[27] 그러나 슈미트에 따르면, 정치의 영역은 주권국가로서의 상호 승인을 전제로 전쟁의 권리를 독점한 국가들이 서로에 대해 적대성을 표출하며, 결정적인 순간에는 상대 진영(적국)에 대한 현실적인 제거를 가능하게 만드는 영역이다.("물리적 살해의 현실적 가능성") 따라서 정치의 본질은 자유주의가 그토록 지양하고 회피하고자 했던 "적과 동지의 구별"에 있다.[28] 같은 맥락에서 전쟁은 조직된 정치적 통일체 간의 무력 투쟁이며, 정치와 전쟁은 항상 적에 대해 실제로 투쟁할 가능성이 구체화되는 방식으로 규정되어야 한다. 즉 전쟁은 적과 동지의 구분이라는 정치의 본질이 현실화되는 장이며, 정치가 존재하는 한 현실적인 가능성으로서 늘 전제되어야 한다.[29] 슈미트에 따르면 이 때 특히 유의할 점은, 정치와 전쟁의 본질적 속성을 논하면서 이를 도덕적 차원에서 비판하거나 혹은 그 어떤 다른 관점에서 평가하는 태도 즉 일종의 범주상의 오류는 지양해야 한다는 것이다.

슈미트에 따르면, 전쟁의 가능성 및 불가피성을 부정하는 평화주의는 정치를 부정하거나 혹은 국가와 국민을 탈정치화하려는 시도에 불과하다. 또한 슈미트는 평화주의의 역사적 배경에는, 개인의 자유와 권리가 보장되는 시민사회의 역사적 당위성을 강조하는 한 편, 경제의 논리와 이윤추구로 모든 것이 정당화 될 수 있다고 주장하면서도, 국가와 공적인 일에 관여하거나 책임지려는 태도를 보이지 않는 19세기 자유주의 부르주아의 이기적 가치관이 내포되어 있음을 지적하였다.[30] 나아가 슈미트에 따르면, 현실적 차원에서 평화주의적 이상의 추구는 역설적으로 극단적이고 비인간적인 전쟁을 유발할 따름이다.[31] 평화주의에 입각해서 보면, 전쟁의 상대방은 더 이상 정치적 승인과 존립을 둘러싸고 대립하며 또한 자신과 동등한 자격을 지닌 적이 아니라, 도덕적인 혹은 종교적 차원의 평화 이념에 맞서 있는 인류의 적이자 영원히 사라져야 할 재앙의 근원이 된다. 따라서 세상의 모든 전쟁은 인류의 적에 대한 최후의 심판의 성격을 지닐 수밖에 없으며, 그럴수록 실제 전쟁은 잔혹한 양상을 띠게 된다. 이처럼 슈미트에 따르면 전쟁은 어떤 경우에도 도덕적 차원에서 이해되거나 평가되어서는 아니 되며, 오히려 역설적으로 전쟁에 대해 일종의 사무적인 태도를 취하는 것이 필요하다. 이러한 관점은 일단 정치적 차원에서 적의 자격을 인정하는 것이며, 이를 바탕으로 전쟁을 공적 주체들 간의 상호투쟁으로 제한하는 효과를 거둘 수 있기 때문이다.[32]

근래의 역사적인 고찰에 따르면, 세계사에는 지금까지 약 1만 5천 여회의 국가 간 전쟁이 발생한 것으로 기록되어 있고, 인류 역사상 최고의 평화 시대로 평가되는 2차 대전 이후에도 약 200 여회의 국가 간 전쟁이 발생하였다. 이에 현대의 철학자와 사상가를 비롯한 지성인들 역시 전쟁의 본질과 관련된 질문을 끊임없이 제기하고 있다. 과연 전쟁이란 무엇인가? 현실 속에서 전쟁은 피할 수 없음에도, 모든 전쟁은 무조건 나쁜 것으로 간주해야 하는가? 만약 전쟁을 좋은 전쟁과 나쁜 전쟁으로 양분할 수 있다면, 이 둘을 구분하는 기준은 무엇인가? 역사 속의 수많은 전쟁들은 어떻게 평가되어야 하는가? 근래 들어 다시 활발하게 논의되고 있는 정의로운 전쟁론은, 이러한 전쟁의 고전적인 물음들에 답하기 위해 제시된 이론이다.[33] 정의로운 전쟁론에 따르면, 정당한 전쟁과 부당한 전쟁을 구분할 조건을 이론적으로 수립하고, 그에 따라 현실에서 발발한 혹은 앞으로 발생할 전쟁에 대해 평가할 수 있다. 현실 속에서 어떤 전쟁은 자체로서 정당하거나 혹은 적어도 나름의 정당성을 갖추었기 때문에 감행해야 했으며, 이에 반해 특정한 전쟁은 정당성의 요건들을 충족시키지 못했기에 부당하다는 것이다. 정의로운 전쟁론은, 현실을 도외시한 무조건적이며 환상적 평화주의와 무제한적인 현실 순응주의 사이에서 적절한 타협점을 찾으려는 시도로 볼 수 있다. 이러한 논의는 최근 들어 일군의 전쟁이론가, 정치학자, 윤리학자 등을 중심으로 활발히 논의되고 있으며, 심지어

는 종교계 인사들도 이 담론에 참여하고 있다.[34]

현대사회에서 이러한 논의의 중심에 선 인물은 아마도 미국 출신의 현대 정치철학자 마이클 왈저(Michael Walzer, 1935-)일 것이다.[35] 그는 정의로운 전쟁에 관한 고전적인 조건들 중에서 특히 '정당한 원인'에 주목하여 논의를 전개하였다. 그에 따르면 전쟁은 자국민의 기본권이 침해당하는 사태를 유발하는, 외부세력의 침략에 대한 저항인 경우에는 정당화될 수 있다. 기본권이 침해당하는 사태는 인간이 스스로 존중하고 또한 보장받아야 하는 도덕성에 대한 심각한 도전이며, 국민의 생명과 자유를 수호할 의무를 지니고 있는 국가에 대한 심각한 타격이기 때문이다. 나아가 왈저는 국가 내부에서 형성되는 개인 간의 관계와 국제사회에서 형성 가능한 국가 간의 관계를 유비하여 바람직한 국제사회의 모델을 제시하였다. 그에 따르면, 현대 민주주의 국가에서 모든 개인은 시민으로서 생명과 자유에 대한 권리를 법적으로 보호받으며, 자신의 생명과 자유를 수호하고 그것을 다른 개인이 돕는 것이 정당화되며, 만약 기본권을 침해한 개인이 존재하면 국가의 공권력이 즉각 등장하여 그에게 심리적, 물리적 제약을 가하는 것이 정당화되고 있다. 마찬가지로 국제관계에서 모든 주권국가는 자국의 영토와 통치의 권리를 상호적인 국제법을 통해 보장받으며, 주권과 영토를 수호하고 그것을 다른 국가가 돕는 것 역시 정당화된다. 그밖에는 국가 간에 어떤 전쟁도 정당화될 수 없으며, 침략행위를 자행한 나라는 전범국가로서 응분의 대가를 받는 것이 정의로운 국제사회의 모습이다. 결국 왈저에 따르면, 현실에서 유일하게 정당화 될 수 있는 전쟁은 침략에 대한 대응 차원에서 발발하는 전쟁이다. 왈저의 정의로운 전쟁이론은 나름의 이론적 토대 위에서 제시된 것으로, 이 분야의 연구자들 사이에서 일정한 영향력을 행사하는 것으로 평가되고 있다. 그렇지만 그의 입장에 대해 다양한 질문이 제기되는 것도 사실이다.[36]

Ⅲ. 서양식 전쟁담론의 문제점

플라톤과 아리스토텔레스 같은 서양고대 철학자들의 경우, 이들은 전쟁을 잔혹하고 괴롭지만 삶의 여정에서 사실상 피할 수 없는 현실로 간주하였다. 따라서 이들은 이상적인 평화주의를 고수하며 전쟁을 인류의 삶에서 영원히 추방해야 한다는 식의 실현되기 어려운 희망에 집착하기 보다는, 전쟁의 가능성을 미리 예견하고 대비하는 자세를 가져야 함을 강조하였다.

대다수의 서양 근대 사상가들은 전쟁을 정권획득과 유지를 위해 활용할 수 있는 통치의 효과적인 수단으로 간주하거나, 전쟁 같은 정치적 행위가 이루어지는 공적인 영역에서는 사적인 영역에서 비윤리적인 것으로 비난받는 행위들이 오히려 큰 정치적 덕목으로 평가될 수도 있다고 주장하였다. 또한 전쟁은 폭력적 수단에 의한 정치의 연속이기 때문에 정치적 동물인 인간이 존재하는 한 전쟁의 종식은 불가능하다는 식의 암시를 던지거나, 심지어 전쟁은 일상 속의 나태함과 무사안일주의에 빠졌던 우리의 영혼을 진정한 의미의 긴장 속으로 몰아넣고, 또한 이를 통해 비로소 인간의 정신을 최고의 단계로 고양시킬 수 있다는 기괴한 주장을 내세웠다. 앞에서 고찰한 바와 같이, 클라우제비츠의 군사와 전쟁이론은 자체적으로 볼 때 획기적이며 탁월한 내용을 담고 있으나, 그는 전쟁 자체에 대한 가치평가를 시도하거나, 이러한 평가에 기초하여 전쟁 방지책을 제시하는 데는 소극적이었다. 그는 직업군인으로서 한평생을 전장에서 산 사람으로서 전쟁의 참혹함을 누구보다도 잘 알고 경험하였기에, 참혹한 전쟁을 치루지 않고도 이길 수 있는 방안에 대해 좀 더 생각해 보고 나아가 전쟁과 승리의 유혹을 넘어서 화해와 평화의 길을 모색하는 방안에 대해 좀 더 고민했었더라면 그의 생각은 단지 추상과 사유 속에서만 전쟁을 경험한 그 어느 사상가의 발언보다 훨씬 큰 설득력을 가질 수 있었을 것이다. 헤겔이 제시한 낙관적 전쟁관은 전쟁의 참혹한 실상을 무시한 채 전쟁을 규칙 준수에 몸이 밴 신사들 간의 결투의 장이나 된다는 듯이 낭만적이며 비현실적으로 묘사하고 있다. 이러한 이유로 그의 전쟁론은 20세기 전체주의의 등장과정에서 플라톤의 정치철학과 더불어 중요한 사상적 배경을 형성함으로써 이후 제국주의와 열강들의 침략전쟁을 부추기는 역할을 한 것으로 비판받은 바 있다.[37]

현대 사상가들의 경우에도, 슈미트처럼 아예 정치와 전쟁에 대한 윤리적 평가를 원초적으로 거부하고 전쟁을 정치적 행위를 위해 불가피한 요소로 간주한 경우가 있었다. 또한 왈저의 경우에서 확인할 수 있듯이 전쟁 자체를 맹목적으로 찬양한 것은 아니지만 이른바 '정의의 구현'을 위해 필요한 경우에는 전쟁의 개시와 진행을 용인해야 한다는 입장이 적지 않은 지지를 받아왔다.

이처럼 전체적으로 볼 때 서양의 사상가들은 적지 않은 경우 현실적 차원에서 전쟁의 불가피성을 주장하거나, 인간의 행위방식과의 연관 속에서 전쟁의 기능을 긍정하는 태도를 취하였다. 이것이 오늘날에도 서구사회에서 이른바 정의로운 전쟁론이 강력한 정치이데올로기로서 영향력을 발휘하는 배경 중 하나일 것이다. 이에 반해 전쟁 자체의 영원한 종식을 이상으로 삼았던 근대 철학자 중에서 오늘날에도 사람들이 기억하고 실제로 영향력을 행사하는 인물은 칸트 정도에 불과하다.[38] 그럼에도 우리는 서양 사상가들의 전쟁예찬론을 맹목적으로 따를 것이 아니라, 오히려 정의와 공존의 이상에 기초해서 평화의 가치를 되새겨야 할 것이다.

IV. 생태학적 관점을 통한 전쟁 옹호론의 극복

그렇다면 우리는 어떠한 가치관을 바탕으로 서구의 전통적 전쟁옹호론이나 전쟁불가피론을 극복할 수 있을 것인가? 우리는 이 장에서 20세기 중후반 이후 새롭게 주목받고 있는 환경 윤리적 관점, 이중에서도 특히 생태학적 세

계관에 주목함으로써 이른바 전쟁 효용론의 유혹을 극복할 수 있는지 간략히 살펴보고자 한다.[39]

주지하듯이, '생태학적 세계관'은 20세기 중반 이후 자연에 대한 인간의 오만과 무례를 반성하자는 취지에서 등장한 사유방식 중 하나이다. 생태학적 세계관은 인간은 결코 지구상에서 홀로 생존할 수 없으며, 오직 지구 생태계의 한 부분을 구성하는 존재라는 점을 잊지 않으며 살아가려는 태도를 말한다.[40] 인간 역시 지구 생태계와의 연관 속에서 존재하며, 그 속에서 조화를 이루며 살아갈 때 가장 아름답고 행복한 삶을 영위할 수 있다는 생각은 사실 전혀 새롭거나 특이한 생각은 아니다. 본래 인간은 자기 자신이 세상의 중심이며 따라서 자신의 존재 사실에 일차적인 중요성을 부여하는 경향이 있지만, 다른 한편 우리 인간은 고립된 존재가 아니라 타인이나 세계와의 연결망 속에서 존재하며 자신으로 살아가는 것 역시 이를 통해서만 의미를 지닐 수 있다는 점도 대부분 잊지 않고 있다. 이러한 인간의 관계적 특성을 지구 생태계에까지 확대시킬 경우, 우리는 아마존의 삼림이 파괴되거나 중동의 석유가 고갈되고 남극의 빙하가 사라지는 등 전지구적 차원에서 발생하는 기후변화나 자연파괴 상황에 자연스럽게 관심을 기울이게 된다. 나아가 자신의 현재의 삶뿐만 아니라 미래의 후손들, 그리고 인간이외의 다른 생명체의 삶에 대해서도 관심을 갖게 된다. 이들은 모두 과거와 현재 그리고 미래의 나와 연결되어 있음을 확신하기 때문이다.

생태학적 관점은 20세기 중반 이후에 비로소 논의와 관심의 대상이 된 것으로 볼 수 있다. 잘 알려져 있듯이 20세기에 들어서기 이전까지 대부분의 철학자나 사상가들은 자연을 인간의 도구로 간주하는 태도를 견지하였다. 고중세의 경우, 아리스토텔레스는 식물은 동물을 위해 존재하고, 동물은 인간을 위해 존재하는 것이라고 주장하였으며, 토마스 아퀴나스는 동물은 인간이 사용하도록 운명 지어졌으며 이것은 신의 섭리라고 주장하였다. 이러한 인간중심적 자연관은 근대 계몽주의 시대에도 별로 변하지 않았다. 칸트는 자연을 존중하는 우리의 의무는 다른 인간에 대한 의무에서 도출되는 간접적인 의무일 뿐이라고 주장하였다. 데카르트 역시 인간 이외의 나머지 존재자들을 영혼이 결여된 물리적 대상(res extensa)으로 간주하였고, 오직 인간만이 생각하는 존재(res cogitans)로서 기계적인 '자연'의 범주에서 벗어난다는 사고를 이어갔다. 따라서 자연은 영혼이 결여된 물질적인 존재이며, 인간의 단순한 조작 대상으로 평가절하 되었다. 주지하듯이, 이와 같은 관점에서 생태계 피라미드의 최상위층을 차지한 인간은 스스로를 자연의 관리자라고 주장하였는데, 이러한 관점은 또한 서양 정신세계의 한 기둥이라 칭할 수 있는 그리스도교와도 직접 연결된다. 그러나 이러한 관리자적 태도는 인간이 자신의 욕구에 견주어 자연을 기능적으로 해석하고, 인간의 관점에서 자연의 질서를 간섭하고 심지어 파괴시킨다는 문제점을 가지고 있음이 오늘날 명백해졌다. 이제 우리는 과거의 우월적 태도를 벗어나, 인간은 자연과 같은 배를 탄 운명공동체임을 인식해야 할 시점에 이르렀다.[41] 생태학적 관점에서 볼 때, 인간의 생명은 지구를 둘러싼 환경체계의 보존에 절대적으로 의존하고 있다. 지구의 생태계에는 사실상 경계가 없으며 한 부분의 변화가 다른 부분에 영향을 미치는 밀착된 단일체계로 이루어져 있다는 점도 이제는 상식중의 상식에 속한다. 따라서 자연환경이 보호되지 않으면 인류의 생존 또한 위협을 받을 수밖에 없다는 것은 자명하다.

전쟁 역시 지금까지의 정치나 경제 혹은 종교를 중심으로 한 인간중심적 태도에서 벗어나, 인간과 자연은 하나라는 운명공동체적 관점에서 접근할 필요가 있을 것이다.[42] 전쟁은 인간 사회에 직접적인 타격을 입히는 인명, 물질적 피해를 야기할 뿐만 아니라 생태계에 지속적으로 부정적인 영향을 미친다. 인간 역시 생태계의 구성요소이기 때문에 이러한 부정적인 영향으로부터 결코 자유로울 수 없다. 지금까지 인간은 전쟁으로 인해 겪게 될 인명 및 경제적 피해로부터 벗어나기 위해 자국의 군사적 안보와 경제적 이익에만 관심을 집중해 왔다. 그러나 생태학적 관점에서 볼 때 지구상의 모든 인간은 같은 운명공동체의 일원이라는 점을 늘 명심해야 한다. 나아가 국제정치적 관점에서 보더라도, 세계사의 지속을 위해 현대사회는 국가 간의 경계를 뛰어 넘어, 또한 자국의 안보를 뛰어 넘어 인류라는 운명공동체를 위한 환경안보 내지 생태안보(ecological security)에 주력할 필요가 있다.[43]

인간은 생태계 먹이사슬의 최상층을 차지하고 있다. 인간은 이미 오래전부터 동물과 식물을 지배해 왔으며, 오늘날에는 과학기술의 발달과 더불어 지구의 외형까지도 변화시키거나 조작할 수 있는 능력을 지니고 있다. 그렇지만 이러한 능력의 소유가 동시에 능력의 무제한적인 남용을 허용하는 것은 아닐 것이다. 오히려 우리 인간의 능력은 한 번 파괴되면 쉽게 재생이 불가능하고 대체도 불가능한 지구생태계의 모든 구성원을 보호해야 할 의무와 연결되어 있음을 스스로 자각해야 할 것이다. 이러한 관점에서 현재의 인류는 후세대에게 생태학적 관점에서 바라본 전쟁의 문제점을 지속적으로 알려줄 의무가 있다. 우리의 다음 세대가 스스로를 자연의 정복자 내지 관리자가 아닌, 자연과 운명을 함께하는 공동체의 구성요소로 인식할 수 있다면, 미래의 인류는 지금보다 쉽게 그리고 더 큰 용기를 내어 전쟁의 유혹을 극복할 수 있을 것이기 때문이다.

타자와 함께하는 평화*
- 레비나스를 중심으로[1]

김연숙

Ⅰ. 서론

레비나스(Emmanuel Levinas)에게서 전쟁과 평화의 문제는 관념적일 수 없었을 것이다. 그는 러시아 황제 치하와 공산주의 소련 치하에서 반유대주의를 경험하였고, 유대인들의 대학교육에 제한을 두는 차별을 피해 리투아니아를 떠나 자신을 받아준 프랑스로 유학을 가야 했다. 그러나 그곳 서유럽에서도 감도는 반유대주의적 정서를 감지하고 『에스프리』지에 「히틀러주의 철학에 대한 몇 가지 단상(Quelques réflexions sur la philosophie de l'hitlérisme)」이라는 글을 기고하였다. 그는 '주의(ism)'가 세계관과 그 안에서 사람들이 취할 수 있는 행동을 보여준다고 보았으며, 히틀러주의를 인간실존에서 파생할 수 있는 기본적 사유에 사람을 묶어 둠으로써 그 인간으로부터 선택의 자유와 사상의 자유, 인간

* 『윤리연구』 제94호 (한국윤리학회, 2014), pp. 87-105.

의 존엄성을 박탈하는 것으로 비판하였다.[2]

2차 세계대전 당시 34세이던 레비나스는 전쟁에 동원되어 통역관으로 근무하다 포로가 되어 포로수용소에서 유대인 표시인 JUD가 새겨진 옷을 입고 나무를 베는 사역을 하면서 4년의 시간을 보내게 된다.[3] 그의 아내와 딸들은 친구 블랑쇼(Maurice Blanchot)와 수녀원 등에서 제공한 은신처로 목숨을 부지하게 되었다. 그의 부모 형제는 모두 독 · 소 전쟁의 와중 조국 리투아니아에서 행해진 유대인 색출 작업 과정에서 학살당하고 만다. 즉, 국가의 주도에 의해 부모 · 형제가 희생된 것이다.

간략한 일견이지만 우리는 레비나스가 우리 시대의 평화논의에서 제기되는 핵심적 쟁점들을 삶 자체로 겪어내야 했음을 알 수 있다. 그 자신의 개인적 의사나 감정과는 무관하게, 정치사회적 혼란 속에 혁명과 추방, 전쟁, 국적의 변경[4]을 겪어야 했고, 유대인이라는 종교적 인종적 정체성으로 인해 박해를 당했으며, 제노사이드(genocide)로 부모 · 형제를 잃었다.

인종적 소수자(ethnic minority)로서 가족과 공동체의 절멸로 인한 상흔은 깊었던 것 같다. 그는 「국기 없는 영광」에서 '정의와 함께 죽을 각오를 하는 사람들의 고독'과 '20년이 지나도 변함없는 기억의 아픔을 가진' 생존자의 죄책감에 대해 말하고 있다.[5] 또한 이 글에서 필자가 그의 평화사상을 추적하고 있는 주저 『존재와 다르게 - 본질의 저편』에서는 인종적 종교적 희생자들, 특정 이념에 의해 희생된 이들, 타자에 대한 증오로 인해 희생된 이들을 기리는 헌사[6]의 글이 담겨 있다.

필자는 우리 시대의 평화 문제에 관해 몇몇 소소한 연구를 진행한 바 있다. 「지구공동체를 위한 소수자 권리와 책임」, 「지구공동체 정립을 위한 범 문화적 평화윤리 연구」, 「레비나스 평화 윤리 연구」[7]등이 그것이다. 이들 연구에서 필자는 지구화 시대에 제기되는 소수자들 국제이주자 등의 사회적 소수자들이 놓이게 되는 인간조건 및 인권 문제들을 다루었었다. 특히 레비나스의 주저 『전체성과 무한』[8]을 중심으로 평화윤리를 논구한 「레비나스 평화윤리

연구」를 통해 필자는 자유에 근거한 책임논의의 한계를 짚어주고 있는 강영안 교수의 「레비나스의 평화의 형이상학」[9]을 비롯한 평화에 관한 국내외 선행연구들을 검토하였다. 레비나스가 동일성과 전체성을 추구하는 폭력의 철학적 기원을 비판적으로 성찰하고 인간을 인간으로 대하는 것, 타자의 얼굴의 윤리적 요청과 마주할 것으로 촉구하고 있다.

사실상 기존의 평화논의는 평화를 한 개인의 영혼의 평온의 문제로 접근하거나 아님 평화론을 표방하면서 전쟁론을 펼치는 경우가 많다. 그러나 전쟁의 참화를 몸소 겪어내야 했던 레비나스의 경우 평화의 문제는 절박하고 간절한 삶의 숙제가 되었을 것이다. 그가 제시하는 평화의 요지는 결국 '나의 책임 아래 있는 평화, 내가 인질로 잡힌 평화, 위험스럽게, 큰 위험을 감수하면서 내가 완전히 홀로 행해야 할 평화'이다.[10] 이 글에서는 바로 이와 같이 제시되는 레비나스의 평화론의 구체적 내용을 이웃의 근접성이 시사하는 평화의 의미, 타자와 함께하는 평화를 구현하는 책임 있는 주체의 모습을 통해 고찰해 갈 것이다.

II. 타자의 근접성과 소환

1. 근접성과 인도성

'나는 생각한다. 그러므로 나는 존재한다.'와 같은 '사유하는 실체(thinking substance)'의 개념은 자아, 의식으로부터 기원, 시작, 원리, 아르케를 부여하는 서구적 사고방식을 단적으로 보여준다. 레비나스는 이와 같이 이해되는 일자와 내가 책임져야 할 타자 사이에는 공동체의 기저가 없이 간극이 벌어져 있다[11]고 말한다. 이런 말들은 이미 자아가 자신만 걱정한다는 것을 전제한다고 한다. 이같은 전제는 자아의 외부에 있는 타자들이 자신에게 관련되어 있다는 것을 도무지 이해하지 못하는 것[12]이라고 본다. 사람들 사이의 냉담함과 무관심의 틈새는 점점 벌어져 급기야 "남이 나와 무슨 상관이야, 남이야 죽거나 말거나"라는 말이 나올 수 있다. 마치 "제가 아우의 파수꾼입니까?"라고 하나님께 따져드는 카인의 말처럼. 『레비나스 평전』에는 전쟁 포로로 강제노동을 하던 당시 그들이 주변사람들로부터 분리되어 치욕을 당하던 상황이 나온다.

> " … 포로 레비나스는 나무를 베는 사역을 맡았다. 그들이 일을 하러 오가는 것을 보았던 그 지역 주민들의 눈에 그들은 단지 유대인들, 즉 사형선고를 받은 자들 혹은 병균을 옮기는 자들에 불과했다....[13] … 일하는 포로들이 나가고 들어올 때는 포로 수용소의 문에 묶여 있던 조그만 강아지 보비만이 반갑게 짖으면서 맞아 주었다. 이 강아지에게만은 우리가 인간이라는 것이 확실한 것이다. "

포로수용소나 유대인 수용소 사람들에 대해 그들 외부의 사람들은 어떤 생각을 가졌던 것일까? 또한 외부인들에 대해 수용소에 분리된 사람들은 어떤 생각을 가졌을까? 포로 레비나스는 외부인들이 자신들을 인간으로 보지 않았고, 없는 사람 취급하고, 냉담하고 무관심하게 대하는 것에 대한 치욕감을 표현한다. 이들을 사람으로 대한 것은 강아지뿐이었다는 것이다.

곤경에 처한 사람들은 자신의 곤경에 대해 다양한 측면에서 생각할 것이다. 곤경에서 벗어나기 위해 신을 찾기도 하고, 곤경을 가한 사람에 대해서도 생각할 것이다. 또한 곤경을 보고 있을 그 밖의 다른 사람들에 대해서도 생각할 것이다. 레비나스 뿐만 아니라 젊은 나찌 대원이 죽어가면서 유대인 학살에 자신의 행위를 용서받고 싶어하는 이야기를 담은 『해바라기』[14]의 저자인 시몬 비젠탈(Simon Wiesenthal) 역시 이 점을 언급하고 있다. 말하자면, 극심한 고통을 겪는 불행한 사람들은 자신들에게 직접 고통을 가한 사람들에 대해서는 그들의 인간성을 기대할 수 없다 해도, 세상에는 많은 사람들이 있는데 그들의 무관심(indifference)을 도무지 이해할 수 없다고 절규하는 것이다. 예를 들자면, 사람들이 많은 대로변에서 젊은 여성이 강도에게 맞고 있다고 가정할 때, 강도는 강도여서 때린다고 하지만 그것을 보고 있는 사람들은 어떻게 그렇게 무관심할 수 있는가에 대한 회의인 것이다.

참담한 전쟁 속에서 벌어지는 색출, 추방, 소개, 기아, 밀고, 제노사이드[15] 등과 같은 절망적 상황으로부터 조그마한 희망의 끈이 있다면 바로 사람들의 가슴 속 양심[16]이고, 양심은 자신의 위험을 무릅쓰고 다른 사람을 위하는 것에 있다고 할 수 있다.[17] 실제로 우리는 이 세상에서 다른 이와 함께 산다. 우리는 다른 이가 있다는 것을 알고 있고 우리 자신이 다른 이에게 보여진다는 것도 알고 있다. 인간은 타자에로 노출되어 있는 존재이다.

인간은 혼자 사는 존재가 아니다. '나-너'의 철학자인 부버(Martin Buber)[18]나 레비나스가 『전체성과 무한』을 헌정한 마르셀(Gabriel Marcel)이 강조한 존재들 사이의 상호성(réciprocité)은 인간의 자족성(autarkia) 개념을 강하게 비판한다. 자기만족적이고 자족한 존재라는 고전적 사유는 논리나 체계에는 적용될 지라도 한 존재, 한 사람에게는 해당되지 않는다. 마르셀은 "한 존재와 이 존재가 필요로 하는 것 사이의 관계는 어떤 조건 하에서 정신적인 가치를 드러낼 수 있는가? 거기에는 상호성과 각성이 있어야만 할 것이다. … 중요한 것은 존재들 사이의 정신적인 교류인데, 여기서 문제가 되는 것은 존경이 아니라 사랑이다."[19]라고 말한다.

레비나스는 다른 이와의 관계에서 나-너 뿐만 아니라 제삼자(le tier)[20]와의 관계까지도 강조하고, 상호성과는 다른 비대칭적(a-symétrie)[21]이고 비상호적(non-réciprocité)인 관계성의 특징을 보여준다. 특히 그는 타자에로 노출되는 인간존재들 사이의 근접성(proximité)에 주목한다. 그는 근접성의 의미는 공간의 두 지점이나 두 지역을 좁혀주는 것 같은 기하학적 의미를 함축하지만, 보다 본질적 의미는 휴머니티를 전제하는 것에 있다고 주장한다. 즉, 다른 이에게 다가가는 것, 다른 이와 이웃한다는 것, 교제를 나눈다는 것과 같은 인도성의 의미를 함축하고 있다는 것이다. 다가섬, 접근은 박애 속에서 접근하는 것과 관련되며, 다가서는 주체성은 의식에 앞선 다른 이에 대한 우애 속에서 획득되는 것이다.[22]

근접성은 이웃에게로 다가가는 자의 영혼의 상태에 대한 성찰로 이끈다. 근접성의 주체는 다가가는 주체이다. 다가감은 주체로 하여금 자기자리를 지키면서 고요하고 안정감 있게 쉬지 못하게 한다. 통상적으로 우리는 평화를 편안히 있는 것, 마음의 안정을 갖고 휴식을 취하는 상태로서 자기만족적인 안온한 상태로 이해해 왔다. 그러나 레비나스는 이와 같은 의미의 평화개념을 전복시킨다. 그의 논문 제목 「근접성과 평화」가 시사하는 바와 같이, 진정한 평화란 이웃의 근접성을 전제로 해서 정립되는 평화이다. 그는 "평화를 인간 동일성의 단순한 확신으로, 안정을 형성하는 자유로, 자신의 동일성 속에 근거를 둔 존재의 휴식으로만 평가할 수 있겠는가?"[23]라고 단호하게 묻는다. 근접성의 주체는 대문을 걸어 잠그고 남을 염두에 두지 않은 채 자기 안에서 평안한 자족적인 주체와는 다르다. 오히려 타자에게 점점 더 가까이 다가서는 것으로써 주체가 된다.

2. 타자의 흔적과 소환

우리 옆에 있는 이들은 이웃인 동시에 다른 사람들이고 동시에 타자이다. 레비나스는 타자로서의 이웃의 의미를 묻는다. 일반적으로 다른 이들은 인류에 소속된 공동체로 동일한 본질, 같은 종, 유사성 등의 공통적인 속성들을 통해 정리되고 이해된다. 그러나 이런 것들은 타자가 지닌 특별한 독특성이나 절박성을 보여주지 못한다. 링기스(Alphonso Lingis)는 타자공동체는 오히려 어떤 공통점도 아무것도 공유하지 않는 사람에게 스스로를 노출하는 과정에서 구현되며 타자를 대면하는 사람이 타자의 얼굴에서 정언명령을 인식할 때 형성된다고 말한다.[24]

근접성은 구체적으로 나와 타자와의 관계이다. 레비나스는 근접성의 이웃은 나를 '지명하고 소환한다'[25]는 배타적인 독특성에 의해 나와 관련된다고 본다. 타자가 나를 지명하기에, 우리는 우리가 알지도 못하는(또는 아는) 사람에게 잡힐 수 있게 된다. 만약에 우리가 이웃을 단순히 인식론적 대상으로 보아, 의식의 표상으로 귀결시켜버린다면 우리는 우리의 머리로 타자를 규정지을 수는 있을지언정 그의 본래의 모습을 마주하지는 못하게 될 것이다. 그리하여 타자를 진심으로 이해할 수 없고, 한 인간으로서의 그를 만날 수도 없을 것이다.

타자와 함께하는 근접성의 관계는 지식이나 인식론적 관계를 벗어나는 것으로[26], 어떤 선행적 약속이나 상호 계약 관계없이 지정되는 극단적인 절박성 속에 있다. 이는 의식으로 환원될 수 없이 타자의 지명에 사로잡히는 형식(obsession)이다[27]. 이웃의 얼굴은 의식의 표상을 앞선 것으로, 현상성을 결여하고 있다. 정확히 말하자면, 의식의 대상으로서 표상되거나 지향적인 의식의 대상성을 지칭하는 현상이 아닌 것이다. 레비나스는 그 이유를 그것이 지나치게 피상적이거나 흐릿해서가 아니라 너무나 연약하기 때문이라고 말한다. 소위 '현상보다 더 적은' 비-현상(non-phenomenon)인 것이다.[28] 얼굴은 어떤 형상이나 표정을 드러내기에 앞서 이미 늙어가고 있다. 가릴 수 없이 노출된 채, 비켜가지 못한 세월을 담은 채, 맨 얼굴보다 더 맨 모습으로 드러나 자신의 삶의 흔적을 고스란히 담아 드러내 버린다. 흔적은 현재가 아닌 보유된 단계로서의 과거인 것이다. 현재에서 과거를 움켜잡는 과거의 파지가 아니라, 나와 타자의 현재성을 변질시키면서 늙어가는 것을 드러내는 흘러가는 세월을 드러낸다.[29]

혹자는 '마주한 얼굴만큼 명료한 현상(phenomenon)이 어디 있다고 비-현상(non-phenomenon)이라고 하는가?'라고 의문을 제시할 수 있다. 또한 눈앞에 현전해 있는 얼굴이 주름져 있다고 흔적이라 부르는 것은 지나치다고 말할지도 모른다. 또한 무고한 나를 기소하는 타자에 대하여 비난할지도 모른다. 그러나 삶의 실제는 이러한 기술들이 얼마나 우리의 삶의 단면들을 정확하게 짚어내는지를 잘 보여준다. 예를 들어 본다. 우리 민족은 아직까지도 제도적으로나 사람들 사이에서나 평화를 이루었다고 말하기 어려운 상태이다. 일본 제국주의에 의해 2차 세계대전이라는 소용돌이의 한 가운데 놓여야 했으며, 이데올로기 냉전시대에 엮여 들어가 6.25라는 전대미문의 동족상잔을 겪어야 했다. 반세기가 지나는 시점에서도 여전히 미제로 남아 있으며, 남북으로 분단된 채 가족들은 이산되어 생사를 확인할 수 없는 실정이다. 정치적 고려 속에서 가끔씩 만남이 주선되고 있는 것이 현실인 바, 이들의 모습은 TV나 인터넷으로 생중계된다. 필자는 이런 뉴스를 본 바 있다.

> "2014 설 계기 남북이산가족 1차 상봉 마지막 날인 22일 오전 북한 강원 고성 금강산 호텔에서 작별상봉을 마치고 떠나는 남측 가족 주명순(93) 할아버지의 동생 주금옥씨가 슬퍼하고 있다"(2014. 02.22)[30]

사진이 게재되어 있던 이 기사는 사진을 보지 못해도 충분히 그 광경을 그려보게 할 것이다. 사진에서는 동생은 떠나는 오빠를 한 없이 바라보고 있었다. 까무잡잡하고 주름진 여윈 얼굴의 동생을 50년도 더 지나고서야 해후하면서, 곧 바로 북으로 돌려보내야 하는 90살도 넘은 오빠는 동생을 바라보지도 못하고 시선을 비켜 아래쪽을 보고 있는 모습이었다. 동생의 얼굴은 오빠를 이미 늦었다고 기소하고 있다. 분단이 실제로 오빠의 잘못도 아니고, 힘든 세월을 견디어 낸듯한 동생의 얼굴이 오빠를 원망하는 표정도 아닌 그저 슬픈 표정이었지만, 말없는 침묵 속에서 오빠는 차마 그 얼굴을 보지도 못하고 있음을 느낄 수 있었다. 레비나스의 아래 글은 이 장면을 정확하게 짚어 설명해 준다.

> "그는 내가 오기 전에 나에게 요구하고 있다. 극복할 수 없는 지연 .... 나의 현전은 소환의 긴박함에 대해 응대하는 것이 아니다. 나는 늦었다고 기소된다.(Il me réclamait avant que je vienne. Retard irrécupérable. .... Ma présence ne

répond pas à l'extrême urgence de l'assignation.)"[31]

근접성 속의 타자는 현재에 있는 의식, 현재성인 의식에 대해 절대적인 외부성을 표출한다. 이웃은 나의 어떤 개입이나 수임에 앞서 이미 나와 관련된다. 어떤 계약적 관계들에 앞서 어떤 신호도 없이 선착해 있다. 어떤 인척관계나 혈연관계도 없는, 정확히 타자인 그는 내가 인식하기도 전에 이미 명령한다. 나는 이웃에 묶여 있다. 그와의 공동체는 그에 대한 나의 의무 속에서 시작된다.[32]

나에게 부여된 실존 그 자체의 흔적은 어떤 형태들로 전환될 수 없는 소환으로 나를 지명한다. 근접성 속에서 나는 이방인을, '내가 임신한 것도 아니고 태어나게 한 것도 아닌' 절대 타자를, '유모가 젖먹이를 안고 있는 것처럼 내 품에'라는 성서에서처럼 이미 품고 있다. 뿌리 뽑힌 채 정착하지 못하고 거처 없이 방황하는, 추위와 기아 속에서 떠도는 바로 이러한 이웃의 무소속, 무국적성, 이방성이 나에게 떠맡겨진다. 마치 내가 그의 죽어야 하는 운명에 대해 책임져야 하고 살아남은 것에 대해 죄책감이라도 가져야 하는 것처럼 나의 책임을 명하면서. 어떤 의미에서 타자는 부담스럽고 귀찮은 존재일 수 있다. 그러나 타자를 환대해야 할 현재의 입장에서 그에게 무관심하고 냉정하다는 것[33]은 그의 얼굴을 놓치는 것이다. 그리고 그에게 멀어지는 것이고 나의 이웃을 잃는 것이다.

내가 지명하기에 앞서 나를 소환하는 방식은 지식의 형태가 아니라 사로잡힘의 형태이다. 내 안에 있는 타자에 의해 나에게로 행사되는 긴박한 명령은 타자가 동일자에게 부과하는 요청을 의미한다. 내 안에서 일어나는 '응답하라'는 소환에 의해, 어떤 피난처나 회피할 수 없는 기회를 제공하지 않는 소환에 의해, 회피할 수 없이 강제되는 소환에 의해 주체는 어느 누구로도 대신될 수 없는 유일무이한 사람으로 된다.[34]

자유롭게 숙고하는 주체의 결정에 의한 책임이 아닌, 타자에 사로잡힌 채 무죄 속에 기소된 자기 안의 주체성은 자신을 거스르게 된다. 이는 타자가 행하거나 겪는 것으로부터 기소되거나 그들이 행하거나 겪는 것에 대해 책임을 져야 하는 것을 의미한다. 다른 타자의 과오를 짊어지게 되는 것, 타자를 위한 책임에서 주체는 다른 이를 대신하는 무제한적 수동성의 주체성을 드러낸다. 나는 어떤 일도 하지 않았으나 언제나 기소된다. 즉 박해받는다. 동일성의 아르케를 갖지 않는 자신의 수동성에서 자기성은 인질이다. 나라는 말은 모든 것에 대해서, 그리고 모든 이에 대해서 책임을 지면서 내가 여기에 있음을 의미한다. 타자들을 위하는 책임은 자기로의 회귀가 아니라 동일성의 경계들이 고정시킬 수 없는, 즉자의 용납하기 어려운 휴식과 동일성의 한계를 폭발시키면서 정체성을 형성한다.[35]

타자에로 노출된 감성적 주체는 자신의 동일성 속에서 운둔해 있지 못하고 자신을 제공하게 된다. 이는 존재의 코나투스의 전도라 할 수 있다. 자신으로부터 유래한 결과를 겪는 것이 아닌, 어떤 원인이 개입하기도 전에 타자로부터 제기되는 문제, 자기에서 휴식하지 못하는 근원 이전의 것, 내 안의 타자로 인한 불안스런 비틀림이다. 내가 드러나기 전에 타자가 나를 지명하는 것과 같은 상황 속에서, 나는 자리 잡기도 전에, 시작되기도 전에 강요된다.[36] 계약에 앞서 부과된 책임과 같은, 타자를 위한 책임의 자아 속에서 나는 한 사람이며, 대체될 수 없는 이로서 유일한 사람이 된다.

III. 박해와 대속

1. 수동성과 박해

어떤 자의식보다 훨씬 앞서서, 나를 절대적으로 벌거벗기며, 나의 동일성 너머에 있는 나 자신에로 나를 이끄는 것은 바로 나를 기소하는 이웃이며, 내

힘의 능동성 너머 타자로부터 오는 절박성이다. 그리고 바로 나 자신이 그러한 타자에 사로잡히는 것에서다. 사로잡힘의 수동성은 표상적 의식에 앞선 즉각성이다. 이 수동성은 자아의 순진한 자의성을 문제삼는다는 점에서 가장 근본적인 문제를 제기하고 있는 것이라 할 수 있다. 자아와 구분되는 나(Je)는 그 책임들에로 강요당하며 그 책임들을 대신하는 대리자를 요구할 수 없다.[37] 타자에게 사로잡힌 수동성에서 의식은 이웃이 부과하는 소환을 더 이상 숨기지 않는다.

동일자에게 행사되는 타자의 영향력을 레비나스는 박해라고 부른다. 박해는 사로잡힘, 자아가 타자로부터 영향받게 되는 형식이다. 박해의 형식은 의식의 결여, 의식의 전복이며, 자아의 아르케, 주도성의 상실인 것으로 그 어떤 수동적인 것보다 더 수동적인 수동성이다. '수동적인 것 보다 더 수동적인' 수동성은 의식에 근저를 두고 대상을 조준하는 지향성의 개념과는 완전히 다른 개념으로 정의된다. 의식의 빛 속에서 생산되는 원리, 기원, 의지, 아르케를 벗어나는 망상처럼, 주제화되는 의식으로 환원될 수 없는, 사로잡힘은 의식 속에 낯선 것으로 새겨진 채 역류하면서 의식을 가로지른다.[38]

책임이 언제나 자유에 의해 엄격하게 측정되는 정도로만 평등인 의식, 스스로 자임하는 것이 되는 의식 속에서는 사로잡힘의 수동성이 자리하기 어렵다. 의식의 고유한 표상을 방해하는 수동성은 현재의 자신 속에서 그런 것을 받아들여야하는 의식의 흐름을 끊는 트라우마의 수동성, 박해의 수동성이다.[39]

타자에 대한 나의 노출이 절대적으로 수동적인 것, 모든 수임을 배제하고 나를 거역하는 것은 내가 착취를 당해서가 아니다. 타자를 위하는 자의 수동성이 능동이 아니라 인내, 즉 자아의 인내이자 감성 또는 고통의 절박성이기 때문이다. 인내, 즉 타자를 위함은 타자에 의해 부과된 모든 겪음을 참아내는 것을 함유한다. 타자를 위함이 고통스러운 것은 움직임이 피로이고, 지속은 노화인 신체성의 형태에서,[40] 신체성의 인내 자체가 고통이기 때문이다. 고통은 자기 속에서 박동치는 자기를 위함 속으로, 자신의 생 속으로 침투한다.

레비나스는 타자에로의 노출은 타자의 필요를 돌봄(un prendre soin du besoin de l'autre)으로서만, 타자의 불행과 실수를 돌봄으로서만, 준다는 것으로서만 의미를 갖는다고 말한다. 여기서 준다는 것은 단지 자아를 갖지 않는 것이 아니라 자신에 반하여 자기로부터 빼내는 것을 의미한다.[41] 자신에 반하여 자기로부터 빼낸다는 것은 향유의 자기만족에서 빼내는 것, 즉 자신을 거스르면서 타자를 위하는 것, 자신의 굶주림을 참으면서 다른 이의 배고픔을 해결해 주는 것을 의미한다[42]. 그래서 타자를 위함의 출혈은 삶을 살고 누리는 자신의 삶에 대한 직접적인 손상을 가져오는 것이다. 마음을 주는 것이 아니라 지갑을 여는 것이기에, '걸식자와 함께 자신의 빵을 나누는 것이고, 자신의 대문 안으로 비참한 이를 들여 놓는 것이다'[43]

2. 대속하는 주체

삶의 곤경에 처한 이들은 자신의 곤경을 놓고 사람들이 도움의 손길을 서로 미룬다면 치욕을 느낄 것이다. 레비나스는 요청어 "도와 주세요"에 대한 "그래요. 알았어요. 내가 할게요."라는 말의 의미를 자주 강조한다. 바로 내가 하는 것, 자신이 해야 할 것을 강조하는 것이다.

레비나스는 우리가 타자에로 노출됨은 대속에 이르는, 타자를 위하는 자인 것에서 그 의미가 있음[44]을 보여주고자 한다. 근접성 속의 타자에 의해 압도된 자아는 인질이다. 타자들의 인질인 것은 바로 나, 자기이지 다른 이가 아니다. 그러나 나의 존재는 대속으로 해체된다. 그런데 내가 타자가 아니라 나인 것, 나의 유일성은 바로 이같은 대속에서다.

타자의 소환에 회피할 수 없이, 타자의 지명에 노출된 자기성, 복종에 의한 선정인 것으로, 나는 일반적 자아가 아닌 바로 나 자신으로 선출되는 것이다. 타자가 이웃인 관계에서 그는 내가 인질이 되면서까지 책임져야 하는 존재이고[45], 나의 책임은 어느 누구로도 대신될 수 없는 유일한 이로 나를 호출한다. 대속은 일반적인 동정이나 감정이입과 같은 심리적 계기와는 구분되어야 한다. 그러나 전근원적인 민감성에 자리하는 대속은 역설적이게도 타자의 자리에 자신을 위치시키는 심리적 가능성을 가능하게 한다.

타자를 위하는 책임은 '내 안의 타자'를 의미한다. 그것은 상처와 분노에로 노출됨이고, 책임감을 느끼는 것이며, 타자에 대한 사임이 불가능하게 서약된 것이다. 그 어떤 것도 마음대로 할 수 없는 절대적 수동성에서 대체될 수 없는 것으로 외부로부터 지정되고 선택된 자로서의 책임 속에서 자기자신 자체는 그 어떤 것으로도 대신될 수 없는 유일한 이로 세워진다.[46]

타자를 위하는 자, 대속의 주체성은 자원된 주체성과는 다르다. 앙가쥬망은 어떤 형태로든 자기와 자신의 선택이 개입되는 이론적 인식을 전제한다. 이 경우 주체는 수동적인 민감성을 넘어서가게 된다. 만일 주체가 선택할 수 있다면, 주체는 자신의 몫을 챙길 것이고 이익을 취할 것이며, 지명을 회피할 탈출구를 모색하게 될 것이다. 그러나 주체의 자원에 의한 앙가쥬망이 아닌 타자로부터 지명된 이, 선택한 것이 아닌 지명된 것으로 선택을 받아들이지도 않았는데 선택된, 자신의 선택을 선택하지 않고 선택된 자인 것으로서의 사람은 겪는다는 것의 수동성보다 더 수동적인 수동성을 지닌다. 이와 같은 수동성에서 타자를 위하는 이의 책임과 고통은 의식 속에서 시작하지 않으며, 결국 자기 안에서 시작하지 않는다.[47]

그래서 타자를 위하는 것, 타자를 위하는 이(l'un pour l'autre)의 일자(l'un, one)가 의미하는 것은 어느 누구로도 대신될 수 없는 인질의 유일성에 있다. 응답하는 나의 유일성에서 타자를 위한 책임의 일자가 드러난다. 타자에 대한 책임에서 이웃에 의해 사로잡혀 이미 자기 자신인 자아는 유일하고 대체가 불가능하다는 점에서 바로 자아가 선정되어졌음을 보여준다. 즉 책임을 지게 되는 자아의 유일성은 타자에게로 사로잡힘 속에서만, 타자에 의해 영향받게 되어, 자기 동일성 저 편에서 겪는 트라우마에서만, 표상 이전의 것에서만 가

능해질 수 있기 때문이다.[48]

나의 대속, 이웃을 위한 대속이 발생하는 것은 나와 관련된 것[49]으로, 타자에 사로잡힌 자로 인질이 된 내 안에서의 일이다. 내 안에서이지 다른 것에서가 아니며, 일반적 자아와 같은 개념화 속에서도 아니다. 그것은 절대적으로 나의 일인 것이며, 다른 이를 위해 자신을 대속하는 자아를 다른 그 누구도 대신할 수는 없다.

내 안에 받아들인 타자, 타자를 가슴에 품는 대속으로 말미암아 주체는 동일성의 동어반복적인 권태로부터, 자기 안에서 질식하는 속박으로부터 자기 자신을 해방시킨다. 타자를 위함은 타자에 대한 대속으로 자신을 윤리적으로 해방시키는 것이다.

IV. 결론

레비나스는 묻는다. 국가주의의 폭력과 같은 권력의 힘에 유혹받는 시대에 주체는 어떻게 정립되어야 하는가를 그리고 여전히 주체성을 본질로부터 도출해야만 하는가를.[50] 히틀러주의가 선동한 국가사회주의의 폭력과 증오에 의해 자행된 대규모의 제노사이드로 부모와 형제를 희생당한 철학자 레비나스이기에 서구적 사고방식을 재고할 수밖에 없었던 것일까? 그는 당대를 주도하던 철학적 조류로서 실존적 각성을 통한 자기 자신에 대한 성실성을 강조하던 하이데거적(Martin Heidegger)인 현존재 분석이나 추상적으로 인간의 본질을 추론하던 인간학적 물음들에 대해 근본적인 회의를 보이는 것 같다. 이방인으로서 전쟁의 참화 속에서 가족의 운명을 다른 이에게 맡겨야 했던 레비나스에게 아마도 이같은 사고방식은 지나치게 냉담하게 느껴졌을 것이다.

레비나스는 악에 대한 무저항 속에서 스스로를 위축시키거나 폭력적 제도를 막는 것에 대해 회피하는 것과는 다른, 인간의 존재론적 유한성이자 제약으로 받아들여지던 인간의 상처받기 쉬운 민감성이나 인내와 같은 것들의 의미를 재고해 볼 것을 촉구한다. 그는 인내에 관한한, 다른 이에게 인내를 요구하지 않고 내가 나 자신을 참아야 하는 것이 중요하다고 본다. 그리고 이를 위해 나와 다른 이들 사이의 차이를 받아들이고 인간을 존재에 묶는 것과는 다른, 인간들 사이의 유대를 발견할 것을 요구한다.

레비나스는 기존의 평화론에 대해서 그 기저에서 근본적으로 매우 '불안정한 평화'였다고 본다. 왜냐하면 이기심에 저항하지 않는 교환과 거래 속에 이루어지는 평화로서, 존재유지나 이익추구는 정치적으로 동의한 양도들이 균형을 이루어야 하는 보상에 의해 유지되기 때문이다. 레비나스는 모든 의미를 이익추구로 축소시키면서 존재와 다른 것을 보지 못하는 철학에 대해 비판한다. 그는 평화란 욕심을 버림, 수동성, 인내 위에서 정립될 수 있다고 본다. 그리고 타자성과의 관계를 근접성의 측면에서 논의하며, 타자를 위해 책임지는 인질과 같은 주체성을 바로 대속으로 분석한다. 주체는 인질로, 존재의 본질과 단절한 주체의 주체성을 대속으로 설명하는 것이다. 내 안의 타자, 타자에게 사로잡힌 인질의 주체성은, 자신에 대한 자아의 현존재가 철학의 시작 또는 완성으로 나타나는 철학의 기본입장을 전복시킨다.[51] 여기서 주체의 자리는 박탈되어 면직되며, 존재의 코나투스는 인질의 대속으로 전환된다.

일반화된 그래서 누구에게나 적용될 만한 정도의 선행에 대해서 자신이 하겠다고 나서는 것은 어느 정도 수월하다. 그러나 다른 사람이 먼저 하도록 배려하는 아주 사소한 행위까지도 다른 이를 위하는 마음이 없으면 행하기 어렵다. 레비나스는 '타자를 위하는 이'의 위함(le pour)은 이익추구와 단절된 무상성의 위함을 의미한다고 말한다. 그리고 모든 선재하는 체계 밖의 인도적인 형제애의 위함[52]이며, 타자를 위하는 자에서 그 관계의 위함(le pour)인 것은 바로 타자를 위하는 나의 책임이라고 강조한다.

03

전쟁의 사회사

1. 전쟁과 계급: 로마시대 중무장보병(hoplites) 계급의 등장
2. 스페인의 아스텍 제국의 정복과 식민화
3. 기억문화 속에 투영된 베스트팔렌 강화조약
4. 제1차 세계대전 기 독일여성의 사회적 역할변화와 그 한계
5. 조명희의 디아스포라적 삶과 문학적 변이의 의미

전쟁과 계급: 로마시대 중무장보병(hoplites) 계급의 등장

차전환

Ⅰ. 머리말

국가는 전쟁을 수행하기 위한 도구로 일컬어질 정도로 인류 역사는 전쟁의 연속이었으며, 전쟁을 효율적으로 수행하기 위해 전투를 담당하는 계급이 등장했다. 전투를 수행할 능력을 독점한 기사들이 서양 중세를 지배했다면, 시민은 곧 전사인 서양고대 사회에서 국가를 방위하는 전쟁에 참여할 능력은 시민으로서의 권리와 특권을 유지하기 위한 요건이었다. 도시국가들의 초기 전투에서는 말과 무장을 갖춘 얼마 안 되는 귀족 기사계급이 전투의 주축을 담당했으며, 그들이 정치적으로나 사회경제적으로 특권을 독점한 귀족정이 당연시되었다. 그러나 중무장보병(hoplites)의 밀집대(Phalanx) 전술이 도입됨에 따라 전투의 주도권은 귀족계급에서 부유한 평민계급으로 넘어갔으며, 그것이 평민의 정치적 발언권을 강화시켜주었다는 것이 학자들의 일반적인 견해였다.

그리스에서 호메로스의 시대는 기사들의 시대로 불렸다. 귀족 기사들은 전장으로 전차를 몰고 가서 전차에서 내려 일반 병사들 앞에서 챔피언으로 싸웠으며, 나머지 병사들의 무리는 거의 중요성을 지니지 못했다. 귀족은 민회에서도 지도적인 역할을 했으며, 재산과 정치적 영향력이 모두 귀족에게 속했다.[1] 그러나 기원전 7세기에 새롭게 발달한 전투양식인 중무장보병대 전술은 호메로스 시대의 전투와 크게 달랐다. 중무장보병들의 전선은 방패로 보호된 채 창으로 찌르는 움직이는 성벽이었으며, 전선의 힘은 결속력에 달려 있었다. 호메로스 시대의 기사들이 자기주장이 강한 사람들로서 개인적 명성, 영광, 전리품을 위해 싸웠다면, 중무장보병의 의무는 밀집대에서 자신의 목숨을 희생하더라도 동료들을 저버리지 않고 자기 자리를 고수하는 것이었다.

닐슨(M.P. Nillson)의 연구에 따르면 새로운 중무장보병대 전술은 귀족층이 지배한 국가를 붕괴시키는 데 크게 공헌했다. 귀족 기사들의 싸움양식과 용기는 창으로 찌르는 중무장보병의 밀집대 앞에서 쓸모없게 되었다. 귀족들이 전투에서 담당한 역할에 입각한 귀족 우월성의 기반이 무너졌다. 중무장보병의 무장과 무기는 값비쌌지만, 말을 유지하고 무장을 구입하는 것만큼 비싸지는 않았다. 더욱 많은 시민이 중무장보병 군대에서 복무했으며, 그들이 전장에서 국가의 운명을 결정함에 따라 민회에서 국가의 운명을 결정하게 된 것은 당연했다. 모든 시민은 무기와 무장을 스스로 구입할 의무가 있었다. 귀족들이 전투에서 두드러진 역할을 하던 동안은 어떠한 군사적 조직화의 필요도 없었는데, 왜냐하면 그들의 계급의식과 야심이 전장에 나가 명성을 추구하도록 몰아붙였기 때문이다. 그러나 더욱 많은 새로운 시민이 결정적인 전투에서 중무장보병으로 참여하고 그들을 가능한 한 많이 확보하는 것이 매우 중요해졌을 때, 국가는 중무장보병으로 복무할 의무가 부과될 수 있는 사람들을 발견할 필요가 명백해졌다. 그리하여 중무장보병 무장을 구입할 만한 재산자격에 따른, 정확히 말하면 군대에 복무할 능력에 입각한 정치체제가 등장했다.[2] 그리스의 암흑시대에 귀족정들의 종말을 가져온 중요한 요소는 중무장보병 전투양식의 채용이라는 것이 한때 상식으로 통했다. 초기 참주들이 등장한 것이나 동시대 이루어진 다른 정치적 발전도 적어도 부분적으로는 비귀족 중무장보병들이 자신들의 새로운 군사적 중요성에 상응하는 정치권력을 요구하는 상황에 직면하여, 귀족들이 특권의 독점을 유지할 수 없었던 데서 초래된 것으로 이해되었다.

이러한 통설은 심각한 도전에 직면하기도 했다. 스노드글래스(A.M. Snodgrass)의 연구에 따르면 그리스에서 대략 기원전 650년 이전에는 중무장보병 밀집대가 알려지지 않았으며, 중무장보병 밀집대 전술의 채용이 초창기 참주들의 등장에 영향을 미칠 수 없었다. '중무장보병 개혁'은 중무장을 구성한 다양한 개별 장비들이 채용되는 단계와 새로운 밀집대 전술이 도입되는 단계로 이루어졌다. 전체로서의 중무장보병 개혁은 상당한 기간에 걸쳐 이루어졌으며, 처음에는 귀족 전사들이 새로운 장비들을 채용하는 단계가 있었고, 그 후 좀 더 진보된 기술로 인해 귀족들이 예전과 달리 접전을 이루어 싸울 수 있게 되었다. 개혁의 두 번째 요소인 밀집대 전술은 나중에야 도입되었다. 위스(H. Van. Wees)에 따르면 밀집대 전투는 새로운 장비의 효율성을 위해 필수적이 아니었으며, 그리스 중무장보병들은 기원전 5세기 초까지도 경무장 부대들 사이에서 소개대형(疏開隊形, open formation)으로 싸웠다. 위스는 로마와 라티움 지역에서도 전투는 경무장 부대들과 좀 더 중무장한 부대들을 포괄한 소개대형을 기본으로 했으며, 특히 초기에는 부자들만이 그리스 스타일의 새로운 방패와 무장을 가졌을 것으로 보았다.[3]

그러나 학자들의 일반적인 견해에 따르면 로마에서는 왕정 말기인 기원전 6세기 말에 제6대 왕 세르비우스 툴리우스(Servius Tullius)가 가장 가난한 시민들을 제외한 거의 모든 시민에게 군대복무의 의무를 부과했으며, 시민이 재산에 따라 스스로 어떻게 무장해야 하는지를 규정함으로써 중무장보병들을 조직하였고 국가의 병역자원을 극대화하려고 시도했다. 세르비우스는 시민단을 재산에 기초한 켄투리아(centuria)로 구분하여 조직했다. 켄투리아 체계는 시간이 지남에 따라 근본적으로 변화되었고 민회의 투표를 위한 기초로서 계속 정치적 중요성을 지녔지만, 그것이 처음 도입된 것은 일차적으로 군사적 목적에서였다. 이 글은 세르비우스의 켄투리아 개혁과 중무장보병 밀집대 전술 도입의 맥락을 고찰함으로써 로마에서 중무장보병 계급이 최초로 어떻게 군사적으로 조직되었는지를 이해하고자 한다.

Ⅱ. 켄투리아 조직

사료들에 따르면 세르비우스 툴리우스는 시민을 재산에 따라 '등급'(classis)들로 나누었고, 각 등급을 켄투리아(centuria)라는 더 작은 집단들로 나누었다. 인민은 또한 연령에 따른 집단들로 나뉘어서 각 '등급'은 같은 수의 '유니오레스'(iuniores, 17-45세) 켄투리아와 '세니오레스'(seniores, 46-60세) 켄투리아로 이루어졌다. 유니오레스는 전장에 나가 복무했고, 세니오레스는 유사시 도시 로마를 방어하는 역할을 담당했다. 시민들은 자신이 속한 등급에 따라 자비로 무장과 무기를 갖춰야 했다.[4]

〈표1〉에 제시된 켄투리아 체제는 세르비우스 툴리우스의 시대로 소급될 수 없다는 것에 학자들은 일반적으로 동의한다. 리비우스와 디오니시우스가 우리에게 제시한 것은 세르비우스 시대보다 훨씬 후, 아마도 기원전 4~3세기에 켄투리아 체계가 더는 군사적 기능을 수행하지 못하고 정치적 목적으로 인민을 켄투리아 민회에서 구분한 것을 묘사한 것이었다.[5] 이런 결론의 주된 근거는 켄투리아들의 규모가 매우 다양하며 군대 단위로서 기능할 수 없었다는 점이다. 켄투리아는 어의와 달리 100명으로 이루어진 집단일 수 없었지만, 켄투리아 제도가 처음 도입되었을 때는 100명으로 이루어진 집단이었다고 생각하는 게 합리적이다.

〈표1〉 켄투리아 조직[6]

등급	재산평가 (아세스)	방어 무장	공격무기	유니오레스	세니오레스	합계
1등급	100,000	헬멧, 둥근 방패, 정강이받이, 흉갑	창, 검	40	40	80
2등급	75,000	헬멧, 길쭉한 방패, 정강이받이	창, 검	10	10	20
3등급	50,000	헬멧, 길쭉한 방패	창, 검	10	10	20
4등급	25,000	[길쭉한 방패]	창, 던지는 창[검]	10	10	20
5등급	11,000 [12,500]	—	투석기, 돌 [던지는 창]	15	15	30
보병대 합계						170

보충 켄투리아:
기병 18, 공병 2, 군악대 2, 프롤레타리아 1 23
켄투리아 합계 193

세르비우스 체제에서는 더 부유한 등급의 켄투리아가 상대적으로 인구가 많은 가난한 등급의 켄투리아보다 규모가 훨씬 더 작았을 것이 분명하다. 키케로와 디오니시우스가 명확하게 해주었듯이,[7] 다양한 등급의 켄투리아의 규모가 현실 공동체의 사회구조를 반영했다고 생각할 수 없다. 사실 다양한 등급이 가진 켄투리아 규모는 실제 시민 수에 반비례한 것으로 추정하는 게 합리적이다. 세니오레스와 유니오레스의 켄투리아 수가 동일한 것도 이치에 맞지 않는다. 실제로는 유니오레스가 훨씬 더 많아서 그 비율은 약 3:1이었을 것으로 추정된다.[8] 리비우스와 디오니시우스의 설명은, 제4등급과 제5등급이 지닌 무장과 무기의 세부사항, 제5등급의 재산자격, 공병 켄투리아와 나팔수 켄투리아의 위치에 대한 설명을 제외하고는 완전히 일치한다.[9] 그렇지만 두 저자의 설명에서 드러나는 작은 차이는 리비우스와 디오니시우스가 서로 다른 연대기편찬자들을 따랐다는 것을 시사해준다. 다른 한편으로 두 저자가 중요한 점들에 대해 기본적으로 일치하는 것은 연대기편찬자들의 설명이, 몸젠이 최초로 지적한 궁극적인 동일한 사료, 즉 '등급들의 구분'(*descriptio classium*)이라 불린 '공식문서'로 소급했다는 것을 보여준다.[10] 리비우스와 디오니시우스가 다양한 등급이 지닌 무장과 무기에 대해 불일치한 것은 '공식문서'가 무기들에 대해 언급하지 않았다는 것, 무장과 무기에 대한 설명은 호고가들과 연대기편찬자들이 연구하고 추측한 결과임을 보여준다. 그렇다면 서로 다른 등급들의 무장에 대한 설명은 매우 신중히 취급해야 한다. 〈표1〉에서 세르비우스의 개혁으로 확실하게 받아들일 수 있는 것은 처음 세 등급의 중무장보병대와 제4, 제5등급의 경무장부대가 구분되었다는 점이며, 이러한 결론은 중요한 의미를 지닌다.

켄투리아 체계에서 시민을 등급들에 배속하는 것은 가족이 소유한 재산 가치의 평가에 기초했다. 가부장과 그의 권한 아래 있는 모든 자유인 남자는 가족재산의 평가에 따라 적절한 등급에 배속되었다. 재산가치의 평가는 동화 아스(as)로 이루어졌다. 몇몇 학자들은 재산 평가가 아스로 이루어진 것은 리비우스와 디오니시우스가 묘사한 세르비우스의 등급체계가 상대적으로 늦은 시기에 실시되던 체계를 반영했음을 보여주는 증거로 받아들이고 그 등급체계는 대략 기원전 211년 이후 시기에 속하는 것이라고 추론했다.[11] 그러나 동화를 근거로 리비우스와 디오니시우스가 묘사한 등급 조직이 로마인들이 주화를 사용하기 시작한 이후 시기에서 비롯되었다고 생각할 필요는 없다. 로마인들이 금속 주화를 발행한 시기보다 오래 전부터 금속의 무게가 가치 척도로서 그리고 심지어 교환수단으로 이용될 수 있었다.

일찍이 플라카로(P. Fraccaro)는 중요하고도 영향력 있는 논문에서 리비우스와 디오니시우스가 묘사한 켄투리아 조직은 로마 군단(legio)의 조직과 정확히 일치하는 구조에 입각했다고 주장했다.[12] 로마 군단은 오랜 역사 내내 60개의 '중무장보병' 켄투리아로 구성되었고, 얼마 안 되는 '경무장부대'(velites)의 지원을 받았다. 공화정 중기에 경무장부대는 중무장군단병의 40%, 즉 24개 켄투리아에 해당했다. 세르비우스 체제에서도 중무장보병대로 이루어진 처음 세 등급과 경무장부대로 구성된 제4등급과 제5등급을 구분했다.[13] 플라카로는 만약 이 구분을 세르비우스 체제의 야전군인 유니오레스 켄투리아에 적용하면, 세르비우스 체제의 야전군은 처음 세 등급의 중무장보병 60개 켄투리아(40 + 10 + 10)로 구성되었고, 제4등급과 제5등급의 경무장부대 25개 켄투리아(10 + 15)의 지원을 받았다는 결론이 나온다고 계산했다.

플라카로는 공화정기 로마 군대의 특이한 사실들도 지적했다. '켄투리아'는 비록 엄밀하게 100명으로 이루어진 부대를 의미했지만 공화정기에 60개 켄투리아로 구성된 표준적인 군단은 6,000명이 아니라 3,000명으로 이루어졌고, 1,200명으로 이루어진 '벨리테스'의 지원을 받아 총 4,200명에 달했다. 공화정기 로마군대는 언제나 한 개 군단 이상이었다. 기원전 311년부터 네 개 군단이 표준이었지만, 그 이전의 로마군대는 보통 두 개 군단으로 이루어졌다. 그렇다면 각각 3,000명의 중부장보병(1,200명의 벨리테스가 추가됨)으로 구성된 두 개 군단을 포함한 로마군대는 6,000명(2,400명의 벨리테스가 추가됨)으로 이루어진 한 개 군단을 둘로 나눈 결과였음이 틀림없다. 애초 중무장보병 6,000명으로 이루어진 한 개 군단만이 존재했다는 추정은 '켄투리아'라는 말의 뜻을 고려해볼 때 옳다. 또한 각 군단에 여섯 명의 천부장(tribunus militum)이 있었고, 각각의 천부장은 원래 1,000명으로 이루어진 부족 파견대의 사령관이었던 점도 한 개 군단이 존재한 것을 시사해준다.[14]

애초의 한 개 군단이 왜 그 병력이 절반으로 줄어든 두 개 군단으로 나뉘었는가? 군사사가 델브뤽(H. Delbruck)과 페이트(G. Veith)는 그러한 변화가 공화정 초기에 발생했을 것으로 주장했는데, 동등한 권한을 가진 두 명의 콘술이 이전에 왕이 보유했던 군대지휘권을 공유함에 따른 결과였다는 것이다.[15] 이들의 견해를 수용한 플라카로는 세르비우스 조직의 핵심이란 군대에 복무할 연령에 속한 남자들을 군단의 부대들에 배속하는 것이었기 때문에 세르비우스의 켄투리아 체계는 60개 켄투리아로 나뉜 중무장보병 6,000명에 입각한 한 개 군단만 존재할 때 성립된 것이 틀림없다고 결론지었다. 세르비우스의 조직은 콘술직이 생겨나기 이전인 왕정기에 도입된 것이 분명하다는 것이다.

플라카로의 탁월한 통찰력은 켄투리아 조직의 기원에 대한 연구에서 돌파구로 인식되어왔으며 그가 주장한 주된 논점은 오늘날까지 설득력을 지니고 있다. 플라카로의 분석에 입각하면, 로마군대는 원래 30개 쿠리아에서 각각 100명씩 선발된, 그리하여 세 부족에서 각각 1,000명씩 선발된 3,000명의 보병대로 구성되었다고 볼 수 있다. 왕정기에 로마의 힘이 성장함에 따라 인구가 증가함으로써 어느 시점에 병사들의 수가 배가되었다. 인구가 두 배로 늘어난 시점을 디오니시우스는 로물루스가 카이니나(Caenina)를 패배시킨 후로 제시했고, 리비우스는 로마가 알바 롱가를 파괴한 시기쯤일 것으로 보았다. 페스투스(Festus)는 타르퀴니우스 프리스쿠스 치세에 시민단의 규모가 배가되었고 그들이 세 부족인 람네스, 티티에스, 루케레스로 나뉘었음을 암시했다.[16] 이러한 사료들은 세르비우스 툴리우스가 이전의 군사조직으로부터 기본적인 군대단위인 켄투리아를 물려받았을 뿐만 아니라 세 부족에서 각각 20 켄투리아를 조직하여 이루어진 60개 켄투리아도 물려받았음을 시사해준다. 세르비우스가 개혁한 것은 60개 켄투리아를 형성하는 새로운 방법이었던 것이다. 그러나 코넬은 이용할 수 있는 전사들의 수가 증가한 것은, 세르비우스가 이주민들과 전에는 시민권이 주어지지 않았던 집단들에게 시민권을 확대했기 때문으로 보았다. 코넬의 견해에 따르면 켄투리아가 60개로 정해진 것은 인구가 증가하여 최초의 켄수스(census)에서 대략 6,000명의 중무장보병이 등록되었기 때문이었다.[17]

III. 중무장보병 밀집대

이탈리아 무덤들에서 발견된 부장품들 가운데 중무장보병의 무장이 증가한 것이 이탈리아에 '중무장보병 개혁'이 도래한 증거로 해석되기도 했다. 에트루리아인들은 그리스 상인들과 식민시 정착자들의 무장을 채용했으며, 기원전 7세기에 이탈리아에서는 지도적인 귀족들이 중무장보병으로 무장한 추종자들의 무리를 소규모 전투로 이끄는 것이 친숙한 모습이었을 것으로 생각되었다.[18] 코넬은 라티움과 중부 이탈리아의 많은 '현저한 무덤들'을 로마를 포함한 이탈리아가 급속한 변화를 겪은 증거로 제시하고, 그러한 매장 양식은 기원전 8세기에서 7세기 동안 씨족구조가 출현하여 가문의 결속과 계속성을 과시한 사실을 말해주는 것으로 보았다. 지배적인 씨족들은 공동체의 경제적 잉여를 자신들의 수중에 집중시키고 세습을 통해 지배를 영속화하는 데 성공했다. 귀족의 기원은 이 시기로 소급되었다. 그렇지만 고고학적 자료들이 그리스와 이탈리아에서 상고기 동안 중무장보병 계급이 출현한 증거를 제공해주지만, 무장과 무덤의 풍부한 부장품이 죽은 사람들의 신분에 대해 말해주는 것은 없다.[19]

그런데 고고학 증거에 따르면 세르비우스의 치세로 볼 수 있는 기원전 600년경에 매장풍습이 변하고 무덤에 값비싼 부장품을 묻는 관습이 사라졌는데, 경제적 조건이 악화되었기 때문임을 시사해주는 증거는 없다. 그 원인은 무엇이었을까? 오히려 이 시기에는 기념비적인 공공건축 활동이 증가했다. 로마의 포룸 터에서는 오두막집들이 제거되고 공공광장이 건설되었으며, 신전들의 토대와 공공건물들의 흔적들이 발견되었다. 이러한 증거들은 로마의 터에서 도시화된 공동체가 발달했음을 보여준다. 그리스와 이탈리아의 고고학 기록들은 전사들의 무장을 매장하는 것으로부터 도시화로의 이행이란 점에서 대략 일치했는데, 그 원인에 대한 연구는 그동안 미미했다.[20] 중무장보병의 무장과 전투는 도시가 성립되기 이전 시기에 귀족들의 관행으로부터 출현했을 것이다. 중무장보병의 무장이 개발되는 데 거의 한 세기(ca. 725-650 B.C.)가 흘렀으며, 그 시기 말경에 밀집대가 형성되었고 도시 공동체들이 발달했다. 도시화와 공공건축들이 시작되면서 무덤에 무장을 묻는 관습이 사라진 것은 우연이 아니었는데, 도시국가들이 중무장보병들을 정기적으로 필요로 했기 때문이었다.[21] 중무장보병 체제를 도입하고 밀집대를 성공적인 팽창도구로 만든 국가는 밀집대의 특징적인 무기가 매장되는 것을 허용하지 않으려고 했을 것이다. 이제 무기를 보존하는 것은 공적인 정책이 되었다. 무장은 값비쌌고 국가는 군사적 의무를 이행하는 전사들의 가치를 인식했다. 중무장보병의 무장은 그의 아들이나 부계친족, 혹은 그들이 없을 경우, 일정 수의 중무장보병을 제공할 책임을 떠맡은 친구가 상속했다.[22]

세르비우스가 실시한 최초의 켄수스는 세니오레스와 유니오레스를 구분하지 않고 군대에 복무할 연령에 속한 모든 남자를 계산했다. 그리고 최초의 켄투리아 조직은 리비우스와 디오니시우스가 묘사한 다섯 등급의 복잡한 구조보다 훨씬 더 단순했다고 생각할 만한 충분한 근거가 있다. 켄수스의 근본적인 목적은 군대복무를 위해 육체적으로 적합하고 경제적으로 스스로 무장할 수 있는 모든 남자를 등록하는 것이었다. 등록된 남자들은 중무장보병대로 복무할 수 있는 사람들과 단지 벨리테스로 싸울 수 있는 사람들로 구분될 필요가 있었다. "소위 '등급에 속한 사람들'(classici)은 다섯 등급에 속하는 모든 사람이 아니라 125,000 아세스 혹은 그 이상 재산을 소유한 것으로 평가된 '제1등급 사람들'만을 의미했다. 반면에 제2등급 이하 사람들에게는 '등급이하'라는 말이 적용되었다"[23]는 겔리우스의 기록은 하나의 '등급'(classis)과 '등급 이하'(infra classem)가 구분되었음을 잘 보여준다. 보츠포드(G.W. Botsford)가 '등급'은 스스로 중무장을 갖출 수 있고, 그리스의 '호플리테스'처럼 밀집대에서 싸우도록 요구된 사람들로 구성되었다고 주장한 것[24]은 설득력이 있다. 그리스 호플리테스(중무장보병)에게 중무장이 제공한 보호는 중무장으로 인한 속도와 기동성의 둔화에 의해 상쇄되었으므로 호플리테스는 밀집대에서 다른 호플리테스들과 나란히 싸울 때만 효과적이었다. 따라서 중무장보병의 밀집대는 밀집대를 이룬 병사들이 대열 속에서 자신의 위치를 유지하도록 충분히 훈련된 한에서만 강력했다. 고고학 증거, 특히 전사들의 무덤들은 기원전 625년 무렵까지는 중무장보병의 무장세트가 튀르헤니아해에 인접한 저지대 도시들에서 광범하게 채용되었다는 것, 밀집대를 묘사한 그림이 기원전 600년 이전부터 알려졌다는 것을 보여준다.[25] 로마의 발전양상을 고려하면 로마에서도 기원전 6세기에 중무장보병 밀집대 전술이 잘 확립된 것으로 보는 게 합리적이다. 6세기 말 세르비우스의 개혁은 로마에 중무장보병 밀집대 전술이 확립되어 있었음을 전제한다. 그러나 엄밀하게 말하면 제1등급 병사들만이 특징적인 둥근방패(*clipeus*)를 포함한 호플리테스의 완전한 무장세트를 가졌다. 반면에 제2등급과 제3등급 병사들은 방어 무장이 부족했을 뿐 아니라 고전적인 중무장보병 전투에 훨씬 덜 적합한 직사각형방패(*scutum*)를 지녔다.

세르비우스의 원래 '등급'과 그것의 변화 양상은 두 가지로 재구성해볼 수 있다. 첫째, 세르비우스의 원래 군단, 즉 등급(*classis*)은 나중에 생겨난 제1등급과 동일시되어야 하고, 원래의 등급은 40 켄투리아로 구성되었다고 보는 견해가 있다. 나머지 시민들은 등급 이하(*infra classem*)에 속했다.[26] 이 견해는 앞에 인용한 겔리우스의 기록에 의해 지지되는데, 겔리우스는 '등급'이 제1등급만으로 구성된다고 분명하게 언급했다. 또한 둥근방패를 사용하는 것이 두드러진 특징인 제1등급이 '둥근방패를 지닌 등급'(*classis clipeata*)으로도 불렸다는 페스투스의 증언도 그러한 견해를 지지해준다. 40 켄투리아로 이루어진 세르비우스의 '등급'은 세르비우스가 지연적인 네 부족(트리부스, *Tribus*)을 창설했다는 이론과도 잘 부합한다. 세르비우스는 30 켄투리아의 보병대를 제공하던 이전의 세 부족을 40 켄투리아의 보병대를 제공하는 새로운 네 개의 트리부스로 대체했다는 것이다. 이 가설은 농촌 트리부스들이 도입되었을 때 또 다른 변화가 필요했을 것임을 암시한다. 그런데 트리부스의 수와 뚜렷한 관련이 없는 60 켄투리아로 구성된 '군단'의 성립을 어떻게 설명할 수 있을까? 켄투리아가 40개에서 60개로 늘어난 것은, 어느 시점에 '등급 이하'가 네 등급(제2등급~제5등급)으로 세분되었고, 그와 동시에 혹은 그보다 후에, 각각 10 켄투리아를 가진 제2등급과 제3등급을 원래의 '등급'에 추가하여 60 켄투리아로 이루어진

한 군단을 형성한 것으로 설명되었다.[27]

둘째, 60 켄투리아로 이루어진 세르비우스의 군단에 대한 플라카로의 이론을 수용하여 세르비우스의 '군단'을 '등급'과 동일시하는 견해가 있다. 이 견해에 따르면 단순히 '등급'(classis)과 '등급 이하'(infra classem)를 구분하던 것이 언젠가 재산에 따른 등급들의 복잡한 체계로 대체되었다. 즉 '등급'이 세 등급(제1등급 ~ 제3등급)으로 나뉘었고, '등급이하'는 두 등급(제4등급과 제5등급)으로 나뉘었으며, 프롤레타리아(proletarii)가 추가되었다. 이제부터 '등급'이라는 말은 '제1등급'에만 적용되었고 '등급이하'라는 말은 '하위 네 등급'에 적용되었기 때문에, 사실상 '등급'의 규모가 줄어들었고, 제2등급과 제3등급에 등록된 사람들은 '등급이하'로 강등되었음을 의미했다.[28]

최초의 켄투리아 조직이 시민을 중무장보병으로 스스로 무장할 수 있는 사람들로 이루어진 '등급'과 경무장보병으로 복무하는 '등급 이하'로 간단히 구분하는 것이 기원전 406년까지 계속되었으며, 그해 켄투리아 조직은 정치적 재정적 목적에서 조정되어 유니오레스 켄투리아와 세니오레스 켄투리아로 이루어진 다섯 등급 체계로 변화되었다. 리비우스가 기원전 426년에 피데나이(Fidenae)에 대항해 싸운 '등급' 병사들을 언급한 것[29]도 애초의 켄투리아 조직이 당시 여전히 기능하고 있었다는 것을 시사해준다. 애초의 세르비우스 체계가 60 켄투리아로 이루어진 하나의 '등급'에 중심을 두었다는 견해를 확신할 수 없지만, 모든 것을 감안할 때, 40 켄투리아로 이루어진 '등급'을 상정하는 견해보다 더욱 개연성이 있다. 이것은 기원전 6세기 말에 로마가 6,000명의 호플리테스로 이루어진 군대를 출정시킬 수 있었다는 것을 의미하며, 이 정도 병력을 가진 국가는 당시 지중해세계에서 무시할 수 없는 세력이었다.[30]

학자들은 흔히 세르비우스 개혁의 중요한, 혹은 유일한 목적은 밀집대 전술을 이용하는 중무장보병 군대를 창설하는 것이었다고 주장했다. 이들의 견해에 따르면, 세르비우스 이전의 군대는 원시적인 무기를 가지고 조직되지 않은 채 싸웠으며, 전투는 대개 귀족 챔피언들 간의 일 대 일 결투로 이루어졌다.[31] 그러나 조직된 중무장보병 전투가 세르비우스의 개혁에 의해 처음 도입되었다고 믿을 만한 근거는 없다. 고고학 증거들은 중부 이탈리아에서 중무장보병 장비를 이용한 것이 적어도 기원전 600년으로 소급된다는 것을 시사해준다. 로마인들은 세르비우스 툴리우스의 치세 이전에 호플리테스들이 밀집대에서 싸우는 기술을 채택했을 가능성이 높다. 툴루스 호스틸리우스 왕이나 안쿠스 마르키우스 왕의 업적으로 돌려진 대규모 정복들이 세르비우스 이전 군대 혹은 '로물루스 체제'의 군대에 의해 수행되었다는 것을 받아들인다면, 그러한 정복을 이룩한 군대가 중무장보병 밀집대 전술을 채용했다고 보는 것이 합리적이다. 세르비우스가 도입한 것은, 시민권을 새롭게 정의하는 것과 함께 진행된, 군대조직의 새로운 방법이었다. 이전의 군대는 로물루스가 확립했다는 세 부족에 입각했으며, 쿠리아를 지배한 귀족적 씨족들에 의존한 무장 집단들의 연합이나 마찬가지였다. 세르비우스가 모든 것을 변화시켰다. 그는 시민권의 기초로서 지연적 부족인 트리부스를 도입했고 켄투리아에 의해 '등급'을 조직했다. 여기서 우리는 트리부스와 켄투리아의 관계라는 곤란한 문제에 직면하는데, 이 문제를 파악하는 것이 세르비우스 개혁의 목적을 이해하는 데 중요하다.

켄투리아는 트리부스의 한 부분이 아니었으며 둘 사이 아무런 수적 관계가 없었다. 세르비우스가 단지 네 개의 트리부스를 만들었다는 견해는, '등급'이 40 켄투리아로 이루어졌다는 가설과 결부되어, 각 트리부스가 10 켄투리아를 포함했을 것이라는 추측을 낳기도 했다. 그렇다면 그 체계는 농촌 트리부스들이 추가되었을 때 다시 조정되어야 했을 것이다. 몇몇 학자들은 켄투리아 조직이 20개 트리부스에 입각했다고 추정하고서 20개 트리부스와 켄투리아의 관계를 재구성하려고 시도했다.[32] 그러나 이러한 이론은 트리부스 수가 20개로 고정된 시기를 전제하고 있다. 트리부스와 켄투리아 사이 고정된 수적 관계에 입각한 체계는 시민단의 크기와 구조에서의 변화를 고려하지 않았다. 로마는 인구가 증가하고 사회구조가 부단히 변하는 역동적인 사회였으며, 세르비우스 툴리우스는 고정된 인구를 토대로 한 체계를 도입하지 않았을 것이다. 세르비우스가 도입하여 대략 5년마다 실시한 켄수스는 모든 성년남자 시민을 재조사해서 그들을 적절한 트리부스, 등급, 켄투리아에 배속했다. 켄수스를 실시할 때마다 도시국가는 재구성되었던 것이다. 상고시대에 시민을 켄투리아에 배속하는 것이 켄소르의 가장 중요한 임무였으며, 켄투리아는 지역(트리부스)에 입각한 인민의 구분을 재산(등급/등급이하)에 입각한 구분과 결합시킨 수단으로 가장 잘 이해될 수 있다.

테일러(L.R. Taylor)가 켄수스를 실시하기 위한 실제적인 유일한 토대는 지역(트리부스)이었다고 지적했듯이[33], 인민은 트리부스 별로 조사되었고, 각 트리부스 내에서 각자가 소유한 재산에 따라 '등급' 혹은 '등급 이하'로 배속되었다. 켄소르는 시민들을 어떻게 적합한 켄투리아에 배속했는가? 이 문제에 대해 확실한 대답을 제공해주는 사료는 없다. 코넬이 제시한 가설적인 견해에 따르면, 각각의 트리부스에서 시민들은 모든 켄투리아에 동일하게 나뉘었다. 만약 '등급'이 60 켄투리아로 구성되었다면, 특정 트리부스에서 '등급' 병사로 복무할 만한 재산자격을 가진 모든 사람은 동일한 크기의 60개 집단으로 나뉘었다. 그후 모든 트리부스의 60개 집단이 합계되어서 60개 켄투리아를 이루었다. 이런 방식으로 60개 켄투리아는 이용 가능한 인구의 변동이나 트리부스의 수와 관계없이 언제나 동일한 수를 유지할 수 있었다. '등급이하' 시민들도 만약 켄투리아로 구분되었다면(확실하지 않다), 그들에게도 동일한 원칙이 적용되었을 것이며, 기원전 5세기 말에 도입된 다섯 등급과 유니오레스와 세니오레스 켄투리아를 구성하는 방법도 마찬가지였을 것이다.

세르비우스의 시대에 로마는 최대 6,000명의 호플리테스를 동원할 수 있었지만, 그후 동원 가능한 병사들의 수는 급속히 늘어났을 것이고, '등급' 내 각 켄투리아의 구성원은 100명을 넘게 되었을 것이다. 그렇지만 로마인들이 이용할 수 있는 모든 호플리테스를 정기적으로 전장에 보낸 것은 아니었다. 실제로 동원된 군대는 군사적 필요에 따라 그 규모가 달라졌다. 중무장보병

6,000명으로 이루어진 군단(혹은 나중에 3,000명으로 구성된 두 개 군단)은 단지 이론상의 병력이었다. 켄투리아 조직이 각각의 트리부스에서 나뉜 집단들을 기초로 했다면, 병사 소집은 트리부스 별로 조직되었고 징집단위인 켄투리아에 기초할 수 있었다. 국가는 모든 트리부스에게 각각의 켄투리아를 구성하기 위한 일정한 병사를 공급하도록 요구했으며, 필요한 군대의 총 규모에 따라 각 트리부스에게 요구하는 병사들의 규모를 조정했을 것이다. 혹은 "기원전 418년에 전체 인민으로부터가 아니라 추첨에 의해 선발된 10개 트리부스로부터 군대를 소집하기로 결정되었다. 이 10개 트리부스로부터 유니오레스가 등록되었다"[34]는 리비우스의 언급이 보여주듯이, 국가는 일정 수의 트리부스만을 선택해서 필요한 인력을 동원하도록 요구할 수 있었을 것이다.

IV. 맺음말

학자들은 흔히 중무장보병 밀집대의 도입을 영웅적인 귀족층을 약화시킨 경제적 정치사회적 변화와 관련지었다. 세르비우스의 개혁은 소규모의 사적인 친족에 입각한 군대를 시민의 거주지와 지위에 기초한 켄투리아들로 대체함으로써 씨족 지도자들의 군사력을 억제한 것으로 생각되었다. 중무장보병 밀집대의 도입은 불가피하게 군사적 정치적 개혁을 가져왔으며 그러한 변화는 귀족들에게 불리했다. 코넬의 설명은 더욱 구체적이다. 그는 트리부스와 켄투리아가 서로 통합되어 기능한 양상을 잘 설명했다. 군대소집 단위인 켄투리아는 전체 공동체에서 경제적 지위가 동일한 사람들로 이루어진 집단이었고 모든 트리부스 출신 사람들을 포함했다. 그것은 로마 군대가 지역적 갈등이나 씨족적 충성심에 의해 분열될 수 없음을 의미했다. 세르비우스의 개혁은 지역적으로 지배권을 행사하는 귀족적 씨족들의 세력을 최소화하고 국가의 중앙 권력을 최대화하는 효과를 지녔다. 귀족의 힘을 억제하는 조치는 귀족이 정부를 통제한 공화정 아래에서는 거의 도입될 수 없는 것이었다. 세르비우스의 개혁이 동시대 그리스 세계에서 도입된 조치와 비교할 만하고, 아마도 아테네의 사례에서 영감을 받았을지 모른다는 시각[35]은 흥미롭다. 세르비우스의 개혁과 가장 비슷한 조치는 클레이스테네스가 아티카의 혈연적인 네 부족을 지연적인 10개의 부족(phyle)으로 재조직한 것이었다. 클레이스테네스의 개혁에서 중요한 부분은 새로 조직된 10개의 필레가 제공하는 파견대들로 아테네 군대를 조직한 것이었다. 10개의 필레는 각각 도시, 내지, 해안에 속한 트리튀스(trittys)로 구성되어서 전체 공동체에 분산된 사람들로 이루어졌다. 시민을 새롭게 구분한 세르비우스의 개혁은, 클레이스테네스의 개혁처럼, 군사적 목적 뿐 아니라 정치적 목적도 가지고 있었을 것이다. 중무장보병 군대의 지원에 의해 불법적으로 권력을 찬탈한 세르비우스 왕은 쿠리아에 입각한 기존 민회 대신 새로운 군사조직에 기초한 정치적 민회를 창설했기 때문이다.

스페인의 아스텍 제국의 정복과 식민화*

김원중

1480년부터 1580년이라는 1세기가 채 안 되는 짧은 기간 동안에 스페인은 두드러지지 않는 한 주변부 국가에서 "지구상에서 가장 강력한 왕국", "해가 지지 않는 최초의 제국"이 되었다. 스페인이 이처럼 세계적인 강국으로 부상한 것은 너무나 갑작스러운 것이어서 페르난데스-아르메스토는 그런 스페인을 "전혀 예상치 않은 순간 갑자기 뒷다리로만 서서 잘 걸어 다님으로써 세상 사람들을 놀라게 한 존슨 박사의 개를 연상시킨다."라고 재미있게 표현한 바 있다. 이 같은 스페인의 갑작스런 대두는 외형적으로 볼 때 대체로 두 가지 요인에 기인하였다. 하나는 왕조 간 결혼 계약으로부터 많은 이득을 얻게 되었다는 점인데, 특히 합스부르크 가문과의 연계는 유럽의 어떤 다른 나라와도 비교할 수 없는 광대한 영토와 영향력을 스페인에 가져다주었다. 다른 하나는 신대륙 식민지 정복이 스페인에게 가져다 준 엄청난 땅과 부이다. 본고에서는

* 이 논문은 2012년 정부(교육과학기술부)의 재원으로 한국연구재단의 지원을 받아 수행된 연구임 (NRF-2012S1A5A2A03034238).

그중에서 후자, 즉 아메리카 영토의 발견과 지배 과정을 살펴보려고 한다.

스페인의 아메리카 지배 과정은 세 단계로 구분해볼 수가 있다. 첫 번째 단계는 정찰의 단계로서, 콜럼버스의 항해가 있었던 1492년부터 1510년까지가 되겠다. 이 시기는 탐험가들의 활약으로 아메리카를 조금씩 알아가는 과정이다. 두 번째 단계는 정복의 단계이다. 이 시기는 "정복자들(conquistadores)"의 활약으로 아메리카의 가장 중요한 지역들, 즉 가장 부강한 왕국들이 정복당한 시기이다. 정복자들 중에서 가장 유명하고 가장 중요한 인물은 물론 아스텍 제국을 정복한 에르난 코르테스(Hernan Cortés)와 잉카 제국을 정복한 프란시스코 피사로(Francisco Pizarro)이다. 당시 아메리카에는 아스텍 제국과 잉카 제국 말고는 왕국이라고 부를 만한 정치체는 없었다. 세 번째는 식민화 단계이다. 이 시기는 스페인 왕정이 관리를 파견하여 아메리카에서 지배권을 확립해 가는 과정이다. 또한 성직자들을 보내 원주민들의 기독교화에 노력한 시기이기도 하다. 여기에서는 그중 두 번째와 세 번째 단계, 즉 아메리카 정복과 식민화와 관련하여 특히 논란이 되고 있는 몇 가지 문제들을 멕시코(누에바스페인)의 경우를 중심으로 살펴보려고 한다.

I. 정복자들은 누구이며 왜 정복에 나섰는가?

영화 〈1492 콜럼버스〉나 애니메이션 〈엘도라도〉에는 아메리카 정복에 참여한 스페인 병사들이 제복을 입고, 군인들처럼 표준적인 무기로 무장하고, 바람에 날리는 깃발을 들고, 북소리에 맞추어 행진하기 위해 질서정연하게 도열한 모습으로 나타난다. 그와 비슷한 모습을 한 정복자들의 모습은 그 후로도 영화, 삽화, 교과서 등에서 수없이 반복되는데, 여기에서 그들은 군인으로서 군사작전을 계획하고 실행하는 지휘관들의 명령에 따라 진군한다. 그렇다면 그들은 실제로 왕의 명령을 받아 아메리카를 정복하기 위해 파견된 군인들이었을까? 결론적으로 말하자면 아니었다.

먼저, 스페인 인들의 아메리카 정복 사업은 왕이나 국가가 주도한 것이 아니라 민간 집단에 의해, 민간인 자신들의 비용으로 수행되었음을 유념해야 하는데, 그것은 당시 스페인 왕실이 발견과 정복에 필요한 인적 혹은 물적 재원을 갖고 있지 않았기 때문일 것이다. 다만 국왕은 아메리카 영토의 지배자로서 그 사업을 허가하고, 그 허가에 대해 조건을 제시할 권리를 갖고 있었을 뿐이다. 이를 위해 왕실은 '카피툴라시온(capitulación)'이라는 일종의 발견과 정복을 위한 '허가증' 제도를 이용했는데, 이 제도는 어떤 사업가(발견이나 정복 사업의 책임자)에게 일정한 지역의 땅에서 사업가 자신의 비용으로, 새 영토의 '발견' 혹은 정복의 임무를 수행하도록 허가하는 것이었다.

이 '카피툴라시온'에는 그 사업가가 자신의 자본 투자와 봉사에 대한 대가로 하사받게 될 직책과 권리가 명시되었는데, 그가 얼마나 중요한 직책과 권리를 하사받게 되는지는 그의 사회적 지위나 영향력, 혹은 그가 수행할 사업을 국왕이 얼마나 중요하게 생각하는지에 달려 있었다. 그 사업이 만약 국가적으로 중요한 의미를 가지고 있을 때는 그 사업가에게 대개 '아델란타도(adelantado)'라는 직책이 하사되었다. 그것은 그 원정대가 발견하거나 정복하게 될 영토에 도시를 건설하고, 동료 대원들과 피정복민들에게 왕의 이름으로 사법을 베풀고, 하급 관리를 임명하고, 자신의 추종자들에게 원주민에 대한 모종의 지배권(encomienda)을 하사하는 권리를 포함하였다.

또한 정복 원정대는 초보적 형태의 합자회사라고도 할 수 있는데, 그것은 정복에 참여하는 사람들이 능력에 따라 군사적으로, 재정적으로 기여를 하고 나중에 성공하면 투자한 만큼 보상받기 때문이다. 군사적으로 기여한다는 것은 보병이나 기병으로 직접 전투에 참여하는 것을 의미하며, 재정적으로 기여한다는 것은 원정에 필요한 모든 장비(선박, 말, 갑옷 등등)를 정부가 마련해주는 것이 아니라 정복 당사자들이 마련한다는 것을 의미한다. 그런데 대개는 원정을 주도한 원정대장과 그 외 몇몇 사람이 비용의 대부분을 대는 것이 보통이었으며, 그렇게 해서 만약 잉카 제국이나 아스텍 제국처럼 부유한 원주민 국가를 정복하여 많은 재물을 탈취하면, 먼저 왕의 몫(5분의 1)을 떼어놓고, 들어간 공적 비용(선박이나 장비 마련을 위해 빌린 돈)을 제하고, 나머지는 사전에 약속한 대로 분배한다.

분배는 각자의 서열과 그 사업에 공헌한 정도에 따라 이루어졌는데, 원칙적으로 페온(peón), 즉 보병에게는 하나의 몫이, 카바예로(caballero), 즉 기병에게는 두 개의 몫이(기병 자신에게 한 몫, 말에게 한 몫), 그리고 대장들에게 그보다 더 많은 몫이 돌아가는 것으로 되어 있었다. 그러나 이런 민주적인 원칙에도 불구하고 실제로는 몇몇 대장, 대투자가, 왕실 관리들이 정복 사업을 지배했으며, 이익의 대부분도 그들의 차지가 되었다. 당대의 문건들에서는 대원들이 대장들의 탐욕스런 행태에 불만을 토로하고 있는 것을 자주 볼 수 있는데, 그것은 그 같은 상황의 반영일 것이다.

정복 사업은 돈도 많이 들고 자칫하면 생명을 잃을 수 있는 위험한 일이었다. 그럼에도 불구하고 무엇이 정복자들로 하여금 그 비용과 위험을 기꺼이 감수하게 했을까? 가장 중요한 동기는 물론 금과 은, 그리고 공물(供物)로 대변되는 부의 획득과 그를 통해 얻게 될 권력이었다. 정복자들을 정복에 나서도록 만들었다고 언급되는 세 가지 주요 요인(3G: God, Gold, Glory) 가운데 정복자들이 가장 중요하게 생각한 것은 무엇보다도 금이었다. 스페인 정복자 코르테스는 멕시코 정복을 준비할 때 "나는 여기 금을 얻으러 왔지, 농부처럼 밭 갈러 온 것이 아니다."라고 말했다. 또 16세기 어떤 탐험가는 "종교는 구실이며, 목적은 금이다"라고 말했다. 그래서 그들은 그 꿈을 찾아서, 즉 엘도라도(El Dorado, '황금의 땅')를 찾아서 생명의 위험을 무릅쓰고 밀림과 정글을 떠돌아다닌 것이다. 그러나 그 꿈을 이룬 사람은 그리 많지 않았다.

II. 아스텍 제국은 어떤 과정을 통해서 정복되었는가?

역사가들은 대체로 아스텍 제국의 정복이 두 단계로 진행되었다는 데 동의한다. 첫 번째 단계는 1519년 4월 원정대장 에르난 코르테스(Hernan Cortés)가 이 원정의 주관자(patron)이자 자신의 직속상관이기도 했던 쿠바 총독 디에고 데 벨라스케스(Diego de Velázquez)의 막판 해임 명령을 무시하고 쿠바를 출발하여 멕시코 유카탄 반도에 상륙하는 것으로 시작된다. 스페인의 몰락한 하급 귀족(이달고) 출신이었던 코르테스는 원정 당시 정확히 말하면 '반란자' 신분이었다. 코르테스는 쿠바 섬에서 관리로 복무하고 있다가 벨라스케스에 의해 원정대장에 임명되었는데, 출발 직전 그의 개인적인 야심에 의심을 품은 벨라스케스가 출발 직전에 대장 임명을 취소하였음에도 불구하고 코르테스는 그 결정을 무시하고 대원들을 데리고 떠나 버린 것이다.

쿠바를 출발하여 유카탄 반도에 도착한 코르테스 일행은 먼저 멕시코 인들에게 정복된 지 얼마 되지 않은 해안 쪽 인디언들을 제압하고, 그들과 함께 다양한 전술(즉 전쟁, 속임수, 대규모 학살, 공갈, 협박 등)을 구사하면서 원주민들의 저항을 물리치고 내륙으로 진군해 간다. 그리고 그 과정에서 아스텍 인들을 상대로 오랫동안 전쟁을 치르고 있던 틀락스칼라(Tlaxcala)라는 독립 왕국을 상대로 전쟁을 벌여 승리하고, 그들을 자신의 충실한 동맹세력으로 삼는다.

계속해서 코르테스 일행은 20만 명 이상의 주민을 가지고 있었던 멕시코 제국의 수도 테노치티틀란(호수 안에 건설되어 있었고, 육지와는 세 개의 긴 둑으로 연결되어 있었다)에 이르게 되는데, 놀랍게도 그들은 아스텍 제국의 지배자 몬테수마(목테수마)의 환영 하에 테노치티틀란에 무혈입성하게 된다. 그 후 약 6개월 동안 코르테스는 황제 몬테수마를 포로로 잡고 그를 통하여 불안한 지배권을 행사한다. 한편, 벨라스케스의 명령을 받아 코르테스를 체포하기 위해 판필로 나르바에스(Panfilo Narváez)가 지휘하는 1,000명 가까운 대규모 스페인 병력이 멕시코 해안에 도착하고, 이에 코르테스는 자신의 병력의 일부를 이끌고 나가 맞서 싸워 그들을 제압한 뒤 상대편 병력 가운데 상당 부분을 자신의 병력에 포함시킨다.

한편, 코르테스가 도시를 비운 동안 테노치티틀란에서는 전통 축제에서 춤을 추던 비무장 인디언 전사들을 스페인인들이 학살하는 사건이 발생하고, 이에 분노한 인디언들이 들고 일어나서 스페인인들은 전멸 위기에 몰린다. 이 소식을 듣고 코르테스가 급히 달려와 사태를 진정시키기 위해 노력하지만 성공하지 못하고, 결국 치열한 전투가 벌어진다. 결국 스페인인들은 중과부적으로 패배를 인정하지 않을 수 없게 되었고, 어둠을 이용해 둑길을 통해 빠져나오다가 아스텍 인들에게 발각되어 어려운 상황에 처하게 되며, 그 과정에서 병력의 상당 부분을 잃고 가까스로 빠져 나온다. 이 사건을 '슬픈 밤'(Noche Triste) 사건이라고 부른다.

두 번째 단계는 1년이 약간 넘게 걸려 첫 번째 단계와 기간은 거의 같지만 줄거리는 훨씬 간단하다. 스페인 인들은 자신들에게 우호적인 동맹국 틀락스칼라 왕국으로 후퇴하여 건강과 사기를 회복하고, 다시 공격을 재개하여 호수 주변 소도시들을 제압하고 동맹군을 끌어 모은다(물론 그들 모두가 자발적으로 참여하지는 않았다). 1521년 5월부터 테노치티틀란에 대한 공성이 시작되며, 도시는 1521년 8월 중순 코르테스와 여러 인디언 동맹군으로 이루어진 연합군에 의해 굴복한다. 이로써 두 번째 단계가 끝나게 되는데, 이때가 1521년이다. 그러니까 정복을 시작한 지 2년 만에 완료한 것이다.

Ⅲ. 정복자들이 정복에 성공할 수 있었던 원인은 무엇인가?

코르테스는 불과 수백 명의 병력으로 적어도 수백만 명의 인구를 가진 아스텍 제국을 정복했다. 이것은 세계 전쟁사상 유례를 찾을 수 없을 정도로 대단한 성과였다. 잡다한 모험가 집단, 그것도 400명가량에 불과한 인원으로 이루어진 집단이 어떻게 불과 2년 만에, 그것도 적지에서, 천 만이 넘는 인구를 가진 아메리카 인디언 강국을 무너뜨릴 수 있었을까? 스페인 인의 어떤 점이, 그리고 인디언의 어떤 점이 이처럼 가공스럽고도 쉽게 믿기지 않는 승리를 가능하게 했을까? 이 질문은 오랜 시간이 지난 지금까지도 효력을 잃지 않고 있다.

아스텍 제국은 결코 만만한 나라가 아니었다. 당시 아스텍 제국은 한 학자에 따르면 무려 489개 부족, 총 2,500만 명에 달하는 엄청난 인구를 지배하면서 전성기를 구가하고 있었으며, 황제 몬테수마는 이 수많은 부족들로부터 조공을 받아 거대한 부를 축적하고 있었다. 수도 테노치티틀란의 위용에 대해 코르테스는 다음과 같이 썼다: "이 도시의 주신전(主神殿)의 엄청난 크기와 웅장함은 인간의 필설로는 도저히 설명할 수 없을 정도이다. 신전 경내에는 피라미드가 40여개나 있는데 그중 가장 중요한 피라미드의 높이는 세비야 대성당의 탑보다 더 높다. 이 피라미드들은 너무나 훌륭하게 지어져서 세상 어디에도 그 만한 것이 없을 것이라 생각될 정도이다."

스페인 인들이 정복 전쟁에서 승리한 원인에 대해 학자들은 대체로 다음과 같은 결론을 내놓고 있다.

첫째는 군사적 요인이다. 강철 무기와 화포를 가진 유럽인들의 군사기술상의 우위는 침입자들에게 활과 화살, 투석기와 돌, 도끼, 몽둥이, 나무칼을 갖고 있었을 뿐인 원주민들에 대해 결정적인 이점을 제공해주었다. 아메리카 인디언들은 당시 쇠붙이로 된 무기를 모르고 있었다. 멕시카 족(아스텍 제국의 지배 부족)이 사용하는 나무칼에는 매우 예리한 흑요석 파편이 박혀 있어서 치명적인 살상 효과를 낼 수도 있었지만 그렇더라도 결과는 마찬가지였다. 스페인 인들의 화기는 장전에 시간이 걸리고 거추장스러웠으며, 화약이 물에 젖어 쉽게 못쓰게 되는 경우가 많았지만 예리한 강철 칼은 근접전에서 스페인 인들에게 강력한 이점을 제공했다.

또 정복 초기 대포와 말(멕시카족의 표현에 따르면 '지붕만큼이나 키가 큰 사슴')이 가져다 준 두려움이라는 심리적 효과 때문에 스페인인들의 군사적 우위는 배가되었다. 아스텍 인들은 말을 본 적도 들은 적도 없었으며, 때문에 그들은 적어도 전쟁 초반에는 말에 대해 경외심을 가지고 두려워했다. "사슬 갑옷을 입고 창과 칼로 무장한 스페인 기병은 오늘날의 전차에 비할 만한 전투력을 가지고 있었다." 실제로 소수의 스페인 기병부대는 수차례에 걸쳐 그보다 훨씬 많은 수의 인디오 전사들을 물리치는 모습을 보여준다. 대포 또한 정복 초기에 무엇보다도 그것이 내는 엄청난 굉음 때문에 원주민들을 혼비백산하게 하여 그들의 전투 능력을 약화시켰다.

전쟁에 대한 개념도 달랐다. 아스텍 인들은 전쟁의 목적이 다른 부족들을 제압해서 공납을 받기 위해서이거나 아니면 신들에게 희생제물로 바칠 포로를 확보하기 위해서였다. 그러므로 상대방을 죽이거나 치명상을 입히는 것은 전쟁 목적에 위배되는 것이었다. 그에 비해 스페인 인들의 전쟁 방식은 상대방을 되도록 빨리 많이 죽이는 것이었다. 그러니까 스페인 인들의 전쟁이 과학과 기술의 문제였다면 인디언들의 전쟁은 종교 혹은 의식의 의미가 강했다고 할 수 있다. 이런 점들이 전쟁에서 아메리카 원주민들에게 불리하게 작용한 것이다.

두 번째는, 아스텍 제국의 인디언들이 상대적으로 다른 원주민 부족들에 비해 '개명된 부족'이었다는 바로 그 사실이 스페인 인들에게 유리하게 작용했던 것으로 보인다. 아스텍 인들에 의해 이미 확립되어 있던 제국적 구조는 그것들이 가진 중앙집권적 성격으로 말미암아 유카탄 반도나 북아메리카에 살고 있는 엉성한 체제를 가진 부족들이었다면 불가능했을 방식으로 유럽인들의 공격에 취약하게 만들었다. 그런 구조 하에서는 최고 권력자가 생포되면 제국의 메커니즘이 일대 혼란에 빠지게 마련이었다. 그리고 일단 그런 제국에 대해 최종적인 승리가 확보되면 과거의 지배 시스템을 회복하고 그것을 다른 지배자들(스페인인들)의 지배 시스템으로 대체하는 것이 그리 어렵지 않았다. 원주민들은 이미 제국 중심부(황제)에 공물을 바치고, 그로부터 명령을 받는 데 익숙해져 있었기 때문이다.

세 번째는 정신적 요인이다. 학자들은 야포 몇 문과 열세 정의 머스킷 총, 그리고 몇 마리의 말이 수백 만 혹은 천 만이 넘는 인구를 가진 아스텍 제국을 굴복시킨 결정적인 요인이 될 수 없다는 데에 의견을 같이 한다. 그보다 더 중요한 승전 이유는 스페인인들과 원주민들이 갖고 있던 정신 상태의 차이라고 말한다. 유럽인들은 무엇보다도 자신들의 종교와 문명에 대해 더할 나위 없는 우월감과 자신감을, 그리고 그로 인한 승리에 대한 확신을 갖고 있었다. 그의 깃발에는 십자가의 형상과 함께 "우리는 십자가를 따른다. 그리고 우리가 이 표지에 대해 진정으로 믿음을 가지고 있다면 우리는 승리하리라."라고 적혀 있었다. 또 후에 그는 "우리는 신의 위대한 선을 믿는 그리스도교도였으므로 신께서는 우리가 완전히 파멸되지 않도록 돌봐 주시리라 여겼다."고 말하기도 했다. 이런 문명과 신앙에 대한 우월감과 확신이 그들에게 무모할 정도의 성공에 대한 확신과 불굴의 의지를 가져다주었다.

그에 비해 아메리카 원주민들의 정신 상태는 정반대였다. 그들은 스페인인들의 결연한 태도를 저지할 만큼 심리적으로 전혀 준비가 되어 있지 않았다. 그들은 스페인 인들을 침입자로 생각해서 대항할 것인지, 아니면 돌아온 신 케찰코아틀이라고 생각해서 영접을 해야 할지 결정하지 못한 채 갈팡질팡하는 모습을 보인다.[1] 케찰코아틀은 옛날에 아스텍 인들을 지배하던 영웅 겸 신인데, 이 신이 자기 백성들에게 쫓겨났었다. 그런데 아스텍인들은 그가 다시 지배권을 다시 차지하기 위해서 돌아올 것이라는 믿음을 갖고 있었고, 여러 가지 정황상 코르테스 일행이 그들일지도 모른다는 생각을 갖고 있었다는 것이다.

아스텍의 황제가 코르테스 일행을 언젠가 돌아오겠다고 약속하고 떠난 자신들의 신으로 오해했다는 이야기의 진위여부에 대해서는 학자들 간에 많은 논란이 있다. 이에 대해, 코르테스가 스페인 황제에게 보낸 편지에는 아스텍의 황제 몬테수마가 스페인 정복자들과 자신의 백성들 앞에서 다음과 같은

'자발적 권력이양'을 선언했다고 되어 있다:

> 형제들이여, (...) 그 지배자(케찰코아틀)는 언젠가 다시 돌아오거나 아니면 군대를 보내 우리 조상들이 자신을 다시 섬기게 하겠다는 말을 남기고 이곳을 떠나갔습니다. 그리고 여러분들은 우리가 항상 그 분이 오실 날을 기다려 왔다는 것을 잘 알고 있을 것입니다. 그런데 여기 계신 대장(코르테스)께서는 자신을 이곳에 보낸 지배자 겸 왕에 대해 말씀하셨고, 그가 그곳으로부터 왔다고 말한 방향을 고려해볼 때 저는 이 대장께서 말씀하시는 그 지배자가 우리가 오랫동안 기다려 온 바로 그 분임을 확신하게 되었습니다. (...) 이제 우리의 조상님들이 그 분들의 주군을 영접하고 모셔야 함에도 그렇게 하지 않았기 때문에 이제 우리가 그 분을 영접해야만 합니다.

학자들 가운데는 이 문건이 코르테스에 의해 조작되었거나 아스텍 황제의 의례적인 환영의 말을 오해한 것이라는 주장도 있다. 이 문건의 진위 여부는 알 수 없으나 인디언 지도부가 스페인 침입자들을 위험한 적으로 간주하여 결연한 대응을 하지 못하고 주저하고 우왕좌왕하는 모습으로 일관했음은 분명하며, 아스텍 제국 지도부의 이런 우유부단함은 결국 스페인 정복자들에 대해 그들과 싸워보지도 않고 영접하여 맞아들이는 결과로 이어졌다. 나중에야 스페인인들이 자신들이 기다리던 신이 아니라는 것을 깨닫고 저항에 나서지만 그것은 이미 상황이 되돌릴 수 없을 정도로 되고 난 이후의 일이었다.

네 번째는, 원주민 사회의 내분이다. 아스텍 제국의 원주민들은 전체가 단합하여 침입자들에게 대항하지 못했다. 아스텍 지배자들은 북쪽에서 내려와 지배 영토를 확대시키는 과정에서, 그러니까 제국을 형성해가는 과정에서 제국 곳곳에 불만세력들을 만들어놓고 있었으며, 그 불만 세력들은 어렵지 않게 백인 침입자들의 동맹 세력이 되었다. 멕시코에서 틀락스칼라족이 그런 전형적인 예인데, 이들은 스페인 인들과 한 차례 치열한 전쟁을 치르고 나서 불구대천의 원수인 멕시카족을 타도하기 위해 스페인 인들에게 적극 협력했다.

멕시카 족에 대한 틀락스칼라 인들의 증오심은 너무나 커서 이들이 멕시카

족에게 보인 잔인한 행동은 잔인하기로 소문난 스페인 인들조차도 몸서리칠 정도였다. 스페인 정복자들이 이들 원주민 동맹 세력을 확보함으로써 수적 열세를 상당 부분 만회할 수 있었음은 물론이다. 그들은 스페인 인들의 보조 병력으로서의 역할 뿐만 아니라 길 안내자, 짐꾼, 스파이로 활약했고, 여러 지역과 지역 주민들에 관한 정보를 제공해주었기 때문에 스페인 정복자들은 보다 효과적인 싸움을 할 수 있었다.

다섯 번째, 전염병의 역할도 중요했다. 역사가 크로스비(A. Crosby)는 멕시코 정복 시기에 멕시카 족의 저항 의지와 저항 능력이 천연두라는 역병에 의해 치명적으로 약화되었다고 말한다. 이 천연두는 유럽에서는 오래전부터 간헐적으로 나타나곤 하는 풍토병이었다. 강한 전염성을 갖고 있었던 이 질병은 코르테스의 시대에도 여전히 심각한 병이었고, 이 병에 걸렸다 살아남은 사람들도 장애를 갖는 경우가 대부분이었다. 그러나 유럽과 아시아인들은 수세대 동안 점차 이 질병에 익숙해져 있어서 이 병이 치명적인 결과를 초래하는 경우는 그리 많지 않았으며, 또 어렸을 때 천연두에 걸렸다 살아남은 사람은 자연적으로 평생 동안 면역력을 갖게 되었다. 그러나 수만 년 동안 구세계로부터 단절되어 있었던 아메리카 원주민들은 이 질병에 대해 전혀 면역력을 갖고 있지 않았기 때문에 병이 한번 유행하면 원주민들은 거의 떼죽음을 면치 못했다.

이 천연두가 스페인 인들과 멕시카족 간의 결정적인 싸움이 벌어지기 직전에 원주민 진영을 휩쓸었고, 그것은 전쟁 승패의 결정적 요인 가운데 하나가 되었다. 또한 인디언들은 정복자들이 신이 아니라 그들과 마찬가지로 인간이라는 사실을 깨닫고 난 뒤에도 그들이 자신들과 달리 전염병에 잘 쓰러지지 않는 것을 보고 스페인 인들 뒤에는 자신들의 신보다 더 강한 신이 버티고 있다고 믿고 스스로 체념하는 태도를 보이기도 했다. 그러니까 전염병이 원주민들을 무너뜨리는 데 물리적으로뿐만 아니라 심리적으로도 결정적인 역할을 한 것이다. 크로스비는 이에 대해 "코르테스의 승리와, 그것을 성공적으로 모방한 피사로의 기적과도 같은 승리는 상당 부분 천연두 바이러스의 승리"였다고 말하고 있다.

Ⅳ. 스페인 인들은 어떻게 정복을 합리화하였는가?

스페인 왕정은 기독교를 확산시키기 위해서 이단과 이교도들을 정복하고 지배할 수 있다는 원칙을 만들어냈다. 스페인의 법학자 후안 데 팔라시오스 루비오스는 "교황은 이단과 이교도들의 사법권을 무효화하고 그 지배권을 기독교 군주들에게 하사할 수 있다"고 주장했고, 그것을 1493년 교황 알렉산드로스 6세가 '기진(寄進)의 교서'(Bulls of Donation)에서 공식화하였다. 팔라시오스는 또한 그 원칙을 정복 현장에서 이용할 수 있게끔 공적 성격을 가진 하나의 문서로 만들었으니 그것이 '레케리미엔토'(requerimiento)라는 문서이다.

정복자들은 인디오들에 대한 공격을 법적으로 정당화하기 위해 공격을 시작하기 전에 이 레케리미엔토를 그들에게 낭독해주었다. 인디오들이 그것을 이해하든 못하든 상관없었다. 이 레케리미엔토의 내용은 먼저 천지창조 이래로 전개된 세계 역사를 간단히 요약하는 것으로 시작되며, 이어서 스페인 왕이 교황의 기증을 통해 아메리카에 대한 지배권을 갖게 되었음이 언급되고, 계속해서 인디오들에게 가톨릭교회의 지배권을, 그리고 가톨릭교회를 대신하는 스페인 국왕의 세속적 지배권을 인정할 것을 요구하는 내용이 이어진다.

또한 (스페인 인들이) 그들에게 그리스도교 교리를 가르친 수 있도록 허락하라고 요구하며, 만약 이런 요구들을 받아들이지 않으면 그들에게 어떤 일이 벌어질 것인지에 대한 설명이 이어지는데, 스페인 인들은 무력으로 그(인디오)들의 땅에 쳐들어가 그들(인디오들)의 아내와 아이들을 노예로 만들 수 있다는 것이었다. 여기에다 "우리(스페인인들)는 자신의 주군을 받아들이기를 거부하고 저항하고, 그의 권위를 부인하는 다른 신민들에게 그렇게 하듯이, 우리가 할 수 있는 모든 위해와 타격을 가할 것이며, 그리고 그로 인해 초래될 죽음과 재산 상실의 책임은 우리 국왕 폐하의 책임도, 우리의 책임도, 그리고 우리와 함께 온 기사들의 책임도 아니고 전적으로 너희들에게 있다"라는 문구가 들어가 있었다.

레케리메엔토가 낭독될 때는 반드시 공증인이 입회해야 했다. 그렇게 함으로써 도덕적으로 공격을 위한 준비가 완료되게 된다. 이 문건에 대한 반응은 엇갈렸다. '인디오 인권의 수호자' 라스 카사스 신부(Bartolomé de Las Casas)는 이 문건에 대해 울어야 할지 웃어야 할지 모르겠다며 어이없어 했다. 정복자들의 레케리미엔토 낭독도 대부분 극히 형식적이었다. 라스 카사스는 경멸조로 그것들이 "나무들에게 낭독되었다"고 말했고, 오비에도도 그것을 "텅 빈 마을에게 읽어주었다"고 기술하고 있다. 그러나 국왕 관리들은 이 제도를 상당히 진지하게 받아들인 것 같다. 정복자 코르테스는 그의 레시덴시아 심사(임기를 마치고나서 혹은 임기 중에 받는 감사)에서 촐룰라의 학살 때 인디오들에게 이 문건을 낭독하지 않고 공격했다는 혐의로 고발되기도 했다.

V. 정복 이후 급속한 원주민 인구 감소의 원인은 무엇인가?

원주민 제국들이 정복되고 나서 아메리카, 혹은 누에바에스파냐(지금의 멕시코)에서 나타난 가장 놀라운 현상 가운데 하나는 인디언 인구의 급속한 감소이다. 유럽인들이 처음 도착했을 때 아메리카 원주민의 수가 얼마나 되었는가에 대해서는 2천만에서 8천만, 혹은 그 이상에 이르기까지 추정치가 매우 다양하다. 전체 원주민 수는 앞으로도 계속 논란의 대상이 되겠지만 유럽인이 도착하고 나서 원주민 수가 급속히 감소했다는 데에는 이론의 여지가 없다. 두 문명 간의 첫 만남이 있고 나서 1세기 동안 무려 90-95% 정도 감소했다는 것이 일반적인 평가이다. 한 역사가는 중부 멕시코의 원주민 인구가 1519년 약 2,500만에서 1605년 100만 정도로 줄었다고 주장한다.

이 급속한 인구 감소에서 정복 과정에서 스페인 인들이 저지른 만행과, 그 이후 새로 주인이 된 그들이 저지른 학대와 착취가 어느 정도의 역할을 했는가는 이미 정복 시대를 살았던 스페인인들 사이에서 치열한 논란거리가 된 바 있고, 지금도 그 논란은 계속되고 있다. 1552년 세비야에서 처음 출간된 라스 카사스의 《인디아스 파괴에 관하여*Brief Account of the Destruction of the Indies*》는 자신의 동포들, 즉 스페인 인들이 인디언들에게 저지른 야만적인 행동에 대한 지울 수 없는 기록으로서 유럽인들의 의식 속에 선명하게 각인되었다. 그의 말을 뒷받침해주는 증언도 적지 않게 남아 있다. 멕시코 아우디엔시아(Audiencia; 고등법원)의 판사였던 알론소 데 소리타는 〈누에바에스파냐의 영주들에 대한 간략한 보고서*Brief Relation of the Lords of New Spain*〉에서 '스페인 인들은 원주민들에게 자신들이 원하는 모든 것을 내놓으라고 압박을 가하고 그들에게 세상에서 들어본 적도 없는 잔인한 행위와 고문을 자행했다'라고 썼다.

이 같은 스페인인들의 만행과 학살이 인구 감소의 중요한 원인이었음은 의심의 여지가 없다. 그러나 최근에는 유럽인들이 의도하지 않게 들여와 면역력이 없는 원주민들 사이에 들불처럼 확산되었던 천연두 같은 '유럽인들의 질병'이 인디언 인구의 궤멸을 가져 온 가장 중요한 원인이었다는 데에 의견이 모아지고 있다. 그러나 그 외에도 과로, 영양실조, 심각한 사회 혼란, 그로 인한 삶의 의욕 상실 등도 가공할 치사율과 깊은 연관을 가지고 있었을 것임이 분명하다.

VI. 인디언들은 누구이며 어떻게 지배할 것인가?

아메리카와 아메리카 원주민들은 스페인 인들에게는 완전히 새롭고 낯선 현상이었다. 콜럼버스의 항해 이전까지는 유럽인들의 인식 체계에 들어있지 않았던 사람들이었다. 그 때문에 이들이 누구이고, 또 이들을 어떻게 대해야 하는가가 중요한 논쟁거리가 되었고, 16세기 내내 스페인 지식인들 사이에서는 아메리카 원주민의 인간성과 법적 지위를 둘러싸고 치열한 논쟁이 벌어졌다. 논쟁의 초점은 "인디언들이 진정 16세기 유럽인들이 생각하는 그런 의미에서 완전한 인간인가, 아니면 유럽인들의 노예가 되어서 마땅한 하급의 인간인가"였다. 이에 대해 학자들은 두 편으로 나뉘었는데, 한쪽은 인디언들을 "고귀하고 완전한 인간"으로 보았고, 다른 한쪽은 그들을 "비천하고 불완전한 인간"으로 보는 것이었다.

1550년-51년 〈바야돌리드 논쟁〉은 이 문제를 둘러싸고 벌어진 논란의 정점이라고 할 수 있었다. 이 해에 스페인 왕 카를 5세가 양쪽을 대표하는 두 이론가를 불러 각자의 견해를 발표하게 한 것이다. 여기에서 궁정사가인 세풀베다(Juan Ginés de Sepulveda)는 아리스토텔레스에 대한 지식을 토대로 〈제2의 민주주의자*Democrates secundus*〉라는 논문을 발표하고, 인디언들의 천부적 열등성을 주장했다. 즉 그는 "문명이 야만을 지배하는 것은 당연하고 정당하다. 원주민은 야만인이다. 그것을 말해주는 대표적인 것이 그들이 하고 있는 우상숭배, 인신공희, 그리고 식인풍습이다."는 논리로 인디언들의 노예화가 정당하다고 주장했다.

이에 대해 "인디언들의 보호자"라고 불렸던 라스 카사스(Bartolomé de Las Casas) 신부는 역시 고대 사상가들과 기독교 사상가들의 이론을 인용해서 세풀베다의 견해를 조목조목 반박하고, "인디언들은 결코 야만인이 아니다"라고 주장했다. 그러니까 인디언들(특히 아스텍 인들과 잉카 인들)은 문명을 규정하는 대부분의 요소들(법, 규범, 통치 기구 등)을 가지고 있으므로 스페인 인들과 똑같은 완전한 인간이라는 것이었다. 무엇보다도 경험과 관찰을 근거로 문화적 차이를 환경결정론적으로 설명하였으며, 인신공희나 의식적(儀式的) 식인 관행 같은 유럽적 기준에서 벗어난 행위들에 대해서도 과학적, 객관적으로 설명하려고 했다. 또 그는 원주민은 자연법과 국제법에 따라 자신들의 땅에 대해 정당한 소유권을 가지며, 에스파냐 인이 신세계에서 벌인 모든 전쟁과 정복은 불법이라고 선언했다. 또한 에스파냐는 오직 "모든 인간에게 적용하여 마땅한 자연스런 방식으로, 즉 사랑과 관용과 친절로" 원주민들을 교화해야 한다고 말했다.

그러나 대부분의 사람들은 인디언들이 기껏해야 아이들과 같은 존재에 불과하다고 본 것 같다. 예를 들어 치아파스의 주교 페드로 데 페리아(Fray Pedro de Feria)는 1585년 제 3차 멕시코 교구회의에서 인디언들은 어린아이와 같기 때문에 지도와 감독이 필요하다고 주장했다: '우리는 최선을 다해 인디언들을 사랑하고 그들을 도와야 합니다. 그러나 그들의 성품이 상스럽고 불완전하므로 사랑보다는 매로 다스리고, 정해진 목표를 향해 끌고 가야 합니다.' 말을 안 듣는 아이들에게는 엄격한 훈육이 필요하다는 것이 그와 많은 사람들의 생각이었다.

VII. 엔코미엔다를 둘러싼 논쟁

스페인 지배자들(왕이나 고위층 사람들)은 피정복민인 인디언들에 대해 자신들이 정복자이므로 인디언들을 자의적으로 지배해도 된다고 생각하지는 않았다. 16세기 스페인 제국의 지배자들은 이른바 '기독교적 제국주의' 혹은 '메시아주의적 제국주의'를 추구했는데, 이 기독교적 제국주의란 자신들을 신께서 당신의 뜻을 이루시기 위해서 선택한 민족이라고 생각하는 것으로서, 따라서 신법이나 자연법에 반하는 행동을 해서는 안 된다고 생각하는 경향을 말한다. 그리고 기독교를 모르는 사람들에게 복음을 전파하고 문명을 모르는 사람들에게 문명을 알게 하는 것이 자신들의 소임이라고 생각했다. 적어도 스페인 왕과 교회는 공식적으로 그와 같은 입장을 견지하고 있었다.

그러나 이론과 현실은 달랐다. 왜냐하면 정복이라는 공을 세운 정복자들에게 어떤 형태로든 보상을 해야 했고, 그 보상이라는 것이 정복당한 원주민들로부터 수취해야 하는 공납과 노동밖에는 아무 것도 없었기 때문이다. 다시 말해, 정복자들은 정복자로서 자신들이 바친 봉사를 국왕이 기억하고 그에 합당한 보상을 해주기를 바랐으며, 그들의 그런 요구는 충분히 설득력이 있었던 것이다. 국왕도 그들과 그 후손들이 기대하는 권리를 부인하지는 않았다. 그래서 식민 초기에 국왕은 엔코미엔다 제도를 통해 정복자들의 인디언 지배를 인정했다. 엔코미엔다 제도란 정복이라는 공을 세운 정복자들에게 일정 지역의 원주민들의 지배를 맡기는 것으로서, 이 엔코미엔다를 하사받은 사람('엔코멘데로')이 원주민들을 외부의 침입으로부터 보호할 책임을 갖는 대신 그들로부터 공납과 부역(노동)을 수취할 권리를 갖는 것이었다. 1540년대쯤이면 누에바에스파냐(멕시코) 부왕령에 약 600명, 페루 부왕령에 약 500명의 엔코멘데로(엔코미엔다의 소유자)가 존재하게 되었다. 이는 신세계 판 봉건귀족 계층이 형성되어 가고 있었음을 시사한다.

그런데 이 엔코멘데로들은 이 제도를 악용해서 자기들에게 맡겨진 인디언들을 사실상 노예로 만들어서 엄청난 착취와 폭력을 저질렀고, 그로 인해 수많은 원주민들이 죽어나가고 인구가 급속도로 감소했다. 초창기 엔코미엔다는 사실 끔찍한 노예제와 거의 다르지 않았다. 이로 인한 학대 때문에 이스파뇰라 섬의 인구는 20년 만에 수백만에서 30,000명 정도로 줄어들었다. 이 같은 인구 감소는 전염병과는 무관한 것으로 보이는데, 1518년까지는 앤틸리스 제도에 전염병이 발생했다는 기록이 없기 때문이다. 정복자들은 인디언들을 미개하고 야만적인 사람들이라고 생각했고, 이 미개한 사람들을 노예로 만들어 죽을 때까지 착취해도 된다고 생각했던 것으로 보인다.

이렇게 악용되고 변질된 엔코미엔다 제도를 국왕과 교회는 두고 볼 수만은 없었다. 먼저 이 같은 상황에 제동을 걸고 나선 사람들이 당시 아메리카 인디언들에 대한 전교를 책임지고 있던 탁발수도사들이었다. 당시 스페인 왕은 이론적으로 아메리카에 대한 지배권을 교황으로부터 받았는데, 교황이 스페인 왕의 지배권을 인정하는 대신 제시한 조건 가운데 첫번째가 아메리카 원주민들에 대한 전교 사업이었다. 그리고 왕은 이 책임을 주교들 즉 재속사제들에게 맡기지 않고 탁발교단들(프란체스코회, 도미니코회 등)에 위임하고 있었다. 그런데 정복 이후 첫 수십 년 동안 아메리카에 온 탁발수사들은 대개 엘리트 집단이었다. 그들은 스페인에서 '가톨릭 공동왕'(이사벨과 페르난도 공동왕의 별칭)에 의해 시작되고, 추기경 시스네로스가 열정적으로 추진한 혁신운동의 산물이었다. 이들은 전교에 대한 열정과 민감한 사회의식과 지식에 대한 애호를 겸비한 사람들이었다.

이 선교사들은 대체로 원주민들의 높은 자질, 그들의 단순소박함, 그리고 유럽인들의 탐욕과 야심을 그들은 갖고 있지 않은 점에 깊은 감명을 받았다. 국왕 판사로 재직하다 후에 멕시코 미초아칸(Michoacán) 지역의 주교가 된 바스코 데 키로가(Vasco de Quiroga)는 이렇게 말했다:

> 이들과 함께라면 무엇이든 이룰 수 있을 것이다. 이들은 더할 나위 없이 순종적이다. 인내심을 가지고 노력한다면 이들에게 그리스도교 교리를 가르치는 것은 그리 어렵지 않을 것이다. 이들은 천부적으로 겸양과 순종의 본능을 가지고 있으며, 가난과 벌거벗음, 그리고 세속에 대한 경멸이라는 그리스도적 성품을 소유하고 있다. 이들은 신발을 신지 않고 모자를 쓰지 않으며 사도들처럼 긴 머리카락을 가지고 있다. 이들은 오류가 없고 쉽게 감동하는 유순한 마음을 가지고 있다.

정복 이후 첫 수십 년 동안 아메리카에 온 개혁적 성직자들 가운데 다수는 천년왕국적, 유토피아적 이상의 영향을 강하게 받고 있었다. 그들은 "구원을 기다리는 수많은 원주민"이라는 비전에 고무되어 원래의 순수함으로 돌아온 그리스도교의 깃발 아래 원주민 문화와 에스파냐 문화를 결합하여 풍요로운 결실을 거두기를 꿈꾸었다. 멕시코 최초의 주교이자 대주교였던 후안 데 수마라가(Juan de Zumárraga), 바스코 데 키로가(Vasco de Quiroga), 바르톨로메 데 라스 카사스 등은 에라스무스의 인문주의적, 개혁주의적 이념과 토마스 모어의 『유토피아』로부터 깊은 영향을 받고 있었다. 말하자면 그들은 신세계에 부패한 세속적 영향력으로부터 자유로운 새 예루살렘(New Jerusalem)을 건설하려는 바람을 갖고 있었던 것이다. 그런데 만약 원주민들이 엔코멘데로들의 학대와 폭력으로 죽어 없어져버리면 자신들의 바람은 실현되지 못할 것이고, 그렇게 되면 교회의 체면은 땅에 떨어지고 말 것이었기 때문에 어떻게든 그런 사태를 막아야 했다.

인디언들이 노예화되어 가는 상황에 먼저 제동을 걸고 나선 것은 이들 탁발수사들이었고, 그중에서도 대표적인 인물이 앞에서도 언급된 라스 카사스 신부였다. 라스 카사스 신부는 이 엔코멘데로들의 행위를 신랄하게 비난하고, 엔코미엔다 제도의 폐지를 위해 죽을 때까지 노력했으며, 그래서 "인디언들의 보호자"라는 별명을 갖게 되었다. 라스 카사스와 그의 제자들은 신법의 시행을 강행하려고 적극적으로 노력했기 때문에 엔코멘데로들과는 철천지원수가 되었으며, 끊임없이 협박을 받았다. 신법에 의거하여 원주민 노예제를 철폐하려고 한 도미니쿠스 회 소속 니카라과의 안토니오 데 발디비에소(Antonio de Valdivieso) 주교는 실제로 1550년 총독의 아들이 이끄는 일단의 무리에게 암살을 당하기도 했다.

16세기 스페인 왕들도 대체로 탁발수사들과 입장을 같이하였다. 스페인 왕들은 그들대로 이 새로운 땅에 대해 기대가 컸다. 그들은 이곳에 유럽에서처럼 왕권을 제한하고 있는 봉건 영주들이나 거만한 도시 참사회들로부터 자유로운, 국왕 자신이 모든 백성들을 지배하는 보다 완전한 기독교 국가를 만들기를 기대하고 있었다. 동시에 왕들은 아메리카라는 새 영토가 국왕 자신에게 혹은 국가 재정에 최대한 도움이 되어야 한다는 생각을 갖고 있었다. 그리고 엔코멘데로들이 아메리카에서 봉건영주화 되어 가고, 그들이 원주민 백성들을 노예처럼 부리고, 무지막지한 폭력을 저지르고, 그로 인해 인디언들이 대규모로 죽어나가는 상황을 방치할 수 없었다. 스페인 국왕들은 자신들의 권위에 대해 깊이 고무된 상태에서 인디아스(스페인 령 아메리카를 지칭)의 '천부적 주군'인 자신들에게 주어진 의무를 다하고, 동시에 새 영토 획득이 국왕에게 가져다 줄 잠재적 이익을 극대화하기 위해 적극적으로 개입했다.

그리하여 16세기 스페인 왕들은 여러 차례의 법 제정을 통해서 이 엔코미엔다 제도의 부작용을 줄이고 궁극적으로는 폐지를 위해서 노력했다. 그 노력의 대표적 산물이 1542년 카를 5세 때 제정된 신법(New Laws)이다. 이 법은 엔코미엔다 제도의 완전 폐지로 이어질 것처럼 보였는데, 그 내용은 원주민의 노예화를 금하고, 합법성이 입증되지 않은 노예는 풀어주고, 원주민의 강제적인 개인적 봉사를 금하고, 공납을 제한하였으며, 무엇보다도 기존 엔코미엔다는 그 소유자의 사망과 함께 폐지된다는 내용이 포함되어 있었다. 그러므로 이 법에 의하면 당시 생존해 있던 엔코멘데로들이 죽으면 인디언들에 대한 권리가 다 국왕에게 귀속될 것이기 때문에 이 제도가 자동적으로 폐지되게 하는 조치였다. 이 신법에 담긴 항목들이 식민지 정주자들의 광범한 반대로 끝내 관철되지는 못했다. 그렇지만 엔코미엔다가 다음 세대로 자동적으로 이전되는 관행은 결국 뿌리내리지 못했으며, 원칙적으로 국왕이 계속해서 엔코미엔다의 주인이라는 사실은 사라지지 않고 남게 되었다. 결국 이 제도는 인디언 인구의 급감과 더불어 점차 소멸되어 갔다.

탁발수사들과 국왕들의 노력으로 엔코미엔다는 16세기 말이 되면 거의 소멸되어 갔다. 그렇다면 그 이후로는 원주민들의 상황이 많이 개선되었는가? 그렇지는 않았다. 그것은 스페인 인들이 '레파르티미엔토(repartimiento)' 등 또 다른 위장된 노예제를 만들어냈기 때문이다.

기억문화 속에 투영된 베스트팔렌 강화조약*

황대현

I. 머리말

기나긴 30년전쟁을 종결짓기 위해 북서독일에 위치한 뮌스터와 오스나브뤼크에 모여든 각국 외교사절들 간의 협상 중재자로 활약했던 베네치아 대사 알비세 콘타리니(Alvise Contarini)는 1650년의 한 보고서에서 베스트팔렌 강화조약이 체결된 것을 일컬어 전무후무한 '세계적 기적'으로 평가한 바 있다.[1] 굳이 콘타리니의 표현을 빌리지 않는다 하더라도 30년전쟁과 1648년의 베스트팔렌 강화조약은 전통적으로 근대 초기 독일사뿐만 아니라 유럽사에서도 이후의 역사 진행과정에 지속적으로 영향을 미친 중요한 사건으로 평가되어왔다. 특히 베스트팔렌 조약은 복수의 주권국가들이 서로 경합하는 '국가 간 체제(베스트팔렌 체제)'가 근대 유럽의 국제관계의 기본 틀로 자리 잡는 데 결정적으로 기여한 것으로 잘 알려져 있다. 그런데 아직 국내에서는 이러한 베스트팔렌

* 「베스트팔렌 강화조약에 대한 기억문화의 다양성」, 『서양사론』 제116호 (한국서양사학회, 2013), pp. 278-312.

조약의 위상에 걸맞은 전문적인 역사연구가 아직 많이 부족한 편이다.[2]

이 글에서는 베스트팔렌 강화조약에 대한 전통적인 외교사나 국제관계사 혹은 법제사적 분석을 시도하지 않는다. 대신 필자는 근래 국내 서양사학계에서도 점차 폭넓게 수용되고 있는 '기억문화(Erinnerungskultur)' 내지는 '기억의 터(lieux de mémoire)'에 대한 그간의 연구 성과에 유념하면서[3] 베스트팔렌 강화조약에 대한 기억문화의 다양성과 역사적 변화상을 함께 살펴보고자 한다. 서양의 역사가들이 본격적으로 이 주제를 다루기 시작한 것은 그리 오래된 일이 아니어서, 베스트팔렌 조약 체결 350주년이 되는 1998년 무렵에야 본격적으로 연구 성과물이 나오기 시작했다. 특히 강화조약의 무대였던 독일에서는 두 종류의 논문집이 향후 관련 연구에 이정표와 같은 역할을 수행했다고 할 수 있다. 1996년 뮌스터에서 열린 대규모 국제학술대회의 결과물을 근대 초기 독일사 전공자인 하인츠 두흐하르트(Heinz Duchhardt)가 편찬한 논문집과 1998년에 뮌스터와 오스나브뤼크에서 동시에 개최된 기념 전시회의 도록으로 출간된 방대한 분량의 3권짜리 자료집이 바로 그것이다.[4] 아래에서는 지금까지 나온 여러 연구를 바탕으로 하여, 베스트팔렌 조약에 대한 기억이 교파별 혹은 국가별로 어떻게 다르게 표출되었는지를 먼저 고찰한 다음, 독일의 사례를 중심으로 강화조약 관련 기억이 역사적 전개과정에 따라 어떻게 변화해 나갔는지를 추적해보려고 한다. 간단히 말해서 필자는 베스트팔렌 조약과 관련된 기억문화의 시 · 공간적 차원을 모두 살펴보고자 하는 것이다.

베스트팔렌 강화조약은 기억이론에서 중요한 주제 중의 하나인 기억과 망각의 관계에 대해 천착해볼 수 있는 계기를 제공한다. 이와 관련해서 전쟁이 발발한 이후 벌어진 모든 적대행위에 대한 '영원한 망각과 사면(*perpetua oblivio et amnestia*)'을 천명하고 있는 강화조약문의 보편적 사면조항은 의미심장하다.[5] 이 조항에 따라 신성로마제국의 제국재판소는 1만 건에 달하는 사면 판결을 내렸고 결국 전쟁 '범죄'를 저지른 사람들은 침묵과 망각을 보장하는 법의 보호를 받았다.[6] 또한 조약의 체결과 함께 전쟁을 상기시키는 모든 증거물들은 없어져야만 했다. 실제로 1650년 뉘른베르크에서는 강화조약 체결을 기념하는 평화기념물(*monumentum pacis*)을 광장에 세우려고 했지만 오히려 전쟁기간 동안의 갈등을 떠올리게 할 우려가 있다는 이유로 그 계획은 결국 실현되지 못했다.[7] 더구나 '기능적' 차원의 기억의 터라 할 수 있는 독일인들의 자국사 서술에서도 베스트팔렌 조약 전반에 대한 전문적인 학술연구는 19세기 초 이래로 거의 한 세기 반 동안이나 시도된 적이 없었다.[8] 후술하겠지만 베스트팔렌 조약은 독일인의 입장에서 볼 때 '민족적' 기억의 터가 되기에 부적합했기 때문이다.[9] 이렇듯 베스트팔렌 조약에 드리워진 의도적인 망각의 그림자는 과연 이 조약이 진정한 기억의 터가 될 수 있을까라는 의문이 들게 할 정도이다.

하지만 피에르 노라(Pierre Nora)에 따르면 기억은 "기억력과 건망증의 변증법"에 노출되어 있고 오랫동안 잠자고 있다가 갑자기 회복되기도 하며, 기억의 터는 본질적으로 기억의 잔해인 동시에 자생적 기억이 존재하지 않는 곳에서 태어나는 것이다.[10] 또한 영문학자 알라이다 아스만(Aleida Assmann)은 기억의 심리운동 중 가장 중요한 것은 기억과 망각이 항상 분리되지 않고 상호 영향을 미치는 점이라고 지적하면서 망각은 회상의 친구이며 회상의 필수불가결한 요소라고까지 표현하고 있다. 잠자고 있는 기억은 회상하거나 재구성할 때까지는 망각의 형태로 남아있을 수밖에 없기 때문이다.[11] 무엇보다도 공식적인 역사의 기억은 과거의 전체가 아니라 일부분만을 의식적으로 저장하고 나머지는 망각해버린다는 점을 잊어서는 안 된다.[12] 제한된 범위 안에서만 기억을 보존하고 그 이외의 것은 망각하거나 덮어버리고자 하는 의지는 사실 베스트팔렌 조약문에 고스란히 표출되어 있다. 그 대표적인 사례가 신성로마제국 내의 교회재산 소유권을 포함해 각 교파간의 세력권 분할 기준을 1624년 당시의 상황으로 아예 고정시켜버린 이른바 '기준연도(Normaljahr)' 규정이다.[13] 30년전쟁 기간의 온갖 폭력과 갈등에 대해 침묵하고 망각할 것을 규정하고 있는 강화조약 조항에도 불구하고 전쟁에 대한 기억은 결코 사라지지 않았고,

사후 재구성된 전쟁과 평화에 대한 '문화적 기억'[14]은 시대와 장소에 따라 다양한 양상을 띠면서 끈질기게 지속되었다.

II. 강화조약에 대한 교파별, 국가별 기억문화

베스트팔렌 강화조약과 관련된 다양한 기억문화에서 우리가 먼저 살펴봐야 할 것은 교파에 따른 차이이다. 이런 교파적 차이는 강화조약이 체결 당시부터 18세기에 이르기까지 대체로 개신교 측의 정치적 승리로 간주되었던 점과 밀접한 관련이 있다. 비록 강화조약의 종교관련 규정이 타협적 성격을 띠고 있었음에도 불구하고 교황청을 필두로 한 상당수의 가톨릭 세력은 강화조약 체결을 일종의 패배로 받아들이는 분위기였다.[15] 무엇보다도 가톨릭 강경론자들은 강화조약으로 인해 그들이 '이단'으로 간주했던 개신교 세력이 - 그것도 루터파 뿐만 아니라 칼뱅파까지 - 가톨릭과 법적으로 동등한 권리를 누리게 되었다는 사실과 제국의 몇몇 교회령이 개신교 통치자들에게 할양된 것을 불만스럽게 생각했다.[16] 이에 반해, 황제의 강압적인 반환령(Restitutionsedikt, 1629년)을 실질적으로 무력화시킨 기준연도 규정이나 제국의 새로운 법적 규범으로 자리 잡게 될 신 · 구교간의 동등권(Parität) 규정은 루터파 진영에서 예전부터 주장해왔던 사안들이었기 때문에 개신교 측은 관련 조항을 담은 강화조약의 체결을 환영하는 입장이었다.[17]

그렇기 때문에 강화조약에 대한 기억문화가 가톨릭과 개신교에서 다른 양상을 띠었던 것은 자연스러운 일이었다. 비록 강화조약이 체결된 이후 몇몇 가톨릭 도시들도 이를 축하하는 행사를 거행했던 것은 사실이지만[18], 독일의 가톨릭 지역에서는 강화조약과 관련해서 긍정적인 함의를 띤 기억문화가 거의 형성되지 않았다. 단적인 예로 가톨릭 주교도시 뮌스터는 강화조약 체결 1백주년이 되는 1748년에도 아무런 기념행사를 치르지 않았으며, 실제로 19세기에 관광산업과의 연계 속에서 강화조약 체결장소라는 상징성이 부각되기 전까지는 의미 있는 기억문화가 존재하지 않았다.[19] 사실 가톨릭 측의 기억문화는 강화조약 그 자체를 기념하기보다는 30년전쟁 중의 승리를 기념하면서 이 승리가 성모 마리아의 보호와 구원 때문이라는 점을 조형적으로 보여주는 기념물을 통해 표출되는 것이 훨씬 더 일반적이었다. 그 대표적인 사례로서 여러 도시에 세워진 성모 마리아 기념상을 들 수 있는데 스웨덴군의 침략을 물리친 것을 기념하기 위해 뮌헨, 빈, 프라하에 건립된 마리아 기념주(柱)가 이에 해당된다(그림 1).[20]

베스트팔렌 강화조약에 대한 강렬한 기억문화는 독일의 경우 작센처럼 개신교적 특성이 강한 영방국가나 아우크스부르크처럼 신 · 구교가 섞여있는 제국도시에서 개신교인들의 주도로 상당기간 지속되는 양상을 보였다.[21] 가톨릭 측의 기억문화가 주로 승전이나 외부의 위협을 물리친 경험을 마리아 신앙과 결합하는 데 치중했다면, 개신교 측 기억문화에서는 전쟁 중에 자신들이 감내해야했던 고통에 대한 기억과 '기적'과 같은 강화조약을 통해 개신교 신앙을 보존하게끔 만든 신의 은총에 대한 감사가 주종을 이루고 있었다.[22] 그리고 개신교 기억문화의 이런 속성은 베스트팔렌 강화조약을 단순히 30년전쟁의 맥락에서뿐만 아니라 좀 더 장기간의 역사적 맥락 속에서 파악하려는 경향으로까지 이어졌다. 즉 강화조약에 대한 독일 개신교인들의 기억은 종교개혁사에서 중요한 위상을 갖고 있는 여타 사건들 - 예컨대 1517년 루터의 95개조 발표, 1530년의 아우크스부르크 신앙고백, 1555년의 아우크스부르크 종교화의 등 -에 대한 기억과 결부되면서 점차 종교개혁의 역사 속에 편입되어 가는 모습을 보였던 것이다.[23]

서두에서 언급한 뉘른베르크의 사례에서 알 수 있듯이 베스트팔렌 조약과 관련된 가시적 기념물이 많지 않았던 상황에서 개신교 측의 기억문화는 주로 강화조약의 체결을 축하하고 마침내 도래한 평화를 기념하려는 평화축제(Friedensfest)의 형태로 표출되는 경우가 많았다. 사실 서양사에서 전쟁의 종식을 축하하는 행사는 늘 있어왔지만 그 규모나 지속성의 측면에서 베스트팔렌 조약의 경우에서처럼 광범위하고 장기간 지속된 사례를 찾아보기 쉽지 않다는 점에서, 평화축제는 1648년 조약과 관련된 대표적인 문화적 기억으로 볼 수 있다.[24] 또한 노라가 주창한 기억의 터가 강화조약 협상과정의 주 무대였던 뮌스터와 오스나브뤼크의 시청사 같은 '물질적' 차원뿐만 아니라 기념일, 기념제와 같은 '상징적' 차원까지 포괄한다는 점에서 평화축제는 강화조약 체결을 기념하는 명실상부한 기억의 터라고 할 수 있을 것이다.[25]

17세기 독일 도시들의 평화축제를 연구했던 클레르 강테(Claire Gantet)에 따르면, 베스트팔렌 조약 체결을 축하하는 최초의 평화축제가 조직된 1648년 5월부터 1650년 말까지 최소 174건의 평화축제가 유럽 각처에서 열렸는데 그중에서 163건이 신성로마제국 내에서 개최되었다.[26] 즉 30년전쟁으로 가장 많은 피해를 입은 독일에서 전쟁종식을 축하하는 평화축제가 다른 나라들에 비해 압도적으로 훨씬 많이 열렸던 것이다. 신성로마제국에서 개최된 평화축제의 대부분은 남부 독일이나 작센 지역에서 열렸는데 여기서 특징적인 것은 이미 전쟁이전에 신앙의 자유를 향유하고 있었던 개신교인들이 살고 있는 도시를 중심으로 평화축제가 거행되었다는 점이다.[27] 특히 평화축제는 개신교인들 중에서도 루터파에 의해 주도되는 양상을 보였다.[28] 베스트팔렌 조약에 의해 칼뱅파도 새롭게 신앙의 자유를 인정받았음에도 불구하고 이들이 평화축제와 거리를 두었던 이유는 무엇일까? 아마도 루터파에 비해 축제나 축일에 대해 훨씬 더 비판적이었고 화려함이나 과시 등을 철저히 배격하려는 칼뱅신학의 기본속성이 어느 정도 영향을 미쳤던 것으로 생각된다.[29] 어쨌든 강화조약 체결 이후 평화축제를 거행했던 도시들 중의 일부는 전쟁의 고통과 평화의 도래에 대한 기억을 잊지 않고 계속 간직하기 위해 평화축제를 일과성 행사로 끝내지 않고 매년 똑같은 날에 개신교인들의 주도로 기념행사를 치름으로써 평화축제의 제도화에 성공하기도 했다.[30]

다음으로, 베스트팔렌 조약 체결에 관여했던 다른 나라들에서는 기억문화가 어떤 모습으로 자리 잡았는지를 간략하게 고찰해보도록 하겠다. 먼저 강화조약의 결과 국제적으로 독립을 공인받은 네덜란드의 경우부터 살펴보자. 강화조약은 전통적으로 네덜란드인들의 집단기억 속에서 핵심적인 위상을 지니고 있었다. 그런데 네덜란드에서는 베스트팔렌 조약이 30년전쟁의 맥락 속에서가 아니라 에스파냐로부터 독립전쟁 - 이른바 '80년전쟁' -을 성공적으로 마무리 지었다는 의미에서 기념되었다.[31] 전쟁 당사국 중에서 가장 먼저 1648년 1월 30일 강화조약문에 서명했던 네덜란드와 에스파냐는 5월 15일에 뮌스터 시청사에서 양국 사절들이 참석한 가운데 인상적인 평화서약식과 함께 조약 비준서 교환식을 거행했다.[32] 바로 이 서약식을 묘사한 네덜란드 화가 헤라르트 테르 보르흐(Gerard ter Borch)의 그림은 현재에 이르기까지 베스트팔렌 강화조약을 대표하는 가장 유명한 시각적 상징물로 남아있다(그림 2). 하지만 사실 이 그림은 독일의 30년전쟁의 종식이 아니라 네덜란드의 독립을 기념하고 있다고 보는 편이 더 정확할 것이다.

조약이 비준된 이후 네덜란드의 주요 도시들에서는 오랜 전쟁의 종식과 신생 공화국의 독립을 축하하는 행사가 잇달아 벌어졌다. 특히 홀란드의 주도(州都)인 암스테르담에서는 평화와 독립을 기념하는 동시에 도시의 부유함을 과시하기 위해 새로운 시청사가 건립되었는데, 1665년 완공된 이 시청사(현재의 암스테르담 왕궁)의 박공지붕 위에는 강화조약을 상징하는 평화의 여신상이 설치되었다.[33] 1748년에 거행된 각종 1백주년 기념행사와 기념간행물에서 베스트팔렌 강화조약은 신(神)이 "제2의 이스라엘"인 네덜란드 민족을 선택한 증거로 간주되면서 민족사에서 최고의 상징적 의미를 지닌 사건으로 재해석되었다.[34] 강화조약을 네덜란드 민족사상 가장 중요한 이정표 중의 하나로 기념하는 전통은 20세기에 들어와서도 사라지지 않았다. 이처럼 네덜란드에서 강화조약에 대한 기억문화가 압도적으로 긍정적인 함의를 지녔던 것은 사실이지만, 이미 실질적으로 달성된 독립을 추인하는 의미를 지녔고 기본적으로 타협적 성격이 강했던 조약문 그 자체는 네덜란드인들에게 '신화적으로 고양

된 자기발견의 장소'로까지 자리매김 되지는 못했다.[35]

베스트팔렌 조약이 명실상부한 민족적 신화가 되기에 그리 적합하지 않았다는 점은 조약으로 인해 역시 독립적인 주권을 공인받았던 스위스의 사례에서 더욱 극명하게 드러난다. 스위스의 핵심 칸톤들은 이미 1499년 발발한 슈바벤 전쟁에서 합스부르크 가문에 승리를 거두고 바젤조약을 체결함으로써 신성로마제국으로부터 사실상의 독립을 획득했기 때문에 1648년의 조약은 네덜란드의 경우와 유사하게 이런 정치적 현실을 법적으로 추인한 것에 지나지 않았다.[36] 무엇보다도 스위스의 경우, 이미 17세기 중엽 이전부터 1291년의 동맹서약서(Bundesbrief)와 관련된 일종의 민족적 신화가 형성되어 있었기 때문에 스위스 인들의 집단기억 속에서 베스트팔렌 조약은 결코 핵심적인 위상을 지닐 수 없었다.[37]

다음으로 베스트팔렌 조약으로 가장 큰 수혜를 본 국가인 스웨덴과 프랑스의 경우를 살펴보자. 30년전쟁을 통해 유럽의 변방국가에서 단번에 중부유럽의 강자로 부상한 스웨덴은 프랑스와 함께 베스트팔렌 조약을 국제적으로 보장하는 양대 세력이 될 정도로 강화조약과 긴밀하게 연결되어 있었다. 스웨덴에서도 조약 체결을 기념하는 축하행사가 1649년까지 거행되었던 것은 사실이지만[38], 장기적인 관점에서 스웨덴의 기억문화는 강화조약 자체보다는 30년전쟁이 낳은 최대영웅 중의 하나인 구스타프 2세 아돌프에게 집중되는 경향을 보였다.[39] 물론 스웨덴의 장기간에 걸친 전쟁개입이 이후 이 나라에 상당한 인명손실과 재정파탄을 초래했다는 비판적인 목소리가 없었던 것은 아니지만, 구스타프 아돌프야말로 30년전쟁 및 베스트팔렌 조약에 대한 스웨덴 인들의 기억문화의 전형 그 자체라고 할만하다.[40] 그는 개신교국가 스웨덴의 민족적 통합을 상징하는 인물로 미화되었고 1632년 뤼첸전투에서 영웅적 죽음을 맞이한 것은 스웨덴 역사의 핵심적인 사건으로 간주되었다. 1832년부터 구스타프 아돌프가 전사한 11월 6일에는 매년 국경일에 버금가는 기념행사가 치러졌고 19세기 스웨덴 역사가들은 '북방의 사자왕'이

전쟁 중 이룩한 성취를 스웨덴 역사상 가장 좋았던 시절로, 더 나아가서 그의 업적 덕분에 "인류역사 발전에 게르만 인들이 가장 크게 기여한 사건"인 종교개혁이 완수될 수 있었던 것으로 묘사하곤 했다.[41] 뤼첸전투에서 구스타프 아돌프가 전사했던 장소 부근에는 1907년에 그의 이름을 딴 소(小)예배당이 건립되었는데 이 건물은 설계에서 기부금 출연, 기증에 이르기까지 스웨덴 측의 주도로 완공되었다(그림 3).[42]

다음 장에서 후술하겠지만, 구스타프 아돌프에 대한 기념은 비단 스웨덴뿐만 아니라 19세기 독일에서도 크게 확산되어 각종 기념비가 세워지는 것은 물론이고 디아스포라 개신교인들을 후원할 목적으로 설립된 단체가 '구스타프 아돌프 협회(Gustav-Adolf-Werk)'란 이름으로 명명되기도 했다.[43] 1824년에 남부 독일의 소도시 뇌르틀링엔에서 출간된 한 역사서는 예전에 이 도시의 여성들이 구스타프 아돌프의 초상이 새겨진 기념메달을 마치 성자(聖者)의 초상처럼 목걸이에 매달아 걸고 다녔으며 당시까지도 몇몇 가정에서 이를 보관하고 있는 모습을 볼 수 있다고 언급할 정도였다.[44] 17세기 초에 활약했던 스웨덴 국왕은 스웨덴인들 뿐만 아니라 독일 개신교인들의 뇌리 속에서도 오랫동안 잊히지 않았던 존재였던 것이다.

흥미롭게도 프랑스에서는 베스트팔렌 조약 체결이 당시에 별로 큰 반향을 불러일으키지 못했다. 왜냐하면 에스파냐와 전쟁이 아직 끝나지 않았을 뿐만 아니라 파리 고등법원을 중심으로 일어난 프롱드의 난으로 인해 정국이 매우 혼란스러웠기 때문이다.[45] 프랑스에서는 다른 나라들처럼 베스트팔렌 조약이 체결된 이후가 아니라 에스파냐와의 전쟁을 종식시킨 피레네 조약(1659년)이 체결된 다음에야 성대한 축하행사가 벌어졌다. 리옹이나 랭스 같은 도시들에서도 축하행사가 벌어졌지만, 특히 1660년 파리에서 거행된 루이 14세의 화려한 입성식(entrée)은 평화의 도래를 축하하는 것 이상의 의미를 지니고 있었다. 즉 그것은 에스파냐에 대한 프랑스의 최종 승리를 재확인하고 내전에 가까웠던 반란을 성공적으로 진압한 절대군주의 권력 수립을 대내외에 과시하는 행사였다.[46] 하지만 1648년에 프랑스가 획득하게 된 영토, 특히 알자스 지역의 교두보 확보로 인해 베스트팔렌 조약이 20세기에 들어와서까지도 프랑스의 민족주의적 역사인식에서 상당히 높은 평가를 받았던 것은 부인할 수 없는 사실이었다.[47] 베스트팔렌 조약은 중요한 요충지를 프랑스가 획득할 수 있도록 해주었을 뿐만 아니라 라인강 건너편에 있는 인접국 독일에 대한 프랑스의 승리를 보여주는 것으로 간주되었다. 따라서 강화조약에 대해 서술했던 프랑스 역사가들이 상당기간 동안, 알자스 귀속의 정당성과 불가역성을 되풀이하여 강조했던 것도 이상한 일은 아니었다.[48] 이밖에도 베스트팔렌 조약 체결 2백주년이 되는 1848년에 알자스의 프랑스 편입을 기리는 기념주화가 발행된 것이라든지, 3백주년인 1948년에 스트라스부르(!)에서 개최된 일련의 기념행사들이 '프랑스령 알자스 1648~1948년'이라는 모토 하에 진행되었다는 사실은 이 조약이 오랫동안 프랑스인들에게 어떻게 기억되었는지를 잘 예시해준다.[49] 그럼에도 불구하고 프랑스는 이후의 역사를 통해 알자스이외에도 여러 지역을 추가로 자국의 영토로 편입시킬 수 있었기 때문에 베스트팔렌 조약은 프랑스에서 여러 역사적 사건들 중의 하나였을 뿐, 결코 민족의 핵심적인 기억의 터로 부상하지는 못했다.[50]

Ⅲ. 독일 사례를 통해서 본 강화조약 기억문화의 역사적 변천

베스트팔렌 강화조약에 대한 기억문화의 다양성을 고찰할 때 공간적 차원과 함께 고려해야할 요소가 시간적 차원이다. 30년전쟁과 베스트팔렌 조약 체결을 생전에 경험했던 세대가 사망하면서 '소통적 기억'이 사라지고난 이후 새롭게 형성되기 시작한 '문화적 기억'은 어떤 양태를 띠었는가? 또한 그 기억은 역사적 환경의 변화에 어떻게 적응해나갔는가? 아래에서는 독일의 사례를 통해 강화조약에 대한 기억이 역사적으로 어떻게 변화해나갔는지를 살펴보도록 하겠다.

1806년 신성로마제국이 붕괴되기 전까지 독일에서 베스트팔렌 강화조약에 대한 기억이 사라지지 않고 끈질기게 살아남아 있을 수 있었던 데에는 무엇보다도 조약 자체가 금인칙서(1356년), 영구 란트평화령(Ewiger Landfriede, 1495년), 아우크스부르크 종교화의(1555년) 등과 함께 제국기본법의 핵심적인 부분이라는 점이 중요하게 작용했다.[51] 강화조약의 내용은 대학에서 이루어지는 공법(Jus publicum) 교육의 주된 대상이었기 때문에 18세기 말까지 여러 차례 조약문이 재간행되곤 했고, 더 나아가서 김나지움과 같은 중등교육기관의 역사수업 시간에도 빈번히 등장하는 소재로 자리 잡았다. 17~18세기에 통용되던 제국국법은 오랜 기간에 걸쳐 역사적으로 발전되어 나온 것이었기에 당시 법학자들은 역사를 법학의 보조학문으로 간주하는 경향이 있었고 이것이 학교의 역사교육에도 영향을 미쳤던 것이다.[52] 따라서 강화조약 체결 1백주년이 되는 1748년에 즈음해 제국의 여러 도시들에서 오로지 30년전쟁과 베스트팔렌 조약만을 다룬 학생용 교과서들이 다수 출간된 것은 놀라운 일이 아니었다.[53]

이렇듯 강화조약에 대한 법률 해석과 역사 해석이 거의 분리되지 않았던 근대 초기의 '학구적 기억문화(gelehrte Gedächtniskultur)'에서 베스트팔렌 조약은 기본적으로 제국의 법과 평화 질서의 토대를 놓은 것으로 긍정적인 평가를 받았다.[54] 예컨대 18세기에 출간된 여러 백과사전들은 이구동성으로 강화조약을 "신성로마제국의 가장 고귀한 기초"로 칭하면서 조약이 30년전쟁과 제국의 미해결 문제들을 다행스럽게도 극복함으로써 독일에 크나큰 위안을 가져다주었다고 기술하고 있다.[55] 동시에 베스트팔렌 조약은 18세기 내내 전 유럽적 차원에서도 열강들 사이의 세력균형을 창출해낸 중요한 계기로 인식되었다. 이를 상징적으로 보여주는 사건이 1748년 오스나브뤼크 시에서 열린 강화조약 1백주년 기념제였다. 이 행사에서 젊은 법률가 유스투스 뫼저(Justus Möser)는 세력균형의 우의적 상징물인 손에 저울을 든 에우로페가 묘사된 시청사 앞에서 "오, 모든 날 중의 가장 위대한 날이여! 너는 나라와 나라를 재는 저울의 균형을 만들어냈구나"라는 구절이 담긴 송시(頌詩)를 읊었던 것이다.[56] 뫼저와 같은 독일 법률가들만이 베스트팔렌 조약에서 유럽 열강들 간의 세력 균형의 단서를 찾아냈던 것은 아니었다. 볼테르와 루소로 대표되는 프랑스 계몽사상가들 역시 강화조약을 유럽의 평화질서의 토대로 파악했다. 그들은 프랑스에서는 봉건적 지배체제가 결국 전제주의로 이어졌던 반면에 강화조약의 결과물인 독일의 연방제적 질서는 독일과 유럽 모두에 유익한 조화로운 균형 상태를 만들어냈다고 칭송했던 것이다.[57]

베스트팔렌 조약에 대한 이런 긍정 일변도의 평가가 완전히 반전된 것은 19세기에 들어오면서 부터였다. 무엇보다도 신성로마제국의 몰락으로 인해, 제국에 법적 토대를 제공한 것으로 평가받아왔던 강화조약에 대한 학문적 관심이 급격히 사라져버리고 말았다. 현재까지도 독일 역사학계에서 기념비적 연구업적으로 일컬어지는 프리츠 디크만(Fritz Dickmann)의 『베스트팔렌 강화조약(Der Westfälische Frieden)』이 1959년 출간되기 전까지, 1808~1809년에 나온 카를 루트비히 폰 볼트만(Karl Ludwig von Woltmann)의 『베스트팔렌 강화조약의 역사(Geschichte des Westphälischen Friedens)』가 이 분야를 집중적으로 다룬 유일한 전문 역사서였다는 사실은 그간 독일 역사학계가 얼마나 오랫동안 이 주제를 외면했는지를 단적으로 잘 보여준다.[58] 어쨌든 볼트만은 제국의 몰락을 직접 자신의 눈으로 목도했음에도 불구하고 기본적으로 강화조약을 긍정적으로 평가했다는 점에서 이전의 전통을 계승했다고 말할 수 있다.[59]

하지만 베스트팔렌 조약에 대한 기억문화도 19세기를 풍미했던 민족주의의 열풍을 피해갈 수는 없었다. 역사가 프리드리히 뤼스(Friedrich Rühs)가 독일·프랑스 관계사를 다룬 책을 1815년에 출간하면서부터 분위기가 바뀌기 시작했다.[60] 뤼스는 한 세기 반 동안 진행된 독일의 약체화의 원인을 끊임없이 영토 확장을 추구한 프랑스에 의한 독일의 외부조종, 그리고 독일 분립주의 -뤼스의 표현을 빌리자면 "주권이라는 사기" -가 취약한 중앙권력에 승리를 거둔 것에서 찾았는데, 이 모든 불운이 바로 베스트팔렌 조약을 통해 확정되었다고 보았던 것이다.[61] 뤼스로부터 시작된 강화조약에 대한 역사가들의 부정적인 평가는 요한 구스타프 드로이젠(Johann Gustav Droysen)과 같은 19세기 독일의 대표적인 역사가에게도 그대로 이어졌다. 『프로이센 정치사(Geschichte der Preuβischen Politik)』에서 30년전쟁을 옛 독일이 영원히 몰락하고 대신 브란덴부르크-프로이센이 '독일적 소명'을 받아들이게 된 계기로 묘사했던 드로이젠에게, 베스트팔렌 조약은 외국열강들이 무기력한 독일을 좌지우지하게 만든 반민족적인 졸작에 다름 아니었다.[62]

강화조약에 대한 부정적 인식은 역사가들의 저작뿐만 아니라 학생들이 배우는 교과서에서도 그 모습을 드러냈다. 1859~1862년에 출간된 이후 7~10학년 학생들의 역사교과서로 사용되었던 구스타프 프라이타크(Gustav Freytag)의 『독일의 과거모습(Bilder aus der deutschen Vergangenheit)』은 17세기에 독일민족이 불행의 최저점에 도달했다고 서술하면서 베스트팔렌 조약 체결 당시 울려 퍼졌던 종소리를 신성로마제국의 죽음을 알리는 조종(弔鐘)으로 묘사했다.[63] 강화조약 체결 이후의 시기는 제국이라는 죽은 유기체가 서서히 분해되는 마지막 과정에 불과했다는 것이다. 역사교과서가 갖고 있는 엄청난 파급효과를 감안할 때 교과서의 이런 서술방식은 강화조약에 대한 부정적인 인식의 확산에 심대한 영향을 미쳤다. 19세기 민족주의의 열풍은 이처럼 강화조약에 대한 기억의 점증하는 민족주의화를 초래했다. 19세기 내내 강화조약에 대한 전문적인 역사연구가 사실상 부재했기 때문에 강화조약에 대한 해석은 과도하게 정치화할 수밖에 없었다. 결국 베스트팔렌 조약에 대한 기억을 180도 뒤바꿔 놓은 것은 새로운 역사학적 인식이 아니라 19세기의 새로운 정치 환경이었던 것이다.[64]

베스트팔렌 조약에 대한 평가가 부정일변도이다 보니 19세기의 많은 독일인들은 더 이상 예전처럼 강화조약에 대해 애써 기억하거나 기념하려들지 않았다. 1848년에 강화조약 체결 2백주년을 어떻게 기념해야할지를 묻는 신자들의 물음에 루터교 총회 관계자들이 외부세력에 의해 '명령'된 강화조약의 체결을 기리는 것은 시대정신에 맞지 않는다고 답변한 일이라든지, 1898년에 250주년 기념행사를 치렀던 독일 도시가 단지 두 곳(뮌스터와 오스나브뤼크)에 불과했다는 사실은 강화조약을 애써 망각하려는 의지의 표현이었다.[65] 특히 독일의 개신교인들은 이제 수치스러운 베스트팔렌 조약 대신에 가장 위대한 개신교 전쟁영웅인 구스타프 아돌프를 기억하고자 했다. 비록 그는 스웨덴 국왕으로 전쟁에 개입했음에도 불구하고 정작 강화조약 체결과는 아무런 관련이 없었기에 도리어 위기에 처한 독일 개신교를 구원하기 위해 자기 몸을 희생한 영웅으로 인식되었다.[66] 1832년의 구스타프 아돌프 사망 2백주년을 계기로 곳곳에 각종 기념물이 건립되었는데 그중 가장 유명한 것은 뤼첸전투에서 스웨덴 국왕이 전사한 지점위에 고딕양식으로 설치된 기념구조물이었다(그림 3).[67] 또한 이후로 많은 개신교 교회들이 그의 이름을 따 명명되었으며 라이프치히의 유명한 토마스 교회의 스테인드글라스에는 루터, 바흐, 황제 빌헬름 1세와 나란히 구스타프 아돌프가 묘사되기에 이르렀다.[68] 흥미롭게도 독일의 주도적인 민족주의자들 역시 스웨덴의 개입이 합스부르크 가문에 의한 독일 통일이라는 '불행'을 미연에 방지하고 이후 개신교 국가 프로이센이 흥기하는데 도움을 주었다고 여겼기 때문에, 구스타프 아돌프를 대선제후 프리드리히 빌헬름이나 프리드리히 대왕과 같은 프로이센 통치자들의 길을 예비한 선구자로 치켜세우곤 했다.[69] 베스트팔렌 조약에 대한 평가가 부정적인 것으로 바뀌면서 이제 평화에 대한 기억은 전쟁과 관련된 투쟁적인 기억에 자리를 내주고 말았던 것이다.

20세기에 들어와서도 베스트팔렌 조약에 대한 독일인들의 부정적인 인식은 사라지지 않았다. 흥미로운 것은 1차 세계대전 이후에 베르사유 체제를 역사적 맥락 속에 위치지음으로써 베스트팔렌 조약이 갖는 현재적 의미에 다시 주목하려는 경향이 대두했다는 점이었다. 특히 1930년대 말에 민족주의자들은 1919년의 베르사유 조약과 베스트팔렌 조약을 동일선상에서 파악하면서 두 조약 사이의 부정적 연속성을 강조하였다.[70] 오스트리아의 저명한 역사가로 나치 독일의 오스트리아 병합에 찬성했던 하인리히 폰 스르비크(Heinrich von Srbik)는 1940년에 출간된 『베스트팔렌 강화조약과 독일민족의 통일(Der Westfälische Friede und die deutsche Volkseinheit)』에서 베르사유 조약을 '제2의 베스트팔렌 강화조약'으로 칭하면서, 프랑스에서는 대독일제국이 성립된 시기에 다시금 "베스트팔렌 조약으로 되돌아가자"는 외침이 울려 퍼지고 있다고 비난하였다.[71]

1648년과 1919년 사이의 부정적 연속성에 대한 주장은 곧 나치지도부의 관심을 끌었다. 요제프 괴벨스(Joseph Goebbels)가 남긴 기록에 따르면 히틀러는 1939년까지도 뮌스터에서 체결된 베스트팔렌 조약의 '남김 없는 청산'을 전쟁 목표로 생각하고 있었고, 개전초기인 1939년 10월 총통이 국방군 최고사령관에게 보낸 서부전선 진격에 대한 각서는 "1648년 뮌스터 조약에서 확정된 독일 제1제국의 해체"라는 문구로 시작되었다.[72] 심지어 히틀러와 나치지도부는 프랑스와 전쟁을 승리로 종결지은 후 강화조약을 뮌스터에서 체결함으로써 뮌스터를 '반(反)베르사유'의 위상을 지닌 도시로 격상시킬 것을 한동안 진지하게 고려하기까지 했다.[73] 뮌스터 시 기록보관소 소장이자 나치당원이었던 에두아르트 슐테(Eduard Schulte)가 프랑스와 독일의 뿌리 깊은 적대관계를 보여줄 목적으로 베스트팔렌 강화조약 관련 대규모 전시회를 기획했을 때 당국의 전폭적인 지원을 이끌어낼 수 있었던 것도 슐테의 기획이, 2차 세계대전의 발발과 함께 뮌스터의 역사적 상징성을 대국민 선전에 적극 활용하려고 하는 나치지도부의 의도에 부합하는 것이었기 때문이었다.[74] 하지만 1940년 가을까지 이미 '제국전시회' 준비가 완료되었음에도 불구하고 전시회는 실제로 개최되지 않았기 때문에 일반인들의 관람은 이루어지지 못했다. 왜냐하면 프랑스가 독일에 이미 항복했고 페탱의 괴뢰정부가 수립되어 이제 일정정도 프랑스 측과 관계를 개선할 필요가 있었던 상황에서 지나치게 반(反)프랑스적인 기조를 띤 전시회의 개최는 시의적절하지 않았기 때문이었다.[75] 어쨌든 전시물을 철거하기에 앞서 전시공간을 꼼꼼히 촬영해놓은 제국선전부의 기록

사진들은 이 전시회의 기본 얼개를 오늘날까지 생생하게 잘 전해주고 있다. 사진을 자세히 보면 전시공간의 벽면이 "1648년. 프랑스의 가장 큰 승리. 독일의 가장 큰 치욕", "베스트팔렌 강화조약은 독일 민족에게서 제국의 이념을 빼앗아가 버렸다"와 같은 자극적인 문구로 도배되어있었음을 알 수 있다(그림 4).[76] 슐테의 전시회 기획과 무산은 강화조약에 대한 기억문화가 정치적으로 어떻게 도구화될 수 있는지를 극명하게 보여준 사례였다.

강화조약에 대한 부정적인 평가는 1945년 나치독일의 패망이후에도 하루아침에 금방 사라지지 않았다. '초기 부르주아 혁명론'에 집착했던 동독의 역사학계에서는 베스트팔렌 조약이 봉건제에서 자본주의로의 이행에 기여한 바가 거의 없고 강화조약을 통해서 고착화된 독일의 정치, 종교적 분열이 결국 국민국가 수립과 역동적인 경제성장을 저해했다고 판단했기 때문에 이 주제에 별로 관심을 기울이지 않았다. 오히려 강화조약은 교파적 분열과 제국신분 세력들의 주권을 확립해줌으로써 오랜 봉건적 권력을 강화시켰을 뿐이라는 것이 동독 역사학계의 주된 입장이었다.[77] 서독에서도 베스트팔렌 조약에 대한 기존의 민족주의적 통념이 여전히 위력을 발휘했기 때문에 강화조약에 대한 새로운 평가는 아주 점진적으로 이루어졌다. 1948년 베스트팔렌 조약 체결 3백주년 기념제의 일환으로 뮌스터와 오스나브뤼크를 찾은 초청강연자들은 여전히 강화조약을 '치명적인 잘못된 결정'으로 간주하거나 1648년과 1919년의 조약을 한통속으로 취급하는 구태의연한 모습을 되풀이했다.[78]

하지만 전후에 베스트팔렌 조약을 긍정적으로 평가하고자 하는 시도가 없었던 것은 아니었다. 무엇보다도 평화의 회복을 기념하는 의미에서, 1648년 발행되었던 기념주화의 글자를 따 『평화는 지고선(至高善)이다(*Pax optima rerum*)』이라는 제목으로 1948년 출간된 기념논문집에 실린 쿠르트 폰 라우머(Kurt von Raumer)의 논문 「베스트팔렌 강화조약의 유산」은 강화조약에 대한 독일사학계의 새로운 평가의 시작을 알리는 신호탄이었다.[79] 비록 라우머가 베스트팔렌 조약을 긍정일변도로 평가했던 것은 아니었지만, 그의 주장에 따르면 강화조약이 완성한 신성로마제국의 국가체제는 주권국가들의 단순한 연합체에 불과한 것만은 아니었다. 즉 강화조약이 만들어낸 제국은 개별 국가의 무분별한 세력권 추구를 제어하는 더 높은 차원의 법질서 속에서 다양한 형태의 독일 국가들이 평화롭게 공존할 수 있는 틀을 제공함으로써 초국가적인 조직체의 모범적인 형태를 제시했다는 것이다.[80] 한마디로 말해서, 라우머는 19세기 이래로 베스트팔렌 조약에 대한 독일인들의 기억을 핵심적으로 규정지었던 '민족'이나 '민족국가' 대신에 근대 초기의 학구적 기억문화에서 중시되었던 '법'이란 범주를 통해 강화조약을 다시금 긍정적으로 재평가했던 것이다.

라우머의 베스트팔렌 조약에 대한 재조명 시도는 디크만을 비롯한 다른 역사가들에게 지속적으로 영향을 미쳤고, '평화와 법을 유지하는 연합체'로서 기능했던 신성로마제국의 가치를 1960년대 이후 재발견하게 되면서 그동안의 오랜 공백기를 마무리하고 강화조약에 대한 집중적인 학술연구가 이루어지기 시작했다.[81] 특히 강화조약 협상기간 중에 작성된 각종 훈령, 서한, 협상기록, 비망록 등의 원사료에 해제를 덧붙인 '베스트팔렌 강화조약 사료총서(*Acta Pacis Westphalicae*)'의 장기간에 걸친 간행작업은 강화조약에 대한 연구가 독일 역사학계의 명실상부한 독립주제로 자리 잡았음을 잘 보여주고 있다.[82] 전후 독일 역사학계가 베스트팔렌 조약에 대해 기울이기 시작한 관심은 독일연방공화국의 정체성 모색 작업과도 깊은 관련이 있었다.[83] 서독정부가 나치시기의 중앙집권적인 체제와 결별하고 연방제를 수용하게 되면서 1648년 이후의 신성로마제국은 독일연방공화국이 역사적 정체성의 토대로 삼기에 적합한 소재로 부상하게 되었다.[84] 다시 말해서 베스트팔렌 조약이 기초한 신성로마제국은, 독일을 연방국가의 원형으로 보면서 1871년에서 1945년까지의 시기를 본래의 전통에서 일탈한 것으로 간주하는 견해를 뒷받침하기에 적합한 역사적 선례였던 것이다.[85]

한편, 전후 유럽 통합이 가속화되면서 베스트팔렌 조약에 대한 독일의 기억문화 역시 자연스럽게 그 영향을 받게 되었다. 특히 서두에서 언급했던 강화조약 체결 350주년 기념 전시회는 이제 조약에 대한 기억이 '유럽화'되고 있음을 보여주는 단적인 사례였다. '1648년. 유럽의 전쟁과 평화'라는 제목으로 개최된 이 전시회는 공식적으로 유럽평의회(Europarat)의 후원을 받아 유럽평의회 제26차 전시회로 열렸고, 전시회 기획과정에서 여러 나라 학자들의 협력을 이끌어냈음은 물론 10월 24일의 개막식 행사에는 많은 유럽국가의 정상들이 참여했다.[86] 이런 맥락에서 전시회 도록의 책임 편집자들은 베스트팔렌 조약을 자신 있게 "근대 유럽의 기억의 터"로 명명했던 것이다.[87] 또한 독일어권을 중심으로 한 국제적인 공동작업의 성과물로 몇 년 전 출간된 『유럽의 기억의 터(Europäische Erinnerungsorte)』(2012) 2권에서도 베스트팔렌 조약은 베르됭이나 아우슈비츠와 나란히 '전쟁의 경험과 평화에 대한 갈망'을 대표하는 유럽의 기억의 터로서 당당히 자리를 차지하고 있다.[88]

베스트팔렌 조약에 대한 기억문화의 유럽화를 보여주는 또 다른 가시적인 사례로는 폴란드 남서부(슐레지엔 지방)에 위치한 야보르(Jawor, 독일어로는 Jauer)와 시비드니차(Świdnica, Schweidnitz)의 목조 평화교회(Friedenskirche)가 독일의 지원으로 화려하게 복원되고 2001년에 세계문화유산으로 유네스코에 등재된 사실을 들 수 있다(그림 5와 6).[89] 본래 합스부르크 가문의 오스트리아 세습영지에 대해서는 베스트팔렌 조약에서도 1624년 기준연도 규정에 구애받지 않고 30년 전쟁 기간 동안 관철되었던 재가톨릭화를 그대로 추인해주었다. 하지만 합스부르크 령이면서도 예외를 인정받은 지역이 있었는데 대표적인 지역이 바로 슐레지엔이었다.[90] 슐레지엔의 경우에는 스웨덴의 압력으로 개신교인들이 3곳에 교회를 건립하고 예배를 드릴 수 있는 자유가 허용되었는데, 이 예외규정 덕분에 새롭게 건립되었던 목조교회가 야보르와 시비드니차 평화교회였던 것이다.[91] 베스트팔렌 조약의 직접적 산물인 이 평화교회들은 역사적 환경의 변화에 따라 강화조약과 관련된 기억이 어떻게 인접 국가들의 공동의 문화유산 구축으로까지 이어질 수 있는지를 여실히 잘 보여주고 있다.

Ⅳ. 맺음말

이상의 사실을 통해 우리는 베스트팔렌 강화조약에 대한 후대의 기억문화가 교파와 국가, 시대에 따라 상당히 다양한 모습을 띠고 나타났음을 알 수 있다. 베스트팔렌 조약은 특정 사건에 대한 역사적 평가와 기억이 이해당사자의 입장에 따라 어떻게 서로 상이한 양태를 띠게 되고, 시대가 변함에 따라 그 기억이 어떻게 정반대의 양상으로까지 달라질 수 있는지를 전형적으로 잘 보여준다. 근대 초기의 개신교인과 네덜란드 인들에게 강화조약이 축하하고 감사해야할 긍정적인 사건으로 기억되었다면, 가톨릭 교인과 19세기 독일의 민족주의자들에게 그것은 패배와 치욕을 의미할 뿐이었고 따라서 애써 공식적으로 기념하고 싶지 않은 사안이었다.

강화조약에 대한 기억이 이렇게까지 다양하게 표출되었던 것은 기억문화가 작동하는 기본 메커니즘 때문이다. 즉, 사람들이 과거의 특정한 사건을 기억하는 이유는 사건의 역사적 중요성 때문이 아니라 그 사건에 의미를 부여하는 현재와의 관련성 때문이라는 점을 상기할 필요가 있다.[92] 노라의 표현을 빌리자면, "중요한 것은 이제 과거가 우리에게 부과한 어떤 것이 아니라 우리가 과거에 가져다 놓은 어떤 것이다. (...) 기념해야할 날짜와 인물을 찾아내서 그중 버리거나 취할 것을 결정하는 주체는 바로 현재"인 것이다.[93] 베스트팔렌 조약의 체결장소라는 대표적인 역사성을 지니고 있었음에도 불구하고 주교도시 뮌스터에서 강화조약에 대한 특별한 기억문화가 상당기간 존재하지 않았다는 점은 시사해주는 바가 많다. 뮌스터의 사례는 기억문화가 그 자체로서가 아니라 기억의 대상이 되는 사안이 대체로 지역의 현재적인 이해관계와 결부되어 있는 곳에서만 발전한다는 사실을 잘 반증해준다.[94] 베스트팔렌 조약을 둘러싼 다양한 기억문화는 전쟁과 평화에 대한 기억이 그것을 직접 체험한 당대인들의 인식형태와 다양한 종류의 전승과 해석, 그리고 현재와의 새로운 관련성이 서로 상호작용하는 가운데 형성된다는 점을 분명하게 보여주고 있다.

현재와의 관련성이 기억과 기념의 필요성을 상당부분 규정짓기 때문에 사람들은 종종 과거와 현재 사이에 엄청난 시간적 간극이 존재하며 과거와 현재가 근본적으로 다르다는 사실을 잊어버리곤 한다. 단적인 예로, 1945년까지 독일인들의 민족적 기억에서 베스트팔렌 조약은 현재와 별 상관없는 지나간 먼 과거의 일이 아니라 현재와 긴밀하게 연결되어있는 '시사적인' 사건이었다. 현재는 '되살아난, 현재화한 과거'로 여겨졌기 때문에[95] 베르사유 조약은 '제2의 베스트팔렌 조약'으로 간주되었고, 비록 실제로 실현되지는 않았지만 2차 세계대전 당시 나치지도부는 프랑스와 강화조약을 뮌스터에서 체결하고자 했던 것이다. 17세기 중엽과 현재 사이에 긴밀한 연속성이 존재한다는 인식은 강화조약에 대한 19~20세기의 부정적 기억 속에서만 자리 잡고 있었던 것은 아니었다. 18세기의 학구적 기억문화에서 베스트팔렌 조약을 제국 법질서의 기초로서 긍정적으로 파악했던 것 역시 이러한 역사적 연속성에 대한 인식 위에 기반하고 있었다. 독일인들의 베스트팔렌 조약에 대한 평가는 시기에 따라 서로 상반된 입장을 보였지만 그 두 관점이 함께 공유했던 것은 강화조약을 다름 아닌 현재의 전사(前史)로 파악했다는 점이었다.[96]

베스트팔렌 조약은 대체로 관련 국가들의 기억문화에서 민족적 상징성을 지닌 사건으로 확고하게 자리 잡지는 못했다. 사실 강화조약에 대한 기억은 오랜 전쟁을 종식시킨 사건에 대한 기억이기도 하지만, 다른 한편으로는 냉정하면서도 타협적인 조약문과 관련된 기억이기도 하다는 점에서 민족적 신화가 되기에 적합한 극적인 요소를 결여하고 있었다. 스위스에서는 국가형성과 관련된 다른 강력한 신화가 일찍부터 존재하고 있었고 스웨덴의 경우에는 걸출한 전쟁영웅에 대한 기억이 강화조약에 대한 기억을 능가했다. 프랑스인들에게 1648년의 조약은 평화를 가져다주지 못했을 뿐만 아니라 영토 확장으로 이어진 또 다른 조약들과 비교해보았을 때 크게 돋보이는 성과를 가져온 것도 아니었다. 역사적으로 베스트팔렌 조약에 대한 긍정적인 평가가 없지 않았던 독일에서도 강화조약은 가장 큰 민족적 굴욕이며 독일이 외부세력에 의해 조종당하게 되는 출발점이라는 민족주의자들의 부정적인 관점과 가톨릭 지역의 강화조약에 대한 무관심이 서로 결합되면서, 국민들의 마음속에서 결코 '민족적' 기억의 터로 각인되지 못했다. 독일인들의 기억문화의 변화에서 눈길을 끄는 것은 1945년 이후 유럽 통합이 점진적으로 실현되고 전통적인 베스트팔렌 체제가 서서히 무너지는 것과 궤를 같이 하여 강화조약에 대한 긍정적인 재평가가 이루어지기 시작했다는 점이다.[97] 2차 세계대전을 체험한 독일인들에게 30년전쟁은 더 이상 '독일의 파국(die deutsche Katastrophe)'으로 인식되지 않았고 전후에 민족이 더 이상 예전처럼 지고지순의 가치로 추구되지 않으면서 베스트팔렌 조약에 대한 기억도 역사화, 유럽화하기 시작했다. 베스트팔렌 조약은 민족적 신화가 되기에는 부적합했지만 사람들의 집단기억 속에서 강화조약의 의미가 이처럼 끊임없이 변화를 거듭했다는 점에서 여전히 생생한 기억의 터로서 자격을 충분히 갖추고 있다할 것이다.[98]

〈도판〉

(그림 1) 뮌헨의 마리아 기념주 (1640년경)

(그림 2) 뮌스터 시청사의 평화서약식 (헤라르트 테르 보르흐)

(그림 3) 뤼첸의 구스타프 아돌프 교회와 기념구조물

(그림 4) 슐테의 미완성 '제국전시회' (1940년)

(그림 5) 폴란드 야보르 평화교회 외관

(그림 6) 폴란드 시비드니차 평화교회 내부

제1차 세계대전 기 독일여성의 사회적 역할변화와 그 한계*

장은주

I. 머리말

제1차 세계대전의 '군사지상주의'는 그 수행과정 중 전통적 사회조직이 해체되고 재구성되었다는 점에서 사회변화에 미친 영향력이 컸다. 전쟁은 남성 중심의 권력구조에서 파생된 폭력의 정형화된 한 형태라는 점에서 남성성의 권위를 상징하는 가부장제와 밀접하게 연관되어 있으며 독일 사회도 예외는 아니었다. 가부장제는 남성은 지배를 여성은 종속을 대변하는 불평등한 관계이며 남과 여라는 성별을 고착화시키는 젠더화된 구조이다.

이제까지 학계의 각 분야에서는 제1차 세계대전에 관한 다양한 주제로 수많은 연구를 심층적으로 진행해 왔다. 그중에서 전쟁과 관련한 젠더 이슈는 학계에서 오랫동안 중요 주제로 다루어지지 못하다가 최근 들어 활발하게 논

---

* 『이화사학연구』 제51집 (이화사학연구소, 2015), pp. 303-326.

의되고 있는 추세이다.

국내에서 발표된 독일 여성에 관한 연구는 19세기 노동여성과 그 가족의 삶을 분석[1] 하거나 여성운동 단체들을 중심으로 전개된 페미니즘 운동에 관한 내용이 주류를 이룬다.[2] 연구 대상의 시기는 제 1차 세계대전 전이거나 혹은 그 이후에 집중되어있다. 그 외에도 전쟁과 여성의 상관관계에 관한 연구는 주로 페미니즘의 시각에서 남성성으로 대변되는 군사주의 문화의 폭력성이 어떻게 성적 차별을 더욱 심화시켰는가 하는 문제를 다루고 있다.[3]

사회의 거의 모든 분야에서 고혈을 짜내듯 수행된 총력전 체제에서 희생을 당한 생명들을 논할 때 남과 여를 구분하는 것은 어쩌면 의미 없는 일이기도 하다. 그렇지만 전쟁과 여성의 관계를 볼 때 여성은 가해자가 아닌 피해자의 입장에 가깝다. 여성은 약자의 입장에서 공적인 영역과 사적인 영역의 구별조차 무의미한 가운데 전쟁의 공포 속에서 역할변화를 강요당했고, 새로운 환경에 적응해야만 했다. 여성이 전쟁이라는 가혹한 환경에 내몰려 한 국가의 국민으로서 의무를 다하는 방법은 우선 남성의 일자리를 대체하여 노동력으로서 봉사하는 일과 미래의 군사력을 제공하는 일, 즉 출산의 의무를 다하는 것이었다.

본고에서는 제1차 세계대전이라는 극한의 특수상황 속에서 직업종사자로서 혹은 가정주부로서 고단했던 독일 여성의 사회적 역할 변화에 대해 알아보려고 한다. 우선 19세기 독일 여성의 전통적 역할을 살펴보고 그것이 제국정부의 전시동원에 의해 어떠한 변화를 겪는지 알아볼 것이다. 또한 그 변화의 결과와 한계에 대해서도 주목하려고 한다.

전쟁으로 인한 역할 감당 뒤에 한 인간, 주체적 자아로서의 여성에게 과연 무엇이 남았는가 하는 점을 통해 20세기 독일 사회의 성차별 문화를 고찰할 것이다.

Ⅱ. 가부장제하 전통적 여성역할

독일의 가부장적 전통사회에서 여성의 역할은 일반적으로 출산과 자녀양육, 가사노동을 의미했다. 가부장제에서는 남성과 여성이 분화되고, 남녀의 성별은 상보적이지만 불평등한 것이었다. 여성은 독자적인 생계기반의 가능성을 박탈당한 채 남성에게 종속당하는 삶을 살 수 밖에 없었다. 그러므로 여성의 권리 주장은 곧 사회와 국가에 대한 모성의 책임을 방기하는 것과 동일시 됐다.[4]

순종이 미덕으로 간주된 가운데 허약하고, 미성숙한 존재라는 여성에 대한 보편적 인식은 일하는 여성에 대한 편견으로 이어졌고, 나아가 교육에서도 여성 차별은 심했다.[5]

여성의 제한된 교육조건에 대한 개선요구는 교육계에 종사하는 남성의 권위적이고 보수적인 가치관에 의해 좌절됐다. 예를 들어 학교 당국에서는 체력이 약한 여성이 철학, 신학, 교육학, 수학과 같은 깊은 사고력과 논리력을 요하는 학문을 감당할 수 없다는 주장이 대세였다. 그러므로 19세기 산업화 과정에 들어선 독일사회에서 전문교육과 직업훈련을 받을 기회가 없었던 여성들은 각자의 능력발휘에서 소외될 수밖에 없었다.[6]

이러한 환경에서 '일하는 여성'에 대한 사회적 시각도 교육만큼이나 편협하고 보수적이었다. 가족 부양은 남성의 과제이고, 여성의 임무는 오로지 가정을 돌보는 것이기 때문에 여성의 사회참여는 제한돼야 한다는 입장이 지배적이었고 심지어 여성의 임노동은 '사회의 근본 질서를 무너뜨리는 행위'로 간주됐다.[7]

이렇듯 19세기 후반 남성과 정당한 경쟁의 기회마저 박탈당한 상황에서 그나마 생계유지를 위해 일했던 여성들의 고용구조가 갖는 특징은 여성노동이 저임금[8]구조 속에서 특정한 산업분야에 제한적으로 집중되어 있었다는 점이다. 당시 여성의 전통적인 노동 분야로 인식된 직종은 주로 직물업과 의복 및

세탁업, 음식업이었다.[9]

여성의 임노동 외에 초등학교 교사는 전문직으로서 여성들 사이에 선호되는 직업이었다. 하지만 여교사가 되기 위한 과정은 학비가 많이 들어서 가난한 환경의 여성에게는 거의 불가능한 직업으로 인식되었다. 또한 비싼 학비를 그나마 감당할 수 있었던 중산층 여성이라 하더라도 여교사가 되기 위해서는 평생 독신이라는 전제조건 때문에 미래에 결혼을 하지 않겠다는 서약서를 써야만 했다.[10]

불평등한 직업분야만이 아닌 정치적 권한에서도 여성의 운신 폭은 제한되었다. 독일의 경우 1908년까지 여성이 정치단체나 집회에 참석하는 것을 금지했고, 또한 노동계약의 자유조차 허용되지 않았다.[11]

여성에 대한 사회적 편견이 얼마나 심했는가 하는 점은 바이에른 지역의 빈민구제위원회를 예로 들 수 있다.[12] 빈민구제위원회는 빈곤퇴치를 위한 공공정책을 논하고 실천하는 기관으로서 처음부터 철저히 남성 위주로 운영되었다. 1904년 이 위원회에서 위원선출을 앞두고 여성의 피선거권 문제가 제기되었을 때 남성 측 반대 입장은 단호했다. 만약 여성에게 피선거권이 주어진다면 장차 그 권한은 더 넓은 행정구역으로 확대 될 것이고 결국 여성이 의회까지도 장악할 수 있다는 것이 남성 측 주장이었다. 남성은 "그렇게 되면 남자들이 자녀를 양육하고 집에서 아내를 기다려야 하는 신세가 될 것"이라고 개탄하며 여성의 피선거권에 반대했다.[13]

가정과 사회에 만연한 이러한 여성 불평등에 대항하여 독일에서는 이미 19세기 중반 이후 여성의 권익옹호를 위한 단체들이 결성되었다. 1865년 '전 독일 여성협회'(ADF:Allgemeine Deutsche Frauenverein)를 포함한 '여성 신문'과 같은 단체들의 최우선 관심사는 '교육'과 '취업문제'였다.[14] 1890년대에는 ADF를 비롯한 34개 여성단체들의 연합조직인 '독일여성협회연합'(BDF:Bund Deutscher Frauenvereine)도 결성되었다.[15]

물론 여성단체들은 여성운동을 전개하는 과정에서 그들의 주장과 성향의 편차로 말미암아 갈등을 겪었고 결국 부르주아 여성운동 단체와 사회주의적 여성운동으로 분열되어 각자 활동을 전개했다.[16]

제1차 세계대전을 계기로 '반전평화'를 옹호했던 사회주의 세력이 퇴조함에 따라 여성의 전시동원은 주로 '독일 여성위원회 연합'과 같은 부르주아 여성단체를 중심으로 이루어졌다. 이들은 전쟁에 협조하여 실질적인 측면에서 그들의 목표를 달성하려고 애썼다.

Ⅲ. 전쟁과 여성

1. 여성의 전시동원

제1차 세계대전 기간 중 인력동원에는 국가와 민족을 위한 '애국주의' 이데올로기가 우선이었고 그 전제 아래 사실상 조국을 위한 일에 여성과 남성의 특별한 구분은 없었다.

정부차원의 여성 노동력 동원에 강제력도 분명 작용했지만 다른 한편으로는 오히려 여성 쪽에서 먼저 자원하는 적극성도 작용했다. 이러한 적극성은 앞에서 언급한 부르주아 여성단체들을 중심으로 우선적으로 나타났다.[17] 대부분의 여성 지도자들은 기존 금기시 되었던 영역에 여성이 적극적으로 접근하여 얻어낼 수 있는 반대급부에 큰 기대를 갖고 있었다. 그들은 '총력전'이라는 특수한 상황에서 여성이 능력을 발휘한다면 사회적 불평등과 불리함을 극복하는 계기가 마련될 것이라고 예견했다.[18]

여성이 가장 먼저 자발적으로 지원한 부문은 부상자 치료인 간호 업무였다. "군대의 무기 뒤에는 사랑의 군대가 있어야만 한다."는 기치 아래 1914년 8월 적십자사를 중심으로 사랑의 봉사단체가 조직되었다. 그 중 '사랑의 군대'는 후방의 업무를 지원했고, '평화로운 전사여성들'이란 단체는 기차역 업무

(Bahnhofdienst)를 담당했다. 이는 인력과 물자 수송의 거점 역할이라는 기차역의 특수성과 관련이 있었다. 그곳에서 여성은 전속부대원이나 부상군인들을 돌보는 일을 맡아 음식과 임시거처를 마련해주고 기차역의 질서 및 위생관리와 청소 등을 전담했다.[19]

전방에 '사랑의 소포보내기(Liebesgaben)' 운동은 후방의 물자와 식량 부족에도 불구하고 전쟁 발발 직후부터 여성단체를 중심으로 대대적으로 시행된 사회운동이었다. 그것은 전선에 배치된 병사들과 후방을 긴밀하게 연결해주는 소통수단이었다.[20]

그 중 전선에 '양말 떠서 보내기 운동'은 '사랑의 소포보내기' 운동의 대표적인 예였다. 병사들을 위한 옷과 양말을 뜨개질하느라 손가락에 물집이 생기고 경련까지 일어나 수일 간 고생했다고 한탄하는 내용은 주로 여성들 개인 간의 편지 연구에서 드러난 사실이다.[21]

전쟁 수행을 돕기 위해 조직된 여성단체 중에는 금속수집조직원[22]과 전시문학 창의그룹도 있었다. 여기에는 주로 글 솜씨가 뛰어난 여성작가들이 우선 동원된 가운데 자발적인 동참자도 있었다.[23] 그들은 전쟁의 당위성과 애국 이데올로기를 전선의 병사들에게 설득력 있게 널리 알리고 전쟁 상황을 긍정적으로 해석하여 선전하는 게 목표였다. 작가 여성 및 자원봉사자가 쓴 시와 산문들은 후방의 미화된 소식과 함께 주로 전쟁신문에 실려 피로한 병사들의 사기진작을 위해 전선에 보내졌다.[24]

전쟁 초기 적십자사 활동 위주로 이루어지던 여성인력 동원은 1916년 전쟁이 본격화 되면서 정부 차원에서 체계화가 이루어졌다. 제국정부는 전쟁부에 '여성노동중앙위원회' (Frauenarbeitszentrale)를 따로 신설하여 여성인력 동원을 주관했고, 이 부서에는 주로 과거 여성운동을 이끌었던 '개혁적인' 성향의 여성들을 책임자로 임명했다.[25]

1916년 말에는 '조국 전시경제의 보조업무' 법에 의해 17~60세 남자들이 전시경제에 투입되었는데 그 후 이들마저 전선에 보내야 하는 상황이 되자 거의 모든 생산 분야에 여성인력이 대체되었다.

주로 남성의 일자리였던 운전수, 철도원, 집배원과 같은 교통, 통신 분야만이 아닌 중장비와 증기선, 광산에까지 여성노동이 대거 동원되었다. 전쟁이라는 특수한 상황은 전통적으로 남성의 고유영역인 금속, 기계, 화학 분야인 군수산업에서도 여성에게 일자리를 내주었다.[26]

특히 무기생산에 필수적인 금속공업의 경우 시급한 전쟁물자 공급에 차질을 빚지 않기 위해 노동인력이 대거 여성으로 대체되었다. 여성이 선반에서 금속을 절삭하고 포탄을 다루는 일은 예전에는 볼 수 없었던 현상이었다. 이때 문제는 막대한 노동력 수요에 대응하기 위해 예전의 노동보호 규정들, 예를 들어 '야간 노동 금지' 조항과 같은 내용들이 공공연히 폐지되었다는 점이다. 전쟁이 가속화 될수록 노동 환경은 매우 열악했다.[27]

1916년 가을에는 소위 '힌덴부르크 계획'에 의해 군수산업의 강제생산이 이루어졌다. 이 계획은 전쟁의 승리를 위한 후방의 경제적 잠재력에 대한 총 소집령이었다.[28] 이를 통해서 농업분야도 전쟁수행을 위한 중요부문으로 편입됨에 따라 농민여성들에게도 동원령이 내려졌다. 농업생산력의 극대화를 위해 각 생산 분야들의 연계와 동맹이 강조된 가운데 1916년 12월 5일에는 '조국의 봉사업무에 관한 법률'이 통과되었다.[29]

여성인력이 본격적으로 군사업무에도 동원되기 시작한 시기는 1917년 4월 전쟁 부 산하 '병참보조여성부'가 설립되면서 부터였다. 이후 1918년 11월까지 20~40세에 해당하는 2만 명이 넘는 여성들이 군대에 투입되어 종사했다. 이들은 주로 중산층 하층에 속했고, 대부분이 미혼여성이었다. 이 여성들은 건강상태와 일처리 능력을 검증한 후에 부대 내 타자업무와 정보처리부서 등에 배속되었다.[30]

후방에서 여성은 업무의 성격상 비록 하위직이긴 해도 공직에도 진출하기 시작했다. 생필품 부족사태에 직면한 제국정부는 처음에는 남성으로만 구성되었던 '지역식량위원회'의 위원에 여성을 임명하기 시작했다.[31] 이 결정은 여성이 주부로서 식량수요의 중심에 서 있다는 점과 시장가격에 가장 민감한 위치에서 시장의 동태를 늘 살필 수 있다는 점이 고려된 결과였다. 정부는 가족부양에 여성도 책임이 있다는 사실을 부각시키고, 식량수급에 대한 부정적 소문을 줄이려 애썼는데 이는 사회 불안과 집단소요를 사전에 차단하기 위한 조치였다.

이러한 공직 진출은 앞장에서 언급한 '빈민구제위원회'의 여성 차별과 비교할 때 비록 말단직이지만 '행정업무'에 여성이 참여했다는 사실 자체만으로도 획기적인 변화였다.

2. 가정 내 여성의 역할

전시에 물자의 절대적 공급부족으로 경제가 크게 위축된 상황에서는 가정사와 개인사조차도 제국정부의 통제와 간섭에 놓일 수밖에 없었다.

정부는 '가족정책'이라는 이름 아래 가정을 공적인 영역으로 끌어들여 간섭했는데 그 대표적인 예가 출산 정책이었다.[32] 전쟁 수행 중에도 출산율 증대는 미래 병사의 수와 직결되는 문제였고 곧 국력과 동일시되는 중대 사안이었다. 관청의 주된 관심사는 혼인율과 출산율, 즉 아기를 낳을 것인지 여부와 몇 명 출산할 것인가 하는 문제였다.[33] 이를 위해 1914년 '모자보호법'이 통과됐으며 제국정부는 병사의 아내가 출산했을 경우 출산비용을 보조해주었다.[34]

하지만 출산율을 높이기 위한 정부의 적극적인 정책에도 불구하고 출산율 저하는 계속됐다. 독일의 출산율은 전쟁 발발 후 매년 줄기 시작하여 1913/14년에 190만이었던 수가 1917년에는 94만으로 줄었다. 그 수는 전쟁 전과 비교하면 반에도 못 미치는 수였다.[35]

여성은 "우리는 모든 것을 잃고 있다."는 심리적 불안 속에서 전쟁이라는 끔찍한 현실이 신생아의 미래를 위협한다는 염세적 사고 관에 사로잡혔고, 절박한 생존문제 또한 출산을 억제하는 요인이었다. 오히려 정부의 적극적인 출산장려정책이 역작용하여 출산을 기피하는 현상을 초래하기도 했다.[36]

가정에서 여성이 직면해야 했던 문제는 정부의 출산정책이 암묵적으로 주는 심리적 압박만이 아니었다. 여성은 거의 모든 분야의 원료고갈과 생필품 가격의 앙등, 자녀의 범죄와 가난 등의 끊임없는 고통스런 문제들로 인해 심신이 피폐해졌다. 무엇보다도 여성은 아버지와 남편과 아들을 전장에 보내고 그들의 빈자리 대신 가족의 생계를 책임져야했다.[37]

1914년 11월 초에 실시된 정부의 물가정책은 주로 빵을 만드는 곡류에 대한 가격상한제였으나 별로 실효성이 없었다. 1915년 말에는 거의 모든 식료품에 대한 가격통제가 이루어졌고, 1916년 봄부터는 식량 국에서 중요품목인 고기, 설탕, 감자, 지방의 공급을 통제했다. 이때 극심한 식량난은 더욱 가중되어 1인 당 식량공급량이 그 전의 반으로 줄어들었다. 제국정부의 식량정책을 "뜨겁게 달군 돌에 떨어진 한 방울의 물"이라고 빗대어 표현 할 정도로 국민들 사이에 정책에 대한 불신은 컸다.[38]

식량부족으로 인한 영양실조와 질병에 관한 분석을 볼 때 당시 가장 큰 타격은 주로 산모와 어린아이들에게 집중되었다. 우유와 밀가루, 기저귀와 연료가 부족한 가운데 결핵, 디프테리아, 성홍열과 같은 질병은 주로 어린아이들과 산모에게 나타났다.[39] 정부는 '수유전쟁'이라 일컬어지는 우유의 절대부족 사태를 해결하기 위해 전쟁신문을 통해 모유수유의 필요성을 강조하는 캠페인을 벌이기도 했다.[40]

1916~17년의 겨울인 '순무겨울'(Kohlrübenwinter)[41]은 굶주림과 연료고갈이 잔인한 폭력의 양상을 띠었다. 주민들은 한 겨울 내내 석탄도 없이 겨우 실내 온도 2도를 견디면서 순무만으로 생명을 연명해야 했다. 배급제도가 시행됐음에도 공급은 수요에 훨씬 못 미쳐 아사자가 증대했다.[42] 후방의 배급제도에 더 이상 의존할 수 없는 상태가 되자 여성들은 시골에 사는 지인이나 친척을 찾아 집을 떠나는 소위 고단한 '식량 찾기 여행'에 나섰지만 결과는 대부분 빈손

이었다.

혹독한 '순무겨울'을 겨우 견디고 그 해 봄이 왔을 때 집집마다 식량사재기(Hamstern) 열풍이 불었다. 다음 겨울을 대비하기 위해 주부들이 고안해낸 방법들은 대체로 눈물겨운 묘안들이었다. 주로 양배추를 식초나 소금에 절이기, 들에서 구할 수 있는 각종 식용 풀이나 야채들(콜라비와 꽃양배추, 순무)을 삶아서 햇볕에 말리기에 모두 혈안이 되었다. 이 경우 "생필품이 모자랐을 때에 주부의 수완과 독창성이 요구되었고 주부의 위상이 전체 국민경제에 영향을 미쳤다."는 표현은 매우 적절한 표현이었다.[43]

국가원조정책이나 빈민구호정책이 한계에 다다랐을 때 식량공급 면에서는 농촌의 가정보다 도시의 가정이 더 취약했다. 도시에서는 식량 상점 약탈과 양식 배급표 사기, 도둑질, 암시장과 같은 불법적인 방법이 자주 동원되었고, 그중에는 청소년이 범죄자인 경우가 많았다.[44] 가정의 해체에 따른 청소년의 반항과 불순종은 매우 흔한 경우였고, 부모의 방임에 의한 청소년 범죄가 기하급수적으로 늘어갈 때 여성의 역할은 제한적이었다. 기성세대에 대한 적대감 표출에 이어진 자녀들의 일탈은 가족의 생존을 책임진 여성에게 고통스런 이중의 부담을 의미했다.

Ⅳ. 여성 역할변화의 한계

제1차 세계대전은 여성과 남성의 기존 역할의 분리경계가 상당 부분 무너지고 직무 간 소통이 이루어진 기간이었다. 전쟁 기간 동안 자의든 타의든 거의 모든 산업분야에 종사했던 여성의 꼼꼼한 일처리 능력과 일터의 적응력이 인정되기 시작했고, 이러한 변화는 여성 스스로도 예전에는 경험하지 못한 것이었다.[45]

그러므로 남성의 배타적인 산업분야로의 여성 진출이 전통적인 여성에 대한 관념에 어떤 의미로든 충격을 준 것은 사실이며 여성 스스로도 자신의 능력에 대한 자의식을 갖게 되었다고 본다. 이러한 진전은 19세기 중엽 이래 여성 인권의 신장을 목표로 '교육'과 '일자리'를 위해 애썼던 여성운동 지도자들의 노력이 일부분 성과를 거둔 것으로 해석될 수도 있다.

하지만 철도역무원이나 도로보수 공사, 우체부 등 여성동원이 애국적 행위로 미화되어 부족한 노동력을 대체하는 동안에도 여성의 사회적 지위가 근본적으로 바뀐 것은 분명 아니었다. 독일 사회에는 여전히 '여성'이기 때문에 겪어야 할 차별과 한계가 존재했고, 전쟁이라는 단기간에 여성 스스로 그 벽을 넘기에는 역부족이었다.

우선 경제적인 조건을 보면 정당한 임금을 받고 일하는 여성의 숫자가 전과 비교할 때 늘어난 것은 아니었다. 여성의 임금은 대체로 매우 낮아서 남성의 임금과 비교할 때 1/3에서 2/3 수준에 불과했다.[46]

또한 전쟁 기간 중 여성의 일자리는 노동시장의 전면 개방정책에 따른 완전고용이 아니라 단지 시간제, 임시직이 대부분이었다. 남성의 '부재'로 인한 임시방편으로서 여성에게 직무가 주어졌다는 점에서 그 역할의 한계는 이미 예정된 것이었다. 여성은 "남성이 일자리로 귀환했을 때 일을 그만두겠다."는 내용을 명시한 계약서를 체결하기도 했다.[47]

그러므로 여성이 남성의 영역에서 그 능력을 발휘했다고는 하나 그것은 남성의 영역에 얼마만큼 진입할 수 있는지를 본 일종의 실험장에 불과했을 뿐이며 여성이 직업진출을 통해 남성의 지위까지 이를 수는 없었다.[48]

여성이 '사랑의 봉사대' 일을 전담했던 적십자사에서도 요원의 활동이나 근무지를 결정하는 상부 지휘체계는 남성에게 속한 분야였다. 적십자사에 속한 여성이 근무지역을 자발적으로 원한다고 해서 가고 싶은 전선에 갈 수 있는 상황이 아니었다. 예를 들어 독일남부 하일브론(Heilbronn)에서 조직된 '사랑의 봉사'단체는 총사령관인 힌덴부르크의 명령에 의해 러시아 전선에 가려던 뜻을 접어야 했다.[49]

무엇보다도 여성이기 때문에 차별의 벽을 넘을 수 없었던 분야는 전문기술 분야였다. 군수산업에서 여성의 노동력으로 일자리 대체가 이루어지긴 했지만 숙련된 전문기술을 요하는 중요 직종에서 여성은 단순 보조 인력으로만 활용 되었을 뿐이다. 예를 들어 무기를 비롯한 철도, 증기기관차, 자동차, 비행기 분야의 전문기술 연구와 개발, 기술 전수에서 여성은 처음부터 원천적으로 배제되었다. 실제로 병참업무에 동원된 여성과 군수산업 분야 남성 전문기술자들의 영역은 철저히 분리되었고 서로 일자리가 교체되진 않았다.[50]

그렇기 때문에 고도의 전문기술을 요하는 군비산업에서는 여성에게 전문기술을 가르치기 보다는 기존의 남성 기술자들을 다시 전선에서 후방으로 불러들이는 길을 택했다.[51] 그 차선책으로는 남성 외국인 혹은 전쟁포로들의 노동력까지도 적극 활용되었다. 전쟁사회는 그만큼 여성의 능력에 대한 가치평가에 인색했기 때문에 여성의 능력개발이나 인권신장은 예외일 수밖에 없었다.[52]

여성이라는 이유로 차별 받았던 내용은 전문기술 분야만이 아니었다. 병참보조 여성들에 대한 부정적인 소문, 즉 그들은 돈을 밝히고, 성적이나 윤리적으로 타락했다는 '근거 없는 소문'은 여성이기 때문에 부당하게 겪어야 했던 시련이었다.[53] 사회와 가정에서 전통적 여성의 역할이 바뀐 갑작스런 상황 변화는 여성에 대한 기존의 편견을 불식시키는 데 작용하기 보다는 오히려 회의와 불신을 불러왔다.

남편을 전선에 보낸 여성을 일컫는 단어 즉 '전쟁부인'에 속한 여성들에 대한 사회적 감시는 철저했다. 참전병사의 아내가 만약 혼외관계를 갖는다면 그것은 비애국적 행위이며 공공의 비난과 처단을 감수해야 하는 죄과였다. 병사들을 대상으로 전시에 발행된 '전쟁신문'의 내용에는 고향에 두고 온 딸과 아내에 대한 걱정과 함께 전통적인 여성역할의 변화에 대한 불신과 회의도 들어 있었다.[54] 정부는 사생활 영역에 속하는 전쟁부인들의 부정한 관계 여부를 관청에서 감시하도록 했다. 그들에 대한 부정적인 인식과 출처를 알 수 없는 소문확대는 '전쟁미망인'으로 옮겨 가면 더욱 더 심했다. 여기에는 물론 여성의 여성에 대한 편견도 예외일 수 없었다.[55]

여성노동이 처음 시작할 때부터 '임시방편'으로서 소모품에 불과했다는 사실은 전후 경제 위기 상황에서 증명되었다. 종전 후 제대군인의 귀환[56]으로 인해 노동시장에서 수요보다 공급이 급격히 많아지자 이내 정부정책은 남성의 편의를 위한 정책으로 바뀌었다.

기혼녀의 취업을 반대하는 '반-부부 맞벌이-캠페인'은 "여성노동은 '한 가정을 책임지는 아버지의 빵과 생의 희망'을 빼앗는다."는 논리였다. 가톨릭 성향의 보수적 '중심정당'도 맞벌이부부에 대한 반대 캠페인을 지지했다. 이러한 사회운동은 당시 "여성과 남성의 동등한 지위는 비자연적인 것이며 이는 여성의 타락으로 이어 진다"고 하는 교황교서의 내용을 근거로 한 것이었다.[57]

그러므로 종전 후 여성의 실업률은 고공행진 하여 여성 구직자들의 수는 전시보다 6 배나 늘어났다. 남성의 노동시장으로의 귀환, 석탄과 같은 원료부족으로 인한 산업시설의 가동 중지, 경제적 불황으로 인한 회사의 도산 등이 그 이유였다. 남성의 일자리를 위협하지 않는다는 조건 하에 여성의 일자리는 몇 몇 직종에서 극히 한시적으로 주어졌고, 모성애가 강조된 가운데 가내수공업이 증가했다.[58]

결국 고용자와 노조 간 타결된 1918년 '중앙노동협약'[59]에서 일하는 여성은 철저하게 배제되었다. 그것은 여성을 경제적으로 소외시키고 체결된 협약인 동시에 여성을 희생양으로 삼아 얻어낸 결과였다.

여성의 정치 참여에 대한 한계도 여전했다. 물론 1918년 11월 여성이 선거권[60]을 획득할 수는 있었지만 그것을 여성의 직접적인 투쟁의 결과로 보기는 어려웠다. 왜냐하면 그 선거권은 사민당(SPD)이 '사회주의 혁명에 대한 두려움 속에 의회민주주의를 안정시키기 위해 택한 정치적 판단'이었기 때문이다.[61]

그러므로 형식적인 선거권만 여성에게 주어졌을 뿐 전후 행정부와 같은 공공기관에서 여성을 배려하는 변화는 없었다. 전시에 여성을 참여시켰던 식량위원회는 1919년 시위원회로 탈바꿈 하는 과정에서 기존의 여성을 계속 시위원으로 남겨둘 것인가 하는 문제를 제기했다.[62] 이러한 논란은 그 존재 자체만으로도 바이마르 헌법의 평등권에 문제가 있음을 의미했다. 그러므로 헌법이 규정한 선거권에 의해 여성의 사회참여를 원칙적으로 찬성한다는 조항 뒤에는 여전히 현실적 차별과 편견이 존재했음을 알 수 있다.

V. 맺음말

독일의 가부장적 전통사회에서 여성의 역할은 주로 가사영역에 한정되어 있었고 직업과 교육의 차별의 벽은 높았다. 사적, 공적인 영역에서 여성의 역할에 큰 변화가 요구된 계기는 제1차 세계대전이었다.

독일여성은 전시 경제적 압박과 국가와 민족 수호라는 이데올로기 아래 전쟁 보조업무에 대거 동원 되었다. 여기에는 여성의 동참을 적극적으로 지도한 여성운동 단체의 협력도 있었다. 물론 그러한 타협의 이면에는 사회적 편견에 맞서면서 제국정부의 여성 배려정책을 기대했던 여성단체 지도자들의 계산이 있었다.

그렇게 동원된 여성들은 우선 적십자사의 간호업무 및 병사들의 양말뜨개질과 같은 일에 종사했고, 차츰 남성의 일자리인 군수 산업 만이 아닌 거의 모든 산업 생산부문에 대거 참여했다. 그 뿐만 아니라 전쟁 전 여성에게 가장 배타적이었던 공공기관에서도 비록 말단직이긴 하나 행정사무직을 포함한 활동 공간을 내주기도 했다. 그 대표적인 예가 여성의 사회적 역할을 인정한 '지역식량위원회'였다.

제1차 세계대전 전후를 비교할 때 독일의 전시동원에 따른 여성의 사회적 지위 변화는 분명히 있었다. 그것은 주로 경제활동에 따른 것으로 활동영역의 확장과 직업의 종류 변화를 볼 때 전쟁 중 독일사회가 상당 부분 여성에게

의존적이었던 것을 알 수 있다.

가정이라는 좁은 영역과 과거 차별 받던 환경에서 벗어나 자신의 직무와 능력, 현실세계에 눈을 뜬 여성의 경험은 분명 새로운 것이었다. 전쟁의 피폐한 환경 속에서 여성은 남녀 간 사회적 성차별을 인식했고 그 부당함을 개선하기 위해서는 법적, 제도적 수정이 필요하다는 사실도 깨달았다. 그러므로 여성과 전쟁의 관계에서 전쟁은 여성의 현실참여에 동기부여를 했고 이는 차후 여성의 열린 인식에 어느 정도 기여했다고 본다.

하지만 전시에 여전했던 임금의 성별 격차나 전문기술의 교육과 전수에서 여성이 배제된 점을 볼 때 그 역할변화에는 분명한 한계가 있었다. 여성의 사회적 역할이 남성과 거의 동일했던 상황에서도 남성위주의 관리체계와 우위적인 위치는 크게 변하지 않았다. 그러므로 여성은 과거와 큰 차이 없이 저임금 체계에서 조력자로서의 역할에 머물러야 했다.

무엇보다도 종전 후 여성을 남성의 경쟁자로 인식하여 '반-부부 맞벌이 -캠페인'까지 벌여가며 일자리 포기를 종용한 점은 여성의 역할변화가 단지 한시적인 것이었음을 의미했다. 그러므로 전쟁 중 여성의 사회적 역할이 변화했다고 해서 그 지위에 획기적인 진일보가 이루어졌거나 그러한 변화가 지속된 것은 아니었다. 우선 여성이 여성 자신을 바라보는 시각을 포함하여 여성 스스로 인식변화에도 한계가 있었고, 사회의 전통적, 보수적 사고의 틀도 근본적으로 바뀌지는 않았다.

결국 전쟁은 여성 고유의 영역인 출산과 자녀양육, 가사와 같은 의무를 부과한 채 여성에게 과거 금기의 영역에 접근 기회를 주었을 뿐 그조차도 짧은 기간에 불과했다. 사실상 전쟁의 폭력 아래 여성은 심신의 이중부담을 짊어진 채 '다름'으로 인한 '차별'에 대한 부당함을 인식했을 뿐이었고 이는 이후 나치시대에 가면 그 정도가 더욱 심했다.[63] 여성 스스로 '할 수 있다'는 자신감과 능력발휘에 대한 긍정적 평가는 제1차 세계대전 이후에도 여전히 사회의 몫이 아니라 개인 차원의 문제였다.

조명희의 디아스포라적 삶과 문학적 변이의 의미*

김정숙

Ⅰ. 조명희와 근대

조명희는 식민적 근대의 모순들이 충돌하는 지점을 극명하게 보여준 작가다. 그는 여러 장르에 걸쳐 작품 활동을 하였고, 시간과 공간에 따른 체험이 달랐으며, 독립활동이나 유학 및 망명 활동 등 끊임없이 변화해 간 인물이다. 이러한 궤적은 작가 개인의 삶뿐만 아니라 민족과 사회의 상황과 직접적으로 맞물려 있는 점에서 시대적 표상이기도 하다.

그간 조명희에 대한 연구는 생애에 대한 전기적 접근[1]과 시의 경향 및 특성[2], 그리고 사회주의 리얼리즘 관점에서 「낙동강」을 집중 조명한 경우가 분석의 주를 이루고 있다. 생애와 시 그리고 소설에 이르기까지 '낭만성'과 '혁명성'은 조명희 연구의 주제어로 설정되고 있는 점이 특징적이다. 「낙동강」에 나타난 낭만성의 특징과 그 기원을 자연의 신성화와 그 생명력에 대한 찬미

* 『한국문학이론과 비평』 제67집 (한국문학이론과비평학회, 2015), pp. 29-47.

나 새로운 사회 건설에 대한 낙관주의적 전망으로 살핀 연구[3]가 한 사례이다. 또한 러시아 망명 후의 삶과 구소련에서의 조명희 문학과 고려인 문학의 상관관계, 그리고 북한 문학과의 연관성을 살핀 연구[4] 등도 이루어지고 있다. 그 외에 조명희의 삶과 문학을 한 사례로 문학동선을 통해 한민족문학네트워크 및 문화적 콘텐츠의 가능성을 살핀 연구[5]도 있다.

이처럼 기존 논의를 통해 조명희의 작품 세계의 특징 및 흐름 등이 수렴되면서 유의미한 성과를 축적하고 있다. 그런데 기존 연구들은 개별적 미시적인 접근에 머물렀다는 한계 또한 지니고 있다. 달리 표현하면 작가의 생애와 개별 텍스트들을 하나의 궤로 엮어낼 접근 방법, 즉 조명희의 삶의 궤적과 사상의 흐름 및 문학적 변이 양상 등을 상호 연결할 컨텍트적 관점이 필요하다는 점이다. 이는 조명희에 대한 전체적 조망을 위한 것뿐만 아니라 조명희의 생애와 작품을 통해 20세기 근대를 새롭게 바라볼 지점을 찾고자 하는 문제의식과 맞닿아 있다. 조명희와 근대를 잇는 연결고리로서 '디아스포라'는 유효한 개념으로 다가온다. 조명희의 삶과 문학은 한국적 근대를 체화하고 있는 동시에 근대를 디아스포라의 관점에서 다시 살펴볼 가능성을 보여준다.

이 글은 조명희의 삶과 문학적 변이를 디아스포라적 관점으로 읽어내는 데 목적이 있다. 여기에서 디아스포라는 이산, 이동이라는 자장[6]에 있되 특수한 지점이 보충된 개념으로 사용될 것이다. 그것은 곧 실체로서의 삶, 몸으로 기억된 것을 개념의 기저로 상정해야 함을 의미한다. 한 예로 추방당한 자의 시선으로 기술한 『디아스포라 기행』의 저자 서경식이 이에 해당한다. 몸의 실정성을 수반한 개념과 함께 "근대의 노예무역, 식민지배, 지역분쟁 및 세계 전쟁, 시장경제 글로벌리즘 등 몇 가지 외적인 이유에 의해, 대부분 폭력적으로 자기가 속해 있는 공동체로부터 이산을 강요당한 사람들 및 그들의 후손을 가리키는"[7] 용어로 조명희의 삶과 문학에 접근할 것이다. 반복하면, 상상력으로 직조되거나 형상화된 이산의 경험만이 아니라 몸의 실정성이 수반된 디아스포라가 근대를 구성하는 또 하나의 조건이자 조명희를 올곧게 읽어내는 방법이라는 점을 전제한다. 이러한 개념 정의는 좀 더 실정적인 차원의 문제들을 제기한다는 점에서 20세기 동아시아, 특히 우리에게 유의미한 시사점을 제공할 것으로 보인다.

Ⅱ. 디아스포라의 기미들

1. 시공간의 이동과 경험의 변화

조명희(1894~1938)는 당대 누구보다도 시간과 공간, 그리고 현실을 몸(신체)으로 경험한 사람이다. 그는 1894년 충청북도 진천군 진천면 벽암리에서 패망에 절망을 느끼고 고향에서 은거하던 한학자인 아버지와 국문을 익힌 교양 있는 어머니에서 4형제 중 막내로 태어났다. 4살 때 아버지를 여읜 조명희는 아버지를 일찍 잃은 상실감과 패망한 나라에 울분을 느끼고 지리산으로 칩거한, 한시집까지 낸 맏형인 조공희의 영향을 크게 받으며 성장하였다.

조명희는 어린 시절 서당에서 한문을 익히고 상경하여 중앙고보를 다니던 중 신소설과 영웅소설들을 탐독하게 된다. 그에 영향을 받아 북경사관학교로 무작정 가려던 중 평양에서 둘째 형에게 붙들려온 후 더욱 독서에 매진하였다. 뽕잎을 팔고 날품팔이를 하였으나 생활이 어려웠고, 도일의 길이 좌절되다 친구의 도움으로 1919년 겨울 일본으로 유학을 떠난다. 그는 동경 소재 동양대학 인도철학부 윤리학과에 적을 두고 유학생들과 동우회를 결성하여 활동하였다. 가장 친한 벗인 수산 김우진과 교우하면서 기금을 모아 재일본 조선인과 학생들에게 회관을 마련해 주고자 순회 연극을 한다. 그때 쓴 희곡이 「김영일의 사」와 「파사」이다. 조명희는 일본에 거주하던 조선인들의 비참한 현실을 목도하면서 사회주의 사상을 강하게 체득하게 된다. 생활고와 조선사회를 변화시키고자 하는 열망으로 1924년 서울로 돌아온 조명희는 시를 창작하고 이후 본격적으로 사회주의적 리얼리즘에 바탕한 소설들을 창작한다. 이후 일본의 검속과 위협을 받고 1928년 7월에 러시아 원동(연해주)로 망명한다.

그는 원동에서 활발한 문예활동을 하고 잡지 『선봉』을 발간함으로써 재소 이주문학인 고려인문학의 기틀을 마련한다. 그의 산문시 「짓밟힌 고려」(1928.10)는 사회주의 러시아에서 일제에 대한 강렬한 비판과 현실의 계급적 민족적 모순을 직접적으로 드러내었다. '고려'라는 시어로 '고려인문학'이 명명되었으며, 이후 스탈린의 강제 이주 정책 이후 『선봉』의 후신인 『레닌기치』 '문예페지'에 실린 문학 작품은 중앙아시아 고려인 문학의 형성과 발전에 중요한 역할을 담당하였다. 이후 조명희는 1937년 스탈린의 강제 이주 정책이 있을 즈음 공안에게 잡혀 가 1938년 5월 11일에 총살당한다. 당시 러시아에 대한 일본의 압박이 가해지면서 러시아 당국은 조선인을 일본의 스파이라는 명목으로 탄압하기 시작했고, 원동 조선인 사회에 지대한 영향을 준 조명희가 희생을 당하게 된 것이다. 조명희의 사형 사유는 일제의 위협에 대한 러시아의 불안감과 장편소설 『만주 빨치산』의 민족주의적 성향[8] 등이 작용한 결과로 보인다. 이후 1956년 7월 20일 극동군 관구 군법회의에서 사형언도 판결이 파기되면서 무혐의 처리됨으로써 복권되었다. 누구보다도 사회주의 사상과 제도를 이상화했고 사랑했던[9] 조명희 자신이 러시아에서 불운한 생을 마감했다는 사실은 비극적이며 아이러니하게 다가온다.

여기에서 조명희의 끊임없는 이동, 특히 망명 배경에 대한 기존 논의들은 크게 네 가지로 정리될 수 있다. 첫째, 시대일보에서 같이 기자 생활을 하며 장차 러시아로 망명을 생각했던 절친했던 친구 김우진의 영향, 둘째 일제의 감시와 박해, 체포와 투옥을 벗어나기 위함, 셋째 사회주의 사상의 이념적 실천, 넷째, 극심한 생활고로 인한 고통과 애정 없는 가정생활에의 탈출 등이다. 조명희의 러시아행은 극빈으로부터의 탈출과 조국해방을 위한 사회주의로의 망명이며, 이것을 통어하는 것은 "자기를 속이지 않고 진실하게 살아나가기 위한 선택"[10]이었다고 할 수 있다.

사회주의의 이상을 조선에 돌아와 펼치고자 했던 푸른 꿈은 좌절되었고 조명희는 고국으로 돌아오지 못한 채 우즈벡키스탄 타쉬켄트에 잠들어 있다. 그는 44년여의 생애 동안 조선과 일본, 러시아로 이동하였다. 조명희는 1894년에는 충북 진천군 벽암리에서 태어나 1919년 도쿄로 건너가 1924년 서울로 돌아온 후, 그리고 다시 1928년 러시아로 망명해 1938년 삶을 마감한 근대인의 표상인 것이다. 곧 이동은 경계를 넘나들며 인식의 변화를 수반한다는 점에서 디아스포라적 신체의 흐름이라고 할 수 있다.

2. 사상(사조) · 장르의 변이와 인식의 심화

조명희는 몸의 이동뿐만 아니라, 신체에 각인된 현실을 적실하게 표현하기 위해 사상과 문학 장르에서도 끊임없이 변화를 추구하였다. 그는 1920년에 동경에서 극작가 김우진과 친밀하게 교유하며 1921년 7월에 순회극단인 「동우회」에 희곡 「金英一의 死」를 발표하였다. 이후 1923년 2월에 동양서원에서 동명의 희곡집을 발간하는데, 이는 근대 최초의 창작희곡집이라는 문학사적 의의를 지닌다. 또한 같은 해 11월 「婆娑」를 『개벽』에 발표하였다. 이 두 편은 "민족해방과 인습타파의 문제를 동시에 표현한 최초의 희곡"[11]으로 평가된다. 연극 상연을 위해 급하게 청탁 받아 쓴 작품이라며 조명희 스스로는 시집 『봄의 잔디밧위에』와 함께 폐기하고 싶다고 했지만 당시 그의 생각의 원형을 볼 수 있는 점에서 의의가 있는 텍스트들이다.

일본에 유학하고 있는 김영일은 어머니가 위독하다는 전언을 받고 고국에 돌아가기 위한 밑천을 마련하기 위해 친구들과 부르조아 친구에게 돈을 빌리러 갔다가 집단 싸움이 일어났고, 그 와중에 불온삐라를 소지한 것이 일본 경찰에 발각돼 옥고를 치른 후 병세가 악화된다. 그는 죽어가면서 다음의 말을 남기고 희곡도 끝이 난다.

김영일 (눈을 뜨며) 내가 지금은 아무 불안도 없네. 참 기적일세. (침묵) 자네들은 아무쪼록 큰 고통과 굳세게 싸워나가게. 거기 새 세계가 열리니. 그리고 다 각기 '나'라는 참된 마음을 믿게. 위대하며 진실한 '나'라는 것 즉, 신을 믿으란 말이야. 세상이야 학대하든 말든 '나'라는 것을 존중히 여기게. 그리고 사람을 사랑하게. 사람이란 다 사람이니 다 같은 운명에 학대를 받지 않나? 사람은 다 불행하니. (침묵. 눈을 감으며) 저 바람 소리! 검은 바람 소리! 새 나라! 언제나 새 나라! (최후의 숨 끊어지는 흑흑 소리 나며 종식) (「김영일의 사」, p.276)

진실한 사랑과 신의 운명 등을 강조하며 막연한 이상향을 동경한다는 점에서 낭만적 정서가 짙게 깔려 있다. 모진 가난과 계급에서 촉발된 갈등과 정신 이상에 대해 정면으로 대응하지 못한 한계가 지적될 수 있는 대목이다. 낭만성과 비극적 정서는 시에도 드러난다. 조명희는 극본 이후 1923년 4월 8일 시 「내靈魂의 한쪽 紀行」을 『동명』 32호에 게재하면서 시 창작에 몰두한다. 주로 잡지 『개벽』에 시를 수록하였고, 1924년 6월 15일에 춘추각에서 시집 『봄 잔디밧위에』를 출간하였다.

전체 43편이 실린 이 시집의 주요 정서는 낭만주의적 요소가 짙다. 표제작 「봄 잔디밭 위에」는 어머니 젖가슴을 땅과 하늘로 동일시한 생태적 모성성에 바탕을 둔 낭만적 서정시이다. 봄, 어머니, 아이 등의 생명력과 이상적 이미지들이 시집의 전반부를 이루고 있다. 종교적 신비주의 색채가 강한 점도 한 특징이다. 그런데 후반부에 가서는 가을, 악, 어둠 등의 이미지가 강화되면서 대조적 심상과 정조로 옮겨간다. 이는 조명희가 목도한 식민지 현실에서 오는 비애감으로 표출되고는 있으나 현실에 대한 핍진한 재현은 형상화되고 있지 않다.

1920~3년 전반기까지 조명희는 노적(蘆笛)이란 필명으로 100여 편의 시를 지었고, 1923년 후반부터는 포석(抱石)으로 단편소설(산문)을 집중적으로 썼다. 창작과정에서 나타난 '노적-갈피리'에서 '포석-돌을 안는다'로의 변화는 명사에서 동사로, 정지에서 운동(실천)으로 나아가는 정신적 변화의 일단으로 볼

수 있다.

조명희는 서울의 도시 빈민과 최하층의 비참한 삶을 목도하면서 "정(情)의 사람"(「낙동강」, p.207)에서 "생무쇠쪽 같은 시퍼런 의지(意志)의 마음씨"(「낙동강」, p.207)를 가진 혁명가가 되기로 결심한다. 그리고 소설을 통해 현실의 모습을 집중적으로 재현한다. 시가 '정'의 발로였다면, 소설은 '사상'의 그릇이 된 것이다. 그는 소설을 통해 고리키류의 사회주의의 시선으로 계급 모순과 인민 투쟁 등을 형상화하였으며, 1927년에 창작된 「낙동강」에서 문학적 성취를 이룬다. 또한 수필 등의 산문은 그의 심경과 작품 등에 대한 이해를 돕는 데 간접적인 정보를 제공해 준다. 이와 함께 조명희가 투르게네프의 소설과 고리키 소설을 번역한 사실[12]은 그간 알려지지 않았다. 조명희는 자신의 문학관 형성의 주요 참조 대상으로 투르게네프와 고리키를 택했으며, 이들의 소설에 나타나는 미덕을 선택적으로 수용한 것으로 보인다. 그러니까 조명희의 소설 텍스트 '쓰기' 체험은 모작과 창작의 경계를 넘나들면서 이루어진, 목적을 향한 '모종의 전략'이었으며, 각 작품들은 현실에 맞게 재구성된 '번역된' 결과라고 할 수 있겠다.

그리고 1928년 「아들의 마음」을 마지막으로 쓴 후 조명희는 누구에게도 알리지 않은 채 돌연 자취를 감추고 러시아로 망명한다. 망명 후 그는 교원, 편집위원, 소련작가동맹원 등으로 활발하게 활동한다. "봇짐 메고 도망온 사람의 자손들"은 "압박의 조선에선 입도 못벌린 -혁명과 건설에 끓는 말, 원수를 겨누는 칼 같은 말들이, 이 말의 꽃들이, 원동 조선인 노력자들의 예술의 처녀지에서 피기 시작한다."[13] 그는 『로력자의 조국』 편집위원으로 활동하는 동안 1928년 9월 『붉은 깃발 아래에서』와 미발표 장편 『만주 빨찌산』을 썼다. 이것은 홍범도를 포함해 1930년대 중국 동북지방에서 조국 독립을 위해 투쟁을 벌였던 애국 투사들의 활동을 서사화한 작품으로 소실돼 안타깝게 출판되지 못했다. 원본이 발굴된다면 20세기 동북아의 정세와 민족투쟁사의 한 단면을 파악할 수 있을 것으로 기대된다.

그는 "현실을 해부하고 비판하며 체험과 지식 위에 사상의 기초를 쌓"(「생활기록의 단편」, p. 333)아간 것이다. 현실에 대한 체감에 따라 사상과 그것의 표현방식인 장르가 변화해 온 것으로 볼 수 있다. 장르의 넘나듦은 그가 문학을 통해 구현코자 함이 개별 텍스트가 지닌 최고도의 형식적 혹은 미적 완성도의 구현에 있기보다는 민족 현실에 결박되어 숭고하게 일어나는 작가의식을 여하히 전달하느냐는 목적[14]이었다고 볼 수 있다. 동경과 조선에서 희곡-시-소설(수필 산문)로의 변화와 사조의 변이(낭만주의와 사회주의), 러시아 망명 후 (산문)시-장편소설-동시의 창작이 그러하다. 특히 "사회주의적 내용에 민족적 형식을 갖춘 새로운 노래"(p. 426)가 필요하다고 강조한 점은 노래가 지닌 프로파간다적 선동성과 조선 민족을 형상화하고자 하는 요구에 닿아 있다.

III. 디아스포라적 타자와 공동체의 와해

희곡과 시의 관념론적 허무와 낭만적 휴머니즘으로 점철된 조명희의 초기 문학은 곧 정주하지 못하는 방황에 기인한다. 그 시간을 거쳐 그는 다음처럼 자문한다.

> 우는 것은 못난이의 일,
> 다만 참아 감도 어리석은 일,
> 웃을 수는 물론 없다,
> 그러면 너는 어찌하려느뇨?
> 너는?
> -「번뇌」 전문

조명희는 번뇌의 물음에 답하기 위해 귀국한 후 소설 창작에 집중한다. 그가 가장 집중적으로 심혈을 기울인 장르는 많은 논자들이 동의하듯 '소설'이다. 앞서 보았던 디아스포라의 기미로서의 이동하는 몸과 그의 발현으로서의 사상(조) 및 장르의 변이는 소설 텍스트의 구체적 분석으로 뒷받침될 것이다. 조명희는 1925년에 카프에 가입하고, 잡지『개벽』에 자전적 단편소설「땅 속으로」를 발표하였다. 1926년에「마음을 갈아먹는 사람들」,「저기압」,「새 거지」, 1927년에「농촌사람들」,「동지」,「한여름밤」을, 1928년에「낙동강」,「춘선이」,「이쁜이와 용이」,「아들의 마음」을 통해 민족모순과 계급모순을 핍진하게 보여주었다. 이러한 관점은 조명희 작품에 대한 일반적인 해석이다.

그런데 각 작품들에 '이주' '떠돎'의 서사가 공통적으로 깔려 있다는 점에 주목할 필요가 있다. 이 부분이 그간 논의에서 간과되거나 누락된 지점이다. 망명 자체가 갖는 상징적 의미, 조명희 생애의 비극적 경위를 통해 '망명문학'의 가능성을 살필 수 있다. 이러한 점은 소설의 발간 시점이 뒤로 갈수록 점점 강화되고 있음을 알 수 있다. 이때 소설의 서술자 및 주인공은 조명희의 전기적 배경을 지닌 페르소나로 보아도 됨직하다.

왜 이들은 자신의 삶터에서 쫓기고 내몰리고, 급기야 고향을 등지고 떠나야 했나. 그 원인은 '가난'에서 비롯된다. 첫 소설「땅 속으로」(1925.2.1)는 동경 유학을 다녀온 지식인 '나'가 조선(서울)에서 비참한 생활을 경험하는 이야기이다. 작품을 보면 당시 서울이 어떠했는가를 구체적으로 알 수 있다.

> 서울은 20만 인구의 도회로서 무직업(無職業)한 빈민(貧民)이 18만이라는 말을 신문기사를 보고 알았지마는 세계지도 가운데 이러한 데가 또 있거든 있다고 가리켜 내어 보아라. 말만 들어도 곧 아사자(餓死者), 걸식자(乞食者)가 길에 널린 것 같다. 배보다 배꼽이 더 크다는 셈으로 20만 인구에 걸식자가 18만!
> 남촌이라는 이방인 집단지인 특수지대를 제해 놓고 그 외는 다 퇴락하여 가는 옛 건물, 영쇠하여 가는 거리거리, 바싹 마른 먼지 냄새로 꽉 찬 듯한 기분 속에서 날로날로 더 패멸 조잔(凋殘)의 운명의 길로 돌아가는 서울이란 이 땅, 아니 전 조선(全朝鮮)이라는 이 땅, 그 속에 굼질대는 백의인—빈사 상태(瀕死狀態)에 빠진 기아군(飢餓群). (「땅 속으로」, p. 108)

위에서 보듯 서울(조선)은 극빈의 상태에 놓여 있다. 아사자와 걸식자, 빈사 상태의 기아군을 목도한 작중인물 또한 글을 쓰며 처자식을 돌봐야 하는 비슷한 처지에 놓여있다. 작중인물인 나는 극빈의 처지에서 생활비를 벌기 위해 출판의 조건으로 자신의 시집을 출판사에 맡긴다. 이후 시집 원고는 당국에 '불온'의 이유로 검열 압수당한다. 이때까지 구차하게 사느니 자살이나 도피밖에 없다고 생각했던 나는 이런 현실에 내몰리면서 비로소 "외적 생활의 무서운 압박으로 인하여 내적 생활을 돌아볼 여지가 없는 온 세계 무산군(無産群)의 고통"(「땅 속으로」, p. 110)을 알게 된다. 이는 주인공이 가난의 현실과 구걸하는 모습이 개인적인 영역으로 바라보았던 것에서 나아가 집단 인식 내지 계급적 각성에 이르게 되는 계기가 된다. 이러한 점은 앞서 인용했던 희곡에서 신과 운명을 따르며 나를 사랑하고 참된 마음을 갖기를 호소하는 이상적 발언과 현실인식의 차원에서 큰 차이를 보인다.

> 이때부터 내 사상 생활의 전환의 동기가 생기었다. 이때껏 '식, 색, 명예만 아는 개, 도야지 같은 이 세상 속중(俗衆)들이야 어찌 되거나 말거나 나 혼자만 어서 가자, 영혼 향상의 길로'라고 부르짖던 나는 내 자신 속에서 개를 발견하고 도야지를 발견한 뒤에는 '위로 말고 아래로 파들어 가자. 개, 도야지의 고통 속으로!- 온 세계 무산 대중(無産大衆)의 고통 속으로! 특(特)히 백의인(白衣人)의 고통 속으로! 지하(地下) 몇 천 층 암굴(暗窟) 속으로!'라고 부르짖었다.
> 이 땅에는 연애도 없다, 우정도 없다, 인간애도 없다, 피도 눈물도 사랑도 열도 없다, 먹을 것도 없다, 사지도 얽어 매었다.(「땅 속으로」, p. 110)

「한여름 밤」(1927.4.19)은 공장에서 쫓겨난 실직자 '나'가 무더운 여름밤에 경성 거리에서 수직(노숙을 못하도록 거지나 부랑자를 쫓는 하급 관리)과 실랑이를 치르며 듣게 되는 모자 거지와 병신 거지, 매음중독에 걸린 엄마와 세 살 난 아들, 그리고 같은 민족을 쫓아내야 하는, 젊은 일본인에게 뺨을 맞는 수직이의 삶을 그려낸 작품이다. "경성시가에 거지가 너무 많아서 도회미(都會美)를 손상하므로 거지떼를 모두 내어 몰아야 하겠다는"(「한 여름밤」, p. 198) 신문의 보도가 있은 후 나는 과연 그들이 쫓겨났는지 모자 거지와 팔다리 병신 거지도 다시는 볼 수 없게 된다. 이런 배경에 농민층의 빈곤화와 토지이탈을 촉발한 1910년대의 토지조사사업이 있었으며, 삶의 토대를 상실한 당대 민족은 만주나 간도 혹은 일본으로의 대량 이주를 결행할 수밖에 없는 처지에 내몰리게 되었다.

이처럼 거지와 부랑자들은 경계 밖으로 쫓겨나 헤매는 디아스포라적 타자가 된다. 그리고 그것은 제국적 자본주의가 가해진 구조적 '빈곤'에서 기인한다. 첫 작품부터 「농촌 사람들」(1926.5.), 「새 거지」(1927.1.1), 「한여름 밤」(1927.4.19), 「낙동강」(1927.5.14.밤), 「춘선이」(1927.12.8. 밤중) 등에 구체적으로 묘사되고 있다. 1925년 2월부터 1928년 9월까지 3년 7개월 동안 12편의 소설이 평균 3개월 사이 집중적으로 발표되었다는 점은 작품의 주제의식이 반복 강화되었으며 이 시기 제국적 자본주의적 식민 상황이 가속화되었다는 것을 암시받을 수 있다. 그 대목들을 발표 시기 순으로 제시하면 다음과 같다.

> ①읍내 헌병대로부터 보조원 두 사람이 나와서 원보를 붙들고 뺨을 치고 구두발길로 차고 하며 개 패듯 하더니 포승으로 칭칭 얽어 묶어 가지고는 잡아가지고 갔었다.(「농촌 사람들」, pp. 179~180)

> ②토지조사 때에는 자기 답으로 지어 먹던 것도 빚으로 없어지고 남에게 얻어 하던 논밭도 자꾸 줄어들어가며 살기가 매우 구차하여져서 고생살이를 하던 일,(「새 거지」, p. 166)

> ③그것은 묻지 않아도 동척 창고임을 알 수 있다. 예전에 중농(中農)이던 사람은 소농(小農)으로 떨어지고, 소농이던 사람은 소작농(小作農)으로 떨어지고, 예전에 소작농이었던 많은 사람들은 다 풍비박산하여 나가게 되고 어렸을 때부터 정들었던 동무들도 하나도 볼 수 없었다. 그들은 모두 도회로, 서북간도로, 일본으로, 산지사방으로 흩어져 갔었다.(「낙동강」, pp. 206~7)

> ④자네가 농사진 벼를 얼마나 많이 갖다가 주었나? 그중 많은 것이 도조 아니겠나, 조선 사람의 지주에게도 갖다 주었지만 거의 동척 소작료가 반 이상

> 이 아닌가…그놈들의 장변놀이는 물론 제가 우리를 긁어 먹는 것도 사실이지만 일본 사람의 돈을 얻어다가 빚놀이하는 게 아닌가. 일본 사람의 빚놀이는 은행에서 돈을 얻어 오고 은행은 일본 본토의 큰 부자끼리 돈을 모아서 큰 돈놀이 하는 것일세. 결국 말하자면 일본의 대자본가 놈들은…많이는 노동 계급에게서 착취하는 것일세.(「춘선이」, p. 220)

초기 작품인 인용문 ①이 약자에게 가해지는 강자의 폭력성을 보여준다면, ②는 토지조사 등 제도와 법을 통한 일상의 통제로 강화된다. ③은 가난으로 인한 분열의 가속화 및 공동체의 와해를 보여준다면, ④는 자본의 침투에 따른 봉건적 착취와 제국적 착취가 결합되어 이중적인 착취에 몰린 노동 계급의 문제를 제시한다. 특히 인용된 부분들에서 '토지조사' '동척 창고' '동척 소작료' '장변놀이' '대자본가' '노동 계급' '착취' 등의 어휘는 이전 봉건사회에서 나타나지 않았던 20세기 식민침탈 이후에 쓰인 단어들이다. 특히 '제국주의'와 '자본주의'가 결합된 '동척주식회사'는 식민지의 위계를 공고하게 만드는 다국적 기업의 시초라고 할 수 있다. 특히 「낙동강」의 여주인공 '로사'를 통해 로자 룩셈부르크를 소환함으로써 "제2인터내셔널 당시에 식민지에서의 테러리즘이나 제국주의 세계정책은 금융자본과 결탁돼 있다"[15]는 것을 환기한다.

이런 제국주의 하에서 "없는 놈은 점점 죽을 고비, 막다를 골목"(「새 거지」, p. 162)으로만 들어가게 된다. 여기에 더해 "헌병과 보조원이 수없이 쏟아져 나와 마을 사람을 붙잡아다 놓고 묻고 따지고 하며 원보의 집과 그의 친구의 집을 들들 뒤지며 의심스럽다는 사람은 모조리 붙들어 가는"(「농촌 사람들」, p. 184) 가뭄보다 더 무서운 새 공포가 닥쳤다. 이처럼 조명희는 현실의 구조적 모순을 정확하게 바라보고 그것이 지닌 폭력성을 서사화하였다. 그리고 서사 한편에 사회주의 사상의 강조, 노동조합 및 연대의 중요성을 피력하였다.

그러나 혁명은 실현될 수 없었음을 당대 민중들의 죽음과 이산으로 알 수 있다. 이것은 일차적으로 공동체 와해를 통해 본격적으로 드러난다. "저주 받을 사회의 죄"(「새 거지」, p. 194)로 인해 "일본제국주의 부르주아 놈들에게 착취와 억압을 당”(「새 거지」, p. 197)한 사람들은 거리로 추방당하는 일이 일상화된다. 더 이상 존재할 수 없을 때 탈출은 시작될 것인바, 지명 ‘서간도’가 반복적으로 제시되는 것은 곧 이산의 구체적 실행을 의미한다.

> 어느 날 이른 아침에 이 마을에서도 가물가물하게 멀리 보이는 들 건너 북망산 고갯길에는 이 마을에서 떠나가는 한 떼의 무리가 있었다. 봇짐지고 어린아이 덥고 바가지 찬 젊은이, 늙은이, 사내, 여편네, 적지 않은 떼가 몰려간다. 그들은 서간도로 가는 이사꾼이다. 이 고갯마루 턱을 다 넘을 때까지 그들은 서로서로 번갈아가며 두 걸음에 한 번씩 아득히 보이는 자기네 살던 마을을 우두커니 서서 바라다보고는 걷고 한다. 울어서 눈갓이 부숙부숙한 여자도 있다.(「농촌 사람들」, p. 185)

이주한 곳에서도 그들은 여전히 이방인이며 소수적 타자이다. 모국을 피해 이주해간 서간도도 편안하게 살 수 있는 곳이 아니었다. “서간도로 가보니, 거기도 또한 편안히 살 수가 없는 곳이었다. 그 나라의 관헌의 압박, 호인의 횡포, 마적의 등쌀은 여간이 아니었다. 그의 부자도 남과 한가지로 이리저리 떠돌았었다. 떠돌다가 그야말로 이역 타향에서 늙은 아버지조차 영원히 잃어버리게 되었다.(「낙동강」, p. 205) “남보다 유다른 네 겹 다섯 겹의 고통을 가진 우리네가 그 마음의 아픔을 혼자 조용히 앓을 자리도 얻을 수 없이 떠도는 현실”(「시집 『봄 잔디밭 위에』 머리말, p. 376)이 거의 모든 소설에 나타나고 있다. ‘몰려가고’ ‘흩어지는’ 모습은 현실의 비참상에 대한 재현은 물론 미래 삶의 예측불가능성에 대한 징후적 결말이라 할 수 있다.

Ⅳ. ‘추방’의 근대와 ‘극복’으로서의 디아스포라

지금까지 디아스포라의 관점에서 조명희의 삶과 문학을 살펴보았다. 정리하면 조명희는 동경에서 시집(『봄 잔디밭 위에』)과 희곡 두 편을, 조선(서울)에서는 소설을 중심으로, 러시아에서는 산문시와 장편소설을 창작하였다. 심리감정도 현실 공간과 장르에 따라 변화되고 있는데, 초기의 희곡과 시에는 그의 인간에 대한 불신과 현실에의 혐오 감정으로 인한 고독과 허무의식이 깊이 투영되었다. 5년여의 동경 유학을 마친 조명희는 고향을 떠나 서울로 올라와 극빈자의 삶을 살면서 구체적인 역사현실인식을 강화해 나간다. 「마음을 갈아먹는 사람들」에서 아내를 매춘으로 내몰 처지에 이를 정도로 절망적인 감정을 갖지만 반대급부로 투철한 의지와 희망의 감정을 갖기도 한다. 그리고 감정의 기저에는 가난의 고통이 조명희의 전체 삶과 문학에 걸쳐 있다.

그러나 이후 식민지 탄압이 가열되고 작가들의 친일행위로 무력감을 느낀 조명희는 러시아로 망명한 후 식민제국주의를 신랄하게 비판하는 동시에 사회주의를 찬양하는 서사시를 창작한다. 이처럼 생애와 문학이 완벽하게 일치를 이룬 조명희의 이력은 이념적 변천과정과 의식의 성숙도를 반영하며 이는 바로 1920년대 식민지 시대의 한 사상적 변모의 증언이기도 하다.[16] 관념론적 허무감정으로부터 절망을 타개하고자 혁명을 서사화한 열정, 그리고 모순에 대한 비판 감정과 이념에의 동화 감정으로의 전이는 사회적 변모와 긴밀하게 연동되어 있다. 곧 조명희는 공간, 감정, 장르와 사조, 이념의 모든 것에서 반복하는 차이를 통해 디아스포라적 총체를 보여준 근대의 궤적이라고 할 수 있겠다.

이를 통해 볼 때 20세기 근대는 '추방(떠돎)'의 시대이다. 근대소설들이 가난과 억압을 형상화함으로써 식민지 폭력성과 계급모순을 보여주었다면, 조명희는 한발 더 나아가 생존 및 공동체 자체를 위협하는 추방의 위험과 공포를 보여주었다.

> 여기(추성문: 인용자)에 모이는 무리들은 참 가관이다. 적어도 조선 근대에서 최근까지 시대 시대의 역사 기록을 산 표본으로 이곳에 진열하여 놓은 듯싶다-케케 묵은 소리만 탕탕하는 봉건유물(封建遺物)이 늙은이들, 이것들이 지

금은 죽게 되었을망정 한 삼사십 년 전에는 승지니 참판이니 하며 높이 걸터 앉아서 민중을 호령하며 억압하던 자들, 그 다음에는 또 중늙은이들-옛날에는 궁속(宮屬) 시정아치, 벼슬살이, 무관퇴물, 개화군, 지금은 무직업자-자본주 지주들, 놈들은 일본 제국주의 세력이 물밀 듯 이땅에 침입하여 들어올 무렵에 샘물 같은 웅덩이에 꼬리치는 올챙이떼 같은 무리들, 지금은 지난 밤 비바람에 벌레 먹은 풋대추같이 몰락 당한 무리들.

또 그 다음에는 밖으로 들어오는 일제의 자본주의 세력이 팽창함에 따라 그 밑에서 ○○○○ ○○○다가 그나마 ○○○ ○○○○나서 헤매는 실업자의 무리, 더 한층 떨어져서 그 다음에는 앞잡이 끄나풀 밑에서 ○○○○○○○○인제는 그나마 밀려 나와서 거리에 내어던지 폐물 같은 병신 거지들. (「한여름 밤」, p. 191)

"그들은 모두 온전히 생활권외(生活圈外)로 추방된 무리들"(「한여름 밤」, p. 191)인 것이다. 이런 현실에서는 누구도 안전할 수 없이 거지로 '내몰릴 수' 있다는 점을 조명희의 소설들은 반복적으로 재현하고 있다. 궁핍한 농촌과 도시는 당대 민중들의 실존적 한계 상황이었으며, 새로운 터전을 찾아 망명을 선택할 수밖에 없었던 당시 수많은 식민지 민중들의 상징이다. 이와 함께 혁명과 연대, 조직의 필요성도 미약하나마 보여주고 있다. 조명희는 자신에게 일본의 검열과 감시가 강화되고 있는 것과 동시에 사회주의 혁명이 불가능하다는 것을 인식하고 이상을 실현하기 위해 러시아 망명[17]을 택했는지도 모른다. 이것은 자연스러운 또는 타당한 현실적 행동으로, 이런 관점에서 바라볼 때 한국 근현대문학사를 좀 더 역동적 합법칙적으로 설명하는 논리적 해석[18]을 제공해 줄 것이다.

여기에서 한국(조선) 근대의 디아스포라는 어떻게 가능한가. 근대는 인간 주체성을 발견하고 그 욕망을 극대화하는 시간적 관념이자 정신적 지층이라고 할 수 있다. 여기에 자기 증식의 권력을 지닌 '자본'이 더해지면서 근대에 대한 문제제기는 여전히 유효하며 현재진행형이다. 말하자면 근대는 진보와 반동이 격돌을 거듭한 그 도정에서 근대 국민국가가 형성되고, 사람들은 '국민'으로 편성되었으며, 식민지배와 세계 분할이 강행[19]된 것이다. 특히 20세기는 서유럽의 근대(국가)가 완성되어 가면서 동시에 '타자'로 규정된 외부세계로 옮겨간 시기이다. 권력화된 서구 근대국가는 문화와 개화라는 이름으로 이방의 경계를 침투하였고, 이데올로기 규율장치를 통해 원주민의 정신적인 지위까지 그들에게 내면화하도록 강제하였다. 동일성의 포섭 논리는 폭력의 또 다른 이름이었다. 그리고 두 문화가 만나면서 또 다른 형태의 뒤섞임은 혼종성과 저항의 힘으로 표출되기도 하였다.

조명희는 균질화하려는 속성에 맞서 시공간성의 이동, 사상과 사조의 변이, 그리고 장르적 변용 등을 통해 스스로를 극복하고 갱신하는 디아스포라적 실체라고 할 수 있다. 그리고 그것은 근대 내부에서 끊임없이 분출된 변화 혹은 변용된 지점이기도 하다. 그리고 무엇보다도 유랑과 떠돎의 불안정한 상태에서도 현실과 민족에 대한 주체적 인식과 자각을 통해 새로운 곳으로 나아갔다는 점에서 비극적이지만 불안정한 상태로나마 '극복'의 근대이기도 하다.

우리는 조명희라는 인간과 작품을 통해 20세기 초엽의 근대를 만나게 되었다. 고정되지 않은 흐름들, 분출하는 이산의 경험들이 불균질한 지점들을 소환하며 회의와 동요, 모색과 방황의 길이 근대의 또 다른 얼굴임을 알게 된다. 또한 그의 소설에 재현된 당대의 삶은 '근대 이후'를 살아갈 우리에게 보여준 디아스포라적 삶의 전사(前史)라고 할 수 있다. 디아스포라는 근대의 역사적 소산인 동시에 '근대'를 다시 보게 하는 것, 그리고 '근대 이후' 인간의 가능성을 탐구하는 매개가 될 것이다.

또한 이제 소수집단 문학의 범위는 재외 한국인뿐만 아니라 우리 안의 소수자를 다루고 있는 문학까지 포괄하면서 장차 새롭게 등장할 한국 안의 '소수집단의 문학'까지 예상해야 할 단계에 이르렀다고 할 수 있다.[20] 21세기 대한민국에는 전쟁과 빈곤, 자본의 권력에 의해 떠밀려가거나 들어오는 타자화된 새로운 디아스포라들이 있다. 이들을 어떻게 바라볼 것인가, 이 물음에 대한 답을 찾아야 하는 과제가 지금 우리에게 놓여 있다.

주석

Ⅰ. 문명의 충돌

1. 차전환, 「포에니 전쟁 - 카르타고 문명의 몰락」

1) G. Franko, "The Use of Poenus and Carthaginiensis in Early Latin Literature", CP 89(1994), pp.153-158; E.M. Eckstein, *Mediterranean Anarchy, Interstate War, and the Rise of Rome*(2006, Berkeley), pp.158-76. 오늘날에도 사전에서 'Punic faith'는 '배신'의 의미를 가지고 있다.

2) D. Hoyos(ed.), *A Comapnion to the Punic Wars*(Wiley-Blackwell, 2011); D. Hoyos, *Hannibal's Dynasty. Power and Politics in the Western Mediterranean, 247-183 BC*(London, 2003); *The Carthaginians*(London and New York, 2010). R. Miles, *Carthage Must Be Destroyed. The Rise and Fall of an Ancient Civilization*(London, 2011). 이 글의 모든 연대는 기원전이며, 기원후 연대에는 서기를 표기함.

3) J.F. Lazenby, *The First Punic War. A military History*(California, 1996), p.23.

4) Ibid., pp.23-24.

5) Aristoteles, *Politeia*, 1274b24ff; Polybios, *Historiae*, 6.51-6.

6) W. Ameling, "The Rise of Carthage to 264 BC", in D. Hoyos(ed.), *A Comapanion to the Punic Wars*, p.48; J.F. Lazenby, *The First Punic War*, p. 20.

7) 리비우스는 원로원을 senatus로, 아리스토텔레스는 gerousia로 표현했다. (Livius, *Ab Urbe Condita*, 21.18.3. Aristoteles, *Politeia*, 1272b37.)

8) Aristoteles, *Politeia*, 1272b35; 1273a12ff.

9) Polybios, *Historiae*, 3.33.3-4.

10) H.H. Scullard, "Carthage", p.104 참조.

11) W. Ameling, "The Rise of Carthage to 264 BC", p.47.

12) Polybios, *Historiae*, 7.9.5.

13) J.F. Lazenby, *The First Punic War*, pp.23-25.

14) Diodoros, *Bibliotheca Historica*, 20.55.4; Polybios, *Historiae*, 72.1-4.

15) Diodoros, *Bibliotheca Historica*, 19.106.2.

16) 티마이오스는 아가토클레스에 의해 추방되자 아테네로 가서 수사학을 배웠고, 성인의 삶의 대부분을 아테네에서 보냈으며 거기서 약 40권으로 이루어진 저작 Historiae를 썼다고 한다. 현재 그의 저작은 전해지는 것이 없어서 '유령 역사가'로도 불린다.

17) L. Pearson, *The Greek Historians of the West: Timaeus and his Predecessors*(Atlanta, 1987), pp.157-63, 238, 245-50; Diodoros, *Bibliotheca Historica*, 13.43.6; R. Miles, *Carthage Must Be Destroyed*, pp.14-15.

18) Diodoros, *Bibliotheca Historica*, 20.14.4-7.

19) M. Aubet, *The Phoenicians and the West: Politics, Colonies and Trade. 2nd edn, tr. M. Turton*(2001, Cambridge), p.247; D. Hoyos, *The Carthaginians*, pp.100-104.

20) D. Hoyos, *The Carthaginians*, pp. 108-113.

21) P. Barcel, "Punic Politics, Economy, and Alliances, 218-201", in D. Hoyos(ed.), *A Companion to the Punic Wars*, p.365.

22) B. Wollner, *Die Kompetenzen der kartagischen Feldherrn*(Frankfurt, 1987), p.106ff.; S. Lancel, *Hannibal. Eine Biographie*(Dsseldorf und Zrich, 1998), pp.72-75.

23) P.A. Barcel, "Punic Politics, Economy, and Alliances, 218-201", pp.360-361.

24) Livius, *Ab Urbe Condita*, 21.10.11-13.

25) P.A. Barcel, "Punic Politics, Economy, and Alliances, 218-201", p.358.

26) P.A. Barcel, Hannibal. *Stratege und Staatsmann*(Stuttgart, 2004), pp.119-135.

27) Livius, *Ab Urbe Condita*, 21.21.9.

28) R. Miles, *Carthage Must Be Destroyed*, p.256ff.; "Hannibal and Propaganda", in D. Hoyos(ed.), *A Companion to the Punic Wars*, p. 260ff.

29) P.A. Barcel, "Punic Politics, Economy, and Alliances, 218-201", p.364.

30) Livius, *Ab Urbe Condita*, 22.58.4-7; M.P. Fronda, "Hannibal: Tactics, Strategy, and Geostrategy", in D. Hoyos(ed.), *A Companion to the Punic Wars*, p.251.

31) Livius, *Ab Urbe Condita*, 22.44-61.

32) P.A. Barcel, "Punic Politics, Economy, and Alliances, 218-201", p.366.

33) Livius, *Ab Urbe Condita*, 23.10.2. 한니발이 카푸아가 이탈리아의 지배자가 될 것, 이탈리아의 헤게모니 국가로서의 로마를 대체할 것을 약속한 것을 상기해보면, 카푸아인들의 팽창욕이 카르타고와 동맹을 맺은 주요 동기였음을 알 수 있다. (M. Fronda, "Hegemony and rivalry: the revolt of Capua revisited", *Phoenix*, 61(2007), pp.83-108.)

34) R. Miles, *Carthage Must Be Destroyed*, p. 286.

35) Polybios, *Historiae*, 7.9; P.A. Barcel, "Punic Politics, Economy, and Alliances, 218-201", p.368. M.P. Fronda는 칸나이 전투 후 한니발이 전쟁의 종결이 임박했다고 생각하고 전후의 해결책을 계획하기 시작했다고 보았다. 카르타고와 필립포스 5세의 동맹조약은, 한니발이 이탈리아를 카르타고의 일종의 '보호령'으로 만들고자 의도했음을 보여준다는 것이다. (M.P. Fronda, "Hannibal: Tactics, Strategy, and Geostrategy", p.252.)

36) Livius, *Ab Urbe Condita*, 26.5; M.P. Fronda, "Hannibal: Tactics, Strategy, and Geostrategy", p.253.

37) L.I. Manfredi, "Carthaginian policy through coins," in G. Pisano(ed.), *Phoenician and Carthaginians in the Western Mediterranean: Studia Punica*, 12(Rome, 1999), p.77.

38) P. Vison, "Carthaginian Coinage in Perspective", *American Journal of Numismatics*, 10(1998), pp.16-19.

39) Livius, *Ab Urbe Condita*, 23.11.7-13.8.

40) Livius, *Ab Urbe Condita*, 23.12.6-13.6; P.A. Barcel, "Punic Politics, Economy, and Alliances, 218-201", p.370.
41) P.A. Barcel, "Punic Politics, Economy, and Alliances, 218-201", p.371.
42) P.A. Barcel, "Punic Politics, Economy, and Alliances, 218-201", p.372.
43) Livius, *Ab Urbe Condita*, 28.35.
44) P.A. Barcel, "Punic Politics, Economy, and Alliances, 218-201", p.373.
45) Polybios, *Historiae*, 15.17-19; Livius, *Ab Urbe Condita*, 30.37.1-6.
46) D. Hoyos, *The Carthaginians*, pp.207-210.
47) Y.Le Bohec, "The Third Punic War: The Siege of Carthage(149-146 BC)", in D. Hoyos(ed.), *A Companion to the Punic Wars*, p.430.
48) D. Hoyos, *The Carthaginians*, pp.214-215; A. Goldsworthy, *The Fall of Carthage. The Punic Wars 265-146 B.C.*(London, 2006), p.331.
49) Polybios, *Historiae*, 36.1.4; Appianus, *Historia Romana*, VIII.76.
50) Polybios, *Historiae*, 36.1.3-6; Appianus, *Historia Romana*, VIII.75.
51) Appianus, *Historia Romana*, VIII.80.
52) Appianus, *Historia Romana*, VIII.93.; D. Hoyos, *The Carthaginians*, p.217.
53) Appianus, *Historia Romana*, VIII.110- 111.; D. Hoyos, *The Carthaginians*, p.218.
54) Appianus, *Historia Romana*, VIII.119-120.
55) Y.Le Bohec, "The Third Punic War: The Siege of Carthage(149-146 BC)", p.440.
56) Appianus, *Historia Romana*, VIII.126.
57) Appianus, *Historia Romana*, VIII.131.
58) R.T. Ridley, "To be taken with a pinch of salt: the destruction of Carthage", CP 81(1986), pp.140-146; S. Lancel, Carthage: *A History, tr. Antonia Nevill*(Oxford, 1995), pp.428-9.
59) Gaius Plinius Secundus, *Naturalis Historia*, 18.22-3; M'hamed H. Fantar, "Death and Transfiguration: Punic Culture after 146 BC", in D. Hoyos(ed.), *A Companion to the Punic Wars*, p.455.
60) R. Miles, *Carthage Must Be Destroyed*, pp.364-365.

2. 성백용, 「십자군 시대 서유럽의 이슬람 세계에 대한 인식과 담론의 유형들」

1) R. W. Southern, *Western Views of Islam in the Middle Ages*(Harvard Univ. Press, 1962), p. 3.
2) *Ibid.*, p. 17, n. 11; Saint John of Damascus: Writings, trans. by F. H. Chase Jr.(The Catholic University of America Press, 1958), p. 153.
3) 사라센들이 신처럼 숭배한다고 잘못 알려진 예언자 무함마드의 이름을 표기하는 데서도 그 같은 혼란이 있었다. 예를 들면 'Machameta', 'Magumeth', 'Mafumet', 'Mahumeti',

'Muamed', 'Moamed', Mauhias', 'Muhauias', 'Muhauie', 'Mathomus', 'Mammutius' 등 다양한 방식의 표기가 혼재했다.

4) N. Daniel, *Islam and the West: The Making of an Image*(Oxford, 1993), p. 221에서 재인용.

5) B. Hamilton, "Knowing the Enemy: Western Understanding of Islam at the Time of the Crusades," *Journal of the Royal Asiatic Society*, 3rd Series, Vol. 7(1997), pp. 373-387에서 재인용.

6) 이종경, 「중세 서유럽의 무슬림 인식: 무관심과 적대감, 그리고 이해와 공존」, 『서양사론』 제70호(2011), pp. 67-94 참조.

7) R. W. Southern, *Western Views of Islam*, p. 13.

8) 이에 관해서는 J. P. Lomax, "Frederick II, His Saracens, and the Papacy," J. V. Tolan ed., *Medieval Christian Perceptions of Islam*(New York, 1996), pp. 175-197; 이언 아몬드, 『십자가 초승달 동맹』, 제2장 "황제의 보물, 교황의 악몽: 13세기 이탈리아 무슬림 도시 루체라," 77-144쪽 참조.

9) B. Z. Kedar, *Crusade and Mission: European Approaches toward the Muslims*(Princeton University Press, 1984), pp. 25-28.

10) 마르크 블로크, 『봉건사회 I』, 한정숙 옮김(한길사, 1986), 27-31쪽.

11) Alexandro Barbero, *Charlemagne: Father of a Continent*, trans. by A. Cameron(University of California Press, 2004), pp. 100-101.

12) B. Z. Kedar, *Crusade and Mission*, p. 37.

13) *Ibid.*, p. 35.

14) K. B. Wolf, "Christian Views of Islam in Early Medieval Spain," in J. V. Tolan ed., *Medieval Christian Perceptions of Islam*, pp. 85-108; Id., "The Earliest Spanish Christian Views of Islam," *Church History* , Vol. 55(1986), pp. 281-293.

15) K. B. Wolf, "The Earliest Latin Lives of Muhammad: Texts and Contexts," in M. Gervers & R. Bikhazi eds., *Conversion and Continuity: Indigenous Christian Communities in Islamic Lands, Eighth to Eighteenth Centuries*(Toronto, 1990), pp. 89-101; Id., "Counterhistory in the Earliest Latin Lives of Muhammad," in C. Gruber & A. Shalem eds., *The Image of the Prophet between Ideal and Ideology*(Boston, 2014), pp. 13-26.

16) 예언자가 제이드의 이혼한 전처인 자이납(Zaynab)을 아내로 취한 것은 하나님의 뜻에 따른 합법적 사건으로 『꾸란』 33장 37절에 기술되어 있다.

17) 송아지와 거미는 『쿠란』 2장(알바까라)과 29장(알안카부트)의 제목이고, 개구리는 7장(알아으라프) 133절에, 오디새는 27장(나믈) 16-17절에 언급된다. 『쿠란』의 장절은 최영길 역주, 『꾸란 주해』(세창출판사, 2010) 참조.

18) K. B. Wolf, "The Earliest Latin Lives of Muhammad."

19) J. Tolan, "Anti-Hagiography: Embrico of Mainz's *Vita Mahumeti," Journal of Medieval History*, Vol. 22(1996), pp. 25-41.

20) Ibid., p. 41. 지옥편 제28곡에서도 '마호메트'는 8번째 환의 제9낭에서 종교□정치적 분열의 주범들과 함께 벌을 받는다. 이에 관한 분석으로는 J. M. Gázqueze & A. Gray, "Translations of Qur'an and Other Islamic Texts before Dante(Twelfth and Thirteenth Centuries)," *Dante Studies*, No. 125(2007): *Dante and Islam*, pp. 79-92; M. E. Frank, "Dante's Muhammad: Parallels between Islam and Arianism," *Ibid.*, pp. 185-206 참조.

21) J. Kritzeck, "Moslem-Christian Understanding in Medieval Times: A Review Article," *Comparative Studies in Society and History*, Vol. 4(1962), pp. 388-401(특히 p. 391).

22) 초창기 이슬람에 대한 비잔티움제국의 반응에 대해서는 J. Meyendorff, "Byzantine Views of Islam," *Dumbarton Oaks Papers*, Vol. 18(1964), pp. 113-132 참조.

23) D. R. Blanks, "Byzantium and the Muslim World," in D. R. Blanks ed., *Images of the Other: Europe and the Muslim World before 1700*(The American University in Cairo Press, 1997), pp. 109-121.

24) *Saint John of Damascus: Writings*, pp. 153-160. 또한 D. J. Sahas, *John of Damascus on Islam: The "Heresy of the Ishmaelites"*(Leiden, 1972) 참조.

25) St. John Damascene, "Dialogue between a Christian and a Saracen," in A. Fremantle ed., *A Treasury of Early Christianity*(New York, 1953), pp. 321-324.

26) D. R. Blanks, "Byzantium and the Muslim World," p. 119.

27) N. Daniel, *Islam and the West*, p. 15; B. Z. Kedar, *Crusade and Mission*, p. 21. 무함마드가 경배하게 했다는 우상은 메카 성원의 카바(Kaaba)를 가리키는 듯하다.

28) J. de Ghellinck, "L'entrée de Jean de Damas dans le monde littéraire occidental," *Byzantinische Zeitschrift*. Vol. 21(1912), pp. 448-457; B. Z. Kedar, *Crusade and Mission*, pp. 33-34, 40.

29) 그러나 세례가 반드시 해방을 의미하지는 않았다. 13세기 중엽 제노바 공증문서에 따르면 사라센 등으로 기재된 196명의 노예 가운데 1/3은 기독교 세례명을 가진 것으로 나타난다. (B. Z. Kedar, *Crusade and Mission*, pp. 51-53.)

30) Raoul Glaber, *Chronique de l'an Mil, traduite par François Guizot*(Sources de l'histoire de France, 2002), pp. 20-23.

31) B. Z. Kedar, *Crusade and Mission*, pp. 86-87, Appendix 1-b: Adaptations of the Anastasius Text; 1-c: Hugh of Fleury's Two Redactions 참조.

32) Otto von Freising, *The Two Cities: A Chronicle of Universal History to the Year 1146 A. D.*, A. P. Evans & C. Knapp ed.(Columbia University Press, 1928), pp. 411-412. 다른 곳에서 오토는 무함마드에 대하여 "그는 이스마일의 종족으로 이방인 아버지와 유대인 어머니 사이에서 태어났다."고 기술한다. *Ibid.*, p. 337.

33) Guibert de Nogent, *Histoire des Croisades, dans Collection des Mémoires relatifs à l'histoire de France depuis la fondation de la monarchie française jusqu'au 13e siècle* éd. par M. Guizot, Paris, 1824, livre I, pp. 23-31.

34) E. Peters ed., *The First Crusade: The Chronicle of Fulcher of Chartres and other source materials* (University of Pennsylvania Press, 1998), pp. 89-91.

35) B. Z. Kedar, *Crusade and Mission*, pp. 89-90. 매튜 패리스(Matthew Paris)에 따르면, 1257년 그의 수도원인 세인트앨반스(St. Albans)를 방문한 아크레의 성토마스 기사단장이 메카에서 숭배의 대상이던 공중의 마호메트 상이 지난해 하느님의 분노를 사 번개에 파괴된 이야기를 들려주었다고 한다. B. Hamilton, "Knowing the Enemy," p. 376.

36) *La chanson de Roland*, éd. J. Dufournet(Paris, 1993), pp. 58-59, 108 etc.; *La Saga de Charlemagne*, D. W. Lacroix éd.(Paris, 2000), p. 753; C. M. Jones, "The Conventional Saracen of the Songs of Geste," *Speculum*, Vol. 17(1942), pp. 201-225.

37) B. P. Edmonds, "Le Portrait des Sarrasins dans *La Chanson de Roland*," *The French Review*, Vol. 44(1971), pp. 870-880.

38) N. Daniel, "Learned and Popular Attitudes to the Arabs in the Middle Ages," *Journal of the Royal Asiatic Society*, Vol. 109(1977), pp. 41-52(특히 p. 50).

39) J. A. H. M. Cruz, "Popular Attitudes towards Islam in Medieval Europe," in D. R. Blanks & M. Frassetto, *Western Views of Islam in Medieval and Early Modern Europe: Perception of Other*(New York, 1999), pp. 55-81.

40) J. Kritzeck, "Moslem-Christian Understanding in Medieval Times," p. 395.

41) 『꾸란』의 번역과 그 필사본들에 대해서는 T. E. Burman, "Tafīr and Translation: Traditional Arabic Qur'ān Exegesis and the Latin Qur'āns of Robert of Ketton and Mark of Toledo," *Speculum*, Vol. 73(1998), pp. 703-732; J. M. Gázqueze & A. Gray, "Translations of Qur'an," 참조.

42) A. Cutler, "Review Article: Peter the Venerable and Islam," *Journal of the American Oriental Society*, Vol. 86(1966), pp. 184-198; B. Z. Kedar, *Crusade and Mission*, pp. 65-67. 『교령집』에 포함된 인노켄티우스 3세의 교령은 강제로 세례를 받은 이교도가 이후에 세례의 자발성을 계속 부인할 경우 그 세례는 효력이 없지만, 반대로 추후에 세례를 인정하면 유효하다는 것이다. *Ibid.*, pp. 72-73.

43) N. Daniel, *Islam and the West*, pp. 196-197; K. Mallette, "Muhammad in Hell," *Dante Studies*, No. 125, pp. 207-224; T. E. Burman, "How an Italian Friar Read His Arabic Qur'an," *Ibid.*, pp. 93-109.

44) *Opus Majus of Roger Bacon*, trans. by R. B. Burke(University of Pennsyvania Press, 1928), Vol. 2, Part 7, pp. 787 ff. 또한 R. W. Southern, *Western Views of Islam*, pp. 52-61 참조.

45) B. Z. Kedar, *Crusade and Mission*, pp. 159-160, 189-199; J. T. Addison, *The Christian Approach to the Moslem: A Historical Study*(Columbia University Press, 1942), pp. 41-49.

46) 룰리오의 생애와 선교 사상에 대한 자세한 논의는 손은실, 「라이문두스 룰루스의 『이방인과 세 현자의 책』에 나타난 종교간 대화의 기술」, 『장신논단』 46(2014), pp. 61-87;

이경희,「기독교와 이슬람의 첫 번째 대화, 라몬 룰(Ramon Lull, 1232-1316)의 노래:『사랑하는 자와 사랑받는 자의 책』을 중심으로」,『신학논단』 67(2012), pp. 63-89 등 참조.

47) J. C. Lamoreaux, "Early Eastern Christian Responses to Islam," in J. V. Tolan ed., *Medieval Christian Perceptions of Islam*, pp. 3-31.

48) Ibid., p. 12. 인용 구절은『다니엘』 11:31, 12:11 참조.

49) R. W. Southern, *Western Views of Islam*, pp. 27-33; K. B. Wolf, "Christian Views of Islam in Early Medieval Spain," p. 98-99. 스페인력은 서기 연도에 38년이 더해진다.

50)『마태복음』 24:11-14: "거짓 선지자가 많이 일어나 많은 사람을 미혹하게 하겠으며… 이 천국 복음이 모든 민족에게 증거되기 위하여 온 세상에 전파되리니 그제야 끝이 오리라."

51) B. Z. Kedar, *Crusade and Mission*, pp. 112-116; R. W. Southern, *Western Views of Islam*, pp. 40-42.

52) 단테,『신곡』, 최민순 역(을유문화사, 1989), 지옥편 제4곡 참조.

53) J. Flori, "La caricature de l'Islam dans l'Occident médiéval: origine et signification de quelques stéréotypes concernant l'Islam," *Aevum*, t. 2(1992), pp. 245-256; C. Lucken, "Les sarrasins ou la malédiction de l'autre," *Médiévales*, no. 46(2004), pp. 131-144 참조.

54) 에드워드 기번,『로마제국 쇠망사』, 이종인 편역(책과함께, 2012), 제50장 참조.

55) N. Daniel, "Learned and Popular Attitudes to the Arabs," p. 42.

56) B. Hamilton, "Knowing the Enemy," pp. 378-381.

57) J. Kritzeck, "Moslem-Christian Understanding in Medieval Times," p. 393.

3. 김응종,「지중해 문명의 종언 - 레판토 해전을 중심으로」

1) 1571년 10월 7일은 율리우스 달력으로 계산한 것이다. 오늘날의 달력으로는 1571년 10월 17일이다. 레판토는 이탈리아어 지명표기이고 그리스어 지명표기는 나프팍토스(Nafpaktos)이다. 실제로 전투가 벌어진 지역은 레판토에서 약 50 해리 떨어진 파트라스만 입구이다.

2) Niccolò Capponi, Victory of the West: The Great Christian-Muslim Clash at the Battle of Lepanto, (Cambridge : Da Capo Press, 2007), p.VII.

3) Ibid., p.VII.

4) Fernand Braudel, *La Méditerranée et le monde méditerranéen à l'époque de Philippe II*, tome 2(Armand Colin, 1985), p.383, p.397 ; Fernand Braudel, "Lépante : Bilan d'une bataille", Fernand Braudel, *Autour de La Méditerranée* (Editions de Fallois, 1996), p.291.

5) Fernand Braudel, *La Méditerranée et le monde méditerranéen à l'époque de Philippe II*, tome 2, pp.213-220 ; Fernand Braudel, "Lépante : Bilan d'une bataille", p.292.

6) 볼프강 슈말레, 박용희 옮김,『유럽의 재발견 - 신화와 정체성으로 보는 유럽의 역사』

(을유문화사, 2006), p.15. 피콜로미니는 1458년에 교황 피우스 2세가 되었다. 그는 반(反)오스만 국제회의를 소집하였으나 실패하자, 술탄 메헤메드 2세에게 편지를 보내 오스만제국이 현재와 미래에 정복하는 것을 교황이 인정하는 대가로 그리스도교로 개종할 것을 권유했다(Niccolò Capponi, *Victory of the West: The Great Christian-Muslim Clash at the Battle of Lepanto*, p.49).

7) V. J. Parry, "The Ottoman Empire, 1520-1566", *The New Cambridge Modern History*, 제2권 (Cambridge University Press, 1980), pp.510-16.

8) Angus Konstam, *Lepanto 1571. The Greatest Naval Battle of the Renaissance* (Osprey Publishing, 2003), pp.8-9.

9) Benjamin J. Kaplan, *Divided by Faith. Religious Conflict and the Practice of Toleration in Early Modern Europe* (Harvard University Press, 2007), p.301. 근대 초 기간 동안 100만 명이 넘는 그리스도교인들이 이슬람세계에 노예로 팔려갔을 것으로 추산된다.

10) Benjamin J. Kaplan, *Divided by Faith*, p.306. 이를 위해 프랑스는 그 기간 동안 도시 주민들을 다른 곳으로 이주시켰다.

11) V. J. Parry, "The Ottoman Empire, 1520-1566", *The New Cambridge Modern History*, 제2권, p.531.

12) 전윤재, 서상규, 『전투함과 항해자의 해군사』, 군사연구 (2009), p.114.

13) Fernand Braudel, "Lépante : Bilan d'une bataille", pp.282-3.

14) Ibid., p.291. 일부 역사가들은 몰타섬 공략 실패를 기점으로 오스만 제국이 쇠퇴하기 시작했다고 평가한다(Angus Konstam, *Lepanto 1571*, p.32).

15) 전윤재, 서상규, 『전투함과 항해자의 해군사』, p.115.

16) 셀림 2세는 1566년 아버지 술레이만을 계승하여 술탄이 되었다. 서양에서, 술레이만은 "위대한" 술탄으로 불린 반면, 셀림 2세는 "술주정뱅이"로 불렸다. 셋째 아들로서 아버지로부터 혹은 장차 술탄이 될 형으로부터의 죽음의 공포에서 벗어나는 길은 술에 도피하는 것 밖에 없었기 때문이다.

17) 베네치아는 에게해의 거점 2곳을 양도하고 매년 23만 두카토(당시 베네치아의 연간 무역 이익의 6% 정도)의 연공금을 내는 조건으로 오스만 제국과 단독 강화를 맺었다(전윤재, 서상규, 『전투함과 항해자의 해군사』, p.113).

18) Fernand Braudel, "Lépante : Bilan d'une bataille", pp.288-9.

19) Angus Konstam, *Lepanto 1571*, p.24.

20) 왼쪽 배치도는 바티칸 박물관에 소장된 지도이다. 왼쪽이 신성동맹 함대이다. 전면에 배치된 큰 배가 갤리어스이다.

21) Ibid., p.19. 전통적인 방식은 노가 많이 필요했고, 새로운 방식은 노잡이가 많이 필요했다. 그러나 새로운 방식은 숙련된 노잡이를 덜 필요로 했으며, 노를 만드는 목재를 줄일 수 있다는 장점이 있어서, 대체로 1530년대부터 새로운 방식으로의 교체가 이루어졌다(Niccolò Capponi, *Victory of the West: The Great Christian-Muslim Clash at the Battle of*

Lepanto, p.194).

22) Ibid., pp.20-1.

23) Niccolò Capponi, *Victory of the West: The Great Christian-Muslim Clash at the Battle of Lepanto*, pp.264-65.

24) 전투의 구체적인 전개에 대해서는 전윤재, 서상규, 『전투함과 항해자의 해군사』, pp.130-143.

25) Angus Konstam, *Lepanto 1571*, p.88.

26) Niccolò Capponi, *Victory of the West: The Great Christian-Muslim Clash at the Battle of Lepanto*, pp.249-50.

27) Fernand Braudel, *La Méditerranée et le monde méditerranéen à l'époque de Philippe II*, tome 2, p.395 ; Fernand Braudel, "Lépante : Bilan d'une bataille", p.288. 그러나 이 때 처음 충각을 없앤 것은 아니다. 베네치아해군은 그 전에 이미 충각을 없앴다(Niccolò Capponi, *Victory of the West. The Great Christian-Muslim Clash at the Battle of Lepanto*, p.255).

28) Niccolò Capponi, *Victory of the West: The Great Christian-Muslim Clash at the Battle of Lepanto*, pp.286, 300.

29) 전윤재, 서상규, 『전투함과 항해자의 해군사』, p.144.

30) Angus Konstam, *Lepanto 1571*, p.89. 책에는 2,000척으로 나와 있으나 200척의 오기가 아닐까?

31) Fernand Braudel, *La Méditerranée et le monde méditerranéen à l'époque de Philippe II*, tome 2, p.402.

32) Ibid., p.416.

33) Niccolò Capponi, *Victory of the West: The Great Christian-Muslim Clash at the Battle of Lepanto*, pp.312-3.

34) Ibid., p.424.

35) Ibid., p.427.

36) Fernand Braudel, "Lépante : Bilan d'une bataille", p.291.

37) Ibid., p.291.

38) Andrew C. Hess, "The Battle of Lepanto and its Place in Mediterranean History", *Past and Present*, 11월, 1972, pp.64-71 ; V. J. Parry, "The Ottoman Empire, 1566-1617", *The New Cambridge Modern History*, 제3권(Cambridge University Press, 1980), pp.352-55.

39) Andrew C. Hess, "The Battle of Lepanto and its Place in Mediterranean History" p.71.

40) Angus Konstam, *Lepanto 1571*, p.31. Niccolò Capponi, *Victory of the West: The Great Christian-Muslim Clash at the Battle of Lepanto*, p.2.

41) 전윤재, 서상규, 『전투함과 항해자의 해군사』, p.146.

42) Fernand Braudel, *La Méditerranée et le monde méditerranéen à l'époque de Philippe II*,

tome 1, p.153, tome 2, p.430.

4. 박윤덕, 「프랑스 혁명과 전쟁」

1) *Archives parlementaires de 1787 à 1860: Recueil complet des débats législatifs et politiques des chambres françaises*, t. 42 (Paris, 1893), pp.217-218. 오스트리아의 프란츠 2세(Franz II)가 신성로마제국 황제로 선출되기 전이었기 때문에, 공식적으로는 '보헤미아와 헝가리의 왕'을 상대로 전쟁을 선포했는데, 745명의 입법의원 가운데 반대표를 던진 의원은 10명 불과했다.
2) 1793-1794년에 벌어진 전투에서 교전국들의 병력은 전투 당 평균 8만 7천 명에 달했는데, 1792년 9월 발미(Valmy)에서는 3만 4천여 명의 오스트리아군과 5만 2천여 명의 프랑스군이 맞붙었고, 1793년 10월 바티니(Wattignies)에서는 주르당(Jean-Baptiste Jourdan) 장군 휘하의 4만 5천여 병력이 3만여 명의 오스트리아군과 대적했다. 참고로 아메리카 독립전쟁의 경우를 비교해보면, 대륙군은 8년 동안 약 25만 명의 병력을 동원했지만, 상시 병력은 최대 9만 명을 넘지 못했고, 단일 전투로는 요크타운에 투입된 2만 명이 최대였다. 그나마 그 가운데 8천 명은 프랑스군이었다. 18세기 프랑스의 군사전략가 기베르(Jacques- Antoine-Hippolyte de Guibert)는 야전군 병력의 상한선을 5만 명 정도로 잡았다. (Alvin D. Coox, "Valmy," *Military Affairs*, vol. 12, no. 4 (Winter, 1948), p.200; 이용재, 「'아우스터리츠의 태양': 나폴레옹 전쟁의 군사적 의의와 전쟁 개념의 변화」, 『서양사연구』 제35집 (2006), pp.33, 60.
3) 나폴레옹은 1805년 10월 울름(Ulm)에서는 15만 명, 그 해 12월 아우스터리츠에서 7만 2천 명, 1808년 에스파냐 침공 때에는 친히 20만 명의 병력을 지휘했다. (이용재, 「나폴레옹 전쟁과 에스파냐 '궤양: 게릴라전의 탄생」, 『동국사학』 제49집 (2010), p.401.)
4) Steven T. Ross, "The Development of the Combat Division in Eighteenth-Century French Armies," *French Historical Studies*, vol. 4. no. 1 (Spring, 1965), pp.84-94; Jeremy Black, "Military Organisations and Military Change in Perspective," *The Journal of Military History*, vol. 62, no. 4, (Oct, 1998), pp.880-881.
5) 나폴레옹은 "전격전"의 선구라 할 만큼 기동전 전술을 잘 구사했다. 신속한 이동으로 전투에서 수적 우위를 확보함으로써 제한된 병력 자원을 최대한 효율적으로 사용했다. 그에 따르면, "전략이란 시간과 공간을 활용하는 기술인데, 나는 공간보다 시간을 더 아낀다." "최고의 군대는 싸우는 군대가 아니라 행진하는 군대이다." (이용재, 「'아우스터리츠의 태양'...」, pp.50-52.)
6) Richard Cobb, *Death in Paris 1795-1801* (Oxford, 1978), p.7. T. C. W. Blanning, *The Origins of the French Revolutionary Wars* (New York, 1986), p.69에서 재인용.
7) 1842년 푸이예(Pouillet)는 1836년 인구조사에서 나타난 남녀 성비의 불균형을 근거로 혁명과 제정기에 적어도 130~140만 명의 남성이 희생되었다고 추산했다. (Jacques

Houdaille, "Pertes de l'armée de terre sous le premier Empire, d'après les registres matricules," *Population*, t. 27, no. 1 (Jan.-Fev. 1972), pp.27-28.)

8) 1689년 아우크스부르크 동맹전쟁의 발발로부터 1815년 나폴레옹 전쟁의 종결까지 18세기의 전쟁들을 영국과 프랑스의 패권쟁탈전으로 보는 견해이다. 이에 관해서는 H. M. Scott, "Review: The Second 'Hundred Years War', 1689-1815," *The Historical Journal*, vol. 35, no. 2 (June 1992), pp.443-469를 참조 바람.

9) *Archives parlementaires*, t. 72 (Paris, 1907), pp.674-675. 1793년 8월 23일 국민공회는 "지금 이 순간부터 우리의 적이 공화국 영토에서 축출될 때까지 모든 프랑스 국민은 군복무의 의무를 진다."고 선언하면서 18~25세의 모든 미혼 남성을 징집하였다. 이 조치는 전시에만 적용되는 예외적인 조치라는 점에서 오늘날의 국민개병제와는 다르다.

10) 서정복, 「나폴레옹 전투력의 근원은 어디에 있었을까」, 『서양사학연구』 제21집 (2009), pp.117-149; 이시연, 「나폴레옹전쟁 시대 러시아의 '여성' 기병장교 두로바」, 『역사학보』 제204집(2009), pp.269-313; 이용재, 「'아우스터리츠의 태양': 나폴레옹 전쟁의 군사적 의의와 전쟁 개념의 변화」, 『서양사연구』 제35집 (2006), pp.31-63; 이용재, 「나폴레옹 전쟁과 에스파냐 '궤양: 게릴라전의 탄생」, 『동국사학』 제49집 (2010), pp.399-429; 송경근, 「나폴레옹의 이집트 침입과 알-아즈하르의 저항」, 『한국중동학회논총』 제22집 (2001), pp.225-248; 그레고리 프리몬-반즈 · 토드 피셔(박근형 역), 『나폴레옹 전쟁: 근대 유럽의 탄생』, (플래닛미디어, 2009).

11) Gunther E. Rothenberg, "Review: Soldiers and the Revolution: The French Army, Society, and the State, 1788-99," *The Historical Journal*, vol. 32, no. 4 (Dec. 1989), pp.981-982. 이러한 경향의 대표적 연구는 다음과 같다. Jean-Paul Bertaud, *La Révolution armée: les soldats-citoyens et la Révolution française* (Paris: Robert Laffont, 1979); Jean-Paul Bertaud, *Valmy, la démocratie en armes* (Paris: Gallimard, 1989); Jean-Paul Bertaud, *La Vie quotidienne des soldats de la Révolution* (Paris: Hachette, 1985); Louis Bergès, *Résister à la conscription, 1798-1814: le cas des départements aquitains* (Paris: CTHS, 2002); Emmanuel Hublot, *Valmy ou la Défense de la nation par les armes* (Paris: Fondation pour les études de défense nationale, 1987); John A. Lynn, *The Bayonets of the Republic: motivation and tactics in the army of revolutionary France, 1791-94* (Urbana: University of Illinois press, 1984).

12) T. C. W. Blanning, *The Origins of the French Revolutionary Wars*, p.69. 19세기 후반 프랑스 혁명전쟁에 관한 연구는 주요 전쟁 당사국 가운데 하나였던 프로이센의 연구자들에 의해서 외교사적인 관점에서 이루어졌는데, 전쟁의 기원과 책임 문제를 주로 다루고 있다. 안타깝게도 필자는 독일어를 읽을 수 없어 이에 관해서는 전적으로 블레닝에 의존했음을 밝힌다.

13) Heinrich von Sybel (tr. by Walter C. Perry), *History of the French Revolution*, vol. 1 (London, 1867), pp.371-404.

14) Robert H. Lord, *The Second Partition of Poland* (Cambridge; Harvard Univ. Press, 1915), pp.269-271.

15) Georges Michon, *Essai sur l'histoire du parti Feuillant* (Paris, 1924), p.359. T. C. W. Blanning, *The Origins of the French Revolutionary Wars*, p.71에서 재인용.

16) 소불에 따르면 "민중의 압력과 국왕이 이끌던 귀족 반동의 틈바구니 속에서, 권력을 장악하고 있던 부르주아지는 대내적인 어려움을 회피하고자 대외적인 곤란을 악화시키는 데 주저하지 않았다. 부르주아지는 국왕과 공모해 프랑스와 혁명을 전쟁의 와중으로 몰아넣었던 것이다." (Albert Soboul (최갑수 역), 『프랑스대혁명사』, 상권 (두레, 1984), p.221.)

17) T. C. W. Blanning, *The Origins of the French Revolutionary Wars*, pp.70, 76.

18) Stephen M. Walt, "Revolution and War," *World Politics*, vol. 44, no. 3 (Apr. 1992), p.325에서 재인용.

19) 군사전문가인 위블로(Emmanuel Hublot)에 따르면, 1939년 9월에 그랬듯이, 1792년 4월의 프랑스는 전혀 전쟁 준비가 되어 있지 않았다. 혁명으로 정규군 병력이 감소했고, 의용병은 아직 전투에 투입될 수 있을 만큼 훈련이 안 되어 있었다. (Emmanuel Hublot, *Valmy ou la défense de la nation par les arms* (Paris; Fondation pour les Etudes de defense nationale, 1987), pp.119-120.)

20) Stephen M. Walt, "Revolution and War," pp.325-330.

21) Gunther E. Rothenberg, "The Origins, Causes, and Extention of the Wars of the French Revolution and Napoleon," *Journal of Interdisciplinary History*, vol. 18, no. 4, *The Origin and Prevention of Major Wars* (Spring, 1988), pp.772-773.

22) Carl von Clausewitz (김만수 역), 『전쟁론』, 제3권 (갈무리, 2009), p.147.

23) 1790년 5월 22일 제헌국민의회는 "프랑스 국민은 정복을 위한 어떠한 전쟁도 거부하며, 결코 다른 인민의 자유에 맞서 그 힘을 사용하지 않을 것"이라고 선언했다. (*Archives parlementaires*, t. 15 (Paris, 1883), p.662.)

24) 박윤덕, 『시민혁명』 (책세상, 2010), pp.33, 94 참조 바람.

25) Robert R. Palmer, *The Age of the Democratic Revolution: A Political History of Europe and America, 1760-1800* (Princeton; Princeton Univ. Press, 1959-1964).

26) Marvin Cox, "A Reassessment of R. R. Palmer's The Age of Democratic Revolution," *The History Teacher*, vol. 24, no. 3 (May, 1991), pp.345-346.

27) 독립 쟁취 후 파올리가 단행한 일련의 개혁 조치에 관심을 갖게 된 루소(Jean-Jacques Rousseau)는 코르시카 헌법안을 제안하기도 하였다. (Jean-Clément Martin, *La France en Révolution 1789-1799* (Paris; Editions Belin, 1990), p.30.)

28) Jean-Clément Martin, *La France en Révolution 1789-1799*, pp.26-29.

29) 1789-90년 봉기를 주도했던 봉크(Jean-François Vonck, 1743-1792)를 추종하는 벨기에 민주파. 봉크는 몽테스키외의 영향을 받아 삼권분립의 중앙집권적인 민주정부 수립을

주창했다. (Albert Mathiez, *La Révolution et les étrangers. Cosmopolitanisme et défense nationale* (Paris; La Renaissance du Livre, 1918), pp.9-11.)

30) Jean-Clément Martin, *La France en Révolution 1789-1799*, pp.29-30.

31) Club helvétique.

32) Pierre Henri Hélène Lebrun-Tondu(1754-1893).

33) Étienne Clavière(1735-1793).

34) Jean-Clément Martin, *La France en Révolution 1789-1799*, p.28.

35) Albert Mathiez, *La Révolution et les étrangers*, pp.13-28, 32-36. 영국의 시인 워즈워드(Wordsworth)와 러시아 작가 카람진(Karamzine)도 이 대열에 합류하였다.

36) *Archives parlementaires*, t. 16, p.373.

37) Michel Vovelle (최갑수 외 역), 『왕정의 몰락과 프랑스 혁명 1787-1792』 (일월서각, 1987), p.199.

38) T. C. W. Blanning, *The Origins of the French Revolutionary Wars*, pp.74, 77; Albert Soboul (최갑수 역), 『프랑스대혁명사』, p.212.

39) *Archives parlementaires*, t. 20, pp.75-83.

40) Albert Soboul (최갑수 역), 『프랑스대혁명사』, p.213.

41) *Archives parlementaires*, t. 20 (Paris, 1885), p.481.

42) *Archives parlementaires*, t. 20, p. 530.

43) *Archives parlementaires*, t. 30 (Paris, 1888), p. 631.

44) Emile Bourgeois, *Manuel historique de politique étrangère*, t. 2 (Paris, 1897), p.47.

45) 1790년 5월 5일 영국 정부는 의회에 에스파냐와의 전쟁이 임박했음을 알렸고, 하원은 5월 10일 전쟁 준비를 위해 100만 파운드의 지출을 의결했다. (Albert Sorel, *L'Europe et la révolution française*, t. 2 (Paris, 1885), pp.84-85.)

46) T. C. W. Blanning, *The Origins of the French Revolutionary Wars,* pp.61, 79.

47) *Archives parlementaires*, t. 15 (Paris, 1883), p.510.

48) *Archives parlementaires*, t. 15, p.516.

49) *Archives parlementaires*, t. 15, p.544.

50) *Archives parlementaires*, t. 15, p.559.

51) *Archives parlementaires*, t. 15, pp.661-662.

52) Albert Sorel, *L'Europe et la révolution française*, t. 2, pp.86-87; T. C. W. Blanning, *The Origins of the French Revolutionary Wars*, p.76.

53) *Archives parlementaires*, t. 31, p.689.

54) Gunther E. Rothenberg, "The Origins, Causes, and Extention of the Wars of the French Revolution and Napoleon," pp.780-781.

55) Albert Mathiez (김종철 역), 『프랑스혁명사』, 상 (창작과 비평사, 1982), p.150.

56) Albert Soboul (최갑수 역), 『프랑스대혁명사』, p.204.

57) Albert Soboul (최갑수 역), 『프랑스대혁명사』, p.212.
58) Timothy Tackett, *When the king took flight* (Cambridge: Harvard Univ. Press, 2003)를 참조하기 바람.
59) Albert Soboul (최갑수 역), 『프랑스대혁명사』, pp.216-217.
60) T. C. W. Blanning, *The Origins of the French Revolutionary Wars*, pp.86-87.
61) Jean-Clément Martin, *La France en Révolution 1789-1799*, pp.116-117.
62) 뒤포르(Adrien Duport), 바르나브(Antoine Barnave), 라메트를 지칭함.
63) Jean-Clément Martin, *La France en Révolution 1789-1799*, p.119.
64) 실제로 입법의회는 제헌의회 시기에는 7개에 불과했던 특별위원회를 23개나 설치해서 국왕 정부를 견제하고 감시할 수 있었다. (T. C. W. Blanning, *The Origins of the French Revolutionary Wars*, pp.96-97.)
65) Jean-Clément Martin, *La France en Révolution 1789-1799*, p.116.
66) *Archives parlementaires*, t. 34, pp.309-317.
67) Albert Soboul (최갑수 역), 『프랑스대혁명사』, p.232.
68) 데이비드 파커 외 지음(박윤덕 역), 『혁명의 탄생: 근대 유럽을 만든 좌우익 혁명들』 (교양인, 2009), p.213.

5. 이내주, 「문명의 충돌과 그 기억 - 제1차 세계대전 시 영국군의 갈리폴리 원정(1915)을 중심으로」

1) John Keegan, *A History of Warfare* (New York: Knopf, 1993), p.12.
2) 다작(多作)의 역사가인 블랙은 이 주제와 관련하여 이미 여러 권의 저서를 남기고 있다. (J. Black, *Rethinking Military History* (Routledge, 2004); *Introduction to Global Military History, 1775 to the Present Day* (Routledge, 2005); J. Black, S, Morillo, and P. Lococo, *War in World History: Society, Technology, and War from Ancient Times to the Present, vols. 1-2* (NY: McGraw Hill, 2008); *War and the Cultural Turn* (Cambridge: Polity, 2012).
3) 공식기록에 따르면 갈리폴리 작전에서 죽거나 부상을 당한 인원은 두 진영을 합할 경우 무려 50만 명에 달하였다: 영국 및 오스트레일리아-뉴질랜드 연합군 20만 5천 명, 프랑스군 4만 7천 명, 그리고 터키 군 25만 1천 명(Tim Travers, *Gallipoli 1915* (Stroud, 2004), p.311)
4) Ibid., p.19.
5) Ibid., p.19.
6) 상륙작전에는 6개 사단 총 7만 5천 여명의 병력이 투입되었다(영국군 육군 제 29사단 및 해군 1개 사단, 나중에 일명 Anzac 부대로 불린 이집트 주둔 오스트레일리아-뉴질랜드 연합군 2개 사단, 프랑스 군 2개 사단). 주공격 목표는 반도 입구의 헬레스 곶(Cape Helles)과 해안의 중요 5개 지점(S, V, W, X, Y로 명명)이었다.

7) 안작(Anzac)은 1914년 12월 이집트로 파병되었다가 1915년 3월말 이후 갈리폴리 반도에 투입된 오스트레일리아-뉴질랜드 연합군(Australian and New Zealand Army Corps)의 약자이다. 갈리폴리 전투에 투입되어 많은 사상자를 낸(총 5만 명의 병력 중 7,600명 전사) 이들의 공헌을 기념하기 위해서 이들이 상륙한 해안지대를 전후에 안작 만(Anzac Cove)으로 명명하였다.

8) J. Murray, *Gallipoli 1915* (Cerberus, 2004), pp.6-7.

9) 1915년 12월 18-19일 안작 만과 수블라 만에서, 그리고 1916년 1월 8-9일에는 헬레스 곶에서 마지막 병력이 철수하였다.

10) 작전수행과 관련해 주로 세 인물 - 해군장관(First Lord of the Admiralty) 처칠(Winston Churchill), 육군장관(Secretary of State for War) 키치너(Lord Kitchener), 그리고 원정군 사령관 해밀턴(Ian Hamilton) 장군 - 의 역할이 조사되었다. 정부 차원에서는 작전 초반 성급하게 해군 단독작전을 밀어붙였던 처칠 및 줄곧 소극적인 태도로 작전을 지원한 키치너에 대해, 그리고 전장 차원에서는 적군의 전력을 과소평가한 채 강한 리더십을 발휘하지 못한 사령관 해밀턴에 대해 비판이 가해졌다. 이에 대해 당사자들은 저술(Winston Churchill, *The World Crisis 1915* (London, 1923); Ian Hamilton, *Gallipoli Diary,* 2 vols.(London, 1920))의 형식으로 자신의 입장을 변호하였다.

11) Tim Travers, *Gallipoli 1915*, p. 14.

12) 이와 관련해서는 당시 독일군 군사고문단의 단장으로서 그리고 갈리폴리 전투 시에는 터키군 제5군 사령관으로서 오스만 터키군의 근대화 및 갈리폴리 전투 승리에서 중심적 역할을 한 산데르스(Liman von Sanders) 장군이 제1차 세계대전 종전 직후에 직접 집필해 1920년에 베를린에서 발간한 다음 책이 유용하다: Liman von Sanders, *Five Years in Turkey* (Annapolis: The United States Naval Institute, 1927, reprinted).

13) 제1차 대전 이전부터 터키에서 영국과 세력 확장을 다투던 독일은 1913년 12월 터키군의 재편성을 지원하기 위해 산데르스 장군 휘하에 70여명의 장교들(대표적으로 Carl Muhlmann, Hans Kannengiesser 장군 및 Willmer 소령을 꼽을 수 있음)로 구성된 군사고문단을 파견하였다. 고조되고 있던 러시아의 군사적 위협에 대처하기 위해 터키정부가 군사력 증강책의 일환으로 독일에 지원을 요청했기 때문이다. 1914년 말에 이르면 터키군은 총 40개 사단 규모로 대폭 증강되었고, 독일식 군사기술 및 훈련방식의 수용으로 전투력이 크게 향상되어 있었다.

14) 오스만 터키의 제1차 대전 참전에 대해서는 다음 연구서가 유용하다: Mustafa Aksakal, *The Ottoman Road to War in 1914: The Ottoman Empire and the First World War* (Cambridge: Cambridge Univ. Press, 2008).

15) Public Records Office(이하 PRO), Cab. 19/1 3623. 25 November 1914.

16) Lord Hankey, *The Supreme Command 1914-18*, Vol. 1 (London, 1961), p 249.

17) PRO, Cab. 22/1 3623. 8 January 1915.

18) PRO, Cab. 22/1 3623. 8 January 1915.

19) PRO, Cab. 19/1 3623. 13 January 1915; Churchill College Archive, Char 2/74/45-46, Minute by WSC on the Naval Arrangements, 20 January 1915.

20) Churchill College Archive, Char 2/74/56, Letter in French from Victor Augagneur(French Minister of Marine) to WSC indicating Agreement with British Proposals for Anglo-French Naval Co-operation, 31 January 1915.

21) Meeting of the War Council, extract from Secretary's Notes, in M. Gilbert, *Churchill*, Vol. III, Part I, pp.555-61에서 재인용.

22) 상륙작전 계획의 대강은 다음과 같다: 영국군 제29사단이 주공을 담당하여 갈리폴리 반도 남단의 헬레스 곶에 상륙하고 이후 계속 전진하여 주목표인 킬리드 바 고원지대를 점령한다; 동시에 오스트레일리아-뉴질랜드 연합군단과 프랑스 사단이 조공으로서 가바 테페 북쪽 지역과 쿰 케일에 상륙하여 터키군을 견제한다; 주공격이 실시 직전에 앞의 두 작전지역에서 해군 함정을 이용한 양동작전을 실시한다. 이와 더불어 갈리폴리 반도에서 벌어진 개별 전투들에 대한 자세한 이해를 위해서는 최근 발간된 다음 저서가 유용하다: Peter Hart, *Gallipoli* (Oxford: Oxford Univ. Press, 2011).

23) C. Nicolson, *The Longman Companion to the First World War: Europe, 1914-18* (London, 2001), p.123.

24) 크롬머 경(Lord Cromer)을 위원장으로(1917년 1월 크롬머 사망 후 위원이던 Sir William Pickford가 겸임) 피셔(Andrew Fisher, 전임 오스트레일리아 수상)와 맥켄지 경(Sir Thomas Mackenzie, 뉴질랜드 총독), 로크(Walter Roch, 웨일스 출신 의원), 그웬(Stephen Gwynn, 아일랜드 민족당 소속 의원), 코울리 경(Sir Frederick Cawley) 및 클라이드(James Clyde) 등의 정치가였다. 여기에 군사전문가로 니콜슨 원수(Field Marshal Lord Nicholson) 및 메이 제독(Admiral William May)이 위원으로, 그리고 변호사 출신의 미어스(E.G. Mears)가 위원회 서기로 임명되었다. 위원회는 1916년 8월말부터 이듬해 9월초까지 총 168명의 증인들로부터 인터뷰 및 서신의 형태로 자료를 수집하고 이를 분석하여 2권의 보고서(1권 Cd 8490, 1917; 2권 Cmd 371, 1918)로 작성 발간하였다. 최근에 영국 국가문서보관소가 이 보고서들을 단행본으로 재발간한 바 있다(T. Coates, ed., *The Dardanelles Commission Part I: Lord Kitchener and Winston Churchill, 1914-15*; *Part II: Defeat at Gallipoli, 1915-16*, London, 2000).

25) 다르다넬스 위원회 조사보고서가 처음으로 공개된 직후에 이를 분석한 다음 글에서도 실패의 요인은 전장이 아니라 런던 본국에 있었다고 분명히 지적하고 있다. (John Leyland, "Lessons from Dardanelles Report," *Nineteenth Century and After*, Vol. 81 (April, 1917), p.920.)

26) 거센 비판에 대응해 처칠은 저술(*The World Crisis 1915,* (London, 1923))을 통해 구체적이고 체계적으로 자신의 입장을 변호하였다.

27) M. Gilbert, *Churchill,* Vol. III, p.811. 해군장관 직을 사임한 처칠은 그해 가을을 서부전선에서 최전방 대대 지휘관으로 근무한 후 의회 연설 및 언론 기고의 형식으로 조사

위원회에 증거를 제시하였다. 이후 그는 로이드 조지 연립정부의 군수물자부 장관으로 발탁(1917년 7월)되어 내각에 복귀하였다.

28) 1916년 6월 5일 러시아와 군수물자 판매 협상을 위해 키치너와 수행원들을 싣고서 영국의 스카파 플로우 항을 출발해 러시아로 향하던 영국해군 전함 햄프셔(HMS Hampshire)호가 북해 상에서 독일의 잠수함이 부설해 놓은 기뢰에 부딪혀 침몰하는 전혀 예상치 못한 사건이 벌어졌다. 이 사고로 키치너를 비롯해 총 7백 여 명에 달한 승선 인원들 대부분이 사망하였다.

29) 전후에 해밀턴은 원정작전 중에 자신이 적은 메모나 일기 등을 주 사료로 하여 갈리폴리 전투에 대한 상세한 내용을 담은 책자를 발간하여 사령관으로서 자신의 역할과 노력을 밝혔다. (Sir Ian Hamilton, *Gallipoli Diary*, Vol. I & II (London: Edward Arnold, 1920))

30) 이에 대한 자세한 내용은 필자의 다음 졸고를 참고할 것: 이내주,「처칠, 키치너, 그리고 해밀턴의 삼중주?: 1915년 영국군 갈리폴리 원정 실패 책임을 중심으로」,『영국연구』 제20호 (2008), pp.245-269.

31) 작전의 구상과 착수 단계에서는 처칠에게, 작전 실행의 초기단계에서는 키치너에게, 그리고 본격적으로 상륙작전에 돌입한 이후에는 해밀턴에게 좀 더 과중한 실패의 책임이 놓여 있다고 볼 수 있다.

32) 이 주제와 관련해서는 다음 최근의 연구들을 참고할 것: 박지향,「영국 제국주의와 일본 제국주의의 비교(I): 인종주의를 중심으로」,『영국연구』 제2호 (1998), pp.161-194; 박창호,「스펜서의 사회진화론과 오리엔탈리즘」,『담론 201』 제6권 2호 (2004), pp.125-162; 김성건,「영제국의 기독교 선교에 나타난 앵글로색슨의 선민의식과 오리엔탈리즘」,『담론 201』 제6권 2호 (2004), pp.163-196; Z. Lockman, *Contending Visions of the Middle East: The History and Politics of Orientalism,* 2nd ed. (Cambridge: Cambridge Univ. Press, 2010).

33) Lord Hankey, *The Supreme Command 1914-1918* (London, 1961).

34) E. Spiers, "Chapter 7 Gallipoli", in B. Bond, (ed.), *The First World War and British Military History* (Oxford, 1991), p.178.

35) M. Gilbert, *Churchill: A Life* (New York: Henry Holt, 1991), pp.45-50.

36) 그는 1908-15년, 1917-22년, 1924-29년, 그리고 1939-40년에 내각의 각료였고, 마침내 1940-45년, 1951-55년 두 차례에 걸쳐서 수상 직을 역임할 정도로 정치가로서 화려한 경력을 갖고 있었다. 특히 1908-11년에는 식민부 차관으로서 직접적으로 식민지와 관련된 제반 문제들을 다루었는데, 이때 그의 뇌리에는 영국은 신이 영국민에게만 허락한 책임 있는 헌정질서를 식민지에 전파하고 이식시킬 책무를 갖고 있다는 생각이 깊숙이 스며들어 있었다(Ronald Hyam, "Chapter 10 Winston Churchill's First Years in Ministerial Office, 1905-1911," in *Understanding the British Empire*, Cambridge: Cambridge Univ. Press, 2010, p.300).

37) M. Gilbert, *The Challenge of War: Winston S. Churchill 1914-1916,* Vol. III (London: Minerva, 1971), p.811.

38) L. A. Carlyon, *Gallipoli*, (London: Doubleday, 2001), pp.23-25.

39) 이러한 측면에서 그의 대표적 전기작가로 꼽히는 맥너스는 책의 부제에서조차 키치너를 '제국주의자'로 적고 있다: Philip Magnus, *Kitchener: Portrait of an Imperialist* (New York: E. P. Dutton & Company, INC, 1959).

40) 이때 처칠은 활발한 사전 로비를 통해서 키치너 장군의 선발 반대를 극복하고 제 21창기병 연대의 초급장교로 원정부대에 합류할 수 있었다(처칠, 한영순역, 『윈스턴 처칠: 내 젊은 날의 추억』, 범조사, 1987, pp.181-183).

41) L. A. Carlyon, *Gallipoli*, (London: Doubleday, 2001), p.19.

42) 핸슨은 서양은 고전 그리스시대 이래로 폴리스 간에 팔랑크스 대형을 이용한 '정면대결'이라는 전투방식을 발전시켜왔는데, 이는 당시 세계에서 유일하게 그리스에서만 존재한 자유시민 공동체에 그 뿌리를 두고 있다고 주장하였다. 더 나아가서 그는 바로 이러한 서양의 특수성 속에 근대 이후 서양세력이 세계의 헤게모니를 장악한 비결이 숨어 있다고 말한다. 자세한 이해를 위해서는 V. D. Hanson, *The Western Way of War: Infantry Battle in Classical Greece* (Berkeley: Univ. of California Press, 1989); *Carnage and Culture: Landmarks Battles in the Rise of Western Power* (New York: Doubleday, 2001); *A War Like No Other: How the Athenians and Spartans Fought the Peloponnesian War* (New York: Random House, 2005) 등을 참고할 것.

43) 해밀턴의 생애에 대해서는 다음 책을 참고할 것: John Lee, *A Soldier's Life: General Sir Ian Hamilton* (London: Pen Books, 2000).

44) 보어전쟁 시에 해밀턴은 키치너 사령관의 참모장으로 활동했는데, 이때 처칠도 초급장교이자 특파원의 자격으로 참전한 끈끈한 인연을 갖고 있었다. 이러한 두 사람의 개인적 친분관계를 감안할 시 해밀턴이 원정군 사령관으로 임명되는데 해군장관 처칠의 도움이 컸으리라는 점은 충분히 짐작할 수 있다.

45) L. A. Carlyon, *Gallipoli* (London: Doubleday, 2001), pp.24-26.

46) Liddell Hart Centre for Military Archives(King's College London), Hamilton Papers 7/4/5. 12 March 1915.

47) L. A. Carlyon, *Gallipoli*, p.29.

48) L. A. Carlyon, *Gallipoli*, p.28.

49) L. A. Carlyon, *Gallipoli*, pp.29-31. 1881년에 마케도니아 지방의 살로니카에서 목재상의 아들로 태어난 케말은 서양적인 측면과 동양적인 측면을 함께 갖고 있었다. 전자와 관련해서 그는 논리적이고 실질적이며 사고능력을 높이 평가하는 성품을 보여주었고, 후자와 관련해서 그는 민주적이지만 특히 목적이 정당하다고 판단될 경우에 이를 추진하는 면에서 독재자와 같은 스타일을 보여주었다. 한마디로 다소 유약하고 내성적이었던 해밀턴과는 정반대되는 성품의 소유자였다. 이 두 사람이 갈리폴리 반도에서 한

사람은 원정군 사령관으로서 다른 한 사람은 이를 지키는 제19사단(신설사단으로 3개 연대, 총 1만 여명의 규모)의 지휘관으로서 격돌하였던 것이다. 케말의 생애에 대해 자세히 알기 위해서는 최근 국내에서 번역된 다음 책을 참고할 것: 앤드류 망고 (곽영완 역), 『무스타파 케말 아타튀르크: 터키 건국의 아버지 아타튀르크 일대기』 (애플미디어, 2012).

50) R. Rhodes James, *Gallipoli: The History of a Noble Blunder* (New York: Macmillan, 1965), p.93.

51) 갈리폴리 전투 당시 갈리폴리 반도의 주방어군은 신설된 터키 군 제5군이었다. 독일군의 산더르스 장군을 사령관으로 그 예하에 제3군단과 제15군단(예하에 3사단과 11사단을 갖고서 반도 건너 아시아 쪽 방어 담당)이 있었다. 이 중에서 갈리폴리 반도를 실질적으로 방어하고 있던 것은 터키 군 내에서도 최고의 정예부대로 손꼽히고 있던 제3군단 예하의 7사단, 9사단, 그리고 무스타파 케말이 지휘관으로 있던 제19사단이었다. 케말 이외에 당시 제3군단장이던 에사트 파샤(Esat Pasa)도 주목할 만한 인물이었다. 1915년에 52세였던 그는 엘리트 교육기관인 참모대학(War Academy)을 졸업한 유능한 장군이었다. 발칸전쟁에서 풍부한 실전경험을 쌓은 그는 이후 갈리폴리 반도에서 근무하면서 지형을 익힌 후 갈리폴리 전투 시에 자신의 능력을 십분 발휘하였다. 사실상 터키 군에서는 1913년 제2차 발칸전쟁 이후 청년터키당에 의해 터키 군 장교단에 대한 대대적인 쇄신 작업이 이루어졌다. 군 현대화라는 목표 하에 사전 자격 심사를 거쳐서 무능하다고 판단된 고급장교들을 군에서 축출하였는데, 이러한 과정을 통과한 고급장교들 중 한 명이 바로 에사트 파샤였다(E. J. Erickson, "Strength against Weakness: Ottoman Military Effectiveness at Gallipoli, 1915", *Journal of Military History*, vol. 65(4) (Oct. 2001), p.996).

52) Liddell Hart Centre for Military Archives, Hamilton Papers 7/9/7, Answers by Turkish General Staff to Questions asked by the Official Historical A. I. F. (Dec. 1919). 이는 전후에 갈리폴리 전투에 대한 공간사(公刊史) 집필을 위해 영국 측에서 전투에 참전했던 터키군 참모에게 보낸 질문서에 대한 답변서인데, 이를 통해 당시 터키군의 병력 배치 현황 및 반응 등을 어느 정도 상세히 엿볼 수 있다.

53) E. J. Erickson, "Strength against Weakness: Ottoman Military Effectiveness at Gallipoli, 1915", *Journal of Military History*, vol. 65(4) (Oct. 2001), pp.983 – 984.

54) 터키에 대한 독일의 지원은 오랜 전부터 시작되었다. 19세기 말 이래로 터키 군대는 독일 군사고문단의 지도를 받아 왔고, 이로 인해 독일군 교리와 참모제도를 따르고 있었다. 그래서 터키군의 고급장교들 대부분은 독일군의 군사대학을 벤치마킹해 설립된 2년 과정의 고급 참모대학(War Academy)에서 수학한 경험을 갖고 있었다. 그래서 터키군 군단장이나 사단장들은 지휘하는 부대를 전적으로 자신이 책임지고 작전을 수행하는 독일적 지휘방식의 훈련을 받았다. 바로 갈리폴리 전투에서 무스타파 케말이 보여준 고도의 전문화된 지휘 스타일이 바로 이러한 점을 반영해 주고 있다. 따라서 비록 독

일인이지만 산데르스 장군은 갈리폴리 반도 방어를 책임진 터키군 제5군의 총사령관으로 임명되어 전투를 지휘하는 과정에서 자신의 작전의도와 계획을 실행으로 옮기는데 터키군 장교들과의 관계에서 별다른 어려움을 겪지 않았다. 당시 상황에서 일종의 다국적군을 이끌었던 해밀턴 장군의 처지와 비교했을 시, 산데르스 장군은 인적인 측면에서도 유리한 입장에 있었다고 볼 수 있다(Erickson, p.997).

55) M. Gilbert, "Chapter 1. Churchill and Gallipoli", in J. Macleod (ed.), *Gallipoli: Making History* (London, 2004), p.17. 당시에 터키군은 포탄이 심하게 부족한 상태도 아니었고, 더구나 4월말 이후로 터키군은 대포, 기관총, 라이플 총, 철조망 및 참호 체계 등으로 막강한 방어력을 구축하여 원정군의 공격력에 버금가는 방어 능력을 갖추고 있었다(Tim Travers, *Gallipoli 1915*, p.300).

56) 특히 1914년 11월 초에 영국 함대가 다르다넬스로 접근하여 터키 해안에 위협 포격을 가한 것을 계기로 터키군은 이 지역에 대한 경계 및 방어태세를 대폭적으로 강화하였다. 예컨대, 해협의 초입 지역에 여러 채의 방어요새들을 새로 구축하고 해안포를 설치하였으며, 무엇보다도 해협의 바다 밑에 기뢰와 대잠수함망을 설치하여 영국 함대의 항행을 거의 불가능하게 만들었다.

57) 한 예로 영국군이 수블라 만에 기습적으로 상륙하자 그는 즉시 당시 대령이던 무스타파 케말을 사단장으로 임명하여 단기간 내에 수블라 만으로 추가 병력을 파병하는데 성공하였다. 케말의 지휘 하에 강행군으로 수블라 만에 도착한 터키군은 영국 상륙부대가 해안가에서 부질없이 시간을 보내고 있는 동안에 고지대에 강력한 방어진지를 구축할 수 있었다.

58) Tim Travers, *Gallipoli 1915*, p.186.

59) 대전 발발 이전에 터키에서 활동했던 영사나 무관들, 그리고 대전 발발 직후 콘스탄티노플을 방문 중이던 영국 해군대표단이 수집한 정보들이 거의 전부라고 해도 과언이 아니었다.

60) E. J. Erickson, "Strength against Weakness: Ottoman Military Effectiveness at Gallipoli, 1915" *Journal of Military History*, vol. 65(4) (Oct. 2001), p.983. 최근에 에릭슨은 갈리폴리 전투 시 터키군의 상황을 총체적으로 분석한 책을 선보인 바 있다: E. J. Erickson, *Gallipoli: The Ottoman Campaign* (Barnsley: Pen & Sword Military, 2010). 그리고 터키군의 입장에서 갈리폴리 전투를 이해하기 위해서는 K. Fewster, V. Basarm, and H. H. Basarm, *Gallipoli: The Turkish Story* (Crows Nest: Allen & Unwin, 2003)을 참고할 것.

61) E. J. Erickson, "Strength against Weakness: Ottoman Military Effectiveness at Gallipoli, 1915" *Journal of Military History*, vol. 65(4) (Oct. 2001), p.1011.

Ⅱ. 전쟁과 평화의 수사학

1. 김응종,「자연법과 전쟁 - 후고 그로티우스의『전쟁과 평화의 법』을 중심으로」

1) 찰스 틸리, 윤승준 옮김,『유럽혁명 1492-1992. 지배와 정복의 역사』(새물결, 2000), p.125.

2) 네덜란드어 이름은 하위흐 더 흐로트 (Huig de Groot)이다. 그러나 그로티우스는 라틴어를 사용하여 책을 썼으며, Grotius라는 라틴어 이름을 사용하였다.

3) 이 때 앙리 4세는 그를 "홀란드의 기적"이라고 불렀다.

4) Statholder란 '대리인'이라는 뜻이다. 네덜란드는 원래 에스파냐의 지배를 받았기 때문에 에스파냐 왕의 대리인(Statholder)이 통치했다. 그후 네덜란드는 에스파냐의 지배에서 벗어나 독립을 선언했지만 Statholder 체제를 그대로 유지했다. 원칙적으로 각 주마다 독립적이었기 때문에 주마다 Statholder를 뽑았으나, 실제로는 오란예 가문에서 모든 주의 Statholder를 독차지했다.

5) 그의 탈출 이야기는 매우 낭만적이다. 그로티우스의 부인은 책을 잔뜩 담은 큰 통을 가지고 면회를 왔고, 그 통에 체구가 작은 그로티우스를 담아 성 밖으로 탈출했다.

6) 이 필사본의 제12장은『자유로운 바다』(Mare Liberum)라는 제목으로 1609년에 출판되었고, 나머지는 1864년에 발견되어『노획의 권리』(De Iure Praedas Commentarius)라는 제목으로 출판되었다.

7) Hugo Grotius, *The Rights of War and Peace*, Book 1, Edited and with an Introduction by Richard Tuck from the Edition by Jean Barbeyrac (Indianapolis: Liberty Fund, 2005), "Introduction", p. x. 이 책은 3권으로 출판되었다. 라틴어 Jus는 '법'이라는 뜻과 '권리'라는 뜻을 함께 가지고 있다. 이 책을 어떤 사람은『전쟁과 평화의 법』으로, 어떤 사람은『전쟁과 평화의 권리』라고 번역한다. Jus를 '법'으로 보는 것이 옳은가 '권리'로 보는 것이 옳은가는 매우 중요한 문제이다. 이 문제에 대해서는 본문에서 논의하였다.

8) Richard Tuck, *The Rights of War and Peace. Political Thought and the International Order from Grotius to Kant* (Oxford University Press, 1999), p.95. "그는 헤이그에 있는 평화 궁전의 수호성인이 되기에는 가장 어울리지 않는 인물이다."

9) Lorraine Daston, Michael Stolleis(ed.), *Natural Law and Laws of Nature in Early Modern Europe* (Ashgate Publishing Company, Burlington, 2008), 서문, pp.5-6.

10) Ibid., 3. 필자들은 근대에 들어 자연법 논의가 만개한 배경으로 종교개혁과 반종교개혁의 논쟁, 절대군주의 등장, 아카데미 회의주의의 충격, 주의주의 신학 등을 소개하고 있다.

11) Hugo Grotius, *The Rights of War and Peace*, 제1권, pp.89-90. 그로티우스는 이 진술에 뒤이어 다음과 같이 기술함으로써 자신의 과감성을 포기하지만, 그렇다고 그 진술의

역사적 가치가 줄어들지는 않는다. "그것〔신이 없으며 인간사에 관심이 없다〕의 반대가 한편으로는 이성에 의해 다른 한편으로는 영원한 전통에 의해 우리에게 나타나며, 모든 시대를 통해 입증된 논지들과 기적들이 그것을 확인해 준다. 따라서, 우리는 우리의 창조주이며 우리의 존재와 소유물의 원천이신 신을 모든 것에서 예외 없이 따라야 한다."

12) John Finnis, *Natural Law and Natural Rights* (Oxford UP, 1980), p.43.

13) Francis Oakley, *Natural Law, Laws of Nature, Natural Rights. continuity and discontinuity in the History of Ideas* (Continuum, New York, 2005), p.65.

14) Hugo Grotius, *The Rights of War and Peace*, 제1권, p.155.

15) Ibid., 서문, 제17장.

16) 당시 세계무역의 지배권을 놓고 네덜란드와 경쟁하던 잉글랜드는 이러한 관념에 반대하고 바다도 땅과 마찬가지로 소유할 수 있다고 주장했다. 그 후 바다의 소유권은 대포의 사거리인 3 해리로 결정되었다.

17) Wikipedia의 "Grotius". 그로티우스가 항해의 자유를 주장하기 전에 이미 모든 나라는 인도양과 그밖의 다른 아시아 바다에서 자유로운 항해권을 받아들였지만 항해자유론을 체계화시킨 사람은 그로티우스다. 그로티우스의 바다의 자유 개념은 대체로 오늘날까지 적용되고 있다.

18) Ibid.

19) 이 글에서 참고한 리차드 턱은 "권리"라고 번역한 반면, Francis Kelsey(Carnegie edition, 1925), A. C. Campbell(London, 1814), John Miller(Stanford Encyclopedia of Philosophy, 2011) 등은 "법"이라고 번역하였다.

20) Hugo Grotius, *The Rights of War and Peace*, 제1권, p.106.

21) Ibid., pp.106-7.

22) John Miller, "Hugo Grotius", *Stanford Encyclopedia of Philosophy*, 2011.

23) Ibid., p.75.

24) Ibid.

25) Wikipedia의 "Grotius"

26) Franco Cardini, "Guerre et Croisade", in Jacques Le Goff, Jean-Claude Schmitt(ed.), *Dictionnaire raisonné de l'Occident médiéval* (Fayard, 1999), p.439.

27) Philippe Contamine, *War in the Middle Ages*, translated by Michael Jones, Basil Blackwell (1984), p.273.

28) Hugo Grotius, *The Rights of War and Peace*, 제1권, pp.196, 209.

29) 그로티우스는 에라스무스를 극단적인 평화주의자로 보았지만, 에라스무스는 그리스도교인들 사이의 전쟁은 반대하면서도 터키와의 전쟁은 반대하지 않았다 (Richard Tuck, *The Rights of War and Peace. Political Thought and the International Order from Grotius to Kant*, pp.30-1).

30) Hugo Grotius, *The Rights of War and Peace*, 제2권, pp.1021-1024.

31) Richard Tuck, *The Rights of War and Peace. Political Thought and the International Order from Grotius to Kant*, pp.52-60.

32) Ibid.

33) Hugo Grotius, *The Rights of War and Peace*, 제2권, p.448.

34) Richard Tuck, *The Rights of War and Peace. Political Thought and the International Order from Grotius to Kant*, p.106에서 재인용.

35) Ibid., p.14.

36) Franco Cardini, "Guerre et Croisade", p.448.

37) Draper, G.I.A.D., "Grotius' Place in the Development of Legal Ideas about War," in Bull Hedley(eds.) *Hugo Grotius and International Relations* (Oxford, Clarendon Press, 1990), p.194. Kingsbury, Benedict, and Roberts, Adam, "Introduction: Grotian Thought in International Relations," in Ibid., pp.3-4.

38) John Miller, "Hugo Grotius", *Stanford Encyclopedia of Philosophy*, 2011 ; John Finnis, *Natural Law and Natural Rights*, pp.207-8 ; Francis Oakley, *Natural Law, Laws of Nature, Natural Rights. continuity and discontinuity in the History of Ideas*, p.181. 오클리는 이러한 의무에서 권리로의 이행이 홉스와 그로티우스를 넘어 14세기의 오캄에게서 엿보인다고 주장한다.

39) Hugo Grotius, *The Rights of War and Peace*, 제1권, 서문, 제6장-제7장.

40) 홉스는 그로티우스를 읽었으며, 그로티우스의 사상을 발전시켰다. Richard Tuck, *The Rights of War and Peace. Political Thought and the International Order from Grotius to Kant*, pp.96-8, 135.

41) 루소의 다음 구절은 유명하다. "정치법은 아직 생겨나지 않았고 앞으로도 결코 생겨나지 못할 거라고 생각한다. 이 분야에서 우리 모든 학자들의 스승인 그로티우스는 한낱 어린아이에 게다가 더 나쁘게도 정직하지 못한 어린아이에 불과하다. 그로티우스를 하늘 높이 떠받들고 홉스에게 저주를 퍼붓는 소리가 들릴 때면 나는 두 작가를 읽거나 또는 이해하는 분별력이 있는 사람들의 수가 얼마나 되는지를 알게 된다. 사실인즉 두 작가의 원리는 정확히 일치하나, 오직 그 표현 방식만 다를 뿐이다. 방법론에서도 다르기는 하다. 홉스는 궤변에 그로티우스는 시인들에 의존한다. 그러나 그들은 나머지에서는 같다." (『에밀 또는 교육론』, 제2권, p.476.)

42) Richard Tuck, *The Rights of War and Peace. Political Thought and the International Order from Grotius to Kant*. 칸트는 문명사적 관점에서 전쟁을 옹호한다. "우리는 문명화된 국가를 억압하는 가장 큰 악은 전쟁 - 과거나 현재에 벌어진 실제적인 전쟁이라기보다는 미래의 전쟁을 위해 끊임없이 늘어나는 준비 - 의 결과임을 인정해야 한다 〔...〕 그러나 이러한 전쟁에 상존하는 두려움이 국가의 수반들로 하여금 인간에 대한 존중심을 표명하도록 강요하지 않았다면, 우리는 모든 사람의 행복을 증진시키는 국가 내에

서의 동일한 문화 혹은 계급들의 긴밀한 유대를 여전히 볼 수 있을 것인가? 우리는 매우 억압적인 법에도 불구하고 여전히 존재하는 같은 부류의 사람들을 만나고 혹은 그 정도의 자유를 누릴 수 있을 것인가? 간헐적으로 예상치 못한 침입만 받을 뿐 강력한 적의 공격을 받지는 않은 중국을 보기만 하면 된다. 인간의 문화가 현 단계에 머무는 한, 전쟁은 인간의 문화를 발전시키는 필수적인 수단이다. 그리고 오직 문화가 충분히 발전했을 때에만 - 그때가 언제인지는 신만이 안다 - 영원한 평화가 가능해지고 우리에게 혜택을 줄 것이다."(Ibid., 217-8에서 재인용) 헤겔 역시 칸트의 뒤를 이어 전쟁의 문명사적 기능을 찬양한다. "전쟁과 용기는 이웃에 대한 사랑보다 더 위대한 일을 성취했다." (André Corvisier, *La Guerre* (Essais historiques, PUF, 1995), p.315)

43) Hugo Grotius, *The Rights of War and Peace*, 제3권, pp.1041-50.

44) 인노켄티우스는 이교도들이 신의 법을 지키지 않으면 처벌할 수 있고, 그리스도교 선교사의 입국을 막으면 처벌할 수 있지만, 이교도들이 그리스도교 세계에 선교사를 보내는 것은 안된다고 말했다. 왜냐하면 그리스도교도들은 옳지만 이교도들은 그르기 때문에. (Richard Tuck, *The Rights of War and Peace. Political Thought and the International Order from Grotius to Kant*, pp.60-1).

45) Ibid., 제1권, p.338.

46) Ibid., 제3권, p.1539.

47) Ibid., 제3권, p.1150.

48) Ibid., 제3권, p.1456.

49) Ibid., 제3권, p.1182.

50) Richard Tuck, *The Rights of War and Peace. Political Thought and the International Order from Grotius to Kant*, pp.221-2.

2. 이내주, 「제1차 세계대전 전후 영국의 평화운동, 1900-1920 - 노먼 에인절(Norman Angell)의 평화사상을 중심으로」

1) 원래 에인절은 1909년 *Europe's Optical Illusion*이라는 총 120여 쪽에 달하는 책자를 발간한 바 있다. 하지만 이는 별다른 주목을 받지 못하였다. 그러다가 그 이듬해에 이를 전체 분량이 330여 쪽에 이를 정도로 대폭적으로 수정 보완하고 제목까지 *The Great Illusion: A Study of the Relation of Military Power in Nations to Their Economic and Social Advantage*로 변경하여 출판하였는데 이것이 공전(空前)의 히트를 친 것이었다. *The Great Illusion*은 전체 3개 파트(Part I The Economics of the Case, Part II The Human Nature of the Case, Part III The Practical Outcome), 총 17개장으로 구성되었다.

2) K. Robbins, "Chapter 1 The Anatomy of the Peace Movement" in *The Abolition of War: The Peace Movement in Britain, 1914-1919* (Cardiff: Univ. of Wales Press, 1976), p.16. 그리고 에인절의 생애와 사상에 대한 상세한 이해를 위해서는 최근에 발간된 다음 저

서가 유용하다: Martin Ceadel, *Living the Great Illusion: Sir Norman Angell, 1872-1967* (Oxford: Oxford Univ. Press, 2009).

3) Martin Ceadel, "Chapter 9 A Legitimate Peace Movement: The Case of Britain, 1918-1945," in Peter Brock & Thomas P. Socknat (eds.), *Challenge to Mars: Essays on Pacifism from 1918 to 1945* (Toronto: Univ. of Toronto Press, 1999), pp.144-145.

4) 신평화주의는 에인절이 주장한 바와 같은 새롭고 합리적인 평화주의를 보다 오래되고 전통적인 퀘이커주의 및 톨스토이 유형의 평화주의와 구별하기 위해 세기의 전환기 이래로 사용하기 시작한 개념이었다. 실질적인 차원에서 이들 구(舊) 평화주의 및 신(新) 평화주의는 필요할 경우 상호 협력하여 평화운동을 전개하기도 했다. Howard Weinroth, "Norman Angell and the Great Illusion: An Episode in Pre-1914 Pacifism," *Historical Journal,* Vol. 17(3) (Sept. 1974), pp.551-74를 참고할 것.

5) Peter Brock, *Pacifism in Europe to 1914* (New Jersey: Princeton Univ. Press, 1972), p.378.

6) 최현미, 「리처드 콥던(Richard Cobden)과 19세기 국제평화운동과의 관계」 『대구사학』, 제72집 (2003), pp.349-389을 참고할 것.

7) K. Robbins, *The Abolition of War: The Peace Movement in Britain, 1914-1919*, p.9.

8) 특히 홉슨 사상에 대해서는 David Long, "J. A. Hobson and Economic Internationalism," in David Long and Peter Wilson (eds.), *Thinkers of the Twenty Years's Crisis: Inter-War Idealism Reassessed* (Oxford: Clarendon Press, 1995), pp.161-188을 볼 것.

9) K. Robbins, *The Abolition of War: The Peace Movement in Britain, 1914-1919*, p.9.

10) 평화주의자(pacifist)란 용어는 1907년에 이르러서야 자주 등장하기 시작했는데, 이때에도 이들을 범주화하는 데 어려움이 많았다. 왜냐하면 평화주의는 다양한 스펙트럼을 갖고 있었지만 근본적으로 군비증강을 비롯한 전쟁을 고무하는 일체의 정책이나 행동에 대해 반대하는 것이었는바 당시 평화주의자라고 불린 자들은 대부분 자유당 내 급진파 의원이나 독립노동당 의원들로서 이들은 자신이 속한 정당이나 정부의 외교정책이 비록 군비증강이나 전쟁을 고무하는 것이라고 할지라도 이를 지지할 수밖에 없는 처지에 있었기 때문이다. 정당에 대한 충성심은 간혹 평화에 대한 자신의 양심 포기와 판단 유보를 의미하였다. 따라서 이들 초기 평화주의자들은 양심의 가책으로 고통을 받았고, 진정한 평화운동이 무엇인지에 대해 혼동할 수밖에 없는 처지에 있었다. 점차로 평화주의자에게 평화의 문제는 정당의 정책을 초월하는 숭고한 가치라는 인식이 확산되었다.

11) Paul Laity, *The British Peace Movement 1870-1914* (Oxford: Clarendon Press, 2001), p.176.

12) *Herald of Peace*, Jan. 1913, p.12.

13) Paul Laity, *The British Peace Movement 1870-1914*, p.177.

14) K. Robbins, *The Abolition of War: The Peace Movement in Britain, 1914-1919*, p.11.

15) Ibid., p.13.

16) Paul Laity, *The British Peace Movement 1870-1914*, p.189.

17) K. Robbins, *The Abolition of War: The Peace Movement in Britain, 1914-1919*, p.16.

18) 1913년에 에인절은 직접 독일을 방문, 주요 도시들(프랑크푸르트, 하이델베르크, 뮌헨, 괴팅겐, 베를린 등)을 순회 강연하면서 주로 독일의 젊은 대학생들을 대상으로 평화의 중요성을 역설하였다. 미국의 경우, 제1차 대전이 발발 한 이후 수차례에 걸쳐서 미국을 방문하여 조속한 종전을 위한 미국의 역할 수행을 독려하였다. 다행스럽게도 미국에서 에인절에 대한 명성은 이미 그의 책이 출판되었을 시에 각종 언론 매체의 보도나 서평을 통해서 식자(識者)들에게 알려져 있었다. 1911년 초반에 에인절의 『거대한 환상』에 대한 미국 언론매체의 반응을 몇 개 소개하면 다음과 같다: "우리의 사고를 한껏 자극하고 진정한 아이디어들로 가득 차 있는 이 책은 독자들로부터 환영받을 만한 충분한 가치를 지니고 있다. 그렇지 않아도 필자는 당대의 수많은 저명인사들 및 비평가들로부터 무한한 칭송을 받고 있다(*New York Times*)"; "인간의 진보에 대해 조금이라도 관심을 갖고 있는 사람이라면 누구든지 손에 잡고 읽어보아야만 하는 한 시대를 새롭게 만들고 있는 책이다. ...... 비록 일부 세부사항에 대해서는 비판을 가할 수 있을지 모르나 핵심 논지는 거의 반박이 불가능할 정도로 증거가 충분할 뿐만 아니라 지극히 논리적이다(*Boston Herald*)"; "최근에 발간한 책 『거대한 환상』에서 저자 에인절은 우리들에게 감정적 혼돈 속에 지적인 질서를 부여하고 있는 듯이 감당할 수 없을 정도로 가치 있는 것을 선사하고 있다(*Life*)"; "에인절은 그동안 평화운동 단체들이 수년간에 걸쳐서 주장해온 것들보다도 보다 설득력 있는 제안들을 한꺼번에 그의 책에서 선사해 주고 있다(*Army and Navy Journal* in New York)."

19) 에인절의 책에 대한 영국 언론들의 반응을 소개하면 다음과 같다: "오늘날 다른 어떠한 책도 『거대한 환상』보다도 주목을 끌거나 사고를 자극하는 책은 없다(*Daily Mail*)"; "노먼 에인절은 우리 세대의 저술가로서는 아마도 18세기에 조나단 스위프트 이래 가장 위대한 팸플릿 작가들 중 하나인 콥덴과 어깨를 나란히 할 만하다(*Nation*)"; "에인절의 중심 테제는 논박할 수 없을 정도로 훌륭하여 1756년에 일어났던 것보다도 더 근본적인 또 다른 외교혁명을 촉발할 것이다(*Edinburgh Review*)"; "비판자들은 에인절의 논리적이고 치밀한 분석에서 어떠한 심각한 결점을 결코 찾아 내지 못할 것이다(*Daily News*)"; "우리나라의 강점과 약점을 알고자 하는 사람은 누구든지 읽어야만 하는 책이다(*War Office Times*); "최근 수년 동안 이토록 흥미롭고 우리를 들뜨게 하는 책을 읽어본 적이 없다(*London Investors' Review*); "어느 날 갑자기 에인절이 그의 책에서 제기한 주장들은 온 유럽의 정치가 및 저널리스트들 사이에서 매우 중요한 토론의 주제가 되었다(*The New Statesman*)."

20) 특히 케임브리지 대학교에서는 당시 학생회 회장으로서 이후 에인절의 핵심 추종자이자 조언자로 활동한 해롤드 라이트(Harold Wright)의 주도 하에 에인절의 평화사상을 스터디하고 토론하는 모임이 결성되었다. 이러한 전국적인 후원에 부응하고 평화에 대한 관심과 열망을 지속적으로 유지하고 발전시킨다는 취지하에 에인절은 1913년에

*War and Peace*라는 이름의 월간 잡지를 창간하였다(J. D. B. Miller, *Norman Angell and the Futility of War* (London: Macmillan, 1986), p.7).

21) Keith Robbins, "Public Opinion, Press and Pressure Groups," in F. H. Hinsley (ed.), *British Foreign Policy under Sir Edward Grey* (Cambridge: Cambridge Univ. Press, 1977), p.77.

22) 에인절의 핵심 주장은 다음과 같이 네 가지로 요약할 수 있다: (1) 오늘날의 세계에서는 어느 나라도 영속적으로든 일정 기간이든 간에 군사적 정복을 통해서 타국의 교역 활동을 파괴하거나 크게 훼손시키는 일은 불가능하다. 교역은 천연자원의 존재 여부 및 이를 개발할 수 있는 인적 자원에 달려 있기 때문이다; (2) 만일 독일의 침략으로 인해 영 제국이 완전히 몰락하다고 하더라도 신용에 기초하고 있는 산업과 금융은 이미 국제화되어 있고 국제적으로 상호의존적인 형태로 존재하기 때문에 독일 측 자본도 상당 부분이 사라질 것이다; (3) 바로 이러한 상호의존적 구조 때문에 패전국으로부터 어떠한 공물을 수탈하는 것은 불가능할 것이다; (4) 어떠한 국가도 영제국의 식민지들을 차지하다고 해서 별다른 이득을 얻지 못할 것이며, 영국은 이러한 손실로 인해 비록 정서적으로는 손상을 입을지 모르나 물질적으로는 별로 어려움을 당하지 않을 것이었다. 자세한 사항은 Norman Angell, *The Great Illusion,* 3rd ed. (London: William Heinemann, 1911), pp.27-29를 볼 것.

23) 그의 성장 배경에 대해서는 Albert Marrin, "Chapter 1. Finding the Life's Work," in *Sir Norman Angell* (Boston: Twayne Publishers, 1979), pp.15-55를 볼 것.

24) 이때 에인절은 *Daily Mail*에 기고자로 명기되고 있던 자신의 긴 본명(Ralph Norman Angell Lane)과의 중복을 피하기 위해 중간 이름인 Norman Angell이라고 필명을 사용했는데, 『거대한 환상』이 대히트를 치면서 이후 그는 Norman Angell로 알려지게 되었다.

25) K. Robbins, *The Abolition of War: The Peace Movement in Britain, 1914-1919*, p.15. 에셔 경은 에인절의 책에 대해 다음과 같이 극찬하였다: "수많은 책들 중에서 단순히 책으로만 끝나지 않고 거기에서 주장하고 있는 내용들이 행동으로 옮겨지는 경우를 찾기는 매우 어렵다. 아마 루소의 『사회계약론』은 의문의 여지없이 이러한 범주에 해당할 것이다. 그리고 나는 감히 여러 독자들에게 에인절이 최근에 선보인 『거대한 환상』을 여기에 해당하는 또 다른 책으로 추천하고자 한다. 기존의 사상을 뒤집는 강도(强度)에서 갈릴레오의 지동설도 에인절의 논제에 견줄 수 없다고 생각한다."

26) 여러 명의 은행가들과 더불어 에셔 경과 전임 수상이었던 발푸어(A. J. Balfour)가 이사진을 구성하고 이 기금을 지원하였다. 이러한 재정적 지원을 바탕으로 저널(*War and Peace,* 1913년 10월 초판 발간)을 발행하고 스터디 과정을 만들고, 필요한 경우에는 에인절이 직접 일반대중을 대상으로 강연을 실시하였다. 이외에도 에인절은 미국의 카네기재단 및 론트리 그룹과 같은 부유한 퀘이커교도 가문으로부터도 기금을 받았다. 이토록 에셔가 에인절의 책에 집착한 이유는 당시 심지어는 영국을 비롯한 유럽 내에서

거세게 일어나고 있던 위대한 국가건설 및 국부증대의 중요 수단으로 전쟁을 옹호하는 기류에 대한 반대 논리를 바로 에인절의 논지에서 발견했기 때문이다. 이러한 열렬한 호응에 보응한다는 맘이 있었는지 에인절은『거대한 환상』의 내용을 보다 정교하게 다듬어서 1914년 초에 출판한 또 다른 책(*The Foundations of International Polity*)을 에셔 경에게 헌정하였다.

27) Norman Angell, *The Great Illusion* (1911), p.vi.

28) Paul Laity, *The British Peace Movement 1870-1914*, p.190.

29) Ibid., p.191.

30) Norman Angell, *The Great Illusion* (1911), p.vii.

31) J. D. B. Miller, "Chapter 5 Norman Angell and Rationality in International Relations" in David Long and Peter Wilson (eds.), *Thinkers of the Twenty Years' Crisis: Inter-War Idealism Reassessed*, p.108.

32) Paul Laity, *The British Peace Movement 1870-1914*, p.191.

33) 이러한 비난에 대해 에인절은 *Concord*지에 "Are we sordid?"라는 제목의 글을 기고해 응수하였다(*Concord*, Oct. 1913, pp.93-94). 그는 스미스의 사상은 수도원에서 종교적 신념을 추구하고 있는 소수의 성자들에게나 어필할 수 있을 뿐 결코 일반대중의 사고에 혁명을 불러일으킬 수는 없다고 비판하였다.

34) *Concord* (Dec. 1910), pp.141-143.

35) 이에 대한 자세한 내용은 필자의 졸고「W. 암스트롱과 영국 군수산업의 성장, 1854-1900」,『영국연구』제28호 (2012. 12월), pp.37-64을 참고할 것.

36) J. D. B. Miller, "Chapter 5 Norman Angell and Rationality in International Relations" in David Long and Peter Wilson (eds.), *Thinkers of the Twenty Years' Crisis: Inter-War Idealism Reassessed*, p.101.

37) M. Swartz, *The Union of Democratic Control in British Politics during the First World War* (Oxford: Oxford Univ. Press, 1971), pp.21-23. UDC의 창립 멤버로 참여하였으나, 에인절은 정치적 성향이 강했던 다른 멤버들과는 달리 가능한 한 정치적 문제에는 개입하지 않고 주로 UDC의 목표 및 이념 제기와 같은 교육관련 이슈에 관심을 기울였다. 왜냐하면 그는 기질적으로 현실정치에의 참여를 좋아하지 않았고, 개인적으로는 대전 전에 가턴재단과 같은 보수당 진영으로부터 재정적 도움을 받았던 터인지라 아무래도 적극적으로 전면에 나서기가 난처했기 때문이다. 노동당 진영에의 가입으로 그가 느낀 불편한 심경은 대전 이후 잠시 동안 노동당 소속 의원으로 활동할 시에도 지속되었다 (Angell, *After All*. pp.227-228). 어찌되었든 에인절처럼 일반대중에게 잘 알려진 인물이 가입한 덕분에 설립 초반에 UDC는 큰 힘을 얻게 되었다.

38) A. S. Johnson, "Norman Angellism Applied", *New Republic* (21 Nov. 1914), pp.20-22.

39) 이와 관련된 대표적 저술로 *America and the New World-State: A Plea for American Leadership in International Organization* (1915)을 들 수 있다.

40) 과연 에인절이 어느 정도나 윌슨 대통령에게 영향을 미쳤는지를 평가할 수 있는 방법은 없다. 물론 에인절이 미국에 체류하는 동안에 사적으로 윌슨을 한 차례 만나 대화한 적은 있다. 하지만 그 만남은 짧은 것이었고, 에인절은 주로 저술활동이라는 간접적인 방법을 통해서 자신의 견해를 제기하였다(Norman Angell, *After All: The Autobiography of Norman Angell*, New York: Farrar, Straus and Young, 1951, pp.210-211). 예컨대, 에인절은 앞에서 언급한 *America and the New World-State* 이외에 여러 글들(*The Dangers of Half-Preparedness, The World's Highway, The Political Conditions of Allied Success, War Aims* 등)을 *New Republic*에 기고한 바 있었다.

41) 전간기 동안에 에인절은 세실 경(Sir Robert Cecil) 및 머레이(Gilbert Murray) 등과 더불어 국제연맹에 대한 강력한 지지자였다. 영국 국내정치와 관련해서는 그는 좌파 쪽으로 기울어져 노동당에 가담하였고, 1929-31년에는 브래드퍼드 북쪽(Bradford North) 지역구의 노동당 의원으로 당선되어 활동하였다. 1931년에 그는 맥도날드 수상의 추천으로 기사작위를, 1933년에는 노벨평화상을 받았다. 1930년대에 국제연맹을 통한 집단안보를 강력하게 지지한 그는 1935년 무솔리니의 에티오피아 침공에 대한 국제연맹의 미온적인 대처에 크게 실망하였다. 또한 그는 점증하는 국제적 긴장상태에 대한 해결책을 제대로 내놓지 못하고 있던 정부의 외교정책을 비판하면서, 예전과는 달리 이제는 그 노선에 공감하면서 윈스턴 처칠을 적극 지지하였다. 제2차 대전 동안 미국에 체류하고 있던 그는 대전 후 영국으로 뒤돌아 와서 여생을 보내다가 1967년에 죽었다. 평생 그는 국제관계와 관련된 40권 이상의 책을 발간하였다. 그에 관한 개인 자료들(personal papers)은 그의 유지에 따라서 미국 인디애나 주 먼시(Muncie)에 소재한 Ball State 대학교 중앙도서관에 소장되어 있다.

42) 그가 발간한 글은 *The Peace Treaty and the Economic Crisis of Europe* 이었다.

43) J. D. B. Miller, "Chapter 5 Norman Angell and Rationality in International Relations" in David Long and Peter Wilson (eds.), *Thinkers of the Twenty Years' Crisis: Inter-War Idealism Reassessed*, p.112.

44) N. Angell, "International Anarchy," p.48.

45) Norman Angell, *The Foundations of International Polity* (London: Heinemann, 1914).

46) J. D. B. Miller, "Chapter 5 Norman Angell and Rationality in International Relations" in David Long and Peter Wilson (eds.), *Thinkers of the Twenty Years' Crisis: Inter-War Idealism Reassessed*, p.118.

47) 예를 들면, 그는 다음과 같은 측면에서 타당성을 인정받고 있다: 국제적 무정부상태, 산업화된 강대국들 간에 벌어지는 전쟁의 무익함, 비록 그가 이의 강제력을 과대평가하기는 했으나 상호의존의 중요성, 끊임없는 군비경쟁의 속성, 민족주의와 같은 오도된 열정이 초래할 수 있는 폐해 등에 관해.

48) C. Navari, "The Great Illusion revisited: the International Theory of Norman Angell," *Review of International Studies*, Vol. 15 (1989), p.341.

49) 이와 관련된 최근의 논의에 대해서는 David Baldwin, "Interdependence and Power: A Conceptual Analysis," *International Organization,* Vol. 34 (1980), pp.471-506; C. Navari, "The Great Illusion Revisited: The International Theory of Norman Angell," *Review of International Studies*, Vol. 15 (1989), pp.341-358을 참고할 것.

3. 장은주, 「독일 성내평화와 키일(Kiel) 수병봉기에 나타난 사회주의 운동의 한계」

1) Bernstein, Eduard, Was ist Sozialismus? (Berlin, 1918), 송병헌 옮김, 『사회주의란 무엇인가 외』 (책세상, 2010), p.117. '사회주의 운동'이라는 개념은 일반적으로 '생산수단의 사적 소유에 반대해 사회적 소유 혹은 공동 소유를 주장하고, 사회 내의 지배적인 계급구분이 철폐되어야 한다고 믿는 이들의 이념 및 운동'으로 정의될 수 있다.
2) 독일 사회민주당과 노동조합의 관계, 평의회(Räte) 구성과 그 영향력 외에도 카우츠키의 사상 연구, 베른슈타인의 수정주의 연구, 로자 룩셈부르크의 사상 연구 등 다각도로 연구가 이루어졌다. (이진모, 「1918~19년의 독일 노동자-병사평의회운동」, 고려대학교 역사연구소, 『사총』 33권 0호(1988); 오인석, 「독일 혁명의 성격」, 이화사학연구소, 『이화사학연구』 27권 0호(2000); 이갑영, 「로자 룩셈부르크의 자발성과 평의회 운동」,『동향과 전망』 77호; 최영태, 「USPD 중도파와 1918년 독일혁명」, 호남사학회, 『역사학연구』 17권 0호 (2001).)
3) George Haupt, "Socialism and the Great War: The Collapse of the Second International", 김병수 옮김, 「사회주의와 세계대전: 제2 인터내셔널의 붕괴(3)」, 사회진보연대, 『사회운동』 통권 73호 (2007.4), pp.33-34.
4) Florian Grenier, *Die SPD im Ersten Weltkrieg, Kriegskredite, Burgfrieden und Spaltung der deutschen Sozialdemokratie* (Norderstedt 2004), p.10. ; 이진모, 『개혁을 위한 연대, 독일 사회민주당과 노동조합』 (한울, 2001), p.53.
5) Eckart Reidegeld, *Der Krieg als Entwicklungsbedingung staatlicher Sozialpolitik (*Opladen, 2000), pp.336-337.
6) Michael Dreyer& Oliver Lembcke, *Die deutsche Diskussion um die Kriegs schuldfrage 1918/1919* (Berlin, 1993), p.32.
7) Steffen Bruendel, *Die Geburt der 'Volksgemeinschaft'*, p.8.
8) Marcus Matthias Keupp, *Sozialdemokratie und Brugfrieden,Illusion oder politisches Kalkül? (*Grin Verlag, 2002), p.2. 3계급 선거권 제는 전체 유권자들을 납세 실적에 따라 3등급으로 나눈 다음, 한 등급 당 1/3씩의 투표인을 배정하고, 이 투표인들이 의원을 선출하는 방식이다.
9) 이진모, 『개혁을 위한 연대, 독일사회민주당과 노동조합』, p.50.
10) Geoff Eley, *Forging Democracy* (Oxford University Press, 2002), 유강은 옮김, 『The Left, 1848-2000, 미완의 기획, 유럽 좌파의 역사』 (서울:뿌리와이파리, 2008), p.260.

1916년 12월 시행된 이 법안은 모든 독일 남자의 징병을 제도화 시켰으며, 거주이전의 자유와 고용계약을 제한했다. 이 법은 노동의 전면적인 군사화를 의미했다.

11) Rosa Luxemburg, *Sozialreform oder Revolution?*, (Leipzig, 1899), 김경미 역, 『사회개혁이냐 혁명이냐』 (책세상, 2012), pp.39-45.

12) Steffen Bruendel, *Die Geburt der 'Volksgemeinschaft',* p.12, 1916년 3월 24일 사민당 분파인 17명이 하아제의 지휘 하에 공개적으로 전쟁채권 승인에 반대했다. SAG는 Sozialdemokratische Arbeitsgemeinschaft의 약자이다.

13) Florian Grenier, *Die SPD im Ersten Weltkrieg,* p.13; Geoff Eley, *Forging Democracy,* p.262. 스파르타쿠스단도 독립사민당(USPD)에 합류했다. 이것은 사민당의 분열인 동시에 노동자연대의 분열을 가져왔다.

14) "Interview von Volker Ullich mit Lothar Popp, 1970,1972", *Hamburger Forschungsstelle für Zeitgeschichte (Schulterblatt 36)*, p.2.

15) Klaus Kuhl, *Lothar Popp-Führer des Kieler Matrosenaufstandes 1918 im Streitgespräch mit einem 68er* (Hamburg, 1978), p.65.

16) Geoff Eley, *Forging Democracy*, p.265. 1916~17년 겨울에는 식량인 감자가 바닥나 순무로만 버틴 가장 혹독한 시련의 해였다. 키일의 첫 번째 파업은 1917년 1월 초 게르마니아 부두에서 일어났다.

17) "Interview von Volker Ullich mit Lothar Popp, 1970,1972", p.3.

18) Klaus Kuhl, *Lothar Popp-Führer,* p.35.

19) Stephan Thamm, *Kiel das Signal zur Revolution im Deutschen Kaiserreich* (Grinverlag, 2006), p.7-14, 키일봉기의 파급력은 매우 커서 노이뮌스터, 뤼벡, 슈투트가르트, 함부르크와 브레멘, 쾰른, 하노버, 뮌헨 등에서 키일의 전형을 따라 노동자-병사 평의회가 조직되었다.

20) "Die 14 Kieler Punkte des Soldatenrats", Klaus Kuhl(Hrsg.), *Zeitleiste zum Kieler Matrosenaufstand 1918* (Kiel, 1997), p.5.키일 수병봉기의 초기 성격을 이해할 수 있는 선언문의 내용은 다음과 같다. ; 1.모든 구금자와 정치적 수감자를 방면한다. 2.언론과 출판의 자유를 보장한다. 3.편지검열을 중단한다. 4.정당한 규칙에 의해 병사들의 대우를 보장한다. 5.모든 병사들은 처벌 없이 병영과 갑판으로 귀환한다. 6.함대의 출항을 금지한다. 7.출혈을 감수한 방어전을 지양한다. 8.수비대에 속하지 않은 모든 군대는 귀환조치 한다. 9.'사유재산의 보호'를 위한 모든 조치들이 병사평의회에 의해 즉시 정해진다. 10.(병사들의) 직무 외에는 어떠한 명령도 없다. 11.직무가 끝나고 다음 직무가 시행될 때까지 모든 병사들의 자유를 보장한다. 12.병사평의회의 지침에 동의한 장교들은 직무에서 제외시킨다. 13.병사평의회의 일을 하는 병사들은 직무에서 해방된다. 14. 앞으로 있을 모든 지침들은 오직 병사평의회의 허가 아래 효력을 발생한다.

21) Lothar Popp & Karl Artelt, "Ursprung und Entwicklung", p.4.

22) Klaus Kuhl (Hrsg.), *Zeitleiste zum Kieler Matrosenaufstand 1918*, pp.5-6.

23) Klaus Kuhl, *Lothar Popp-Führer,* p.17.

24) Gustav Noske, *Von Kiel bis Kapp: zur Geschichte der deutschen Revolution* (Berlin,1920), p.19.

25) Ibid.

26) Klaus Kuhl, *Lothar Popp-Führer,* p.9.

27) "Aufruf an die Bevölkerung Schleswig-Holsteins", Klaus Kuhl(Hrsg.), *Zeit leiste zum Kieler Matrosen aufstand 1918*, p.8.

28) "Aufruf des Obersten Soldatenrats", Klaus Kuhl(Hrsg.), *Zeitleiste,* p.10.

29) Klaus Kuhl, *Lothar Popp-Führer,* p.20. 포프의 사임 이유는 키일 평의회가 '국민의회'에 권력을 이양하기로 결정한 이후 그가 평의회 활동을 '체념'했기 때문이라고 알려졌다.

30) Wolfram Wette, *Gustav Noske - Eine politische Biographie* (Düsseldorf, 1987), pp.233-234. 아르텔트는 11월 4일 구성된 첫 번째 병사평의회의 대표였고, 신속한 혁명군 조직과 무장투쟁을 주장했다. 그러나 그는 뜻을 이루지 못했고, 1919년 1월 5일 최고병사평의회 의장직에서 물러났다.

31) 최영태,「USPD 중도파와 1918년 독일혁명」, p.271. 총회의 전체 대의원 숫자는 489명이었다. 그 중 노동자 대표는 403, 병사 대표는 86이었고, 그중 다수파사민당에 속한 수는 292, 독립사민당은 90으로 열세였다.

32) Ullrich Volker, *Die Revolution von 1918/1919* (München,2009), p.49. 에베르트는 1918년 11월 10일 에베르트-그뢰너 협약을 통해 군부의 권력유지를 인정했고, 대신 군부는 좌파의 혁명을 진압하는 데 지원을 약속했다. 이 협약은 사민당이 평의회가 아닌 의회주의 노선을 고수하겠다는 의미였다.

33) Klaus Kuhl, *Lothar Popp-Führer,* p.67. 키일의 노동자평의회는 1919년 9월 해체되었다. 병사평의회는 그보다 이른 1919년 6월까지만 존속했다.

34) 이진모,「1918~19년의 독일 노동자-병사평의회운동」, p.134.

35) Klaus Kuhl, *Lothar Popp-Führer,* p.10.

36) Ibid., p.59.

37) "Interview von Volker Ullich mit Lothar Popp, 1970,1972", pp.1-10.

38) Wolfram Wette, *Gustav Noske - Eine politische Biographie,* p.247. 12월 26일 키일의 병사평의회는 아르텔트를 중심으로 '혁명 안전 군'을 조직했고 반 노스케를 천명했으나 역부족이었다. 노스케의 자유군단을 중심으로 편성된 군대는 1919년 1월 카를 리프크네히트와 로자 룩셈부르크를 체포, 살해했고, 이는 독일혁명의 좌절을 가져왔다.

39) Klaus Kuhl, *Lothar Popp-Führer,* pp.10-12.

40) Peter Brandt, *Der historische Ort,* pp.8-9.

41) Klaus Kuhl, *Lothar Popp-Führer,* p.8.

42) 이진모,「1918~19년의 독일 노동자-병사평의회운동」, p.132.

43) "Interview von Volker Ullich mit Lothar Popp, 1970,1972", p.10.

44) Rosa Luxemburg, *Sozialreform oder Revolution?*, pp.139-140.
45) Ibid., p.12.
46) 이진모, 「1918~19년의 독일 노동자-병사평의회운동」, pp.125-126.
47) Peter Brandt, *Der historische Ort*, p.11.
48) 최영태, 「USPD 중도파와 1918년 독일혁명」, p.294.
49) Hermann Weber, (Hrsg), *Der Deutsche Kommunismus Dokumente*, p.70.

4. 서영식, 「서양철학의 전쟁 담론에 대한 비판적 고찰 - 환경 윤리적 관점에서」

1) 이 절의 서술은 졸고(「서양고대철학의 전쟁이해 – 플라톤과 아리스토텔레스를 중심으로」, 『철학논총』, 82집, 2015, pp.237-259)의 내용을 토대로 한다. 본고의 집필목적에 맞게 주요내용을 요약하여 소개하였으며, 서술방식은 다소 수정하였다.
2) "전쟁은 모든 것의 아버지이고, 모든 것의 왕이다. 그것은 어떤 이들은 신으로 또 어떤 이들은 인간으로 드러내며, 어떤 이들은 노예로 또 어떤 이들은 자유인으로 만든다." (김인곤 외 공역, 『소크라테스 이전 철학자들의 단편 선집』(아카넷, 2005), p.249.)
3) 플라톤은 이 최초의 국가공동체를 "최소한도의 나라"라고 부른다. 플라톤 저술의 인용은 다음의 번역본을 토대로 하며, 필요할 경우 부분적으로 수정하였다. (플라톤, 박종현 역, 『국가 · 정체』(서광사, 2004); 플라톤, 박종현 역, 『법률』(서광사, 2009).)
4) 전쟁의 원인과 본성에 대한 플라톤의 분석은 그의 대표작인 『국가』편 2권에서 집중적으로 진행된다.
5) 플라톤은 『법률』편(626a)에서도 인류가 존재하는 한 전쟁 자체를 완전히 종식시키는 것은 불가능하다는 입장을 제시하였다.
6) cf. 『국가』, 373e. 플라톤은 만약 전쟁은 필연적으로 부정적인 결과를 낳는다는 주장이 정당화되려면 '악은 오직 악을 야기한다.'는 관점이 먼저 정당화되어야 한다고 보았던 것 같다.
7) 따라서 수호자의 성향과 기능 그리고 양성을 위한 논의는 『국가』편의 전체 논의에서 큰 비중을 차지하게 된다. cf. 『국가』, 374e f. Kleemeier에 따르면, 『국가』편은 전쟁에 관한 논의를 중심으로 이해되어야 마땅하며, 특히 수호자계급의 특별한 역할, 교육, 생활방식, 능력 등에 관한 고찰에 주목해야 한다. 철인왕 역시 근본적으로는 국가의 수호자이기 때문이다. (U. Kleemeier, *Grundfragen einer philosophischen Theorie des Krieges : Platon - Hobbes - Clausewitz* (Berlin : Akad.-Verl., 2002), pp.51-124 참고.)
8) 플라톤은 『국가』편 5권(469b-471c)에서 전쟁 중에 그리스인들이 준수해야 할 사항들에 대해 서술하고 있다. 그에 따르면, 폴리스 간의 '내전(stasis)'은 엄격히 금지되어야 하며, 이방민족과의 '대외전쟁(polemos)'만을 정당한 전쟁으로 인정할 수 있다. 만약 그리스 국가 간에 내전이 발생했을 경우에도 상대방을 존중하고, 싸움보다는 대화를 위해 노력해야 한다. 그리스 국가 간의 전쟁에서는 전투 중에라도 필요 이상으로 인명을 살상

해서는 아니 되며, 전쟁에서 패한 그리스인을 노예로 삼거나 정당한 이유 없이 죽여서는 아니 된다. 또한 전몰자의 약탈은 금지해야 하며, 전투가 종결된 뒤에는 적군의 장례식도 가능한 범위 안에서 허용되어야 한다. 또한 전투를 승리로 이끈 후에는 신전에 약탈한 물건을 제물로 바치지 말아야 한다. 나아가 그리스 국가 간에는 토지 초토화 작전을 수행해서는 아니 되며, 곡식의 약탈 역시 적국의 영토에 한정해서 이루어져야 한다.

9) 아리스토텔레스 저술의 인용은 다음의 번역본을 토대로 하며, 필요할 경우 부분적으로 수정하였다. 아리스토텔레스, 이창우 · 김재홍 · 강상진 역, 『니코마코스 윤리학』(이제이북스, 2006); 아리스토텔레스, 천병희 역, 『정치학』(숲, 2009).)

10) 그는 플라톤과 마찬가지로 전쟁 자체를 부정하지 않았지만, 스승과 달리 전쟁의 기원에 대해서는 별다른 관심을 보이지 않았던 것 같다. (cf. 『정치학』, 1291a22-33; 플라톤의 국가와 전쟁의 기원(원인)에 관한 자세한 논의로는 『국가』편 2권 참조.)

11) "(...) 국가에서도 육체적 필요를 충족시키는 부분보다는 생물의 혼에 해당하는 부분들, 즉 전사 계급과, 재판 업무에 참여하는 자들과, 그 밖에 정치적 통찰력이 필요한 업무를 수행하는 심의 기구를 더 본질적인 부분으로 여겨야 할 것이다. (...)" (『정치학』 IV 4, 1291a24 ff.)

12) "시민 생활은 전시의 요구와 평화 시의 요구에 따라 양분된다." (같은 책, I 5, 1254b31-32.)

13) cf. 같은 책, VII 9, 1329a2 ff.

14) "군사훈련은 노예가 되어서는 안 될 사람들을 노예로 만들기 위해 실시되어서는 안 되고, 첫째, 자신이 남의 노예가 되지 않기 위해, 둘째, 모든 사람들 위에 주인으로 군림하는 것이 아니라 피치자들에게 이익이 되게끔 주도적인 위치를 확보하기 위해, 셋째, 본성적으로 노예가 되어 마땅한 자들에게 주인으로 군림하기 위해 실시되어야 한다." (같은 책, VII 14, 1333b40-1334a2.)

15) cf. 같은 책, VII 2, 1256b20-26.

16) "(...) 다섯째 부분은 전사 계급(propolemēson)인데, 국가가 침략자들의 노예가 되지 않으려면 다른 네 계급 못지않게 필요하다. 노예근성이 있는 국가를 어떻게 국가라고 부를 수 있겠는가! 국가는 자립 자족한 것인데, 노예는 자립자족하지 못하기 때문이다." (같은 책, IV 4, 1291a6-10.)

17) cf. 같은 책, VII 5, 1326b39 ff.

18) cf. 플라톤, 『국가』, 539e, 543a.

19) 클라우제비츠 『전쟁론』의 독해와 인용은 다음의 번역본을 토대로 하며, 필요할 경우 부분적으로 수정하였다. (카를 폰 클라우제비츠, 류제승 역, 『전쟁론』(책세상, 1998).)

20) 절대전쟁이란 우리 인간이 상상을 통해서만 경험할 수 있는 전쟁 형태이며, 대립하는 두 진영에서 한 편이 전멸할 때까지 싸움을 끝내지 않는 전쟁을 의미한다. 반대로 현실 속의 전쟁은 전투 중에도 휴전 같은 다양한 가능성을 고려한다. 또한 전쟁의 목적을 달성하면 특별한 경우를 제외하고는 승자 쪽에서도 더 이상의 불필요한 전투를 하지 않

는다.

21) 이와 관련해서는 클라우제비츠의 같은 책, 1권 1장 참고.

22) 이와 관련해서는 헤겔의 주요저술 중 하나로 꼽히는 『정신현상학(*Phänomenologie des Geistes*)』에서 자세히 묘사되고 있다. (G.W.F. v. 헤겔, 임석진 역, 『정신현상학 1』 (한길사, 2009), pp.209-263, 특히 220-234.)

23) 헤겔의 전쟁이론에 대한 서술을 위해 다음과 같은 국내외 선행연구들을 참고하였다. 나종석, 「헤겔의 전쟁이론에 대하여」, 『헤겔연구』 19(2006), pp.279-314; 허정수, 「헤겔 전쟁론의 국제정치 이론적 함의」, 『헤겔연구』 33(2013), pp.149-191; 황태연, 「헤겔에 있어서의 전쟁의 개념」, 『헤겔연구』 2-1(1986), pp.136-182; D.P. Verne, "Hegel's account of war", *Hegel's Political Philosophy, Problems and Perspectives*, ed. by Z.A. Pelczynski, (Cambridge, 1971).)

24) 전쟁의 역할과 의의를 논한 헤겔의 대표적인 서술로는 예컨대 다음을 들 수 있다. "전쟁은 절대적인 해악으로 간주되어서는 안 되고 또한 한낱 외면적인 우연으로 간주되어서도 아니 된다. (...) 평상시라면 여느 때와 마찬가지로 설교 투의 이야깃거리가 되곤 하는 현세의 재물이나 물건의 허망함이 전쟁상태에서는 진지한 고구의 대상이 되는 바, (...) 전쟁을 통하여 국민의 윤리적 건전성은 온갖 유해한 생활조건에 유착되지 않는 냉정을 유지하는데서 제대로 보존되는데, 이는 마치 바람의 움직임이 바닷물이 썩지 않도록 막아주는 것과도 같다. 오래도록 바람이 불지 않으면 바다가 부패하듯이 지속적인 평화나 심지어 영구적인 평화는 국민을 부패시킨다." (G.W.F. v. 헤겔, 임석진 역, 『법철학』 (한길사, 2010), p.563 f.; G.W.F. v. 헤겔, 김준수 옮김, 『자연법』, (한길사, 2004), p.68 f. 참조.)

25) "일찍이 도덕과 정치의 대립을 놓고 정치는 도덕에 합치되어야 한다는 요구에 대해 많은 논의가 이루어진 적이 있다. 이에 대해서는 다음과 같은 점만 지적해두고자 한다. 한 나라의 복리는 개개인의 복리와는 전혀 다른 권능을 가지고 있다는 것, 국가라는 인륜적 실체는 그의 현존실재, 즉 스스로의 권리를 추상적인 존재양식이 아닌 구체적인 양식으로 직접 지니고 있다는 것, 그리고 도덕적 명령에 해당하는 수많은 보편적 사상 가운데 어떤 하나의 것이 아닌 바로 이 권리의 구체적인 존재양식만이 인륜적 실체의 행동이나 자세에 합당한 원리라는 것이다. 흔히 부정(不正)을 말하면서 정치란 언제나 도덕과의 대립 속에서 그런 잘못을 저지른다는 식의 섣부른 견해는 무엇보다도 도덕과 국가의 본성 및 도덕적 입장에 대한 국가의 관계에 관한 얄팍한 생각에 기초해 있다고 해야만 하겠다." (헤겔, 『법철학』, p.576.)

26) 칼 슈미트, 김효전 · 정태호 역, 『정치적인 것의 개념』 (살림, 2012). 슈미트의 정치와 전쟁사상에 관한 서술을 위해 다음과 같은 선행연구들을 참고하였다. 나종석, 「'정치적인 것'의 본질과 칼 슈미트의 자유주의 비판」, 『헤겔연구』 25(2009), pp.227-255; 이해영, 「전쟁, 정치 그리고 자본주의 - 칸트, 클라우제비츠, 마르크스와 엥겔스, 슈미트를 중심으로」, 『진보평론』(1995), pp.9-34; 홍철기, 「칼 슈미트: 정치적인 것의 개념과 민주주의

이론」, 『역사와 사회』 35(2005), pp.27-70.

27) 이러한 분석은 다음의 선행연구에 따른 것이다. 임미원, 「슈미트의 법 및 정치관념에 관한 일고찰」, 『법철학연구』 15-1(2012), pp.238 ff.

28) "정치적인 행동이나 동기의 원인으로 여겨지는 특정한 정치적 구별이란 적과 동지의 구별이다." (칼 슈미트, 『정치적인 것의 개념』, p.39.) 나아가 슈미트는 정치는 다른 여타의 가치나 이론 혹은 개념들로 환원되지 않는 독자적인 특성을 지니고 있음을 지적하였다. (같은 책, p.40 참고.)

29) "전쟁은 현실적인 가능성으로서 항상 존재하는 전제이며, 이 전제는 인간의 행동과 사고를 독특한 방식으로 규정하고, 그것을 통해 특히 정치적인 태도를 불러온다." (같은 책, p.47.)

30) "인간 활동이 생각할 수 있는 어떠한 영역도 가능성으로서는 정치적이며, 그리고 결정적인 분쟁이나 문제가 이 영역에로 들어오면 곧 정치적으로 된다는 점이다. (...) 어떤 방법으로든지 공적인 이해와 관계된 모든 것은 어떤 방법으로나 정치적이다. 본질적으로 국가와 관계되는 것은 진실로 탈정치화할 수 없다. 정치로부터의 도피는 국가로부터의 도피이다." (같은 책, p.38.)

31) 이처럼 슈미트의 입장은 홉스의 『리바이어던』이나 헤겔의 『법철학』의 관점과 연결되는 반면, 칸트의 영구평화 및 세계시민적 입법의 이념과는 극명하게 대립한다고 말할 수 있다.

32) 슈미트의 전쟁관에 대한 비판으로는 다음을 참조. (이해영, 「칼 슈미트의 정치사상 : '정치적인 것'의 개념을 중심으로」, 『21세기정치학회보』, 24-3(2004), pp.1-25.)

33) 물론 정의로운 전쟁론 자체가 새로운 것은 아니다. 앞에서 살펴본 바와 같이, 이미 플라톤과 아리스토텔레스는 전쟁이 정당화될 수 있는 조건들을 자세히 제시하였다. 나아가 중세 스콜라 철학을 대표하는 신학자이자 철학자인 성 토마스 아퀴나스(St. Thomas Aquinas, 1225?-1274)도 특정한 조건이 충족될 경우 정의로운 전쟁은 가능하다는 입장을 제시한 바 있다.

34) 예컨대 1983년 미국 천주교 사제회의는 토마스 아퀴나스를 중심으로 한 신학적 배경과 이후 소개된 다양한 정의로운 전쟁이론을 검토한 후, 특정한 전쟁이 정의로운지 여부를 판정할 조건으로 다음의 항목을 제시하였다 : ① 정당한 원인, ② 실재적 권위, ③ 상대적인 정의관, ④ 올바른 의도, ⑤ 최후의 수단, ⑥ 성공의 개연성, ⑦ 전쟁의 상응성, ⑧ 전투의 상응성, ⑨ 분별성. 이 모든 조건을 만족시킬 경우 그 전쟁은 정의로운 전쟁으로 규정할 수 있다는 것이다.

35) 전쟁을 주제적으로 다루었으며 국내에 소개된 마이클 왈저의 주요 저작은 다음과 같다. (M. 왈저, 권역근 외 역, 『마르스의 두 얼굴(*Just and Unjust Wars*)』 (연경미디어, 2007); M. 왈저, 유홍림 역, 『전쟁과 정의(*Arguing about War*)』 (인간사랑, 2009).) 정의로운 전쟁론을 다룬 연구로는 다음을 참조. (철학연구회 편, 『정의로운 전쟁은 정당한가』 (철학과 현실사, 2006); 김재명, 『〈정의의 전쟁〉 이론에 대한 비판적 연구』, (국민대

학교 대학원, 2006).)

36) 왈저의 정의로운 전쟁론에 대한 질문으로서 예컨대 다음을 들 수 있다. 첫째, 우리는 과연 어떤 행위를 침략으로 규정할 수 있으며, 하나의 행위가 침략으로 규정되더라도 그에 대한 보상의 범위와 수준은 어떻게 정할 수 있는가? 둘째, 왈저의 표현대로 타국에서 발생한 부정의를 시정하기 위해 그곳을 무력을 통해 간섭하는 것은 어떤 경우에 정당화되는가? 셋째, 어떤 국가가 자국 안에서 진행 중인 부정의를 스스로 시정하지 못한다는 판단의 주체는 누구이며, 또한 판단의 기준은 무엇인가? 왈저의 정의로운 전쟁론의 주요내용 및 이론적 문제점에 대한 연구로는 다음을 참조하였다. (박정순, 「마이클 왈쩌의 정의전쟁론 - 그 이론적 구성체계와 한계에 대한 비판」, 『정의로운 전쟁은 정당한가』, pp.113-192; 정태욱, "마이클 왈쩌의 정전론(正戰論)에 대한 소고", 『법철학연구』 6-1(2003), pp.157-184.)

37) 가장 대중적인 헤겔 비판자로는 포퍼를 들 수 있다. (K. 포퍼, 『열린 사회와 그 적들 II - 헤겔과 마르크스』(민음사, 1989), 1장 참고.)

38) 주지하듯이 칸트가 전쟁의 종식과 평화를 위한 인류적 차원의 노력의 필요성을 강조한 것은 『영구평화론』에서이다. 그렇지만 칸트의 전쟁론의 다양한 측면에 대한 이해, 즉 그가 인류의 역사에서 전쟁이 갖는 특수한 역할 내지 의의를 인정하였고, 그럼에도 불구하고 평화의 중요성을 강조한 이유 등에 대한 포괄적인 이해를 위해서는 그의 역사철학 전반에 대한 인식이 필요하다. 이와 관련해서는 다음을 참고. (I. 칸트, 이한구 역, 『영구평화론 - 하나의 철학적 기획-』(서광사, 2008); I. 칸트, 이한구 편역, 『칸트의 역사 철학』(서광사, 1992).)

39) 환경윤리에 대한 소개와 연구는 이미 국내에서도 상당히 이루어진 것으로 볼 수 있다. 본 논문의 집필과정에서 참고한 선행연구는 다음과 같다. (박이문, 「환경철학」, 『새한영문학연구』 43-1(2001), pp.9-37; 윤용택, 「환경철학에서 확장된 인간중심주의에 대한 고찰」, 『범한철학』 38(2005), pp.97-121; 윤용택, 「생태적 합리주의의 철학적 기초」, 『철학 · 사상 · 문화』 11(2011), pp.78-101; 한면희, 「환경철학의 세계관과 윤리 -인간중심주의 대 생태중심주의-」, 『철학연구』 35-1(1994), pp.327-356; 한면희, 「환경정의의 이론과 실제」, 『환경과 생명』 21(1999), pp.130-141; 한면희, 「환경철학의 필요성과 현황, 그리고 전망」, 『인문학연구』 7(경희대 인문과학연구소, 2003), pp.257-280; 황경식, 「환경윤리학이란 무엇인가? - 인간중심주의인가 자연중심주의인가」, 엄정식 편, 『현대철학특강』(철학과 현실사, 1999), pp.172-185.)

40) 20세기의 대표적인 정치철학자 중 한 사람인 한나 아렌트는 환경윤리 내지 생태학적 환경 논의를 주제적으로 다루고 있지는 않으나, 자신의 대표작인 『인간의 조건(*The Human Condition*)』에서 '지구'를 "가장 기초적인 인간의 조건"이며 "하늘 아래 모든 피조물의 어머니"로 지칭한 바 있다. 그녀는 인간실존의 조건인 생명과 지구환경의 중요성을 역설하였으며, 지구를 단지 도구화하고 착취의 수단으로 삼으려는 세간의 태도를 "과학적 전체주의"로 비판하였다. (H. 아렌트, 이진우 역, 『인간의 조건』(한길사, 2013),

pp.55 ff. 참조.)

41) 오늘날 이러한 관점을 바탕으로 생태학적 논의를 이어가는 대표적인 인물로 노르웨이의 철학자 네스(Arne Naess)를 들 수 있으며, 그의 입장은 흔히 '근본생태주의'로 지칭되고 있다.

42) 이하의 논의를 위해서 다음의 선행연구를 참고하였다. (김명식, 『환경, 생명, 심의민주주의』(범양사출판부, 2002); 김준호, 『한국 생태학 100년』(서울대학교출판부, 2004); 박이문, 『문명의 미래와 생태학적 세계관』(당대, 1997); 토마스 스미스 외, 강혜순 외 역, 『생태학』(라이프사이언스, 2011); 케네스 월츠, 정성훈 역, 『인간 국가 전쟁』(아카넷, 2007).)

43) 이와 관련된 논의는 다음을 참고. (하영선 편, 『21세기 평화학』(풀빛, 2002).)

5. 김연숙, 「타자와 함께하는 평화 - 레비나스를 중심으로」

1) 이 논문은 2012년 정부(교육과학기술부)의 재원으로 한국연구재단의 지원을 받아 수행된 연구임(NRF2012S1A5A2A03034238). 「윤리연구」(한국윤리학회, 2014)에 게재된 논문을 수정 · 보완함.

2) 마리 안느 레스쿠레 지음, 변광배 · 김모세 옮김, 『레비나스 평전』(살림, 2006), p.164.

3) Ibid., p.174.

4) Ibid., p.104.

5) Ibid., p.186.

6) 원문은 다음과 같다 : 어떤 종파나 민족에 속한 수많은 사람들의 이웃이었던, 국가사회주의에 의해 학살된 600만 명의 사람들 중 가장 가까웠던 이들을 기억하며, 다른 사람에 대한 증오와 같은 반유대주의적 증오의 희생자들을 기억하며. (Emmanuel Levinas, 김연숙 · 박한표 공역, 『존재와 다르게 - 본질의 저편』(인간사랑, 2010).)

7) 김연숙, 「레비나스 평화윤리 연구」, 『윤리연구』 제63호(한국국민윤리학회, 2006).

8) Emmanuel Levinas, Totality and Infinity, trans. Lingis, A., (Kluwer Academic Publishers, Netherlands 1991).

9) 강영안, 「레비나스의 평화의 형이상학」, 『평화의 철학』(철학과 연구소, 1995).

10) Emmanuel Levinas, 『존재와 다르게 - 본질의 저편』, p.310.

11) Ibid., p.309.

12) Ibid., p.223.

13) Emmanuel Levinas, *Qui êtes - Vous?, François Poirié와의 대담*, (Lyon, La Manufacture, 1987), p.85; 마리 안느 레스쿠레, 『레비나스 평전』, p.177 재인용.

14) 시몬 비젠탈, 박중서 옮김, 『해바라기』(뜨인돌, 2005).

15) 유대인의 색출 및 말살 과정은 나치 2인자 아이히만에 대한 세계적인 전범재판과정을 담은 『예루살렘의 아이히만』에 상세히 기록되어 있다. (한나 아렌트, 『예루살렘의 아이

히만』(한길사, 2006).)

16) 양심에 관한 레비나스의 논의는 다음 참조 : 김연숙, 「레비나스의 양심론」, 진교훈 외 공저, 『양심』(서울대학교출판문화원, 2012), p.243.

17) "… 유대인이건 아니건 간에 스스로의 모습을 볼 수도 없고, 알 수도 없는 최악의 혼란 속에서도 마치 세상이 무너지지 않은 것처럼 행동할 줄 알았던 사람들에 대한 기억, 자신들의 확신과 내면 이외에는 어떤 다른 동력도 가지고 있지 않았던 비밀 저항 대원들의 저항운동의 기억을 되살리면서 … 이것은 마치 불어오는 모든 바람을 막아주는 양심의 오두막에 모든 인류의 인간성을 피신시켜야 하는 의무와 같은 것이다." (마리 안느 레스쿠레, 『레비나스 평전』, p.186.)

18) 레비나스는 대표적인 유대인 철학자인 부버의 '나-너'의 대화 철학에 대해 저서 『주체 밖에서(hors Sujet)』에서 본격적으로 다루고 있다. (Emmanuel Levinas, *Hors Sujet* (Montpellier, Fata Morgana, 1988).)

19) E. M. Cioran, 「가브리엘 마르셀, 한 철학자의 초상화」, 『가브리엘 마르셀』, p.302; 마리 안느 레스쿠레, 『레비나스 평전』, p.278 재인용.

20) 이에 대한 자세한 논의는 다음 참조 : 김연숙, 『레비나스 타자윤리학』(인간사랑, 2001), p.170.

21) 같은 책, p.151.

22) Emmanuel Levinas, 『존재와 다르게 - 본질의 저편』, p.157.

23) Emmanuel Levinas, "peace and Proximity", in *Basic Philosophical Writings*, ed., Peperzak, A. T., Critchley, S., & Bernasconi, R. (Bloomington and Indianapolis : Indiana university, 1996), p.165; 김연숙, 「레비나스의 평화 윤리 연구」, 『국민윤리연구』 제 63호 (한국국민윤리학회, 2006), p.412 재인용.

24) 대표적인 영미권 레비나스 연구가로 레비나스의 주요저서들을 영어로 번역함. (알폰소 링기스, 김성균 옮김, 『아무것도 공유하지 않은 자들의 공동체』(바다출판사, 2013), p.35.)

25) Emmanuel Levinas, 『존재와 다르게 - 본질의 저편』, p.164.

26) 레비나스는 인간을 타자에게로 묶이는 전-근원적인 감성적 존재로 보고 있다. 감성과 타자가 어떻게 관계되는지에 대한 논의는 다음 참조 : 김연숙, 「레비나스의 양심론」, p.247.

27) 필자는 "레비나스의 주체성(subjectivität) 연구"라는 글에서 '수동성의 타자를-위하는-자'가 보여주는 인내, 감성, 고통의 절박성의 문제를 다루었다. 타자에로 노출된 몸적 존재로서 신체성의 주체성의 의미는 타자에로 노출된 존재로서 우리가 타자에게 사로잡혀 있음을 의미한다. 나의 의지를 거스르는 사로잡힘에서 우리는 자신의 냉정성, 무관심성 속에 싸여 냉정해지지 못하는 주체성의 고통을 겪는다. (김연숙, 「레비나스의 주체성 연구」, 『동서철학연구』 제44호 (한국동서철학회, 2007). p.156 참조.)

28) Emmanuel Levinas, 『존재와 다르게 - 본질의 저편』, p.168.

29) Ibid., p.169.
30) 박 문호 기자, 공감언론 뉴시스 통신사. 다음 게시판, 2014. 2. 22.
31) Emmanuel Levinas, 『존재와 다르게 - 본질의 저편』, p.141.
32) Ibid., p.165.
33) Ibid., pp.167, 173.
34) Ibid., pp.265-6.
35) Ibid., pp.213, 217.
36) Ibid., p.195.
37) Ibid., p.175.
38) Ibid., p.175.
39) Ibid., pp.191-2.
40) Ibid., p.210.
41) Ibid., p.112.
42) Ibid., p.142.
43) Ibid., p.113.
44) 〈이사야서 58〉, 재인용. Ibid., p.143.
45) Ibid., p.110.
46) Ibid., p.118.
47) Ibid., p.200.
48) Ibid., p.115, 256.
49) Ibid., p.121.
50) Ibid., p.239.
51) Ibid., p.324.
52) Ibid., p.241.
53) Ibid., p.184.

III. 전쟁의 사회사

1. 차전환, 「전쟁과 계급: 로마시대 중무장보병(hoplites) 계급의 등장」

1) M.P. Nilsson, "The Introduction of Hoplite Tactics at Rome: Its Date and its Consequences", *JRS* 19(1929), p.1.
2) M.P. Nilsson, "The Introduction of Hoplite Tactics at Rome“, *JRS* 19, pp.2-3.
3) H. Van Wees, *Greek Warfare. Myths and Realities*(2004, London); J. Rich, "Warfare and

the Army in Early Rome", in *A Companion to the Roman Army*, ed. by P. Erdkamp(2011, Wiley-Blackwell), p.17.

4) 켄투리아회는 민회로서 역할을 하는 군대로 시작되었기 때문에 원래는 복무연령에 속하는 시민들로만 구성되었지만, 켄투리아회가 군대라기보다 민회로 생각된 어느 시점부터 복무 연령을 지난 시민들을 포함했고 그들도 다섯 등급의 켄투리아에서 동등한 투표권을 가졌을 것이라는 견해도 있다. (G. Forsythe, "The Army and Centuriate Organization", in *A Companion to the Roman Army*, p.31.)

5) T.J. Cornell, *The Beginnings of Rome*, p.180.

6) 관련 사료는 Livius, *Ab Urbe Condita*, 1.43; Dionysius of Halikarnassos, *Rhomaike archaiologia*, 4.16-18. 두 사료가 사실상 동일한 정보를 제공해주고 있다. 두 사료의 차이는 [ ]안에 표기했는데, 리비우스는 언급하지 않았으나 디오니시우스가 언급한 것도 대괄호 안에 포함했다. (T.J. Cornell, *The Beginnings of Rome. Italy and Rome from the Bronze Age to the Punic Wars(c. 1000–264 BC)* (Routledge, 1995), p.179 참조.)

7) Cicero, *De Re Publica*, 2.39; Dionysius of Halikarnassos, *Rhomaike archaiologia*, 4.18.2.

8) R. Thomsen, *King Servius Tullius A Historical Synthesis*(Gyldendal,1980), p.166.

9) F. De Martino, *Diritto e societ nell' antica Roma*(Rome, 1979), pp.162-182.

10) T.J. Cornell, "Rome and Latium to 390 BC", *CAH*[2] VII.2(1989), p.247.

11) R. Thomsen, *King Servius Tullius*, pp.151-2.

12) P. Fraccaro, "La storia dell'antichissimo esercito romano e l'et dell'ordinamento centuriato", *Atti II Congresso nazionale di studi romani* 3(1931), pp.91-7.

13) 1,2,3등급 무기와 4,5등급 무기 사이의 중요한 차이를 최초로 강조한 학자는 몸젠이었다. (Th. Mommsen, *Die rmische Tribus in administrativer Beziehung*(Altona, 1844), p.138.)

14) T.J. Cornell, *The Beginnings of Rome*, p.182.

15) H. Delbrck, *History of the Art of War I*(English trans., Westport, Conn. 1975), p.263; G. Veith, *in Kromayer and Veith, Heerwesen und Kriegsfhrung*(1928), p.261.

16) Dionysius of Halikarnassos, *Rhomaike archaiologia*, 2.35.6; Livius, *Ab Urbe Condita*, 1.30.1; Sextus Pompeius Festus, *De Verborum Significatu*, p.468 L.

17) T.J. Cornell, *The Beginnings of Rome*, p.183.

18) A.M. Snodgrass, *Arms and Armour of the Greeks*(London, 1976), p.75.

19) T.J. Cornell, "Rome and Latium Vetus, 1975-1979", *Archaeological Reports*(1979-1980), p.80.

20) R.E. Mitchell, *Patricians and Plebeians. The Origin of the Roman State*(Ithaca and London, 1990), p.36.

21) A.M. Snodgrass, *Archaic Greece: The Age of Experiment*(London, 1980), p.156.

22) A.M. Snodgrass, "The Hoplite Reform and History", *JHS* 85(1965) p.121; R.E. Mitchell,

Patricians and Plebeians, p.37.

23) Gellius, *Nocticum Atticarum*, 6.13.

24) G.W. Botsford, *Roman Assemblies*(1909), pp.76ff.

25) A.M. Snodgrass, *JHS* 85, pp.116ff; Spivey and Stoddart, *Etruscan Italy*(1990), pp.127-39.

26) Botsford, *Roman Assemblies*(1909), pp.76ff.

27) D. Kienast, "Die politische Emanzipation der Plebs und die Entwicklung des Heerwesens im frhen Rom", *Bonner Jahrbcher* 175(1975), pp.93ff.

28) A. Momigliano, *Terzo contributo*, p.596.

29) Livius, *Ab Urbe Condita*, 4.34.6.

30) T.J. Cornell, *The Beginnings of Rome*, p.189.

31) P.F. Stary, *Zur eisenzeitliche Bewaffnung und Kampfesweise in Mittelitalien*(Mainz, 1981) 1, pp.128ff.

32) Beloch, *Rmische Geschichte*(1926), pp.270ff, 290ff; U. Coli, *Scritti di diritto romano* II(1973), pp.583, 588; E. Meyer, *Rmische Staat und Staatsgedanke*[2](Zurich, 1961), pp.57ff.

33) L.R. Taylor, "The Centuriate Assembly before and after the Reform", *AJPh* 78(1957), p.340.

34) Livius, *Ab Urbe Condita*, 4.46.1.

35) T.J. Cornell, *The Beginnings of Rome*, p.194.

2. 김원중,「스페인의 아스텍 제국의 정복과 식민화」

1) 케찰코아틀은 옛날에 아스텍 인들을 지배하던 영웅 겸 신인데, 이 신이 자기 백성들에게 쫓겨났었다. 그런데 아스텍인들은 그가 다시 지배권을 다시 차지하기 위해서 돌아올 것이라는 믿음을 갖고 있었고, 여러 가지 정황상 코르테스 일행이 그들일지도 모른다는 생각을 갖고 있었다는 것이다.

3. 황대현,「기억문화 속에 투영된 베스트팔렌 강화조약」

1) Konrad Repgen, *Der Westfälische Friede. Ereignis, Fest und Erinnerung* (Opladen/Wiesbaden, 1999), p.7에서 재인용. 참고로 베스트팔렌 강화조약은 다음의 세 가지 조약을 통칭하는 표현이다. ① 에스파냐와 네덜란드 사이에 체결된 뮌스터 조약 (1648년 5월 15일), ② 신성로마제국 황제가 프랑스 측과 체결한 뮌스터 조약 (IPM, 1648년 10월 24일), ③ 황제가 스웨덴 측과 체결한 오스나브뤼크 조약 (IPO, 1648년 10월 24일). Ibid., pp. 8-9. 강화조약 협상이 두 도시에서 이루어진 이유는 한 도시에서 장기간 협상

이 진행될 경우 신 · 구교도가 서로 사소한 문제로 다툼을 벌이다가 협상 자체를 망치게 될 위험이 있었기에 이를 미연에 방지하기 위해서였다. 결국 협상기간 동안 모든 당사국들의 전체회담은 한 번도 열리지 않았고 대개 교섭당사자들 사이의 개별적인 대면협상 내지는 서면협상만이 이루어졌다. (Heinz Duchhardt, "Der Westfälische Friede. Ein Schlüsseldokument der neueren Geschichte," K. G. Kaster and G. Steinwascher, eds., *"...zu einem stets währenden Gedächtnis" Die Friedenssäle in Münster und Osnabrück und ihre Gesandtenporträts* (Bramsche, 1996), pp.12-14.)

2) 베스트팔렌 조약에 대해서는 서양사학계보다는 주로 국제정치학 분야의 연구자들이 주권국가 체제의 수립에 대한 이론적인 논의나 국제관계의 변화상에 초점을 맞춘 성과물을 내놓고 있다. (이혜정, 「웨스트팔리아와 국제관계의 근대성: 러기의 비판적 이해」, 『국제정치논총』 vol. 42, no. 2 (2002), pp.27-44; 김준석, 「17세기 중반 유럽 국제관계의 변화에 관한 연구」, 『국제정치논총』 vol. 52, no. 3 (2012), pp.111-139.)

3) 기억문화와 기억의 터에 대한 관심을 촉발시킨 대표적인 연구자로는 아스만 부부와 피에르 노라를 들 수 있다. 국내에 번역, 소개되거나 널리 알려진 이들의 대표적인 저서로는 Jan Assmann, *Das kulturelle Gedächtnis. Schrift, Erinnerung und politische Identität in frühen Hochkulturen* (München, 2007[6]); Aleida Assmann, *Erinnerungsräume. Formen und Wandlungen des kulturellen Gedächtnisses*, 변학수 · 채연숙 역, 『기억의 공간』 (그린비, 2011); Pierre Nora, ed., *Les Lieux de mémoire*, 김인중 · 유희수 외 역, 『기억의 장소』 전5권 (나남, 2010) 등이 있다. 이밖에도 기억과 역사학의 관계에 대해서는 전진성, 『역사가 기억을 말하다』 (휴머니스트, 2005)를 참조하라.

4) H. Duchhardt, ed., *Der Westfälische Friede. Diplomatie - politische Zäsur - kulturelles Umfeld - Rezeptionsgeschichte* (München, 1998); Klaus Bußmann and Heinz Schilling, eds., *1648. Krieg und Frieden in Europa*, 3 vols. (München, 1998). 베스트팔렌 강화조약을 기억의 관점에서 다루는 연구자들 중에는 독일에서 활동하는 프랑스 출신 역사학자들의 활약이 두드러진다. 그 대표 주자가 2001년에 총 3권으로 출간된 『독일의 기억의 터』를 책임 편집한 에티엔 프랑수아와 그의 제자인 클레르 강테이다. 강테는 『독일의 기억의 터』 1권에서 베스트팔렌 조약 항목을 집필하기도 했다. (Claire Gantet, "Der Westfälische Frieden," E. François and H. Schulze, eds., *Deutsche Erinnerungsorte*, vol. 1 (München, 2001), pp.86-104.)

5) 사면조항은 오스나브뤼크 조약(IPO) 2조에 명시되어있다. IPO 전문은 뮌스터 대학의 베스트팔렌 지역사 연구소에서 운영하는 인터넷 포털 '베스트팔렌의 역사(Westfälische Geschichte)' 에서 손쉽게 확인해볼 수 있다. (http://www.lwl.org/westfaelische-geschichte/portal/Internet/finde/langDatensatz.php?urlID=740&url_tabelle=tab_quelle).

6) Gantet, "Der Westfälische Frieden," pp.88, 90.

7) Ibid., pp.89-90.

8) Repgen, *Der Westfälische Friede*, p.33; Bernd Schönemann, "Die Rezeption des

Westfälischen Friedens durch die deutsche Geschichtswissenschaft," H. Duchhardt, ed., *Der Westfälische Friede*, p.812. 노라에 의하면, 역사서 가운데 근본적으로 기억을 새롭게 하거나 교육학적 지침서가 된 것들은 기억의 터라고 부를 수 있다. (피에르 노라, 「기억과 역사 사이에서」, 노라 외, 『기억의 장소 1: 공화국』, p.60.)

9) H. Duchhardt, "Der Westfälische Friede als lieu de mémoire in Deutschland und Europa," K. Bußmann and H. Schilling, eds., *1648. Krieg und Frieden in Europa. Textband I*, p.43; H. Duchhardt, "Münster und der Westfälische Friede - Kollektives Gedächtnis und Erinnerungskultur im Wandel der Zeiten," H. Duchhardt, ed., *Der Westfälische Friede*, p.859.

10) 노라, 「기억과 역사 사이에서」, pp.34, 41-42. 기억의 터는 "단순한 기념 장소들이 아니라 진실한 기억의 부재를 나타내는 상징화된 이미지이다." (전진성, 『역사가 기억을 말하다』, p.57.)

11) 알라이다 아스만, 『기억의 공간』, pp.34, 128, 234.

12) Paul Münch, "Festkultur und 'kollektives Gedächtnis'," J. Burkhardt and S. Haberer, eds., *Das Friedensfest. Augsburg und die Entwicklung einer neuzeitlichen Toleranz-, Friedens- und Festkultur* (Berlin, 2000), p.36.

13) Gantet, "Der Westfälische Frieden," p.89. 오스나브뤼크 조약 5조 2항은 다음과 같이 규정하고 있다. "종교적 사안 및 이 사안과 관련해 세속적인 영역에서 일어난 모든 변화가 원상회복되는 소급시점은 1624년 1월 1일이다." (Hanns Hubert Hofmann, ed., *Quellen zum Verfassungsorganismus des Heiligen Römischen Reiches Deutscher Nation 1495-1815* (Darmstadt, 1976), p.173.) 기준연도에 대한 간략한 설명과 그 역사적 의의에 대해서는 다음 논문을 참조하라. (황대현, 「아우크스부르크 평화축제로의 길 -아우크스부르크 시의 30년전쟁 극복과정과 동등권 체제의 수립-」, 『서양사론』 108 (2011), pp.66-67.)

14) 얀 아스만에 따르면 '집단기억'에는 두 가지 형식이 있는데 '소통적 기억'과 '문화적 기억'이 그것이다. 소통적 기억은 가까운 과거에 대한 기억이고 사람들이 동시대인과 공유하는 기억이다. 구술사의 대상이 되는 것은 바로 이 소통적 기억이다. 이에 반해 문화적 기억은 상징적이고 신화적 성격을 지닌 과거의 특정한 기준점을 지향하는 기억으로서, 토대가 되는 과거(fundierende Vergangenheit)와의 관련을 통해 이를 기억하는 집단의 정체성을 확립시킨다. 이 집단 정체성은 일상적인 정체성이 아니라 일종의 축제의 형태를 띠게 되며 의례적이고 비일상적인 소통 대상을 만들어낸다. (Assmann, *Das kulturelle Gedächtnis*, pp.48-56.)

15) Duchhardt, "Münster und der Westfälische Friede," p.857; Christoph Bellot, "Den Frieden feiern: Das Augsburger Friedensfest - Anlaß und Bildzeugnisse," W. Augustyn, ed., *Pax: Beiträge zu Idee und Darstellung des Friedens* (München, 2003), p.384; Franz Brendle, "Der Westfälische Friede als Kompromiss. Intentionen, Grundsätze und Inhalte der Friedensverträge," P. C. Hartmann and F. Schuller, eds., *Der Dreißigjährige Krieg.*

Facetten einer folgenreichen Epoche (Regensburg, 2010), pp.180-181.

16) 단적인 예로 강화조약의 규정에 따라 브란덴부르크 선제후는 마그데부르크 대주교령과 민덴, 할버슈타트 주교령을, 스웨덴 국왕은 브레멘과 페르덴 주교령을 차지하게 되었다. (Brendle, "Der Westfälische Friede als Kompromiss," pp.176-177.)

17) Ibid., p.181. 동등권의 내용과 그 구체적인 적용사례, 그리고 동등권과 기준연도 규정에 대한 개신교인들의 입장은 황대현, 「아우크스부르크 평화축제로의 길」, pp.65-67을 참조하라.

18) 강화조약 체결을 축하했던 가톨릭 도시로는 뮌스터, 마인츠, 빈, 프라하, 쾰른 등이 있었다. (Brendle, "Der Westfälische Friede als Kompromiss," pp.181-182; Bellot, "Den Frieden feiern," pp.385-386, 435.)

19) Duchhardt, "Münster und der Westfälische Friede," pp.857-860. 콘라트 레프겐은 "1748년에 [독일의] 어떤 가톨릭 지역도 '기억의 터'로 부상하지 않았다"고 쓰고 있다. (Repgen, *Der Westfälische Friede*, p.29.) 한편, 베스트팔렌 강화조약에 의거해 개신교와 가톨릭 주교가 번갈아가면서 통치하는 독특한 정치구조(동등권)를 발전시켰던 오스나브뤼크에서는 1748년에 비교적 성대한 1백주년 기념행사가 거행되었다. (Gerd Steinwascher, "Städtische Erinnerungskultur zwischen protestantischer Polemik und Marketing: Die Jubiläumsfeiern des Westfälischen Friedens in Osnabrück," H. Duchhardt, ed., *Städte und Friedenskongresse* (Köln/Weimar/Wien, 1999), pp.71-73.)

20) E. François, "Der Dreissigjährige Krieg und der Westfälische Frieden als Orte der Erinnerung," H. Duchhardt and P. Veit, eds., *Krieg und Frieden im Übergang vom Mittelalter zur Neuzeit* (Mainz, 2000), pp.303-304; E. François, "24. Oktober 1648: Der Westfälische Frieden," E. François and U. Puschner, eds., *Erinnerungstage. Wendepunkte der Geschichte von der Antike bis zur Gegenwart* (München, 2010), pp.114-116. 특히 1638년 건립된 뮌헨의 마리아 - 성모 마리아는 바이에른의 수호성인이기도 하다 - 기념주는 이 기념물이 위치한 마리아광장과 함께 오늘날까지 뮌헨을 대표하는 상징물로 남아있다.

21) Bellot, "Den Frieden feiern," pp.385-386; C. Gantet, "Peace festivals and the culture of memory in early modern South German cities," K. Friedrich, ed., *Festive culture in Germany and Europe from the sixteenth to the twentieth century* (Lewiston/Queenston/Lampeter, 2000), pp.62-64.

22) François, "Der Dreissigjährige Krieg," pp.303-304; François, "24. Oktober 1648," pp.112, 114.

23) 이와 관련해서 베스트팔렌 조약을 기념하는 평화축제와 종교개혁 기념제 사이의 밀접한 상호관계에 주목할 필요가 있다. (E. François and C. Gantet, "Vergangenheitsbewältigung im Dienst des Friedens und der konfessionellen Identität. Die Friedensfeste in Süddeutschland nach 1648," J. Burkhardt, ed., *Krieg und Frieden in der historischen*

Gedächtniskultur (München, 2000), pp.113-117.)

24) C. Gantet, "Friedensfeste aus Anlass des Westfälischen Friedens in den süddeutschen Städten und die Erinnerung an den Dreissigjährigen Krieg (1648-1871)," K. Bußmann and H. Schilling, eds., *1648. Krieg und Frieden in Europa. Textband II*, p.649; Bellot, "Den Frieden feiern," p.384; Gantet, "Der Westfälische Frieden," p.93. 하인츠 두흐하르트는 구체제 하에서는 강화조약을 영구적으로 기억하는 경우가 거의 없었다고 주장하면서도 유일한 예외로 베스트팔렌 조약에 대한 기념을 들고 있다. (H. Duchhardt, "Friedensjubiläen," H. Duchhardt and M. Espenhorst, eds., *Frieden im Europa der Vormoderne: Ausgewählte Aufsätze 1979-2011* (Paderborn, 2012), p.177.)

25) 노라는 기억의 터를 물질적 차원(기록보관소, 기념비), 기능적 차원(교과서, 유언장), 상징적 차원(기념제, 순례)으로 분류하고 있다. 동시에 그는 진정한 기억의 터라면 각각 정도는 다르더라도 이 세 가지 차원을 모두 지니고 있다고 주장한다. 노라 외, 『기억의 장소 1: 공화국』, pp. 55-56, 63-64, 422-423. 뮌스터와 오스나브뤼크 시청사의 경우, 17세기 중엽 이후 줄곧 변함없이 강화조약을 기념하는 장소의 위상을 지녔던 것은 아니었다. 뮌스터 시청사의 참사회원실(Ratskammer)이 강화조약을 연상시키는 '평화홀(Friedenssaal)'로 불리기 시작한 것은 18세기 말부터였고 19세기 초 프로이센의 왕족들이 시청사를 방문하면서 비로소 본격적인 문화재 보호조치가 취해지기 시작했다. (Gerd Dethlefs, "Der Friedenssaal im Rathaus zu Münster," K. G. Kaster and G. Steinwascher, eds., *"...zu einem stets währenden Gedächtnis,"* pp.54, 62; H. Duchhardt, *Das Feiern des Friedens. Der Westfälische Friede im kollektiven Gedächtnis der Friedenstadt Münster* (Münster, 1997), pp.48-50.) 1백주년 기념행사를 성대히 치렀던 오스나브뤼크에서도 1798년(150주년), 1848년(200주년), 1898년(250주년)에는 아예 행사를 치르지 않거나 간소하게 기념식을 열었다. 심지어 1900년에는 시청사의 평화홀에 걸려있었던, 강화협상에 참여했던 사절들의 초상화를 떼어버리고 다른 역사화들로 대체해버릴 생각까지 했을 정도로 오스나브뤼크에서도 베스트팔렌 조약에 대한 기억은 19세기 내내 큰 각광을 받지 못했다. (Steinwascher, "Städtische Erinnerungskultur," pp.73-76.)

26) C. Gantet, "Dergleichen sonst an keine hohen festtag das gantze Jar hindurch zue geschehen pfleget bey den Evangelischen inn diser statt. Das Augsburger Friedensfest im Rahmen der deutschen Friedensfeiern," J. Burkhardt and S. Haberer, eds., *Das Friedensfest*, p.212.

27) Bellot, "Den Frieden feiern," p.387.

28) Gantet, "Dergleichen sonst an keine hohen festtag," p.218; Brendle, "Der Westfälische Friede als Kompromiss," p.181.

29) 축제 일반에 대한 칼뱅파의 비판적인 태도에 대해서는 다음의 문헌을 참조하라. (Michael Maurer, "Konfessionskulturen. Feste feiern katholisch - Feste feiern

protestantisch," M. Maurer, ed., *Festkulturen im Vergleich. Inszenierungen des Religiösen und Politischen* (Köln/Weimar/Wien, 2010), pp.68, 77.)

30) 그 대표적인 사례가 1650년부터 현재까지 매년 평화축제를 거행하고 있는 아우크스부르크이다.

31) François, "Der Dreissigjährige Krieg," p.307; François, "24. Oktober 1648," p.116.

32) 오늘날까지도 뮌스터 시청사의 평화홀은 강화조약 회담이 열리고 조약이 조인된 역사적 장소로 알려져 있는 경우가 많은데 이것은 오류이다. 네덜란드와 에스파냐 간의 뮌스터 조약이 조인된 곳은 시청사가 아니라 네덜란드 사절단이 기거하던 소매상조합 건물(Krameramtshaus)이었다. 마찬가지로 황제와 프랑스 측 사이에 체결된 강화조약도 시청사가 아닌 양국 사절단이 머물렀던 숙소에서 조인되었다. (Repgen, *Der Westfälische Friede*, pp.8-9; Dethlefs, "Der Friedenssaal im Rathaus zu Münster," p.54.)

33) François, "24. Oktober 1648," pp.116-118.

34) Duchhardt, "Der Westfälische Friede als lieu de mémoire," p.44; Hugo de Schepper and Jan de Vet, "Die Jubiläen des Friedens von Münster in den Jahren 1748 und 1948. Kultur der Erinnerung und des Vergessens in den Niederlanden," H. Duchhardt, ed., *Der Westfälische Friede*, p.828.

35) 특히 네덜란드 언어권 지역을 하나의 문화 공동체로 파악하려는 사람들의 관점에서 볼 때, 베스트팔렌 조약은 타협적이고 불완전한 성격을 지닐 수밖에 없었다. 왜냐하면 1648년 조약으로 북부 7개 주의 독립 네덜란드와 에스파냐령 네덜란드(벨기에) 사이의 분열이 - 19세기 초의 짧은 통합기를 제외하면 - 사실상 영구 고착화되었기 때문이다. (Duchhardt, "Der Westfälische Friede als lieu de mémoire," pp.44-45, 47; de Schepper and de Vet, "Die Jubiläen des Friedens von Münster," pp.840-841, 846-851; H. Duchhardt, "Der Westfälische Friede," Pim den Boer et al. eds., *Europäische Erinnerungsorte 2. Das Haus Europa* (München, 2012), p.494.)

36) Peter Stadler, "Der Westfälische Friede und die Eidgenossenschaft," H. Duchhardt, ed., *Der Westfälische Friede*, pp.370-373, 390.

37) Duchhardt, "Der Westfälische Friede als lieu de mémoire," p.45. 동맹서약서란 스위스의 우리, 슈비츠, 운터발덴의 지역대표들이 자신들의 전통적인 권리를 보호하고 외부의 위협에 대처하기위해 상호 지원할 것을 서약한 내용을 기록한 문서를 일컫는다. 이 '뤼틀리의 서약(Rütlischwur)'은 전통적으로 스위스 국가형성의 출발점으로 간주되었으며 빌헬름 텔에 관한 설화 형성에도 영향을 미쳤다. 스위스 농민들의 서약공동체 결성이 갖는 의미에 대해서는 Günther Franz, *Geschichte des deutschen Bauernstandes vom frühen Mittelalter bis zum 19. Jahrhundert* (Stuttgart, 1976[2]), pp.82-83을 참조하라.

38) 조약체결 이후 스웨덴군이 여전히 점령하고 있었던 독일 지역에서도 카를 구스타프 브랑겔(Carl Gustav Wrangel) 장군의 명령으로 스웨덴 군의 평화에 대한 굳은 의지를 천명하기 위해 1649년에 곳곳에서 축하행사가 벌어졌다. (François and Gantet,

"Vergangenheitsbewältigung," pp.103-105; Gantet, "Dergleichen sonst an keine hohen festtag," pp.212-215.)

39) François, "Der Dreissigjährige Krieg," p.307; François, "24. Oktober 1648," p.123.

40) Duchhardt, "Der Westfälische Friede," p.496.

41) Sverker Oredsson, "Gustav II. Adolf in Geschichtsschreibung und Kult," R. Petersson, ed., *Damals, als Schweden eine Grossmacht war..* (Münster, 2000), pp.55, 57. 현재 스웨덴에서는 더 이상 구스타프 아돌프 기념일 행사를 거행하고 있지는 않지만 아직도 그의 기일에는 사자왕의 얼굴모습이 들어있는 케이크(Gustav-Adolf-Gebäck)를 굽는 것이 관행으로 남아있다. (Ibid., p.60.)

42) Ibid., p.58; François, "24. Oktober 1648," pp.123-124.

43) 앞서 언급한 오레드손의 논문이외에, 구스타프 아돌프에 대한 독일의 기억문화에 대해서는 다음의 문헌들을 참조하라. (François, "24. Oktober 1648," p.122; François and Gantet, "Vergangenheitsbewältigung," pp.115-118; Gantet, "Der Westfälische Frieden," pp.98-99; Gantet, "Friedensfeste aus Anlass," pp.655-656.)

44) François and Gantet, "Vergangenheitsbewältigung," pp.116-117.

45) 이런 측면에서 프랑스에서 베스트팔렌 조약이 '강화조약(paix)'이 아니라 그냥 '조약(traités)'으로 불리고 있다는 것은 결코 우연이 아니다. (François, "Der Dreissigjährige Krieg," p.307; François, "24. Oktober 1648," p.118.) 베스트팔렌 조약은 신성로마제국에는 전반적인 평화(pax generalis)를 가져왔다고 할 수 있지만 전 유럽적 차원에서는 결코 보편적이거나 장기적인 평화를 수립하지 못했다. (Repgen, *Der Westfälische Friede*, pp.17-19; Duchhardt, "Der Westfälische Friede. Ein Schlüsseldokument der neueren Geschichte," p.34.)

46) François, "Der Dreissigjährige Krieg," p.307; François, "24. Oktober 1648," p.118; Gantet, "Friedensfeste aus Anlass," p.650; Gantet, "Peace festivals," p.61.

47) Duchhardt, "Der Westfälische Friede als lieu de mémoire," pp.45-46.

48) Ibid., p. 46; Duchhardt, "Der Westfälische Friede," p.495.

49) François, "Der Dreissigjährige Krieg," p.308. 프랑스인들도 이제는 베스트팔렌 조약을 더 이상 알자스라고 하는 좁은 창(窓)을 통해서만 바라보지 않는다는 사실은 강화조약에 대한 기억문화가 명백히 '유럽화'하는 특징을 보였던 1998년의 350주년 기념행사를 통해서 잘 드러난다. (Duchhardt, "Der Westfälische Friede," pp.495-496.) 강화조약에 대한 기억의 유럽화에 대해서는 후술할 III장을 참조하라.

50) Duchhardt, "Der Westfälische Friede als lieu de mémoire," p.46; Duchhardt, "Der Westfälische Friede," p.495.

51) 제국기본법을 구성하는 법률들에 대해서는 Hofmann, ed., *Quellen zum Verfassungsorganismus*, p.XIV를 참조하라.

52) Repgen, *Der Westfälische Friede*, pp.27-28; Schönemann, "Die Rezeption des

Westfälischen Friedens," p.808.

53) Gantet, "*Der Westfälische Frieden*," pp.95, 678.

54) '학구적 기억문화'라는 용어는 프랑수아가 쓴 표현이다. (François, "24. Oktober 1648," p.120.)

55) Repgen, *Der Westfälische Friede*, pp.28, 30.

56) *Ibid.*, p.30에서 재인용. 그밖에도 Steinwascher, "Städtische Erinnerungskultur," p.73; Duchhardt, "Münster und der Westfälische Friede," pp.857-858을 참조하라.

57) Gantet, "Der Westfälische Frieden," p.95; François, "24. Oktober 1648," pp.120-121.

58) Fritz Dickmann, *Der Westfälische Frieden* (Münster, 1998[7]), p.524; Repgen, *Der Westfälische Friede*, p.33; Schönemann, "Die Rezeption des Westfälischen Friedens," p.812.

59) 볼트만의 저작은 베스트팔렌 조약을 '신성불가침의 강화조약'으로 묘사했던 극작가 프리드리히 쉴러의 『30년전쟁사』의 연장선상에 있는 것으로 평가받는다. (Gantet, "Der Westfälische Frieden," pp.95-97.)

60) 뤼스의 저작은 제목 - 『프랑스와 프랑스인들이 독일과 독일인들에게 미친 영향력의 변천사』 -에서부터 다분히 프랑스에 대한 민족주의적 반감을 드러낸다.

61) Gantet, "Der Westfälische Frieden," pp.97-98; Duchhardt, "Der Westfälische Friede als lieu de mémoire," p.43; Schönemann, "Die Rezeption des Westfälischen Friedens," pp.811-812.

62) Schönemann, "Die Rezeption des Westfälischen Friedens," pp.815-816.

63) Gantet, "Der Westfälische Frieden," p.100; François, "Der Dreissigjährige Krieg," p.309; François, "24. Oktober 1648," p.121.

64) Repgen, *Der Westfälische Friede*, p.33.

65) Gantet, "Der Westfälische Frieden," p.99; François, "24. Oktober 1648," p.121.

66) 구스타프 아돌프에 대해 양면적인 감정을 갖고 있었던 극작가 실러도 스웨덴 국왕은 뤼첸에서 전사함으로써 독일인들의 자유에 봉사했다고 언급한 바 있다. (Oredsson, "Gustav II. Adolf," p.55.)

67) 구스타프 아돌프가 전사한 지점에는 이미 17세기부터 표석이 세워져있었다. 프로이센의 건축가 카를 프리드리히 싱켈이 설계한 1837년의 천개(天蓋, Baldachin)는 바로 이 '스웨덴의 돌(Schwedenstein)'위에 설치된 것이었다. (François, "24. Oktober 1648," pp.123-124; Gantet, "Der Westfälische Frieden," p.98; Gantet, "Peace festivals," p.70.)

68) François, "24. Oktober 1648," p.122.

69) Oredsson, "Gustav II. Adolf," pp.53, 55-56. 이런 점에서 스웨덴의 참전에 대한 상이한 평가는 독일과 스웨덴 사이에서가 아니라 개신교도와 가톨릭교도 사이에서 찾을 수 있다는 오레드손의 평가는 주목할 만하다. (Ibid., p.53.)

70) Gantet, "Der Westfälische Frieden," p.101; Schönemann, "Die Rezeption des

Westfälischen Friedens," p.820.

71) Gantet, "Der Westfälische Frieden," pp.101, 679; Duchhardt, "Münster und der Westfälische Friede," p.860.

72) Repgen, *Der Westfälische Friede*, pp.34-35에서 재인용. 그밖에도 다음의 문헌을 참조하라. (Gantet, "Der Westfälische Frieden," pp.101-102; François, "24. Oktober 1648," p.122.)

73) Duchhardt, "Münster und der Westfälische Friede," p.861; Repgen, *Der Westfälische Friede*, p.34; Gantet, "Der Westfälische Frieden," p.102; François, "24. Oktober 1648," p.122.

74) Duchhardt, "Münster und der Westfälische Friede," pp.860-861. 괴벨스는 1940년 2월 뮌스터 시청사를 방문해 숱테가 기획한 전시회가 '제국전시회'로 개최될 것임을 밝혔고, 힘러와 같은 주도적인 나치인사들 역시 이 기획을 적극 지원해주었다. (Steinwascher, "Städtische Erinnerungskultur," p.78.

75) Duchhardt, *Das Feiern des Friedens*, p.84; Duchhardt, "Münster und der Westfälische Friede," p.861.

76) Duchhardt, *Das Feiern des Friedens*, p.83, Abb.20.

77) Schönemann, "Die Rezeption des Westfälischen Friedens," pp.822-823.

78) 뮌스터의 경우에 대해서는 Duchhardt, *Das Feiern des Friedens*, pp.94-96을, 오스나브뤼크의 경우에 대해서는 Steinwascher, "Städtische Erinnerungskultur," pp.80-81을 참조하라.

79) Kurt von Raumer, "Das Erbe des Westfälischen Friedens. Betrachtungen zu seiner 300. Wiederkehr," E. Hövel, ed., *Pax optima rerum. Beiträge zur Geschichte des Westfälischen Friedens 1648* (Münster, 1948), pp.73-98. 이 논문이 갖는 선구적 의미에 대해서는 다음의 문헌을 참조하라. (Dickmann, *Der Westfälische Frieden*, p.4; Schönemann, "Die Rezeption des Westfälischen Friedens," p.824.)

80) Raumer, "Das Erbe des Westfälischen Friedens," p.84.

81) Schönemann, "Die Rezeption des Westfälischen Friedens," pp.824-825; François, "24. Oktober 1648," p.125. 그 구조상 방어적인 성격을 지니고 있었던 근대 초기의 신성로마제국은 제국 내에서 일어나는 갈등과 분쟁을 점점 더 제국최고재판소의 소송절차를 통해 조정해나감으로써 '평화와 법을 유지하는 연합체'의 속성을 지니게 되었다. (Barbara Stollberg-Rilinger, *Das Heilige Römische Reich Deutscher Nation. Vom Ende des Mittelalters bis 1806* (München, 2009), p.117.)

82) '베스트팔렌 강화조약 사료총서(APW)'의 간행은 본 대학의 막스 브라우바흐(Max Braubach)를 중심으로 1957년 창립된 '근대사 연구협회'의 주도로 1962년에 사료집 1권이 출간된 이후 지금까지 계속 이어지고 있다. 콘라트 레프겐은 이 총서간행을 처음 입안했던 인물로 2002년까지 책임편집자로 활동했다. (Schönemann, "Die Rezeption des Westfälischen Friedens," p.825.) 또한 근대사 연구협회의 APW 웹사이트도 참조하라.

(http://www.pax-westphalica.de/apw/apwframe.htm)

83) 프랑수아가 전후 역사연구의 '연방공화국화(Bundesrepublikanisierung)'라고 칭한 것도 바로 이런 실상을 표현한 말이라 할 수 있겠다. (François, "Der Dreissigjährige Krieg," p.310.)

84) 바바라 슈톨베르크-릴링어에 따르면, 전후 독일의 신성로마제국에 대한 역사적 재평가에는 다음과 같은 시대적 상황이 자리 잡고 있었다. 즉 신성로마제국은 독일적이면서도 전쟁의 책임으로부터는 자유로운 역사적 전통을 제공해주는 장점이 있었고 당시 점점 구체화되고 있었던 유럽 통합 이념과도 쉽게 연결될 수 있었다. 그밖에도 기존의 프로이센, 개신교 중심의 시각이 약화되면서 대신 가톨릭적이고 남 · 서부 독일적인 특징을 지닌 관점이 전면에 등장한 것도 신성로마제국에 대한 재평가를 촉진시켰다는 것이다. (Stollberg-Rilinger, *Das Heilige Römische Reich Deutscher Nation*, p.9.)

85) Gantet, "Der Westfälische Frieden," p.103.

86) K. Bußmann and H. Schilling, eds., *1648. Krieg und Frieden in Europa. Ausstellungskatalog*, pp.8-9; Renger E. de Bruin and Alexander Jordan, "Commemorations compared: Münster-Osnabrück (1998) and Utrecht-Rastatt-Baden (2013-14)," I. Schmidt-Voges et al. eds., *Pax perpetua. Neuere Forschungen zum Frieden in der Frühen Neuzeit* (München, 2010), pp.81-86.

87) Bußmann and Schilling, eds., *1648. Krieg und Frieden in Europa. Ausstellungskatalog*, p.9.

88) Duchhardt, "Der Westfälische Friede," pp.491-499.

89) François, "24. Oktober 1648," p.125.

90) Brendle, "Der Westfälische Friede als Kompromiss," p.178; Gantet, "Der Westfälische Frieden," p.89. 슐레지엔은 나중에 1740~1748년의 오스트리아 계승전쟁의 결과 프로이센 령으로 귀속되었다.

91) 참고로 그워구프(Głogów)의 평화교회는 1758년 화재로 전소되고 난 이후 복구되지 못했다. (François, "24. Oktober 1648," pp.114, 120.)

92) François and Gantet, "Vergangenheitsbewältigung," p.108.

93) 노라, 「기념제의 시대」, 노라 외, 『기억의 장소 5: 프랑스들 3』, p.376.

94) Duchhardt, "Münster und der Westfälische Friede," p.856.

95) "지난날 기억과 일체화된 역사에서 과거에 대한 참된 인식은 과거가 진짜로 끝나지 않았다는 것을 깨닫는 데에 있었다. (...) 현재 그 자체는 되살아난, 현재화한 과거로 여겨졌고 과거가 현재에 용접되어 있고 뿌리내림으로써 과거와 현재는 겹쳐져 있었다." (노라, 「기억과 역사 사이에서」, p.51.)

96) Repgen, *Der Westfälische Friede*, p.34.

97) François, "24. Oktober 1648," p.126.

98) 노라는 기억의 터들이 "그것들의 의미가 끊임없이 새롭게 변하고 그것들의 가지가 예

측불허로 마구 자라나는, 변화되기 쉬운 바로 그 속성 때문에 비로소 살아있다"고 말한다. (노라, 「기억과 역사 사이에서」, p.57.)

4. 장은주, 「제1차 세계대전 기 독일여성의 사회적 역할변화와 그 한계」

1) 정현백, 『여성사 다시쓰기』, (서울:당대, 2007).
2) 문수현, 「독일제국시기 성의 담론과 여성노동」, 『서양사연구』 24 (1999), pp.113-147; 사순옥, 「독일 제1기 여성운동의 전개과정과 목표」, 『독일어문학』 33권 0호 (2006), pp.265-285; 전복희, 「독일 여성운동의 페미니즘적 주요쟁점」, 『한-독 사회과학논총』 8 (1998), pp.59-86.
3) 구은숙, 「전쟁과 여성: 젠더화된 폭력과 군사주의 문화」, 『미국학논집』 41,3 (2009), pp.5-33.
4) 정현백, 『여성사 다시쓰기』, p.137.
5) Barbara Drinck, "Diskurse um die Rolle der Frau in Deutschland", 『독일어 문화권 연구』 16권 0호 (2007), pp.286-287.
6) 사순옥, 「독일 제1기 여성운동의 전개과정과 목표」, pp.270-271; 전복희, 「독일 여성운동의 페미니즘적 주요쟁점」, p.63. 여성 교육에 대한 편견과 법적 제한은 1890년대에 접어들면서 변화하기 시작했고, 1908년이 되어서야 비로소 독일 대학들이 여성에게 학업의 문을 개방했다.
7) 문수현, 「독일제국시기 성의 담론과 여성노동」, pp.133-134.
8) Gisela Notz, "Männer und Frauen sind gleichberechtigt verlangt die politische Mitarbeit der Frau.", F.Nadig,C.Sitter (Hrsg.), *Kongress Frauen in Naturwissenschaft und Technik* (Köln, 2006), p.211. 여성의 임금 수준은 남성의 것과 비교하여 1/2이나 1/3에 해당하는 낮은 임금을 받는 것이 보편화되었는데 그 이유는 대다수의 직업여성은 기혼자이므로 그들의 남편이 생계를 책임지고 있다는 전제였고, 만약 미혼여성이라면 그녀 또한 부모의 집에서 기거한다는 이유에서였다.
9) Silvia Max, *Grenzen der Erwerbstätigkeit von Frauen- Welche Barrieren hindern Frauen und Karriere?* (Wien Universität, 2011), p.17. 1897년 독일 산업 분야의 여성노동자는 150만 명을 넘었다.
10) Barbara Drinck, "Diskurse um die Rolle", p.289.
11) 문수현, 「독일제국시기 성의 담론과 여성노동」, p.142.
12) Ruth Großmaß, "Die Rolle des Geschlechterverhältnisses in der Sozialen Arbeit- ein Blick auf die Geschichte der Profession", *Soziale Arbeit*, 57.Jahrgang, 10-11 (2008), p.387.
13) Johannes Herwig-Lempp, "Luise Kiesselbach (1863-1929)", *Soziales Kapital. Wissenschaftliches Journal österreichischer Fachhochschul -Studiengänge Soziale Arbeit,* Nr.4 (2009), pp.4-5.

14) Annegret Erbes, "Die historische Entwicklung der Frauenbewegung",Helga M. Epp. (Hrsg.), *Gender Studies- Interdisziplinäre Ansichten 1* (Freiburg im Breisgau, 2004), pp.211-212.

15) Peter Hammerschmidt, *Die bürgerliche Frauenbewegung und die Entwicklung der sozialen Arbeit zum Beruf - Ein Überblick* (Wiesbaden, 2010), p.27.

16) Annegret Erbes, "Die historische Entwicklung", p.203.

17) Kirsten Aner/Peter Hammerschmidt, "Zivilgesellschaftliches Engagement des Bürgertums vom Anfang des 19.Jahrhunderts bis zur Weimarer Republik", Thomas Olk,Ansgar Klein (Hrsg.), *Engagementpolitik, Verlag für Sozialwissenschaften* (Wiesbaden, 2010), p.81.

18) Alexandra Hois, *Weibliche Hilfskräfte in der österreichisch-ungarischen Armee im Ersten Weltkrieg* (Wien Universität, 2012), p.21.

19) Dietmar Molthagen, *Das Ende der Bürgerlichkeit? Liverpooler und Hamburger Bürgerfamilien im Ersten Weltkrieg (*Göttingen, 2007), p.141.

20) Gerd Krumeich, *Kriegsfront-Heimatfront, Ersterweltkrieg.* clio-online.de (1997), p.12.

21) Dietmar Molthagen, *Das Ende der Bürgerlichkeit?*, p.138.

22) Ibid., pp.139-140. 거의 모든 물품의 결핍 상태에서도 여성은 군수산업을 위한 원료 수집에 동참해야 했다. 대표적인 예로 알루미늄은 바다에서 방제시스템에 유용하게 쓰였기 때문에 가가호호 수집된 중요한 전쟁 물자였다.

23) Gerd Krumeich, *Kriegsfront- Heimatfront,* p.15.

24) Anne Lipp, Heimatwahrnehmung und soldatisches Kriegserlebnis, europa.clio-online-de (1997), pp.230-233.

25) Silke Fehlemann, *Armutsrisiko Mutterschaft: Mütter-und Säuglingsfür -sorge im Deutschen Reich 1890-1924* (Düsseldorf Universität, 2004), p.337.

26) Silvia Max, *Grenzen der Erwerbstätigkeit,* p.19.

27) Ibid.

28) MichaelJ.Kendzia, "Der Institutionalisierungsprozess des Lohnarbeitsver -hältnisses vom Ersten bis zum Zweiten Weltkrieg in Deutschland", *IZA DP No.5231* (Bonn, 2010), p.6.

29) Anne Roerkohl, *Der erste Weltkrieg in westfalen Lebensmittelmangel und Hunger an der "Heimatfront"* (Münster, 1987), p.6. 전시경제를 위한 모든 노동력 동원령의 주요 실행 지역은 라인-베스트팔렌의 산업지역이었다. 이 지역에서는 군수산업만이 아닌 식량공급의 증대도 이루어졌다. 전선의 병사만큼이나 군수산업 생산지역 노동자들의 식량공급에 정부지원이 집중되었다.

30) Alexandra Hois, *Weibliche Hilfskräfte,* pp.22-23. 시민여성운동 단체인 '독일 여성위원회 연합'이 전쟁부와 연합하여 이 부서를 주관했다.

31) Elke Koch, *"Jeder tut, was er kann fürs Vaterland",* p.48. "여성들은 식량조달에 관해 가능한 한 모든 것을 알기를 바란다. 원활한 식량수급조절을 위해 여성들도 식량위원회

에 참석할 권한이 있다." 1917년 1월 시참사회가 구성한 식량위원회에 기혼여성이 정기적으로 참석하는 것이 결정됐다. 주로 여성연합이나 부인회 대표를 식량위원회 위원으로 추천하여 일하게 했다.

32) 출산율에 대한 높은 관심은 독일에 국한된 것만은 아니었다. 제1차 세계대전 시기 프랑스 정부의 출산정책에 대한 연구는 다음의 논문을 참고. (신행선, 「제1차 세계대전 시기 프랑스 여성의 전쟁동원과 여성의 역할, 1914-1918」, 『서양사론』 제101호, pp.99-122.)

33) Ute Daniel, *Der Krieg der Frauen,* p.137. 제국정부는 출산과 육아 환경의 개선과 더불어 출산율을 높이기 위해 기혼남들의 소집을 늦추는 정책을 실시하기도 했다.

34) Silke Fehlemann, *Armutsrisiko Mutterschaft,* pp.334-336. 출산율 저하 문제를 해결하기 위한 정부 차원의 위원회가 발족됐고 50만 마르크(DM)의 기금이 마련됐다.; '모자보호법'에 대해서는 다음 논문을 참조. (오향미, 「독일 가족정책에 대한 여성주의적 비판: "육아와 직업의 조화"에서 "육아의 직업화"로」, 『세계지역연구논총』 24집 1호 (2006), p.179.)

35) Werner Schaeffer, *Krieg gegen Frauen und Kinder (*Berlin, 1940), p.15. 1914-1919년의 기간 중 출산율 저하는 약 4백 만이 넘는 숫자였다.

36) Ute Daniel, *Der Krieg der Frauen,* p.138.

37) Sara Rütjes, *Arbeiterinnen im Ersten Weltkrieg*, Grinverlag (Norderstedt, 2010), p.6.

38) Anne Roerkohl, *Der erste Weltkrieg*, pp.5-8. 평균적으로 생존에 필요한 양이었음에도 불구하고 1인 당 빵의 배급량은 320 그램에서 160 그램으로 줄었다. 1916년 베스트팔렌 지방을 예로 들면 고기는 3월, 설탕은 4월, 감자는 5월, 지방은 7월에 전쟁식량국의 수급정책의 통제를 받았다.

39) Werner Schaeffer, *Krieg gegen Frauen*, p.3.

40) Ute Daniel, *Der Krieg der Frauen,* p.140.

41) Dietmar Molthagen, *Das Ende der Bürgerlichkeit?,* pp.125-126.

42) Anne Roerkohl, *Der erste Weltkrieg*, p.6. 혹독한 순무겨울 동안 베스트팔렌 지역 지역에서 식량 수확은 17,000톤에서 6,000톤으로 급감했다. 결국 루르 공업지대와 그 인근 베스트팔렌의 도시주민들은 수 주 간 감자 없이 순무만으로 겨울을 나야 했다.

43) Dietmar Molthagen, *Das Ende der Bürgerlichkeit?*, p.131; 로제마리 나베-헤르츠, 『독일 여성운동사』, p.60.

44) Ute Daniel, *Der Krieg der Frauen*, pp.141-144. 식량과 관계된 청소년 범죄의 배경에는 그 모친이 연루되어 있는 경우도 비일비재했다.

45) Silvia Max, *Grenzen der Erwerbstätigkeit,* p.19.

46) Julia Wild, *Die Österreichische Frauenzeitung und ihre Funktions -leistungen für die Leserinnen im Ersten Weltkrieg und im Nachkriegsjahr 1919* (Wien, 2013), p.33; 구은숙, 「전쟁과 여성: 젠더화된 폭력과 군사주의 문화」, p.24.

47) Ute Daniel, *Der Krieg der Frauen,* pp.132-135.

48) Ruth Großmaß, "Die Rolle des Geschlechterverhältnisses", p.393.

49) Elke Koch, *"Jeder tut, was er kann fürs Vaterland"*, p.44. 그 명령을 두고 부인에게 정중하지 않은 '무례한' 힌덴부르크라는 비판이 일각에 있었던 것으로 보아 그의 명령은 단지 '여성'이라는 이유 때문에 내려진 것임을 알 수 있다.

50) Barbara Orland, "Geschlecht als Kategorie in der Technikhistoriographie", Meinel,Christoph und Monika Rennberg (Hg.), *Geschlechterverhältnisse in Naturwissenschaft,Medizin und Technik* (Stuttgart, 1996), pp.33-43.

51) Ute Daniel, *Der Krieg der Frauen*, p.134. 1918년 중반 240만에 달하는 남성이 후방의 산업과 농촌경제에 투입되었다.

52) Ibid., p.145.

53) Alexandra Hois, *Weibliche Hilfskräfte,* p.23. 전쟁부에서는 이러한 부정적 인식을 불식시키기 위해 노력했지만 종전까지 성공하지 못했다.

54) Anne Lipp, *Heimatwahrnehmung und soldatisches 'Kriegserlebnis,* p.235.

55) Ute Daniel, Der Krieg der Frauen, p.139.

56) Richard Bessel, *Die Heimkehr der Soldaten: Das Bild der Frontsoldaten in der Öffentlichkeit der Weimarer Republik*, europa clio- online. de., 1993, p.224. 1918년 초 약 215만 병사들이 고향으로 귀환했고 1918년 6~7월에는 그 숫자가 250만이 되었다.

57) 전복희, 「독일 여성운동의 페미니즘적 주요쟁점」, p.64.

58) Klaus Tenfelde, "Strukturwandel des Ruhrgebiets: Historische Aspekte", *GMH* 3 (1988), p.132. 특히 저임금의 비정규직 노동자로 루르 중공업분야에서 일하던 거의 대부분의 여성이 일자리를 잃었다. (Silvia Max, *Grenzen der Erwerbstätigkeit von Frauen,* p.19.)

59) Ute Gerhard, "Die soziale Unsicherheit weiblicher Lebenslagen- Perspek -tiven einer feministischen Sozialpolitikanalyse", *Jahrbuch für christliche Sozialwissenschaften* 38 (1997), p.181. 이 협약에서 한 가정의 부양자로서 남성의 권리를 인정함에 따라 전후 전시경제에서 큰 비중을 차지했던 여성의 일자리는 사라졌고 대신 남성 주도형의 경제가 자리 잡았다.

60) Elke Schnitger, *Frauen und Parlamente*, (Oldenbourg, 1990), p.54; 로제마리 나베-헤르츠, 『독일여성운동사』, p.61.

61) 사순옥, 「독일 제1기 여성운동의 전개과정과 목표」, p.278.

62) Elke Koch, "Jeder tut, was er kann fürs Vaterland", p.49.

63) 오향미, 「독일 가족정책에 대한 여성주의적 비판」, p.179. 나치시대에는 '가족정책'의 미명 아래 여성의 인내와 미덕이 강조되는 가운데 그나마 바이마르 시대에 주어진 법적 지위까지도 퇴보했다.

5. 김정숙, 「조명희의 디아스포라적 삶과 문학적 변이의 의미」

1) 이정숙, 「조명희의 삶과 문학, 낭만성과 혁명성」, 『국제한인문학연구』 4집 (국제한인문학회, 2007).

2) 이강옥, 「조명희의 작품 세계와 그 변모 과정」, 김윤식.정호웅 편, 『한국 근대리얼리즘 작가 연구』 (문학과지성사, 1988).

3) 이화진, 「조명희의 「낙동강」과 그 사상적 지반—낭만성의 기원」, 『국제어문』 제57집 (국제어문학회, 2013).

4) 임옥규, 「고려인 문학과 북한 문단과의 영향관계— 조명희를 중심으로 —」, 『한민족문화연구』 43호 (한민족문화학회, 2013).

5) 최수웅, 「사이버스페이스를 활용한 한민족문학네트워크 구축 방안: 조명희의 문학동선을 중심으로」, 『한국언어문화』 31호 (한국언어문화학회, 2006).

6) 『세계대백과사전』에서 대문자 '디아스포라'는 본래 '이산'을 의미하는 그리스어이자 팔레스타인 땅을 떠나 세계 각지에 거주하는 이산 유대인과 그 공동체를 가리킨다. 그런데 이러한 대문자는 다양하고 복합적인 소문자 디아스포라들로 확산되어 해석을 요하고 있다. 사프란(W. Safran)에 따르면, 디아스포라는 ①원래 하나의 중심으로부터 적어도 두 개 이상의 주변적인 장소로 분산되었으며, ②원고향에 대한 기억이나 환상신화를 유지하고, ③그들은 수용국에 완전히 받아들여지지 않는다고 믿으며, ④때가 되면 궁극적으로 조상의 고향에 돌아갈 수 있다고 여겨, ⑤고국이 영속하거나 해방되도록 헌신하며, ⑥집단의식과 연대는 고국과의 계속적인 관계에 의해 규정된다.

7) 서경식, 『디아스포라기행』 (돌베개, 2006), p.14.

8) 김기현, 「조명희 선생 처형 사유는 소설 '만주 빨치산' 때문」, 『동아일보』, 2004년 4월 26일.

9) 『선봉』 1935년 3월 8일자의 산문시에서 조명희는 "피어지는 봄과 함께 이 나라의 힘을 키워 주겠다. 이것이 건설을 위함이고 혁명을 위함이며 프롤레타리아트의 조국인 이 나라를 사랑함이고 앞날에 프롤레타리아 국가가 될 조선을 사랑함임을" (「아우 채옥에게」, p.403.)을 역설하였다.

10) 이정숙, 「다시 보는 조명희의 삶과 문학」, 『한국현대문학회 학술발표회자료집』 (한국현대문학회, 2007). 이와 함께 사실 확인이 필요한 부분이기는 하나 다음의 대목도 눈여겨 볼 만하다. "매국칠적 가운데 하나였던 조중응(1860~1919) 푸네기라는 것에 괴로워한 양주 조씨 조명희였는데, 러시아로 빼소니친 것도 그런 괴로움 밑뿌리인 조선 땅을 벗어나려던 것으로 보인다." (김성동, 『꽃다발도 무덤도 없는 혁명가들』 (박종철출판사, 2014), p.443.)

11) 유민영, 『한국현대희곡사』 (홍성사, 1984), p.104.

12) 손성준은 조명희의 번역과 소설텍스트의 습합 및 변용성에 대한 흥미로운 관점을 제시했다. "조명희의 「땅 속으로」와 「한 여름밤」은 각각 고리키의 「마부」와 「밑바닥에서」에서, 「R군에게」와 「낙동강」은 각각 투르게네프의 「파우스트」와 「그 전날밤」의 서

술방식 및 서사적 구도에서 모티브를 얻었다. 또한 투르게네프의 소설을 참조한 「파우스트」나 「그 전날밤」의 경우, 공통적으로 고리키의 「어머니」와도 관련성도 확인되는 만큼 전체적으로는 고리키의 지분이 큰 편이다. 이는 고리키의 삶과 문학을 일종의 정신적 푯대로 받아들였던 조명희의 태도에서 기인한 것이라 할 수 있다. … 조명희를 포함한 동인 단체 출신의 인물들이 「그 전날밤」(1925), 「밤물결」(1926), 「박행한 처녀」(1926) 등의 투르게네프 소설을 연쇄적으로 역간한 것이다. 아울러 모두 박문서관을 통해 나온 것으로 볼 때, 이들의 번역은 모종의 목적을 위해 전략적으로 수행된 것으로 간주될 수 있다."(손성준, 「조명희 소설의 외래적 원천과 그 변용: 투르게네프와 고리끼를 중심으로」, 『국제어문』 62호 (국제어문학회, 2014), pp.296, 305.)

13) 조명희, 「소품 일품」, 『노력자의 조국』 제2호, 머리말, p.442.

14) 송기섭, 「계급주의 소설의 허구적 세계-조명희의 소설」, 『목원어문학』 14호 (목원대학교 국어교육과, 1996), p.2.

15) 김상일, 「조명희와 민족문학의 성립」, 『실천문학』 15호 (실천문학사, 1989), p.274.

16) 임헌영, 「조명희 론」, 임헌영 엮음, 『조명희 선집』 (풀빛, 1988), p.285.

17) '새날이 왔다. 모두 다 오너라, 까자흐도 오너라, 따따르도 오너라, 길랴크도 오너라, 축치도 오너라, 중국인도 조선인도 누구나 짓밟히던 자거든 모두 다 오너라, 거룩한 소비에트의 길로 손 잡고 나아가자!'는 프롤레타리아의 외치는 소리가 사막에까지도 툰드라에까지도 울리었었다. (「까드르여 너의 짐이 크다!-조선인 사범대학 제1회 졸업생들 앞에-」, 『선봉』, 1935년 6월 30일자, p.405)

18) 김성수, 「조명희의 러시아 망명은 극단적인 이상인가 자연스런 현실인가: 「다시 보는 조명희의 삶과 문학」 토론문」, 『한국현대문학회 학술발표회자료집』 (한국현대문학회, 2007), p.66.

19) 서경식 저 · 김혜신 역, 『디아스포라 기행-추방당한 자의 시선』 (돌베개, 2010), p.5.

20) 김춘식, 「소수집단 문학의 정체성－기억, 이산, 장소」, 『비평문학』 34집 (한국비평문학회, 2009), p.112.